Consciência
Corporal

Impresso no Brasil, março de 2012
Título original: *Body Consciousness – A Philosophy of Mindfulness and Somaesthetics*
Copyright © Richard Shusterman 2008
Publicado por meio de acordo com a Cambridge University Press.
Todos os direitos reservados.

Os direitos desta edição pertencem a
É Realizações Editora, Livraria e Distribuidora Ltda.
Caixa Postal: 45321 · 04010 970 · São Paulo SP
Telefax: (5511) 5572 5363
e@erealizacoes.com.br · www.erealizacoes.com.br

Editor
Edson Manoel de Oliveira Filho

Gerente editorial
Gabriela Trevisan

Preparação de texto
Tereza Gouveia

Revisão
Alyne Azuma
Cristiane Maruyama

Capa e projeto gráfico
Mauricio Nisi Gonçalves / Estúdio É

Diagramação
André Cavalcante Gimenez / Estúdio É

Pré-impressão e impressão
Gráfica e Editora Vida & Consciência

Reservados todos os direitos desta obra. Proibida toda e qualquer reprodução desta edição por qualquer meio ou forma, seja ela eletrônica ou mecânica, fotocópia, gravação ou qualquer outro meio de reprodução, sem permissão expressa do editor.

Consciência Corporal

Richard Shusterman

Tradução: Pedro Sette-Câmara

Realizações
Editora

Em memória de J. W. S.,
cujo corpo me deu vida, amor e consciência.

(...) her pure and eloquent blood,
Spoke in her cheeks and so distinctly wrought,
That one might almost say, her body thought.
She, she, thus richly, and largely housed, is gone.

John Donne, "Of the Progress of the Soul:
The Second Anniversary"

Sumário

Prefácio à edição brasileira 9

Prefácio 15

Introdução 25

Capítulo 1 - A somaestética e o cuidado com o eu
    O caso de Foucault 43

Capítulo 2 - O corpo silencioso e manco da filosofia
    Déficit de atenção somática em Merleau-Ponty 91

Capítulo 3 - Subjetividades somáticas e subjugação somática
    Simone de Beauvoir sobre gênero e idade 129

Capítulo 4 - A somaestética de Wittgenstein
    Explicação e melhoramento na filosofia da mente,
    na arte e na política 177

Capítulo 5 - Mais perto do centro da tempestade
    A filosofia somática de William James 209

Capítulo 6 - Redimindo a Reflexão Somática
    A Filosofia de Corpo-Mente de John Dewey 273

Referências bibliográficas 325

Índice remissivo 335

prefácio à edição brasileira

Humanismo, filosofia e... corpo
Corpo – raiz da alma...
(J. G. Rosa, *Grande Sertão: Veredas*)

Há algumas maneiras clássicas como filósofos costumam falar do corpo e da sensibilidade, mas quase nunca esses caminhos trilhados levam em consideração a experiência concreta – o corpo que se move sentindo e praticando ações que informam a consciência sobre o que sabe o próprio envólucro no qual estamos no mundo, intuindo, refletindo e agindo. Essa perspectiva do corpo como fonte primordial de informação e inteligência sensível raramente está no foco das considerações filosóficas. É, portanto, da maior relevância o livro *Consciência Corporal*, pois considera filosoficamente o corpo e o movimento como a própria origem de conhecimentos e posturas – posturas no duplo sentido, físico e moral, evidentemente. Eis a razão pela qual Shusterman, cuja carreira começou com a filosofia analítica, *não* segue a via de Kant. Sabe-se que o grande mestre de Königsberg – embora fosse o primeiro a dar relevância filosófica à sensibilidade estética – separava cuidadosamente os âmbitos da razão pura, da prática (moral) e do juízo estético. *Consciência Corporal* tampouco envereda pela fenomenologia, nem desvia para a estética e as práticas artísticas. Insiste em falar do corpo mesmo – nos seus movimentos, ritmos e formas de expressão, que antecedem, sustentam e sempre acompanham qualquer operação: da mais concreta à mais abstrata. O mais surpreendente, no entanto, é que desenvolve essas considerações a partir da experiência vivida, do pensamento e das práticas (corporais, eróticas e afetivas) de alguns dos mais relevantes filósofos do século passado. Shusterman visita vida e obra de William James, Maurice Merleau-Ponty, John Dewey, Ludwig Wittgenstein, Simone de Beauvoir e Michel Foucault, dando ao leitor a agradável surpresa de "descobrir" aspectos totalmente novos desses pensadores – aquela novidade escondida em plena luz do sol.

Não se trata mais de uma ingênua apologia do corpo. Pois ninguém ignora que o corpo sustenta a mente e que a saúde física tem impacto sobre o bem-estar mental. No Oriente e no Ocidente repete-se esse adágio há milênios: de Sócrates a Aristipo e Diógenes, e de Mêncio a Lao Tsé e Zhuangzi. *Mens sana in corpore sano*, diz o verso famoso da sátira X de Juvenal, talvez com um toque mais irônico que a pedagogia que depois foi atribuída a esse satírico. A máxima bem-pensante que assim se criou encantou os educadores de todos os tempos – não somente os terapeutas bem-intencionados, os pensadores e artistas como Locke ou Tchekhov, mas, infelizmente, também os ideólogos da raça e os carrascos nazistas. A sabedoria de corpo e mente sofreu o mesmo desgaste que os provérbios: temos de redescobrir suas verdades graças a alguma experiência autêntica ou através do próprio sofrimento. É nesse ponto que está a originalidade do livro de Richard Shusterman e o mérito dessa outra *Consciência Corporal. Uma filosofia da sensibilidade e da somaestética*. Shusterman não prega para convertidos, nem se dirige exclusivamente aos grupos de alternativos e esotéricos que costumam cultivar sabedorias orientais, adaptando-as às necessidades, aos desejos e às modas do Ocidente. Ele fala como filósofo, praticante e terapeuta, e fala tanto para intelectuais como para iniciados nas práticas do corpo, para céticos como para convictos da eficácia das terapias corporais, para cientistas críticos como para alternativos imbuídos das benesses de práticas como o ioga e o tai chi.

O livro oferece dois aspectos inovadores – eis o seu diferencial em relação aos muitos títulos que agora inundam o mercado editorial. Em primeiro lugar, uma história consistente da redescoberta do corpo desde o século XIX, em segundo lugar, uma avaliação das atitudes – filosóficas e práticas – que permitiram aos seis pensadores (James, Dewey, Merleau-Ponty, Beauvoir, Wittgenstein e Foucault) romper a carapaça de esquecimento e disciplina perversa cerceando corpo e mente, burlando, assim, os mecanismos de repressão da sensibilidade estética e os hábitos corporais e mentais arraigados na nossa cultura. A análise das aflições, patologias e perversões que o pensamento desses filósofos teve de encarar e assumir é lúcida e generosa, e sua compreensão crítica põe em xeque todo moralismo, sempre mantendo o foco nos ganhos (e nas eventuais perdas) dessas experimentações com a transgressão de normas sensíveis e intelectuais. Shusterman, renomado pelos seus trabalhos em filosofia analítica e pragmatismo, em estética e teoria da arte, revela neste livro sua experiência como terapeuta do método desenvolvido por Moshe Feldenkrais. O pensamento filosófico enriquece-se com um "saber" (ou uma sabedoria) oriunda da prática particularmente sutil de reeducação da postura e do movimento. É uma *Lebensfilosophie* (filosofia da vida) que sabe e ensina onde há vantagem em renunciar ao discurso (teórico), confiando no que "diz" o corpo, sem recorrer a investigações psicológicas.

O trânsito de Shusterman por diferentes disciplinas e sua abertura a culturas e modos de viver muito distintos dá um tom generoso e sereno ao ensaio. *Consciência Corporal* trata da "consciência" no sentido lato, ou melhor, de uma consciência outra – diversa da vontade e das intenções discursivas. Reabilita uma outra forma de ser-e-estar: a "consciência" da própria sensibilidade, cuja inteligência e capacidade de distinguir surgem diretamente do ser/estar no espaço, no corpo, imerso no seu movimento e nas *suas* formas de expressão (rítmicas, gestuais, posturais). Isso nos defronta com um "saber" silencioso que repousa, mudo (embora não privado de expressão e inteligência), nos sentidos corporais. Os artistas e escritores sabem bem daquela raiz misteriosa da alma que ainda não fala, porém já distinguiu qualidades, ritmos, sons, tons: "Onde a alma fala, já não fala a alma", disse Schiller certa vez. É um bom lembrete, vindo de um poeta-filósofo ciente de que há coisas que somente podemos conhecer praticando, escutando e entendendo através do corpo, pois as palavras apenas rodeiam essa experiência e sua sabedoria própria.

O papel do corpo na filosofia e nas ciências, nas artes e nas humanidades

Shusterman pensa o corpo como parte integrante das *humanidades*: da filosofia e das ciências humanas, das artes e da reflexão sobre o homem em geral. Ele expõe essas questões complexas rastreando o caminho da redescoberta do corpo – do corpo físico, tangível, sofrido, e do corpo animado, espiritual e intelectual – nas obras de seis grandes filósofos do século XX: William James, Maurice Merleau-Ponty, John Dewey, Ludwig Wittgenstein, Simone de Beauvoir e Michel Foucault. Por mais que seja filosófico esse itinerário da reconquista do corpo, Shusterman não ignora os conhecimentos das neurociências e da medicina, ao mesmo tempo em que insiste, a todo momento, na necessidade de praticar pessoalmente e de pôr à prova os conhecimentos intelectuais na experiência e na linguagem do corpo próprio.

Consciência Corporal é um livro para leigos e para filósofos, para praticantes do corpo e para intelectuais, para literários e para artistas. Os intelectuais apreciarão a luz que Shusterman lança sobre o papel do pensamento gerado pelas sensações e pelos movimentos corporais. Com elegância e simplicidade, o autor conecta as ideias de alguns dos pensadores mais relevantes da modernidade com os conhecimentos mais recentes das neurociências e com as experiências das práticas milenares do Oriente e das técnicas corporais ocidentais. Quem se interessa por teoria da arte e estética, ou filosofia e literatura, certamente apreciará a análise do elo entre sofrimento pessoal, sensibilidade prazerosa e reflexão, de pensadores como William James, Michel

Foucault ou John Dewey, e o pensamento teórico desses autores. Suas teorias filosóficas receberam fortes impulsos criativos das tentativas práticas de explorar o próprio corpo e de curar, pelo exercício físico, certas aflições difusas que resistiam a explicação e a intervenção medical. Shusterman encontra elos análogos entre sofrimento, reflexão filosófica e práticas corporais onde menos os esperamos – por exemplo, na obra de Ludwig Wittgenstein. Não é um acaso que a carreira de Shusterman tenha começado pela filosofia analítica e pelo pragmatismo, ampliando o escopo de interesses e reflexões à medida que o trânsito cosmopolita por Israel e pela Europa, pelo Japão (onde Shusterman se iniciou nas práticas Zen) e pelos Estados Unidos enriqueceu o pensamento com novas perspectivas e desafios.

Shusterman escreve não somente para filósofos. Seu ensaio é igualmente interessante – e agradável de ler – para praticantes de técnicas corporais, sejam eles terapeutas, bailarinos, psicólogos ou educadores. *Consciência Corporal* é um livro para todos aqueles que se interessam pelo bem-estar "senti-mental", isto é, pelo equilíbrio delicado da sensibilidade e da eficácia mental. Ele fornece simultaneamente uma introdução às técnicas do corpo, um embasamento filosófico amplo do lugar (diminuto) que o corpo costumava ocupar na nossa cultura e perspectivas das mudanças – positivas e negativas – que as diversas liberações da sociabilidade moderna trouxeram nesse campo.

Kathrin Holzermayr Rosenfield

prefácio

A cultura contemporânea sofre cada vez mais de problemas de atenção, de superestimulação e de estresse. Também somos atormentados por um número cada vez maior de insatisfações pessoais e sociais criadas por imagens corporais enganosas. Este livro propõe que uma consciência corporal mais aprimorada pode ajudar a resolver esses problemas, além de aumentar o conhecimento, a performance e o prazer. Se a consciência corporal é um assunto com poucas chances de agradar paladares filosóficos convencionais, isso não acontece porque a filosofia tenha sempre ignorado o corpo, como tantos de seus defensores gostam de dizer. Na verdade, o corpo tem uma presença muito forte (ainda que geralmente negativa) na filosofia, que constantemente privilegia a mente e o espírito. Essa imagem preponderantemente negativa – como prisão, como distração, como fonte de erro e de corrupção – é simultaneamente refletida e reforçada pela inclinação idealista e pelo desprezo pelo cultivo somático geralmente exibidos pelos filósofos ocidentais.

Não devemos esquecer, porém, que na antiguidade a filosofia era praticada como forma de vida distintivamente corporificada, da qual as disciplinas somáticas constituíam parte importante, ainda que essas disciplinas por vezes assumissem um caráter mais de punição corporal naquelas filosofias em que se julgava que a mente e o corpo ganhavam mais liberdade e poder por meio de um ascetismo somático severo. Plotino, por exemplo (segundo Porfírio, seu biógrafo e admirador), tinha "tanta vergonha de estar num corpo", e tanta vontade de transcendê-lo, que não apenas limitava drasticamente sua dieta, como também "abstinha-se de usar o banheiro". Hoje, quando a filosofia deixou de ser uma arte de vida global e passou a ser um campo estreito de discurso acadêmico, o corpo ainda tem uma presença forte enquanto abstração teórica (e, às vezes, fortemente política). Todavia, a ideia de usar seu cultivo para ampliar a consciência e a intuição filosófica provavelmente chocaria a maioria dos filósofos profissionais, como se fosse uma vergonhosa aberração. Espero alterar esse preconceito.

Ao contrário dos filósofos, os artistas geralmente dedicaram uma atenção cheia de reverência e adoração ao corpo. Por perceber o modo intenso e preciso como nossa vida mental aparece na expressão corporal, eles mostraram como as mais sutis nuances de crenças, de desejos e de sentimentos se refletem nas atitudes posturais e gestuais de nossas figuras e expressões faciais. Contudo, em sua admiração pelo corpo humano, os artistas normalmente preferiram representá-lo como objeto de atração da consciência de outra pessoa do que como expressão irradiadora da consciência perscrutadora do ser encarnado do sujeito somático. As mulheres, sobretudo as mulheres jovens e vulneráveis, são sujeitos frequentes dessa objetificação, sendo representadas como carne voluptuosamente sensual e docilmente passiva, oferecida ao deleite devorador do espectador. Além disso, o anseio artístico de exaltar a beleza do corpo enquanto objeto de desejo frequentemente resulta em exageros estilísticos que propagam imagens enganosas de leveza e de graciosidade.

Esses problemas podem ser detectados na imagem que adorna a capa deste livro, a famosa *Banhista de Valpinçon* (1808) de Ingres, parte de sua série de célebres pinturas de banhos e haréns turcos que retrata odaliscas nuas (escravas ou concubinas do harém). Nela, a jovem, em pose passiva, numa cama luxuosa, num ambiente fechado por cortinas, acaba de sair do banho e está nua, pronta para prestar os serviços sexuais esperados. Ela exibe as costas, uma carne bonita, deliciosa e luminosa. Mas, com sua pose estática, com sua cabeça voltada para outro lado, sombreada, com seu olhar e com sua expressão facial ocultas, ela não nos transmite nenhuma consciência ativa, reflexiva. Ela parece não perceber nem mesmo a presença próxima do espectador implícito, que vê sua nudez total, exceto pelo turbante em seu cabelo preso e pelo lençol em volta de seu braço – ambos sugerindo antes sua servidão do que uma cobertura protetora. Ingres, além disso, intensifica a beleza visual e a carga erótica da mulher ao colocá-la numa constelação postural de pernas, coluna e cabeça que ressalta os longos e graciosos membros e as curvas da figura, mas que, na verdade, está anatomicamente longe de ser uma postura que traga conforto, muito menos ação de fato. Como fiquei chocado quando descobri que o departamento de marketing tinha escolhido essa imagem bonita mas enganosa para a capa do meu livro sobre consciência corporal! Sendo eu um crítico das objetificações ilusórias do corpo pela cultura midiática, e sendo também um praticante do Método Feldenkrais, atento à tensão e à dor da coluna, levantei minhas objeções, mas me disseram, de modo decisivo, que a ampla maioria dos meus leitores potenciais ficaria atraída apenas pela beleza da pintura de Ingres, e jamais daria atenção a seu incômodo significado social e somático. Se isso é mesmo verdade, então os argumentos deste livro são ainda mais necessários para abrir seus olhos para outras formas e belezas da consciência corporal. Não julgue este livro pela capa.

Porém, é fácil entender por que os artistas concentram-se no embelezamento da forma externa do corpo, e por que os filósofos consideram a consciência corporal um assunto desconcertante e preferem pensar na mente. Assim como os corpos são a mais clara expressão da mortalidade, da imperfeição e da fraqueza humanas (inclusive das fraquezas morais), também a consciência corporal, para a maioria de nós, significa antes de tudo um sentimento de inadequação, de estarmos muito longe dos ideais dominantes de beleza, de saúde e de performance – o que mostra também que a consciência corporal é sempre mais do que a simples consciência do próprio corpo. Além disso, apesar de seu quinhão de intensos prazeres, a consciência corporal está talvez mais aguda e firmemente voltada para as experiências de dor. A corporificação sugere, assim, um mal ou uma vulnerabilidade desconfortável, sintetizada pela frase de São Paulo que diz: "em mim, isto é, na minha carne, não habita bem algum". O cultivo da consciência corporal foi assim atacada repetidas vezes, como se fosse um risco psicológico, cognitivo e moral, ainda que o compromisso da filosofia com o autoconhecimento certamente pareça incluir o exercício de uma percepção somática aguçada. Kant, por exemplo, apesar de afirmar que o autoexame era um dever crucial (e apesar de sua meticulosa atenção pessoal aos detalhes da dieta e do exercício), condenava veementemente a introspecção somática por gerar melancolia e outras corrupções. William James também adverte que a uma consciência aguçada dos meios corporais de ação leva ao fracasso na consecução de nossos objetivos.

Será que nossos corpos realmente funcionam melhor quando os ignoramos ao máximo, ou quando zelosamente tentamos guiar seu funcionamento? Como conciliar esse incentivo a não pensar com o ideal filosófico de reflexão crítica? Sem uma consciência somática crítica, como podemos corrigir hábitos ruins e melhorar nosso autouso somático? Se a filosofia ainda tem um compromisso com a máxima "conhece-te a ti mesmo", como, então, podemos conhecer melhor nossos eus, sentimentos e comportamentos somáticos? Se a filosofia também tem um compromisso com o aprimoramento pessoal e com o cuidado de si, será que capacidades mais aguçadas de percepção somática não levariam a maneiras melhores de monitorar e de dirigir nosso comportamento, controlando ou diminuindo nossa dor, e multiplicado nossos prazeres de modo mais frutífero? Como distinguir entre formas positivas e negativas de consciência corporal? Como combinar a atenção crítica ao corpo com as expectativas de ação perfeitamente espontânea? Será que existem princípios ou métodos peculiares de introspecção somática que aprimoram a consciência corporal e que usam essa percepção mais aguçada para melhorar a performance e a cognição sensório-motor? Qual a relação desses métodos com as dificuldades de indivíduos cujos corpos servem para destacar seu status social subordinado? Como a propriocepção somática aumenta nossa imagem tradicional dos sentidos e de seu papel na cognição e na ação coordenada? Será que a consciência corporal não passa de um termo esquisito para referir a consciência reflexiva que a mente tem do corpo enquanto objeto externo, ou será que há formas verdadeiramente corporais de subjetividade, de intencionalidade e de percepção?

Essas questões, e muitas outras relacionadas à consciência corporal, serão discutidas neste livro, que é o resultado de pelo menos uma década de enfrentamentos teóricos e práticos nessa área. Ainda que a luta continue, este livro marca um progresso significativo em meu projeto ininterrupto de somaestética, que nasceu de meu trabalho anterior com o pragmatismo filosófico como filosofia de vida. O pragmatismo que defendo coloca a experiência no coração da filosofia e celebra o corpo vivo e senciente como núcleo organizador da experiência. Ressaltando o papel formativo do corpo na criação e na apreciação da arte, meu livro *Pragmatist Aesthetics* [*Estética Pragmática*] (1992) incluía as artes do estilo. O corpo não é apenas o lugar crucial em que o etos e os valores podem ser exibidos fisicamente e desenvolvidos atrativamente, mas é também o lugar em que as competências de percepção e de performance podem ser refinadas, a fim de aprimorar a cognição e as capacidades para a virtude e para a felicidade. Nesse contexto, *Practicing Philosophy: Pragmatism and the Philosophical Life* [*Praticando a Filosofia: o Pragmatismo e a Vida Filosófica*] (1997) apresentou a ideia da somaestética como área teórica e prática, o que foi mais trabalhado posteriormente em *Performing Live* [*A Performance ao*

Vivo] (2000). Esse livro é outra extensão do projeto somaestético, com atenção muito mais detalhada a questões de consciência corporal e a seu tratamento problemático pelos mestres do passado e pela filosofia do século XX. Frequentemente prefiro falar de *soma* a falar de corpo para enfatizar que meu interesse é pelo corpo vivo, senciente, com sentimentos e propósitos, e não por um mero *corpus* físico de carne e osso. Na verdade, se não me incomodasse dar ao livro o peso de um título bizarramente técnico, eu o teria intitulado "consciência somática", ou até "consciência somaestética", para evitar as associações negativas com o termo "corpo".

* * *

Agradeço o magnífico apoio a meu trabalho oferecido pela cátedra em ciências humanas Dorothy F. Schmidt Eminent School da Florida Atlantic University, que tenho a boa fortuna de ocupar. Três outras instituições apoiaram particularmente meu trabalho neste livro. A Universidade de Oslo gentilmente me convidou a passar o mês de maio de 2006 compartilhando minhas pesquisas somaestéticas com grupo de estudo interdisciplinar de literatura e doenças (agradecimentos especiais a Knut Stene-Johansen e Drude von der Fehr). No segundo semestre letivo de 2006, a Université de Paris 1 Panthéon-Sorbonne graciosamente acolheu (graças aos bons ofícios de Dominique Chateau, Marc Jimenez e Jacinto Lageira) uma série de palestras na qual pude testar os argumentos finais do livro numa língua estrangeira. Anteriormente, a Universidade de Hiroshima (por sugestão de Satoshi Higuchi) generosamente convidou-me a passar o ano acadêmico de 2002-2003 inteiro como professor visitante (sem a obrigação de dar aulas) para continuar minhas pesquisas em somaestética, proporcionando-me uma visão muito mais próxima das extraordinárias disciplinas de corpo e mente do Japão, da meditação às artes marciais. O destaque daquele ano foi a época em que vivi e treinei num mosteiro Zen, o dojo Shorinkutsu, situado numa colina próxima à cidadezinha costeira de Tadanoumi, no belo Mar Interior. Sou extremamente grato a meu Mestre Zen, Roshi Inoue Kido, por sua maravilhosa instrução, que combinava, de modo surpreendente, uma disciplina sem concessões e uma afetuosa gentileza. Não foi uma época fácil; houve momentos de dificuldades, frustração, fracasso, vergonha e dor. Mas não consigo recordar uma felicidade mais perfeita, nem uma acuidade perceptiva maior, do que aquela que conheci por meio do guiamento de Roshi.

Essa experiência com a prática zen reforçou minha fé de que apesar dos problemas e dos riscos da consciência somática, seu cultivo disciplinado (com as devidas formas, focos e contextos) pode ser um instrumento de valor inestimável para uma vida filosófica de autodescoberta e autoaprimoramento que também leva uma pessoa a ir além de si mesma. Tive essa convicção pela primeira vez por causa do meu treinamento de quatro anos no Método Feldenkrais de educação e terapia somáticas e do meu trabalho subsequente com ele, e por causa de algum estudo anterior da Técnica Alexander. Essas disciplinas do corpo e da mente me ensinaram outras lições importantes: que o entendimento filosófico da consciência corporal pode ser aprimorado por meio do treinamento prático em disciplinas de percepção reflexiva somaestética; que nossa consciência somática costuma ter falhas que sistematicamente travam nossa performance de ações habituais cuja realização deveria ser fácil, mas que se mostra difícil, estranha, ou dolorosa; e que a intuição somaestética pode nos dar estratégias criativas para superar hábitos ruins e outros transtornos relacionados a problemas somáticos, psicológicos e comportamentais. A consciência corporal, portanto, não é, como muitos reclamaram, algo cujo cultivo só diz respeito aos jovens, fortes e belos. Ainda que a idade e a doença tragam uma consciência somática perturbadora que ficamos tentados a afastar, quanto mais velhos e mais fracos ficamos, mais precisamos pensar através de nossos corpos para melhorar nosso autouso e performance para a realização de nossas atividades cotidianas e de nossos objetivos. Sei disso não só por causa de minha experiência com a aplicação do Método Feldenkrais no cuidado com outros, mas também por causa de minha experiência pessoal com o envelhecimento.

★ ★ ★

Sou grato não apenas a meus professores das disciplinas somáticas da mente alerta como também a muitos estudiosos que ajudaram a refinar, desenvolver e ampliar o campo da somaestética por meio da análise crítica e de interpretações exploratórias, em áreas que vão da dança e das artes performáticas ao feminismo, à educação quanto às drogas, ao esportes e à espiritualidade. Limitando-me a uma amostra de textos publicados em inglês, gostaria de destacar particularmente as discussões de Jerold J. Abrams, Peter Arnold, Deanne Bogdan, Jon Borowicz, Liora Bressler, David Granger, Gustavo Guerra, Casey Haskins, Kathleen Higgins, Robert Innis, Martin Jay, James Scott Johnson, Thomas Leddy, Barbara Montero, Eric Mullis, Richard Rorty, Simo Säätelä, Shannon Sullivan, Ken Tupper, Bryan Turner e Krystyna Wilkoszewksa. Também reconheço minha dívida com os talentosos filósofos cujo trabalho na tradução dos meus textos sobre somaestética tantas vezes me levou a refinar e a repensar minhas ideias: Jean-Pierre Cometti, Peng Feng, Wojciech Malecki, Fuminori Akiba, Nicolas Vieillescazes, Heidi Salaverria, Robin Celikates, Alina Mitek, József Kollár, Satoshi Higuchi, Emil Visnovsky, Ana-Maria Pascal, Jinyup Kim, K-M. Kim e Barbara Formis.

Ao testar as ideias do livro em artigos preliminares, tive a felicidade de receber comentários úteis de um número de colegas grande demais para mencionar aqui. Mas desejo notar os de Roger Ames, Takao Aoki, Richard Bernstein, Gernot Böhme, Peg Brand, Judith Butler, Taylor Carman, Vincent Colapietro, Arthur Danto, Mary Devereaux, Pradeep Dhillon, George Downing, Shaun Gallagher, Charlene Haddock-Seigfried, Mark Hansen, Cressida Heyes, Yvan Joly, Tsunemichi Kambayashi, Hans-Peter Krüger, Morten Kyndrup, José Medina, Christoph Menke, James Miller, Alexander Nehamas,

Ryosuke Ohashi, James Pawelski, Naoko Saito, Manabu Sato, Stefan Snaevarr, Scott Stroud, John Stuhr e Wolfgang Welsch. Agradeço a Chuck Dyke e a Jerold J. Abrams por terem lido uma versão inicial do livro e por terem oferecido comentários importantes, assim como duas pessoas que leram o livro para a Cambridge University Press (que posteriormente foram identificados: Robert Innis e Shannon Sullivan). Marla Bradford ajudou a preparar a bibliografia, Giovanna Lecaros ajudou com a revisão, e Wojciech Malecki generosamente ofereceu-se para trabalhar no índice analítico.

Alguns dos argumentos do livro já tinham sido ensaiados em artigos publicados em The Monist, Hypatia, The Philosophical Forum, The Cambridge Companion to Merleau-Ponty e The Grammar of Politics: Wittgenstein and the Political (Cornell University Press). Sou grato pela oportunidade de usar parte desse material, que foi significativamente revisada e ampliada, para ajudar a dar forma a um estudo muito mais desenvolvido, sustentado e unificado, da extensão de um livro. É um privilégio ter como editora Beatrice Rehl, da Cambridge University Press, e agradeço-lhe por seus valiosos conselhos e seu incentivo. Minha esposa, Erica Ando, e nossa filha, Talia Emi, inspiram sempre meu trabalho com a graciosa inteligência de sua ação e a alegre beleza de seu repouso. Este livro não poderia ter sido escrito sem elas.

Richard Shusterman
Boca Raton, maio de 2007

introdução

I

A consciência corporal (um termo de múltiplos significados, com aplicações muito diversas) constitui o foco central deste livro. Ao explorar várias formas e níveis de consciência corporal, e as muitas questões e teorias com que a filosofia do século XX tentou explicar o papel do corpo em nossa experiência, o livro também propõe que se dê mais atenção à autoconsciência somática tanto na teoria quanto na prática. Defendo uma consciência somática mais aguçada não apenas por refutar argumentos filosóficos influentes contra o valor dessa consciência, mas também por delinear um arcabouço filosófico sistemático no qual os diversos modos de consciência, de cultivo e de entendimento somáticos podem ser mais bem integrados e, assim, mais bem realizados.

Esse arcabouço disciplinar, a somaestética, é explicado no primeiro capítulo do livro, e seus conceitos e princípios continuam a informar meus argumentos subsequentes. Por ora, podemos dizer rapidamente que a somaestética se volta para o estudo crítico e para o cultivo melhorativo de como experienciamos e usamos o corpo vivo (ou soma) como lugar de apreciação sensorial (estesia) e de autoestilização criativa. O termo "soma" indica um corpo vivo, senciente e sensível, e não um mero corpo físico que poderia estar desprovido de vida e de sensação, e o "estética" em "somaestética" tem o papel duplo de enfatizar o papel perceptivo do soma (cuja intencionalidade corporificada contradiz a dicotomia corpo/mente) e seus usos estéticos tanto na autoestilização como na apreciação das qualidades estéticas de outras pessoas e coisas.[1]

Antes de continuar, os leitores podem objetar: por que propor mais atenção à consciência corporal e ainda desenvolver uma disciplina somática que trate dela? Será que nossa cultura já não presta atenção demais ao corpo, que já não está excessivamente voltada para a aparência dos corpos, para seu peso, para a atratividade de seu cheiro, para a performance atlética que podem atingir por meio de drogas e disciplinas intensas de treinamento? Será que não estamos, assim, sofrendo de uma consciência corporal de proporções monstruosas, cujo crescimento irrefreável chega a infectar campos como a filosofia, tradicionalmente respeitados por se dedicar à mente e não ao corpo? Se sim, este livro pareceria antes um triste sintoma de um mal-estar cultural e filosófico do que um instrumento de melhora.

---

[1] Ainda que eu tenha introduzido o termo "somaestética" para propor um novo campo interdisciplinar da prática filosófica, "somaestética" (ou, como se grafa com maior frequência, "somestética") é um termo comum da neurofisiologia, que refere a percepção sensorial através do corpo mesmo e não dos órgãos particulares de sentido. Os sentidos somaestéticos costumam ser divididos em exteroceptivos (relacionados a estímulos de fora do corpo, sentidos na pele), proprioceptivos (originados dentro do corpo e relacionados à orientação das partes do corpo umas em relação às outras e à orientação do corpo no espaço), e viscerais ou interoceptivos (que derivam dos órgãos internos e que costumam estar associados à dor).

É provável que surja outra objeção. Nossas faculdades perceptivas já estão inteiramente ocupadas com assuntos mais urgentes do que o cultivo da consciência somática. Transformados pela contínua revolução informática, inundados por torrentes cada vez maiores de sinais, imagens e factóides, já temos de dar conta de coisas demais nos ambientes que nos cercam em nossos mundos de experiência natural, social e virtual. Por que, então, dedicar uma porção de nossas capacidades de atenção, limitadas e sobrecarregadas, ao monitoramento de nossa própria experiência somática? Como poderíamos nos dar o luxo de fazer isso? No mais, nossos corpos parecem funcionar perfeitamente bem sem qualquer reflexão somática ou consciência ampliada. Por que não simplesmente deixar nossa experiência e performance corporal inteiramente a cargo dos mecanismos automáticos do instinto e dos hábitos somáticos irrefletidos, de modo que possamos concentrar nossa atenção em assuntos que realmente necessitam de nossa completa atenção consciente e a merecem – os fins que buscamos, e os meios ou instrumentos que necessitamos empregar para atingir esses fins?

Para responder a essas questões com um dos princípios-guia desse livro, devemos recordar que o corpo constitui uma dimensão essencial e fundamental de nossa identidade. Ele constitui nossa primeira perspectiva ou modo de relacionamento com o mundo, determinando (muitas vezes inconscientemente) nossa escolha de meios e fins ao estruturar as próprias necessidades, hábitos, interesses, prazeres e capacidades de que esses meios e fins dependem para ter sentido. Isso, é claro, inclui a estruturação de nossa vida mental, que, no dualismo obstinadamente dominante de nossa cultura, é demasiadas vezes contraposta à experiência corporal. Se a experiência do corpo é tão formativa do nosso ser e da nossa conexão com o mundo, se (nas palavras de Husserl), "o Corpo é (...) o *meio de toda percepção*", então a consciência corporal certamente merece ser cultivada, não apenas para aumentar sua acuidade perceptual e para apreciar as satisfações dela advindas, mas também para não fugir ao mandamento fundamental da filosofia de "conhecer a si mesmo", que Sócrates tomou do templo de Apolo em Delfos para iniciar e inspirar sua demanda filosófica fundadora.[2]

O corpo expressa a ambiguidade do ser humano, tanto como sensibilidade subjetiva que experiencia o mundo, quanto como objeto percebido nesse mundo. Por ser uma subjetividade irradiadora que constitui "o centro mesmo de nossa experiência", o corpo não pode ser entendido adequadamente como mero objeto; no entanto, ele inevitavelmente também funciona em nossa experiência como objeto de consciência, inclusive da consciência corporificada do indivíduo.[3] Ao usar meu dedo indicador para tocar um inchaço no meu joelho, minha subjetividade corporal é direcionada a sentir outra parte do corpo como objeto de exploração. Assim, tanto *sou* corpo como *tenho* corpo. Costumo experienciar meu corpo como fonte transparente de minha percepção ou ação, e não como objeto de percepção. É *desde o corpo* e *através do corpo* que apreendo ou manipulo os objetos do mundo para os quais me volto, mas não o apreendo como objeto explícito de consciência, ainda que às vezes ele seja sentido como uma condição de fundo da percepção. Mas, frequentemente, sobretudo em situações de dúvida ou dificuldade, também percebo meu corpo como algo que *possuo* e que *uso* mais do que como algo que *sou*, algo

---

[2] Edmund Husserl, *Ideas Pertaining to a Pure Phenomenological Philosophy*, trad. R. Rojcewicz e A. Schwer (Boston: Kluwer, 1989), 61. Os itálicos são de Husserl. Daqui em diante, meu livro só marcará os itálicos adicionados por mim mesmo às citações.

[3] Ver Maurice Merleau-Ponty, *The Phenomenology of Perception*, trad. Colin Smith (Londres: Routledge, 1986), 71. William James descreve o corpo nos mesmos termos de centralidade, como "o centro da tempestade" e "a origem das coordenadas" em nossa experiência. "Tudo gira em torno dele, e é sentido desde seu ponto de vista." Ele continua: "O mundo experienciado nos aparece o tempo inteiro com nosso corpo em seu centro, centro de visão, centro de ação, centro de interesse." William James, "The Experience of Activity", em *Essays in Radical Empiricism* (Cambridge, MA: Harvard University Press, 1976), 86.

que tenho de ordenar que faça aquilo que quero, mas que frequentemente não faz – algo que me distrai, que me perturba ou que me faz sofrer. Esse desacordo incentiva a alienação somática e objetificação denigridora do corpo, tão comum, que o reduz a mero instrumento (lamentavelmente fraco e vulnerável) que apenas pertence ao eu, em vez de enxergar que ele constitui uma expressão sua essencial.

Contudo, ainda que objetifiquemos ou instrumentalizemos o corpo (o que é necessário para alguns propósitos pragmáticos de cuidado somático), isso não é razão para considerar que ele não necessita de nossa consciência atenta, ou que não a merece. Afinal, ainda que seja entendido como instrumento do eu, o corpo deve ser visto como nosso instrumento mais primordial, nosso meio mais básico de interagir com os diversos ambientes, algo necessário para toda nossa percepção, ação e pensamento. Assim como construtores especializados precisam ter um conhecimento especializado de seus instrumentos, nós precisamos de um conhecimento somático mais aprimorado para melhorar nosso entendimento e nossa performance das diversas disciplinas e práticas que contribuem para o domínio da mais elevada das artes – a arte de viver vidas melhores. Uma percepção mais sutil de nosso meio somático pode melhorar seu uso no emprego de todos os demais meios e instrumentos, pois todos eles exigem alguma forma de performance corporal, ainda que seja um mero apertar de botão ou um mero piscar de olhos.

O papel do corpo enquanto nosso instrumento primordial ou *ur*-meio é reconhecido há muito; termos somáticos básicos como "órgão" e "organismo" derivam de *organon*, palavra grega que significa instrumento. No entanto, a tendência aristocrática da filosofia grega para exaltar fins ideais e ao mesmo tempo menosprezar os meios materiais, como se não passassem de reles necessidades, resultou, na obra de Platão e de outros idealistas posteriores, na condenação e não na celebração do corpo enquanto meio, e em sua exclusão de tudo o que é essencial e valioso em ser humano. Um meio (como indica a etimologia) normalmente fica entre duas outras coisas que medeia. Por estar no meio, por ser uma interface com duas faces, um meio conecta os termos mediados, mas também os separa, por estar entre eles. Esse aspecto duplo também está presente no sentido instrumento de meio enquanto meio para um fim. Ainda que seja um caminho para o fim, ele também fica *no* caminho – uma distância a ser percorrida entre o propósito e sua realização.

A condenação seminal do corpo enquanto meio por Platão no *Fédon* (65c-67a) concentra-se no aspecto negativo da interferência. Prefigurando as linhas contemporâneas dominantes de crítica da mídia, diz que o corpo nos distrai da realidade e da busca por conhecimento verdadeiro por interromper nossa atenção com toda espécie de comoção sensacional e por distrair nossas mentes com toda espécie de paixão, devaneio e *nonsense*. Além disso, nosso meio somático sensorial distorce a realidade por meio de sua percepção falha. O corpo chega até a ser retratado como uma aglomeração multimídia de modalidades e tecnologias sensoriais diferentes (como olhos, ouvidos, braços e pernas sensíveis etc.), e essas pluralidade e divisibilidade das partes oferecem ainda mais motivos para que Platão o denigra, e não a alma indivisível que busca a verdade apesar de estar confinada à prisão de distorções do corpo.[4]

Essas antigas críticas, adotadas pelo neoplatonismo e integradas à teologia cristã e ao idealismo filosófico moderno, tiveram enorme influência em nossa cultura, assim como outro argumento platônico (de *Alcibíades* 129c-131d) que denigre e aliena o corpo enquanto instrumento. Distinguimos claramente entre um instrumento e aquele que o usa, entre ferramenta e agente; assim, se o corpo é nosso instrumento ou nossa ferramenta (por mais íntimo e indispensável que seja), então ele deve ser totalmente diferente do eu que o utiliza, do qual não deve ser mais, portanto, que um

---

[4] Para uma discussão crítica mais detalhada do argumento de Platão e de seu reflexo no debate contemporâneo acerca da relação do corpo com os novos meios, ver meu capítulo "Somaesthetics and the Body-Media Issue" tradução livre, em Richard Shusterman, *Performing Live* (Ithaca, NY: Cornell University Press, 2000), cap. 7.

meio externo. Segue-se (segundo o argumento) que o verdadeiro eu deve ser apenas a mente ou a alma e, por consequência, que o autoconhecimento e o autocultivo não têm nada a ver com o cultivo do conhecimento e da consciência corporais. De modo mais geral, a ideia do corpo enquanto instrumento externo usado pelo eu pode ser traduzida facilmente pela conhecida imagem do corpo enquanto servo ou instrumento da alma. Isso promove mais ainda a identificação pejorativa do somático com as classes servis dominadas (que incluem as mulheres), uma associação que reforça reciprocamente o status subordinado e o desrespeito por todos os termos associados.

Contudo, certamente é possível questionar o raciocínio de Platão, até mesmo estendendo seu argumento básico, com suas objetificações dicotomizantes, a uma *reductio ad absurdum*. É claro que usamos mais de nós mesmos do que nosso corpo. Usamos nossa mente para pensar, e nossa alma para querer, para ter esperanças, para rezar, para decidir ou para exercitar a virtude. Será que o uso da mente ou da alma também faz com que ela seja um mero instrumento externo e não uma parte essencial da identidade? Se tirarmos tudo o que o eu usa do eu verdadeiro, não sobrará nada; afinal, realmente usamos nós mesmos sempre que usamos outras coisas, e até quando não usamos. O autouso não é uma contradição de termos, mas algo necessário para viver, e mostrar por que uma consciência somática mais aguçada pode melhorar o uso que se faz de si mesmo é um dos principais objetivos desse livro. Por outro lado, isso não expressa um instrumentalismo sem alegria, porque o autouso aprimorado certamente inclui uma capacidade maior de fruição, pois o soma é claramente um lugar experiencial chave (e não apenas um meio) do prazer.

II

A cultura contemporânea certamente dispensa ao corpo uma atenção enorme e, sob alguns aspectos, excessiva. Não é, porém, o tipo de atenção que este livro realmente deseja promover. Os teóricos da sociedade e os críticos feministas demonstraram de modo convincente como as formas dominantes de aguçamento da consciência corporal de nossa cultural servem sobretudo à maximização dos lucros empresariais (das imensas indústrias de cosméticos, das dietas, da moda, e de outras coisas relacionadas à aparência do corpo) e também ao reforço da dominação social e da disseminação da autoaversão pelas massas. Ideais de aparência corporal impossíveis para a maioria das pessoas são ardilosamente promovidos como a norma necessária, condenando vastas populações a sentimentos opressores de inadequação que impulsionam a compra das soluções comercializadas.[5] Ao nos distrair de nossos verdadeiros sentimentos, prazeres e capacidades corporais, esses ideais, incessantemente divulgados, também nos cegam para a diversidade de maneiras como podemos melhorar nossa experiência do corpo. Em nossa cultura, a autoconsciência somática está excessivamente direcionada para uma consciência de como o corpo aparece para os outros segundo os termos de normas sociais arraigadas de aparência atrativa e de como a aparência pode ficar mais atraente segundo os termos desses modelos convencionais. (E esses mesmos padrões conformistas também empobrecem nossa apreciação da diversidade ricamente estética de corpos diferentes dos nossos.) Não se dedica quase nenhuma atenção ao exame e ao aguçamento da consciência dos sentimentos e ações corporais reais, de modo que possamos usar essa reflexão somática para conhecer melhor nós mesmos e adquirir uma autoconsciência somática mais perceptiva, que nos leve a um autouso melhor.

Esse autouso aprimorado, devo repetir, não se resume a meras questões práticas e funcionais, mas inclui o aprimoramento de nossas capacidades de prazer, que podem ser significativamente ampliadas por uma autoconsciência mais perceptiva de nossa

---

[5] Ver, por exemplo, Susan Bordo, *Unbearable Weight: Feminism, Western Culture, and the Body* (Berkeley: University of California Press, 1993).

experiência somática. Como diz Montaigne, podemos assim gozar nossos prazeres "duas vezes mais, porque a medida do gozo depende da maior ou menor atenção que lhe damos".[6] Muitos de nossos prazeres somáticos comuns são fruídos apressada, distraída e quase tão inconscientemente quanto os prazeres do sono. Se essa escassez de sensibilidade somaestética ajuda a explicar a dependência cada vez maior de nossa cultura de cada vez mais estímulos por meio do sensacionalismo do entretenimento de massas e de meios muito mais radicais de busca por excitação, então essa dieta de excitações artificiais poderia, por sua vez, explicar como nossos hábitos de percepção (e até nosso sistema nervoso sensório-motor) são transformados de modo a elevar o limite de estímulo para perceptibilidade e satisfação e a diminuir nossas capacidades de atenção tranquila, contínua e prolongada. O cultivo da reflexão somática de uma autoconsciência somática mais refinada pode tratar desses problemas por oferecer uma percepção mais rápida e confiável de quando estamos superestimulados por um excesso de excitações sensoriais, de modo que saibamos quando recusá-los ou desligá-los, a fim de evitar seus danos. Essa percepção aguçada e atenta também pode nos ensinar a parar de dar atenção a estímulos perturbadores por meio de habilidades cultivadas de controle de redirecionamento da atenção consciente dada à experiência, como mostram claramente as disciplinas de mente alerta.

A indiferença geral de nossa cultura a essa forma cultivada de autoconsciência somática também se expressa no desprezo contínuo de sua importância pela filosofia, inclusive por filósofos que defendem o papel essencial do corpo na experiência e na cognição. Este livro tenta rastrear e explicar essa omissão na filosofia somática do século XX e tenta argumentar em favor da apreciação e do cultivo filosóficos desse tipo negligenciado de autopercepção e reflexão somáticas, cujo valor

---

[6] *The Complete Works of Montaigne*, trad. Donald Frame (Stanford, CA: Stanford University Press, 1965), 853.

é, por outro lado, promovido por uma ampla gama de teóricos, educadores e profissionais de fora do arcabouço institucional da filosofia.

Ainda que eu escreva este livro como filósofo acadêmico, devo confessar de uma vez que minha perspectiva da consciência corporal foi profundamente influenciada por minha experiência prática das diversas disciplinas somaestéticas. Foram particularmente instrutivos meus estudos e minha experiência como profissional certificado do Método Feldenkrais, uma forma de educação somática para a autoconsciência e o autouso aprimorados que tem tido um sucesso inspirador em diversas aplicações terapêuticas, mas que também tem uma integridade incorruptível, cuja recusa de simplificações comerciais lhe nega a popularidade e a fatia de mercado que merece. Também reconheço minha dívida com outras disciplinas que promovem uma consciência somática aguçada, e a sintonia entre o corpo e a mente, do ioga e do tai chi chuan ao *zazen* e à Técnica Alexander.

Este livro oferece um estudo crítico dos argumentos mais influentes da filosofia contemporânea contra a consciência aguçada da reflexão somática, e também defende a somaestética enquanto arcabouço geral em que o cultivo dessa consciência (e de outras formas de treinamento somático) pode ser mais compreendida e buscada. Esse projeto envolve um estudo fenomenológico da consciência corporal que examina os diferentes tipos, níveis e valores da autopercepção somática – da intencionalidade motora, essencialmente inconsciente, e das reações automáticas sem foco, que envolvem hábitos somáticos irrefletidos ou esquemas corporais até imagens corporais explicitamente tematizadas, autopercepção somática, e introspecção somática reflexiva. Por causa do projeto, também exploraremos as maneiras como esses diferentes modos de consciência somática podem ser relacionados e colaborativamente empregados para aprimorar nosso conhecimento, performance e fruição somaestéticos. Um argumento-chave da condenação do cultivo da autoconsciência somática é que todo foco prolongado nos sentimentos corporais é simultaneamente desnecessário e contraproducente para o pensamento e a ação de resultados. A autoconsciência atenta aos sentimentos corporais (ou, aliás, à forma e aos movimentos corporais) é assim rejeitada como obstáculo que nos corrompe e que nos distrai de nossos interesses cognitivos, práticos e éticos essenciais, uma retirada para uma autoabsorção inútil. Nossa atenção, diz-se, deve antes dirigir-se exclusivamente para fora no que diz respeito ao nosso relacionamento com o mundo exterior.

A defesa do livro da autopercepção somática refletida ou aguçada mostrará, porém, que essa consciência corporal intensificada não necessariamente perturbará, mas antes aumentará nossa percepção do mundo exterior e nosso relacionamento com ele ao aprimorar nosso uso do eu que é o instrumento fundamental de toda percepção e ação. De fato, creio que *toda autoconsciência somática agudamente atenta sempre estará consciente de mais do que o corpo em si*. Concentrar-se em sentir o corpo é colocá-lo em primeiro plano contra o plano de fundo do ambiente, que de algum modo deve ser sentido para constituir aquele plano de fundo vivenciado. Não é possível sentir que se está sentado ou de pé sem sentir o ar à nossa volta, que inalamos. Essas lições de autoconsciência somática acabam por sugerir a visão de um eu essencialmente situado, relacional e simbiótico, e não o conceito tradicional de um eu autônomo baseado numa alma individual, monádica, indestrutível e imutável.

III

Para tratar de todas essas questões difíceis e complexas, seis filósofos do século XX são particularmente importantes: Maurice Merleau-Ponty, Simone de Beauvoir, Michel Foucault, Ludwig Wittgentstein, e dois filósofos pragmatistas cujas obras remontam ao século XIX, William James e John Dewey. Esses famosos pensadores são exemplares, não só por sua influente teorização somática, mas também pela forma impressionante como representam as tradições filosóficas mais fortes do Ocidente atual: a fenomenologia, a filosofia analítica, o pragmatismo, o existencialismo, a hermenêutica, o pós-estruturalismo e o feminismo.[7] Ao discutir suas teorias, este livro não trabalha simplesmente com produtos históricos do passado, mas com perspectivas que continuam a informar as orientações dos filósofos do corpo contemporâneos e a exigir seu comentário. Cada um desses mestres constitui o foco primário de cada um dos seis capítulos do livro, mas seus argumentos serão inter-relacionados nos termos da narrativa a seguir.

O primeiro capítulo apresenta a área da somaestética e os principais assuntos do livro por meio de um estudo da influente e peculiar filosofia somática de Michel Foucault. Propondo o corpo como local especialmente vital de autoconhecimento e de autotransformação, Foucault defende que a autoestilização não é apenas uma questão de elaboração externa por meio da aparência corporal, mas de transfiguração do senso interior do eu (e, assim, da atitude, personalidade ou etos) por meio de experiências transformativas. Segundo Foucault, no centro mesmo dessa transformação experiencial está a experiência dos prazeres corporais. Todavia, como seus estereótipos previsíveis e seus limites convencionais constringem nossas possibilidades de autorrealização criativa e de crescimento, ele explicitamente instiga à busca de práticas somáticas não ortodoxas para tornar

---

[7] Admito que minha seleção de pensadores e movimentos não cobre o espectro total da filosofia somática influente do século XX. Um dos principais movimentos filosóficos não examinados aqui, mas muitas vezes rico em intuições somáticas, é a *Philosophische Anthropologie*, representada por Max Scheler, Arnold Gehlen e Helmut Plessner (algumas fases da obra de Ernst Cassirer também se relacionam com essa corrente). Para uma versão contemporânea da antropologia filosófica baseada numa reconstrução sistemática da obra de Helmut Plessner (que conhece um vibrante renascimento na Europa), ver o importante estudo em dois volumes de Hans-Peter Krüger, *Zwischen Lachen und Weinen*, vol. 1, *Das Spektrum menschlicher Phänomene* (Berlim: Akademia, 1999), e vol. 2, *Der dritte Weg Philosophische Anthropologie und die Geschlecterfrage* (Berlim: Akademie, 2001).

o corpo "infinitamente mais suscetível ao prazer". Todavia, a gama de prazeres que Foucault efetivamente propõe continua paradoxalmente estreita, essencialmente limitada às delícias mais intensas das drogas mais fortes e do sexo transgressor, exemplificadas em sua ardente afirmação do sadomasoquismo homossexual consensual. O corpo, no entanto, goza de muitos outros prazeres menos violentos e explosivos, que não chegam a ser tão tediosamente convencionais a ponto de reduzir a autopercepção e o autodesenvolvimento. Práticas tranquilas de percepção meditativa do respirar, do sentar-se e do andar podem gerar correntes sutis de profundo gozo e dar início a transformações radicais, que muitas vezes florescem em experiências de entusiasmadíssima, se quieta, alegria.

Por que essas práticas delicadas e esses gozos mais sutis e quietos são ignoradas se o objetivo é maximizar nossas capacidades de prazer? Mais do que mero problema da alma atormentada de Foucault, essa negligência reflete a insensibilidade geral de nossa cultura às sutilezas da sensibilidade somática e da consciência corporal reflexiva, um entorpecimento que promove a busca do sensacionalismo. E essa deficiência cultural geral encontra notável expressão filosófica até nos mais progressistas dos pensadores do século XX que afirmam o papel crucial do corpo. Entendemos melhor a surdez de Foucault quanto aos prazeres somáticos e às disciplinas corporais delicadas se remontarmos sua consciência corporal deficiente a uma tradição filosófica arraigada que rejeita a reflexão somática até quando celebra o corpo.

Assim, os capítulos II e III discutem as filosofias de Maurice Merleau-Ponty e de Simone de Beauvoir, que formam uma parte significativa do *background* filosófico francês, do qual emergiu o pensamento somático de Foucault. Discuto primeiro Merleau-Ponty, porque a visão de Beauvoir de nossa existência corporal é explicitamente derivada da dele, e porque Foucault confessou ser "fascinado por ele".[8]

---

[8] Ver sua observação em Claude Mauriac, *Et comme l'espérance est violente* (Paris: Livre de Poche, 1986), 492.

Ao examinar como Merleau-Ponty e Beauvoir afirmam a intencionalidade e o papel essencial do corpo em nosso desenvolvimento pessoal, esses capítulos também explicam as maneiras como eles resistem, por razões diferentes, à afirmação da consciência corporal *reflexiva* enquanto meio de ampliar as capacidades, o desenvolvimento emancipatório e a autocompreensão. Ao mostrar os limites de seus argumentos, demonstro como as intuições de Merleau-Ponty sobre a primazia da consciência irreflexiva e as preocupações de Beauvoir com a objetificação e a exploração dos corpos femininos não precisam ser sacrificadas ao reconhecer-se o valor da consciência somática reflexiva. Ainda que os argumentos de Beauvoir contra o autocultivo somático (incluindo não apenas a autoconsciência somática, mas o cultivo da forma e da performance corporais externas) estejam mais fortemente expressos no clássico feminista *O Segundo Sexo*, também aparecem em seu livro posterior sobre a velhice, que merece nossa atenção por seu tratamento extensivo dessa importante questão somática, sobre a qual tantos filósofos deixaram de teorizar de modo sistemático (incluindo os cinco outros mestres discutidos aqui).

O capítulo seguinte se volta para uma figura-chave na filosofia analítica da mente. Ludwig Wittgenstein celebrizou-se por seus fortes argumentos contra o uso de sentimentos corporais como explicações filosóficas de conceitos mentais fundamentais como emoção, volição e nosso sentido de identidade. Uma leitura mais atenta de sua obra, porém, mostra seu reconhecimento de outros usos, não explanatórios, da reflexão sobre os sentimentos somáticos. O capítulo, assim, mostra como os reconhecimentos limitados e fragmentários de Wittgenstein da reflexão somática podem ser expandidos e pragmaticamente empregados em questões-chave de ética e estética que ele relaciona ao corpo em observações breves e misteriosas, cujo sentido pode ser fecundamente desenvolvido em termos de uma consciência somática ampliada. Uma questão importante investigada por esse capítulo é o problema da intolerância racial e étnica no que diz respeito às suas raízes viscerais, e à sua necessidade de soluções somaestéticas.

Os últimos dois capítulos abordam os principais tratamentos pragmatistas da consciência corporal, nas obras de William James e de John Dewey. James, o principal alvo dos argumentos de Wittgenstein contra o mau uso filosófico da reflexão somática, afirma insistentemente que os sentimentos corporais são cruciais para explicar quase todas as áreas da vida mental. Ele chega a associar nosso senso mais profundo de identidade com sentimentos corporais na cabeça, que detecta por meio de introspecção somática. Apenas a vontade residiria "exclusivamente dentro do mundo mental", desprovida de um componente somático fundamental. Além disso, James demonstra um domínio extraordinário da observação introspectiva e da descrição fenomenológica dos sentimentos corporais que supostamente fariam parte do pensamento e da emoção. Contudo, apesar de seu uso e de sua defesa da reflexão somática autoconsciente em sua obra teórica, James paradoxalmente se manifesta contrariamente a essa reflexão no processo efetivo de viver. Insistindo no fato de que a ação de verdade exige o mesmo tipo de espontaneidade desinibida e irrefletida que Merleau-Ponty defendia, James ainda condena a autoconsciência somática reflexiva por gerar problemas psicológicos e morais de depressão. Além de refutar os argumentos de James, esse capítulo explica as razões culturais e pessoais de sua resistência ao papel da reflexão somática na vida prática.

O livro termina com um capítulo sobre John Dewey, mostrando como ele desenvolve a orientação somática essencial de James, removendo, no entanto, alguns de seus dualismos preocupantes e de suas limitações unilaterais. Após explicar como Dewey aperfeiçoou a obra de James em questões teóricas como o papel do corpo na vontade, na emoção, no pensamento e na ação, a maior parte do capítulo dá atenção especial à vigorosa apologia de Dewey da reflexão somática autoconsciente no campo da prática concreta. Como essa defesa está intimamente relacionada ao trabalho e à amizade de Dewey com o educador somático F. M. Alexander, o capítulo inclui uma análise crítica da metodologia impressionantemente original de percepção corporal e de autouso hoje conhecida como Técnica Alexander. Mostrar-se-á que os problemas com a abordagem de Alexander (como seu centrismo cefálico excessivo e seu denegrecimento racionalista do sexo e da paixão) se refletem nas limitações da teorização do corpo por Dewey, que (como a de James) lamentavelmente negligencia o erótico, cuja importância para a filosofia somática é justamente enfatizada por Merleau-Ponty, por Beauvoir e, obviamente, por Foucault. Mesmo assim, Dewey oferece aquilo que é provavelmente a visão mais equilibrada e abrangente entre as filosofias somáticas do século XX, porque ele considera o valor da consciência somática reflexiva junto com a primazia da percepção e da performance corporais espontâneas e irrefletidas, ao mesmo tempo que oferece pistas conceituais para compreender a melhor maneira como o reflexivo e o irreflexivo podem ser combinados para um uso aprimorado de nós mesmos. Além disso, a explicação de Dewey da autoconsciência e do autocultivo ressalta de modo convincente a natureza essencialmente situada e ambientalmente constituída e interativa do eu.

IV

Dewey morreu há mais de cinquenta anos (em 1952), muito antes das novas tecnologias de microchips que aceleraram as sucessivas revoluções da informação que definem a cultura globalizada de hoje. Será que este livro, que trata da filosofia somática do século passado, que admira as disciplinas somáticas ancestrais asiáticas de aguçamento da consciência, que se preocupa com o fato de que nossas capacidades de consciência somática atenta estão sendo ameaçadas pelo sensacionalismo e pela sobrecarga informacional da era das novas mídias, está, então, simplesmente ultrapassado? Será que não passa de um reflexo antiquado e retrógrado do conservadorismo característico da filosofia? Ainda que tenha suas raízes no passado, este estudo ainda assim se volta para a frente, por causa de sua preocupação com a autoconsciência somática aguçada no mundo em que vivemos, cada vez mais midiático.

Não há grandes razões para acreditar que nossas novas tecnologias vão tornar nossos corpos obsoletos e nossa consciência somática gratuita. Como digo em *Performing Live*, quanto mais as novas mídias de comunicação buscam libertar-nos da necessidade de presença corporal física, mais importante ela parece ser. As tecnologias mais avançadas de realidade virtual ainda são experienciadas por meio do equipamento perceptual do corpo e de sua mesa de som – nossos órgãos sensoriais, cérebro, glândulas e sistema nervoso. Assim, mesmo os voos mais altos da fantasia tecnológica (como a visão de William Gibson da Matrix) representam heróis ficcionais que ficam fisicamente exaustos depois de suas atribuladas incursões no ciberespaço, pois mesmo suas emoções, intensamente estressantes, apesar de induzidas virtualmente, necessitam de base somática para poder ser experienciadas como emoções fortes.

Quanto mais informações e mais estímulos sensoriais nossas tecnologias nos fornecem, maior a necessidade de cultivar uma sensibilidade somaestética capaz de detectar e cuidar de ameaças de sobrecarga estressante. Não podemos simplesmente depender de novos instrumentos tecnológicos para nosso monitoramente somático, porque necessitamos de nossa própria sensibilidade corporal para monitorar a performance daqueles dispositivos cujos funcionamento e calibração são sempre falíveis. Os pacientes que usam dispositivos de monitoramento em seus corpos ficam assim instados a uma atenção vigilante a desconfortos ou sinais de mau funcionamento desses instrumentos. De modo mais geral, qualquer uso de novas ferramentas e tecnologias envolve novos usos (e posturas e hábitos) do corpo, o que significa novas possibilidades de tensões, desconfortos e deficiências somáticas resultantes de um uso ineficiente do corpo que o cultivo da autoconsciência somática aguçada pode ajudar a revelar, curar ou evitar. Já sabemos como o uso prolongado do computador gerou uma multidão de problemas somáticos, da vista cansada e das dores nas costas e no pescoço a diversos tipos de tendinite, à síndrome do túnel carpal, e a distúrbios causados por esforços repetitivos, que costumam ser resultado da má postura e de hábitos de mau uso somático que podem ser detectados por meio de autopercepção somática e de automonitoramento. Projetos ergonômicos melhores também podem ajudar numa certa medida, mas mesmo esses projetos, que em si dependem de maior autoconsciência somática, não têm como curar os abusos dos maus hábitos posturais.

Não podemos simplesmente confiar que nossos hábitos vão corrigir-se a si próprios por meio de tentativas e erros inconscientes ou por possíveis ajustes evolucionários. Essa atitude de confiança irrefletida em nós mesmos e em nosso futuro, ao contrário da autoconsciência somática crítica aqui proposta, pode ser rotulada de antiquada com mais propriedade, por expressar uma fé tradicional e sem questionamentos na providência divina ou natural. O método de tentativas e erros sem reflexão e o ajuste evolucionário não apenas deixam coisas demais nas mãos da sorte cega, de que não se pode depender, mas também são vagarosos demais para poder garantir o bem-estar do indivíduo e para atualizar-se diante da rápida velocidade das invenções tecnológicas, que exigirão sempre novos ajustes somáticos. Ainda que uma ação conhecida possa ser realizada de maneira mais rápida e confiável por meio do hábito inconsciente do que por meio da atenção somática autoconsciente, essa consciência alerta é importante para aprender novas habilidades, e necessária para identificar, analisar e corrigir nossos hábitos corporais problemáticos, de modo a torná-los mais adequados às condições, às ferramentas e às tarefas, que mudam constantemente, e mais harmonizados com as diferentes necessidades e com a saúde do nosso instrumento corporal básico. Enquanto nosso futuro envolver transformações no uso e na experiência corporais, a autoconsciência somática deveria desempenhar um papel central no rastreamento, na condução e no enfrentamento dessas mudanças.

capítulo 1

A SOMAESTÉTICA E O CUIDADO COM O EU
O caso de Foucault

I

Entre as muitas razões por que Michel Foucault é um filósofo importante, está uma iniciativa dupla e ousada: renovar a antiga concepção da filosofia como modo especial de vida, e insistir em sua expressão distintivamente somática e estética. Essa dupla dimensão da obra posterior de Foucault (apresentada não só nos três volumes de sua *História da Sexualidade* e nos últimos cursos que deu no Collège de France, mas também em diversas entrevistas e artigos curtos) está marcadamente expressa em suas ideias centrais da "estética da existência", das "tecnologias do eu", estilizadoras, e do cultivo de "corpos e prazeres".[1] Este capítulo examina Foucault enquanto pioneiro exemplar, se problemático, da área que chamo de somaestética, uma

---

[1] As citações foram extraídas de Michel Foucault, *History of Sexuality*, trad. Robert Hurley, vol. 1 (Nova York: Vintage, 1980), 157; vol. 2 (Nova York: Vintage, 1986), 89; e "Technologies of the Self", em *The Essential Works of Michel*

disciplina que recoloca a experiência do corpo e da reestilização artística no coração da filosofia enquanto arte de viver. O longo domínio da tradição platonista, fortalecida pelos séculos recentes de cartesianismo e de idealismo, cegou-nos para um fato crucial e óbvio para grande parte do pensamento antigo e não ocidental: como vivemos, pensamos e agimos por meio de nossos corpos, o estudo, o cuidado e o aprimoramento deles deveria estar no fulcro da filosofia, sobretudo quando se concebe a filosofia (como antigamente) como modo distinto de vida, um cuidado crítico e disciplinado do eu, que envolve autoconhecimento e autocultivo.

Mesmo no clima contemporâneo, de maior consciência corporal, a maior parte dos teóricos seguiu Pierre Hadot, tratando a vida filosófica como vida unilateral da mente.[2] Hadot, o primeiro a reavivar o interesse contemporâneo (inclusive por parte de Foucault) na filosofia enquanto forma de vida, define essa vida como prática programática de disciplinas terapêuticas (por exemplo, "meditações", "terapias das paixões" e "autodomínio"), que ele marcadamente

---

Foucault, 1954-1984, ed. Paul Rabinow, trad. Robert Hurley, vol. 1 (Nova York: New Press, 1997), 223-251.

[2] Ver Pierre Hadot, "Spiritual Exercises", em sua obra *Philosophy as a Way of Life*, ed. Arnold Davidson (Oxford: Blackwell, 1995), 81-125; as citações daqui, em 84, 94, 102. A ênfase unilateral de Hadot na mente é claramente ecoada nos relatos de vidas filosóficas oferecidos por Stanley Cavell, Martha Nussbaum e Alexander Nehamas. Em *Practicing Philosophy: Pragmatism and the Philosophical Life* (Nova York: Routledge, 1997), em que a somaestética é usada para oferecer uma explicação mais favorável ao corpo da vida filosófica, critico Cavell e Nehamas por ignorar o corpo e por definir a vida filosófica inteiramente em termos de palavras, sobretudo os exercícios textuais de ler e escrever. *The Therapy of Desire* (Princeton, NJ: Princeton University Press, 1994), estudo de Martha Nussbaum, exibe a mesma unilateralidade intelectualista ao limitar a vida filosófica à "técnica" da "discussão racional" (5-6, 353-4). Além disso, ela segue o foco de Hadot nos estoicos e a ênfase unilateral no modelo médico-terapêutico da vida filosófica, distinto do modelo estético que Foucault, Nehamas e eu propomos.

chama de "exercícios espirituais", e que contrasta fortemente com os exercícios e as necessidades corporais. Remontando esses exercícios ao diálogo socrático, e concentrando-se primariamente na tradição "estoico-platônica", Hadot, de modo ainda mais revelador, define sua natureza espiritual, e o objetivo essencial da filosofia, nos termos do *Fédon*, o diálogo de Platão em que mais se despreza o corpo. Nele, Platão apresenta a filosofia como treinamento para a morte, por meio do exercício de "separar a alma tanto quanto possível do corpo (...) até que ela seja completamente independente".

Parafraseando esse famoso trecho para expressar a busca da alma de "libertar-se" das paixões e dos sentidos do corpo "de modo a obter a autonomia do pensamento", Hadot enxerga o exercício espiritual como o instrumento por meio do qual "a filosofia submete a vontade de viver do corpo às exigências superior do pensamento", a fim de corporificar nossa pura essência racional. Observando que esses exercícios espirituais de fortalecimento da alma podem ser vistos como uma espécie de "ginástica espiritual" análoga aos exercícios físicos que desenvolvem o corpo, Hadot chega a admitir que "o ginásio, o local em que se praticava exercícios físicos, era o mesmo lugar em que se dava aulas de filosofia". No entanto, ele parece estranhamente indisposto a admitir a ideia de que as duas atividades poderiam ser combinadas de modo fecundo pelos antigos em sua busca da filosofia enquanto modo de vida. Por maior que seja minha reverência à erudição superior de Hadot na área da filosofia antiga, ouso pensar que essa combinação pode ser detectada se olharmos além da imponente sombra antissomática do idealismo platônico e de sua expressão enormemente influente do *Fédon*. No *Timeu*, por exemplo, Platão conclama a um "equilíbrio igual e saudável entre [o corpo e a mente]. Assim, qualquer pessoa [como o filósofo] dedicada à matemática ou a qualquer outra árdua busca intelectual também deveria exercitar seu corpo e fazer treinamentos físicos".[3]

---

[3] *Timeu* (88), trad. H. D. P. Lee (Londres: Penguin, 1965), 116-117.

Se olharmos além das fontes de Platão, recordaremos que Sócrates "cuidava de exercitar seu corpo, e o mantinha em bom condicionamento", praticando dança regularmente. "O corpo", dizia, "é importante para todas as atividades humanas, e em todos os seus usos é muito importante que ele esteja na melhor condição possível. Até no ato de pensar, que supostamente exigiria mínima ajuda do corpo, todos sabem que sérios erros acontecem por causa da doença física". Sócrates não foi o único filósofo a celebrar a saúde física e a defender o treinamento e o refinamento somáticos. Antes dele, Cleóbulo, um sábio "notável por sua força e por sua beleza, e (...) por seu conhecimento da filosofia egípcia", "aconselhava os homens a praticar exercícios corporais". Aristipo (pupilo hedonista de Sócrates e fundador da escola cirenaica) afirmava que "o treinamento do corpo contribui para a aquisição da virtude", e Zenão, fundador do estoicismo, também instava ao exercício físico regular, dizendo que "o devido cuidado da saúde e dos órgãos de sentido" é um "dever incondicional". Ainda que considerasse os prazeres mentais superiores aos meramente corporais, Epicuro ainda afirmava que "a saúde do corpo e a tranquilidade da mente" constituíam o duplo objetivo da busca da filosofia por "uma vida feliz".[4]

Diógenes, fundador dos cínicos, era ainda mais enérgico em sua defesa do treinamento corporal como chave indispensável para o desenvolvimento da virtude e da boa vida: "E ele traria provas indiscutíveis de como se chegava facilmente à virtude por meio da ginástica".[5] Praticando a disciplina somática que pregava, experimentou diversas práticas corporais, a fim de testar-se e de ficar mais forte, fosse limitando sua dieta e andando descalço na neve, ou masturbando-se em público e recebendo os golpes dos bêbados.

---

[4] Ver Diogenes Laertius, *Lives of Eminent Philosophers*, trad. R. D. Hicks, 2 vols. (Cambridge, MA: Harvard University Press, 1991), vol. 1: 91, 95, 221; vol. 2: 216, 653; cf. 1: 22, 153, 163; e Xenofonte, *Conversations of Socrates* (Londres: Penguin, 1990), 172.

[5] Diogenes Laertius, *Lives of Eminent Philosophers*, 2: 71-73.

O reconhecimento do treinamento somático como meio essencial para a virtude e o esclarecimento filosóficos está no coração das práticas asiáticas de hatha ioga, de meditação Zen, e do tai chi chuan. Como insiste o filósofo japonês Yuasa Yasuo, o conceito de "cultivo pessoal" ou *shugyo* (obviamente análogo ao "cuidado de si") é pressuposto pelo pensamento oriental enquanto "fundamento filosófico", porque "o verdadeiro conhecimento não pode ser obtido simplesmente por meio do pensamento teórico, mas somente por meio 'do reconhecimento ou percepção corporal' (*tainin* ou *taitoku*)".[6] Desde seu mais remoto começo, a filosofia do leste asiático insistiu na dimensão corporal do autoconhecimento e do autocultivo. Quando os *Analetos* de Confúcio defendem o exame diário de si na busca do autoaprimoramento, a palavra traduzida como "si" é na verdade a palavra chinesa para corpo (*shen*). Ao defender que o cuidado do corpo é a tarefa e responsabilidade básica sem a qual não somos capazes de realizar com sucesso todas as nossas demais tarefas e deveres, Mêncio diz que "as funções do corpo são um dom do Céu. Mas somente um sábio é capaz de manipulá-las adequadamente".[7] Laozi e Zhuangzi, filósofos taoístas clássicos, também enfatizam a importância particular do cuidado somático: "Aquele que ama seu corpo mais do que o domínio do império pode receber a custódia do império".[8] "Basta que você cuide de seu próprio corpo e o guarde (...) [e] outras coisas

---

[6] Yuasa Yasuo, *The Body: Toward an Eastern Mind-Body Theory*, trad. S. Nagatomo e T. P. Kasulis (Albany: Suny Press, 1987), 25. No livro posterior de Yuasa, *The Body, Self-Cultivation, and Ki-Energy*, tradução de S. Nagatomo e M. S. Hull (Albany: Suny Press, 1993), o termo *shugyo* é traduzido como "autocultivo". Derivado da combinação de dois ideogramas chineses que referem respectivamente "domínio" e "prática", *shugyo* literalmente significa "dominar uma prática", mas a ideia de que isso demanda autocultivo e autodomínio está implícita, e é essencial.

[7] Ver *The Analects of Confucius: A Philosophical Translation*, trad. Roger Ames e Henry Rosemont, Jr. (Nova York: Ballantine, 1999), 72; Mencius, trad. W. A. C. H. Dobson (Toronto: University of Toronto Press, 1963), 144; cf. 138.

[8] *Tao te Ching*, trad. D. C. Lau (Londres: Penguin, 1963), 17 (XIII).

ficarão fortes por si"; "o sábio se preocupa (...) [com] os meios de manter o corpo saudável e de cuidar da vida"; "ao estar completo no corpo, ele está completo no espírito; e estar completo no espírito é o Caminho do sábio".[9]

Não é este o local de explorar essas filosofias ancestrais e não ocidentais de autocuidado somático, nem de explicar o eclipse da filosofia na modernidade e seu deslocado ressurgimento em Wilhelm Reich, F. M. Alexander ou Moshe Feldenkrais, misto de teóricos e terapeutas do século XX. Por mais fascinantes que sejam esses assuntos, prefiro concentrar-me aqui no desenvolvimento de uma concepção de filosofia que seja uma prática distintamente corporificada e autoconsciente somaticamente de cultivo transformativo do eu por meio da exploração das contribuições ricas, se controversas, de Foucault a essa ideia.[10] Primeiro, proponho a somaestética como arcabouço sistemático em que sua obra pode ser situada de modo útil. Depois, considero importantes objeções tanto ao programa especificamente somaestético de Foucault, e a ideia mais geral de somaestética enquanto área prática e teórica, as quais incluem acusações de estreiteza, sensualismo, trivialidade hedonista e narcisismo apolítico.

---

[9] *The Complete Works of Chuang Tzu*, trad. Burton Watson (Nova York: Columbia University Press, 1968), 120, 135, 313.

[10] Essa obra inclui não apenas os três volumes da *História da Sexualidade*, de Foucault, mas também seus diversos ensaios breves, palestras, programas de cursos, discussões e entrevistas, discutindo práticas corporais, sexualidade e a ética e as tecnologias do eu, muitos dos quais estão reunidas em Sylvère Lotringer (org.), *Foucault Live: Collected Interviews, 1961-1984*, trad. Lysa Hochcroth e John Johnston (Nova York: Semiotext(e), 1996), doravante *FL*: e nos três volumes de Paul Rabinow, ed., *The Essential Works of Michel Foucault, 1954-1984*, trad. Robert Hurley e outros (Nova York: Free Press, 1997), derivados da reunião mais completa *Dits et Écrits*, ed., D. Defert e F. Ewald, publicada originalmente em quatro volumes pela Gallimard em 1994. Aqui refiro a edição Quarto mais recente (Paris: Gallimard, 2001).

II

Podemos definir provisoriamente a somaestética como o estudo melhorativo crítico da experiência e do uso de corpo enquanto *locus* de apreciação sensorial-estética (estesia) e de autoestilização criativa. Assim, ela também se dedica ao conhecimento, aos discursos e às disciplinas que estruturam esse cuidado somático ou que podem melhorá-lo. Se colocarmos de lado o preconceito filosófico contra o corpo e simplesmente recordarmos os objetivos centrais da filosofia – o conhecimento, o autoconhecimento, o agir correto, a felicidade e a justiça, então o valor filosófico da somaestética deveria ficar óbvio.

1. Uma vez que o conhecimento baseia-se amplamente na percepção sensorial, cuja confiabilidade com frequência se mostra questionável, a filosofia há muito se ocupa da crítica aos sentidos, denunciando seus limites e evitando suas orientações duvidosas por meio da razão discursiva. A modernidade ocidental essencialmente limitou esse projeto filosófico à análise e à crítica de julgamentos sensoriais proposicionais que definem a epistemologia tradicional. A rota complementar oferecida pela somaestética é corrigir a performance efetiva dos sentidos por meio da direção aprimorada do próprio corpo, já que os sentidos pertencem ao soma e por ele são condicionados. Se o corpo é nosso instrumento primordial para a apreensão do mundo, então podemos aprender mais sobre o mundo melhorando as condições e o uso desse instrumento. Uma pessoa que não consiga virar a cabeça para olhar para trás por causa de um pescoço duro (típico resultado do mau hábito de contrair a parte superior do corpo, dificultando a rotação dos ombros e das costelas) enxergará cada vez menos, e terá uma percepção menos confiável. Se os músculos da mão estiverem contraídos demais, ficamos menos capazes de fazer discriminações perceptivas finas das qualidades das superfícies macias ou delicadas que tocarmos. Assim como Sócrates percebia que a má saúde física (por meio de suas consequências, o mau funcionamento dos órgãos ou a exaustão mental) poderiam levar ao erro, também disciplinas como a Técnica Alexander e o Método Feldenkrais (e práticas

asiáticas ancestrais, como o hatha ioga e a meditação zen) buscam aprimorar a acuidade, a saúde e o controle dos sentidos por meio do cultivo de maiores atenção e domínio de seu funcionamento somático, ao mesmo tempo que nos libertam da distorção das garras de maus hábitos corporais, que prejudicam a performance sensorial.

2. Se o autoconhecimento é um objetivo central da filosofia, então o conhecimento da dimensão corporal não pode ser ignorada. Ao reconhecer a complexa estrutura ontológica do corpo, que é simultaneamente objeto material no mundo e subjetividade intencional dirigida ao mundo, a somaestética se ocupa não apenas da forma ou representação externa do corpo, mas também de sua experiência vivida; a somaestética trabalha em prol de uma percepção aprimorada de nossos sentimentos, oferecendo assim uma intuição maior tanto de nossos estados de espírito passageiros e de nossas disposições duradouras. Ela pode, assim, revelar e melhorar problemas somáticos que não seriam detectados, ainda que prejudiquem nossos bem-estar e performance. Consideremos dois exemplos. Raramente percebemos nossa respiração, mas seu ritmo e sua profundidade fornecem indícios rápidos e confiáveis de nosso estado emocional. A consciência da respiração pode, assim, fazer com que percebamos estar sentindo raiva ou ansiedade, quando poderíamos não perceber esses sentimentos, e assim permanecer vulneráveis às suas más orientações. De modo análogo, uma contração muscular desnecessária e crônica que não apenas restringe o movimento, mas que também pode resultar em tensão ou mesmo em dor, pode ainda assim passar despercebida por ter-se tornado habitual. Por não ser percebida, não pode ser aliviada, e o desconforto e a deficiência dela resultantes não podem ser tratados. Mas uma consciência somaestética mais aguçada de nosso tônus muscular pode revelar esses hábitos inconscientes de contração crônica que causam desconfortos não percebidos, e uma vez que esse mau funcionamento somático receba atenção, há uma oportunidade de modificá-lo e de evitar suas consequências nocivas.

3. Um terceiro objetivo central da filosofia é o agir correto, para o qual se necessita de conhecimento, autoconhecimento e vontade

capaz. Como a ação só é realizada por meio do corpo, nossa faculdade de volição – a capacidade de agir como queremos agir – depende da eficácia somática. Conhecer e desejar a ação correta não será suficiente se não conseguirmos motivar o corpo a realizá-la; e nossa surpreendente incapacidade de realizar as mais simples tarefas corporais só tem comparação em nossa impressionante cegueira em relação a essa incapacidade, as quais resultam de percepção e controle somático inadequados.

Considere a golfista em dificuldades que tenta manter a cabeça baixa e os olhos na bola e que está completamente convencida de estar fazendo isso, ainda que infelizmente não consiga. Sua vontade consciente fracassa porque hábitos somáticos profundamente arraigados se sobrepõem a ela, e ela nem percebe que não consegue porque sua percepção sensível habitual é tão inadequada e distorcida que ela tem a sensação de que a ação programada é efetivamente realizada como ela queria. Essa golfista levanta a cabeça contra a vontade. Mas ninguém a está forçando a levantá-la, nem existe nenhum instinto embutido que a faça levantá-la. Assim, o levantar da cabeça não é involuntário nesses sentidos; não é, todavia, aquilo que ela conscientemente quer. Seu livre-arbítrio fica assim impedido pelos hábitos opressores do mau uso e da má percepção de seu corpo. Numa parte enorme de nossas ações, somos como a golfista que levanta a cabeça, cuja vontade, por mais forte que seja, continua impotente, por não ter a sensibilidade somática necessária para torná-la eficaz. Essa má percepção e esse enfraquecimento da vontade tolhem a virtude. Defendida hoje por terapeutas corporais de fora dos limites da filosofia legitimada, essa linha argumentativa tem credenciais filosóficas ancestrais. Diógenes, o Cínico, não foi o único a usá-la para promover o treinamento rigoroso do corpo como "aquilo por que, com exercício constante, as percepções são formadas, como a segura liberdade de movimentos para atos virtuosos".[11]

---

[11] Diogenes Laertius, *Lives of Eminent Philosophers*, 2: 71; cf. 1:221; 2:119 para Aristipo e Zenão.

4. A busca da virtude e do autodomínio está tradicionalmente integrada à busca da ética pela vida melhor. Se a filosofia se ocupa da busca da felicidade, então é claro que a preocupação da somaestética com o corpo enquanto *locus* e meio de nossos prazeres merece mais atenção filosófica. Mesmo as alegrias e os estímulos do dito puro pensamento são (para nós, humanos com corpos) influenciadas pelo condicionamento somático e exigem contração muscular; elas podem, assim, ser intensificadas ou mais apropriadamente saboreadas por meio da percepção e da disciplina somáticas. Até os ascetas que castigam o corpo para buscar sua maior felicidade ainda têm de tornar seus corpos cruciais para sua busca. A filosofia recente estranhamente dedicou muitas investigações à ontologia e à epistemologia da dor, e poucas a seu domínio psicossomático ou transformação em prazer.

5. Além desses quatro pontos, importantes mas muito negligenciados, a visão seminal de Foucault do corpo enquanto lugar dócil e maleável à inscrição de poder social revela o papel crucial que o soma pode desempenhar na filosofia política e na questão da justiça. Ela oferece uma maneira de entender como complexas hierarquias de poder podem ser amplamente aplicadas e reproduzidas sem nenhuma necessidade de torná-las explícitas em leis ou executá-las oficialmente; elas são implicitamente observadas e executadas simplesmente por meio de nossos hábitos corporais, incluindo hábitos de sentimento que tenham raízes corporais. Ideologias inteiras de dominação podem assim ser disfarçadamente materializadas e preservadas por meio de sua codificação em normas somáticas sociais que, enquanto hábitos corporais, costumam passar despercebidas e por isso escapam à consciência crítica. As normas de que as mulheres de uma certa cultura devem falar suavemente, comer pouco, sentar de pernas fechadas, assumir o papel passivo na cópula, andar com a cabeça curvada e olhos baixos, são normas corporificadas que tanto refletem como reforçam essa opressão de gênero. A dominação desse tipo é particularmente difícil de questionar porque nosso corpo a absorveu tão profundamente que ele mesmo se revolta contra o questionamento

– como quando uma jovem secretária involuntariamente cora, treme, retrai-se ou até chora quando tenta levantar a voz em protesto contra algo que foi somaticamente treinada a respeitar. Qualquer questionamento eficaz da opressão deveria portanto incluir um diagnóstico somaestético dos hábitos e sentimentos corporais que expressam a dominação, e também das regras e dos métodos institucionais sutis que os inculcam, a fim de que esses possam ser superados, junto com as condições sociais opressoras que os geram.

Contudo, assim como as relações opressoras de poder estão codificadas e confirmadas em nosso corpo, elas também podem ser questionadas por práticas somáticas alternativas. Essa mensagem de Foucault, fecundamente abraçada por teóricos do corpo feministas e *queer*, há muito é parte do programa psicossomático de pensadores como Reich e Feldenkrais. Afirmando influências recíprocas profundas entre o desenvolvimento somático e o psicológico, esses teóricos explicam o mau funcionamento somático tanto como produto quanto como causa que reforça problemas de personalidade, os quais, por si, exigem uma reeducação corporal para ser devidamente solucionados. Iogues e mestres zen, assim como fisiculturistas e praticantes de artes marciais, dizem coisas semelhantes. No caso dessas disciplinas distintas, o treinamento somático constitui o coração do cuidado de si da filosofia, um pré-requisito para o bem-estar mental e para o autodomínio psicológico.

As dimensões multifacetadas e o nexo somático dessas preocupações filosóficas me levou a propor a somaestética enquanto campo interdisciplinar de estudo. Apesar do aumento sensível contemporâneo da teorização a respeito do corpo, ela parece carecer de duas características importantes. Primeira, de uma visão geral estruturante ou arquitetônica, que integre seus discursos muito diferentes e aparentemente incomensuráveis num campo mais produtivamente sistemático, um arcabouço abrangente que possa fecundamente relacionar o discurso da biopolítica com as terapias da bioenergia ou conectar a ontologia da superveniência com os métodos fisiculturistas dos superconjuntos. A segunda coisa que falta na grande maioria das teorizações filosóficas sobre o corpo é uma orientação pragmática clara – algo que o indivíduo possa traduzir diretamente numa disciplina de prática somática aprimorada. Inspirado pela visão corporificada de Foucault do cuidado com o eu, a somaestética busca remediar essas duas deficiências.

III

1. A somaestética, como a vejo, possui três ramos fundamentais, todos fortemente presentes em Foucault. O primeiro, a *somaestética analítica*, é um empreendimento essencialmente descritivo e teórico dedicado a explicar a natureza de nossas percepções e práticas corporais e sua função em nossos conhecimento e construção de mundo. Além dos assuntos tradicionais da filosofia da mente, a ontologia e a epistemologia relacionadas à questão da mente e do corpo e ao papel dos fatores somáticos na consciência e na ação, a somaestética analítica também inclui aquelas análises genealógicas, sociológicas e culturais que Foucault tão vigorosamente introduziu na filosofia contemporânea, e que ajudou a informar a teoria somática de Pierre Bourdieu e teóricas feministas como Judith Butler e Susan Bordo. Esses estudos mostram como o corpo é simultaneamente formatado pelo poder e usado como instrumento de sua manutenção, como as normas corporais de saúde, de capacidades e de beleza, e até nossas categorias de sexo e de gênero, são construídas de modo a refletir e a sustentar forças sociais.[12] A abordagem de Foucault dessas questões somáticas costumava ser *genealógica*, retratando a emergência histórica de diversas doutrinas, normas e práticas corporais. Essa abordagem descritiva

---

[12] Dentro da riqueza de excelentes pesquisas nessa área, devo ao menos citar duas obras pioneiras que têm títulos similares mas conteúdos muito distintos: *The Body and Society: Explorations in Social Theory* (Oxford: Blackwell, 1984), do sociólogo Bryan Turner, e *The Body and Society: Men, Women and Sexual Renunciation in Early Christianity* (Nova York: Columbia University Press, 1988), do historiador Peter Brown.

poderia ser estendida, por meio de uma análise comparativa que contrasta as visões e práticas do corpo de duas ou mais culturas sincrônicas, ou até de uma análise voltada para a complexidade somática de uma única cultura, com sua variedade de subculturas e classes. Mas o valor desses estudos histórico-culturais não exclui de antemão um lugar para análises mais gerais da corporificação, sejam elas orientadas ontológica ou fenomenologicamente, ou advindas de perspectivas que envolvam as ciências biológicas e cognitivas.[13]

2. Contrastando com a somaestética analítica, cuja lógica (seja genealógica ou ontológica) é descritiva, a *somaestética pragmática* possui uma natureza distintamente normativa e prescritiva, propondo métodos específicos de aprimoramento somático e comparando-os criticamente. Como a viabilidade de qualquer método depende de certos fatos a respeito do corpo (sejam ontológicos, fisiológicos ou sociais), essa dimensão pragmática sempre pressuporá a dimensão analítica, ainda que a transcenda não só pela avaliação mas também pelos esforços melhorativos de mudança de certos fatos, recriando o corpo e sociedade. Ao longo da história, uma ampla variedade de métodos pragmáticos foi projetada para melhorar nossa experiência e nosso uso de nossos corpos; diversas dietas, formas de asseio e de decoração (incluindo a pintura corporal, *piercing* e escarificação, assim como modos mais familiares de cosmética, de uso de joias e roupas), dança, ioga, massagem, aeróbica, fisiculturismo, calistenia, artes marciais e eróticas, e disciplinas psicossomáticas modernas como a Técnica Alexander e o Método Feldenkrais.

Essas diferentes metodologias de práticas podem ser classificadas de formas diferentes. Podemos distinguir entre práticas que são holísticas ou mais atomísticas. Enquanto as últimas voltam-se para

---

[13] Há uma encorajadora convergência dessas orientações, particularmente nas últimas pesquisas relacionadas à cognição corporificada, como exemplificam as obras de Francisco Varela, Evan Thompson, Eleanor Rosch, George Lakoff, Mark Johnson, Antonio Damasio, Brian O'Shaughnessy, Shaun Gallagher, John Campbell, Alva Noe e outros.

partes ou superfícies corporais individuais – a estilização do cabelo, a pintura das unhas, o bronzeamento da pele, o encurtamento do nariz ou o aumento dos seios por meio de cirurgias – as primeiras práticas são enfaticamente orientadas para o corpo inteiro – aliás, para a pessoa inteira – enquanto todo integrado. O hatha ioga, o tai chi chuan e o Método Feldenkrais, por exemplo, compreendem sistemas de posturas e movimentos somáticos integrados que desenvolvem a energia e o funcionamento harmoniosos do corpo enquanto todo unificado. Ao penetrar abaixo das superfícies da pele e das fibras musculares para realinhar os ossos e organizar melhor os caminhos neurais por meio dos quais nos movemos, sentimos e pensamos, essas práticas insistem que a maior harmonia somática é tanto um instrumento contribuinte quanto um subproduto da benéfico da percepção mental ampliada e do equilíbrio psíquico. Essas disciplinas recusam-se a separar o corpo da mente ao buscar o melhoramento esclarecido de corpo e mente da pessoa integral.

As práticas somáticas também podem ser classificadas como direcionadas primariamente à própria praticante individual ou primariamente a outrem. Uma massoterapeuta ou uma cirurgiã normalmente trabalham sobre outrem, mas, ao praticar tai chi chuan ou fisiculturismo, trabalha-se mais sobre o próprio corpo. A distinção entre práticas somáticas autodirecionadas ou heterodirecionadas não pode ser rigidamente exclusiva porque muitas práticas são as duas coisas. A aplicação de maquiagem cosmética é algo que com frequência se faz em si mesmo e nos outros; e as artes eróticas exibem um interesse simultâneo nos prazeres experienciais sentidos pelo sujeito e por seu parceiro ao manipular os corpos de um e de outro. Além disso, assim como as disciplinas autodirecionadas (como a dieta e o fisiculturismo) frequentemente parecem motivadas por um desejo de agradar outros, também as práticas heterodirecionadas podem ter seus próprios prazeres autodirecionados.

Apesar dessas complexidades (que em parte vêm da profunda interdependência entre o eu e o outro), a distinção entre as disciplinas corporais autodirecionadas e as heterodirecionadas é útil por resistir à presunção comum de que se concentrar no próprio corpo implica uma retirada do social. Meu trabalho enquanto praticante do Método Feldenkrais ensinou-me como é importante prestar muita atenção ao próprio estado somático a fim de prestar a devida atenção ao do cliente. Quando dou uma aula de Integração Funcional do Método Feldenkrais, tenho de estar consciente do posicionamento do meu corpo e da minha respiração, da tensão nas minhas mãos e em outras partes do corpo, e da qualidade do contato que meus pés têm com o piso, a fim de ser capaz de estimar corretamente a tensão corporal e a facilidade de movimento do cliente.[14] Preciso ficar somaticamente confortável para não ficar distraído por minhas próprias tensões corporais e para comunicar a mensagem correta ao cliente. Do contrário, transmitirei meus sentimentos de tensão e de desconforto somáticos ao cliente quando tocá-lo. E como frequentemente não percebemos quando e por que estamos num leve estado de desconforto somático, parte do treinamento Feldenkrais dedica-se a ensinar a discernir esses estados e a distinguir suas causas.

Uma consciência mais clara das próprias reações somáticas também pode melhorar o comportamento em relação a outrem em contextos sociais e políticos mais amplos. Muitas hostilidades étnicas e raciais não são produto do pensamento lógico, mas de profundos

---

[14] O Método Feldenkrais emprega um modelo educacional, e não patológico. Os praticantes, assim, consideram as pessoas tratadas como "alunos" e não como "pacientes", e dizemos que nosso trabalho consiste em dar "aulas", não fazer "sessões de terapia". A Integração Funcional é apenas um dos dois modos centrais do Método, sendo que o outro se chama Consciência pelo Movimento. A melhor descrição do último está no texto introdutório *Awareness Through Movement* (Nova York: Harper and Row, 1972), de Feldenkrais. Uma explicação muito detalhada mas difícil da Integração Funcional pode ser encontrada em Yochanan Rywerant, *The Feldenkrais Method: Teaching by Handling* (Nova York: Harper and Row, 1983). Para uma análise filosófica comparativa do Método Feldenkrais, da Técnica Alexander e da bioenergética, ver o capítulo VIII de *Performing Live* (Ithaca, NY: Cornell University Press, 2000), de minha autoria.

preconceitos, expressos ou corporificados somaticamente em sentimentos vagos mas desagradáveis que costumam ficar abaixo do nível da consciência explícita. Por isso, esses preconceitos e sentimentos resistem a ser corrigidos por meros argumentos discursivos em favor da tolerância, que podem ser aceitos no nível racional, sem alterar o controle visceral do preconceito. Frequentemente negamos ter esses preconceitos porque não percebemos que os sentimos, e o primeiro passo para controlá-los ou removê-los é desenvolver a consciência somática capaz de reconhecê-los em nós mesmos.[15]

As disciplinas somáticas podem ainda ser classificadas segundo sua orientação principal, voltada para a aparência exterior ou para a experiência interior. A somaestética representacional (como a cosmética) ocupa-se mais com as formas exteriores ou superficiais do corpo, e as disciplinas experienciais (como ioga) são mais voltadas para fazer com que "nos sintamos melhor" nos dois sentidos dessa expressão ambígua (que reflete a ambiguidade produtiva do estético): para tornar a qualidade de nossa experiência somática mais satisfatoriamente rica, mas também para torná-la mais agudamente perceptiva. Práticas cosméticas (dos cortes de cabelo à cirurgia plástica) exemplificam o lado representacional da somaestética, e práticas como a "Consciência pelo Movimento" do Método Feldenkrais, ou a meditação da mente alerta são paradigmáticas do modo experiencial.

A distinção entre a somaestética representacional e a experiencial diz mais respeito a uma tendência dominante do que a uma dicotomia rígida. A maioria das práticas somáticas tem simultaneamente dimensões (e recompensas) representacionais e experienciais, porque existe uma complementaridade básica entre representação e experiência, exterior e interior. Nossa aparência influencia o modo como nos sentimos e vice-versa. Práticas como a dieta ou o fisiculturismo, que inicialmente são realizadas com vistas a fins

---

[15] O raciocínio é desenvolvido de maneira mais completa no capítulo IV deste livro, que aborda a filosofia somática de Wittgenstein.

representacionais, com frequência produzem sentimentos interiores que passam a ser buscados por seu próprio valor experiencial. A pessoa que faz dieta torna-se anoréxica, ansiando pela sensação interior da fome; o fisiculturista fica viciado na onda experiencial do *pump*. Além disso, métodos somáticos voltados para a experiência interior frequentemente se valem de meios representacionais para guiar a postura corporal necessária para induzir a experiência desejada, seja a consulta à própria imagem num espelho, o foco do olhar numa parte do corpo como a ponta do nariz ou o umbigo, ou simplesmente a visualização de uma forma corporal na imaginação. Por outro lado, práticas representacionais como o fisiculturismo usam uma percepção aguçada dos sinais experienciais (por exemplo, da fadiga ótima, do alinhamento corporal, da extensão muscular total) para atender a seus fins esculturais de forma exterior, ajudando a distinguir, por exemplo, o tipo de dor que cria músculos da dor que indica uma lesão.

Ainda assim, a distinção representacional/experiencial continua a ser útil, sobretudo para refutar certos argumentos que condenariam a somaestética como algo intrinsecamente superficial e privada de elementos espirituais. A famosa crítica de Horkheimer e de Adorno do cultivo somático é um bom exemplo desses argumentos. Qualquer tentativa de "produzir uma renascença do corpo" há de fracassar, segundo eles, por reforçar implicitamente a "distinção (...) entre o corpo e o espírito" de nossa cultura. Enquanto objeto de cuidado, o corpo será exteriorizado representacionalmente como mera coisa física ("a coisa morta, o '*corpus*'"), em contraste com o espírito vivo interior.[16] A atenção ao corpo é portanto sempre uma atenção *alienada* a uma representação exterior, fora do eu espiritual. Além disso, enquanto representação exterior, ela é inescapavelmente dominada e

---

[16] Ver Max Horkheimer e Theodor Adorno, *Dialectic of Enlightenment* [*Dialética do Esclarecimento*], trad. John Cumming (Nova York: Continuum, 1986), 232, 233, doravante *DdE*.

usada pelos corrompidos senhores sociais da imagem – a publicidade e a propaganda. "A idolatria dos fenômenos vitais, da 'besta loura' aos habitantes das ilhas dos mares do Sul inevitavelmente leva ao 'filme de sarongue' e aos cartazes com anúncios de pílulas de vitaminas e cremes para a pele que simplesmente representam o objetivo imanente da publicidade: o tipo de homem novo, grande, belo e nobre – o Führer e suas tropas de choque" (DdE, 233-234).

Os entusiastas da beleza física e do treinamento físico não são apenas superficiais: são sinistramente relacionados a exterminadores fascistas, que tratam o corpo humano como mera "substância física" (DdE, 234), um instrumento mecânico maleável, cujas partes têm de ser formatadas para que ele sirva melhor a qualquer poder que o controle. Segunda essa lógica nazista, se os corpos não estiverem mais em boa condição, devem ser derretidos para virar sabão ou transformados em alguma outra coisa útil, como uma cúpula de abajur.

> Aqueles que exaltavam o corpo acima de tudo, os ginastas e os escoteiros, sempre tiveram a maior afinidade com o matar (...) Eles veem o corpo como mecanismo móvel, com juntas no lugar de componentes, e carne para amortecer o esqueleto. Eles usam o corpo e suas partes como se já estivessem separados dele (...) Eles medem os demais, sem perceber, com o olhar de um fabricante de caixões [e assim os chamam] altos, baixos, gordos ou pesados (...) A linguagem os acompanha. Ela transformou uma caminhada em movimento e uma refeição em calorias. (DdE, 235)

Formulada há mais de cinquenta anos, a crítica de Horkheimer e de Adorno continua a ser uma síntese vigorosa das principais condenações contemporâneas da estetização do corpo. Ao promover imagens sedutoras da beleza e da excelência corporais, a estética somática é acusada de ser um instrumento da publicidade capitalista e da repressão política. Ela aliena, reifica e fragmenta o corpo, tratando-o como meio e mecanismo externo, anatomizado em áreas distintas de trabalho intensivo em prol de resultados mensuráveis ostentatórios e para a venda de inúmeros produtos propagandeados para sua obtenção. Assim chegamos a nossa preocupação com medidas corporais e com as aulas especializadas de ginástica, dedicadas a "abdominais", coxas, glúteos etc.; daí nasce a milionária indústria cosmética, com seus produtos especializados para cada parte diferente do corpo. Uma estética somática, continua o raciocínio, deve portanto enfraquecer a individualidade e a liberdade incitando à conformidade a medidas e modelos corporais padronizados otimamente instrumentais ou atrativos. Esses modelos, além disso, refletem e reforçam as hierarquias sociais opressoras (como, por exemplo, o ideal norte-americano de corpos altos, magros, louros e de olhos azuis serve ao privilégio de seus grupos étnicos dominantes).

Por mais fortes que sejam essas acusações, todas elas dependem de a somaestética ser entendida como uma teoria que reduz o corpo a um objeto externo – um instrumento mecânico de partes atomizadas, de superfícies mensuráveis, e de normas padronizadas de beleza. Elas ignoram o papel de sujeito do corpo enquanto *locus* vivo da experiência bela e sentida. Mas a somaestética, em sua dimensão *experiencial*, claramente recusa-se a exteriorizar o corpo enquanto coisa alienada, distinta do espírito ativo da experiência humana, e também não tende a impor um conjunto fixo de normas padronizadas de mensuração externa (por exemplo, o pulso ótimo) a fim de avaliar a boa experiência somaestética.[17]

A cegueira dos críticos culturais quanto ao aspecto somático da experiência é compreensível, e ainda bastante disseminada. A somaestética da representação continua a ser muito mais evidente e

---

[17] Isso não é o mesmo que dizer que a somaestética experiencial não possa apresentar normas ou ideais. Os famosos "barato do corredor", "*pump* do fisiculturista" e o orgasmo do amante podem ser vistos como padrões de sucesso experiencial; e, se forem mal-entendidos como medida única do valor experiencial para as práticas relacionadas, também podem exercer um poder opressor que a crítica somaestética deve questionar.

dominante em nossa cultura, uma cultura amplamente construída sobre a divisão entre o corpo e o espírito, e dirigida economicamente pelo capitalismo consumista, o qual é alimentado pela publicidade de imagens de corpos. Mas, exatamente por essa razão, o campo da somaestética, com sua dimensão experiencial essencial, necessita de uma atenção mais cuidadosa e reconstrutiva por parte dos filósofos.

A distinção representacional/experiencial é, assim, útil para defender a somaestética das acusações que negligenciam sua profundidade interior, experienciada. Todavia, assim como essa distinção não deve ser entendida como uma dicotomia rigidamente exclusiva, ela também não é exaustiva. Pode-se acrescentar uma terceira categoria, a somaestética *performativa*, para as disciplinas dedicadas primariamente à força, à capacidade ou à saúde do corpo (como as artes marciais, os esportes, e a aeróbica ou calistenia). Na medida em que essas disciplinas voltadas para a performance voltam-se para a exibição exterior ou para o aumento dos sentimentos interiores de força, de capacidade e de saúde, podemos classificá-los no modo predominantemente representacional ou experiencial.

3. Não importando como classifiquemos as diferentes metodologias de somaestética pragmática, elas têm de ser distinguidas de sua prática efetiva. Chamo esse terceiro ramo de somaestética *prática*. Não se trata de produzir textos, nem sequer textos que ofereçam métodos pragmáticos de cuidado somático; trata-se antes de efetivamente ter esse cuidado por meio da prática disciplinada de modo inteligente, voltada para o autoaprimoramento somático (seja nos modos representacionais, experienciais ou performativos). Interessada não no dizer, mas no *fazer*, essa dimensão prática é a mais negligenciada pelos filósofos acadêmicos do corpo, cujo compromisso com o *logos* discursivo costuma limitar-se a textualizar o corpo. No tocante à somaestética prática, quanto menos se falar, melhor, *desde que* isso signifique que se faça mais. Mas como, na filosofia, aquilo que não se fala acaba por não se fazer, a atividade concreta do treinamento somático tem de ser nomeada, por ser a dimensão prática

crucial da somaestética, concebida como disciplina filosofia abrangente que se ocupa do autoconhecimento e do autocuidado.[18]

Foucault é um modelo, por trabalhar todas as três dimensões da somaestética. O genealogista analítico, que mostrou como "corpos dóceis" eram informados de modo sistemático, ainda que sutilmente, e secreto por disciplinas e regimes corporais de biopoder aparentemente inocentes a fim de promover programas e instituições sociopolíticos opressores, também aparece como metodologista pragmática que propõe práticas corporais alternativas para superar as ideologias repressivas sorrateiramente implantadas em nosso corpo dócil. Entre essas alternativas, destacam-se práticas de sadomasoquismo (SM), cujas experiências, dizia, questionavam não apenas a hierarquia da cabeça, mas também o privilégio da sexualidade genital, que por sua vez privilegia a heterossexualidade. Foucault também defendeu diversas vezes o uso de pesadas "drogas, capazes de produzir prazer intenso", insistindo que deveriam "tornar-se parte de nossa cultura" (*FL*, 384; cf. 378). E, destemidamente praticando aquilo que pregava, Foucault testou os métodos que escolheu por meio da somaestética prática ao fazer experiências com sua própria carne e com outros corpos vivos.

Qualquer crítica desses métodos não deveria ignorar o valor particular das drogas e do SM para certos projetos de autocuidado

---

[18] Para maiores desenvolvimentos sobre a somaestética, ver *Performing Live*, capítulos VII e VIII, e "Thinking Through the Body, Educating for the Humanities: A Plea for Somaesthetics", *Journal of Aesthetic Education*, 40, n. 1 (2006): 1-21, de minha autoria. Para discussões críticas de somaestética, ver os ensaios de Martin Jay, Gustavo Guerra, Kathleen Higgins, Casey Haskins e minha resposta no *Journal of Aesthetic Education* 36, n. 4 (2002): 55-115. Ver ainda os artigos de Thomas Leddy, de Anthonia Soulez e de Paul C. Taylor e minha resposta no *Journal of Speculative Philosophy*, 16, n. 1 (2002): 1-38; Gernot Böhme, "Somästhetik – sanft oder mit Gewalt?", *Deutsche Zeitschrift für Philosophie*, 50 (2002): 797-800; J. J. Abrams, "Pragmatism, Artificial Intelligence and Posthuman Bioethics: Shusterman, Rorty, Foucault", *Human Studies*, 27 (2004): 241-258; e Eric Mullis, "Performative Somaesthetics", *Journal of Aesthetic Education*, 40, n. 4 (2006): 104-117.

com que Foucault particularmente se preocupava: projetos de inovação radical, de liberação gay e sua própria demanda extremamente problemática por prazer. Todavia, para Foucault, sua aparente indispensabilidade nem implica o valor desses métodos para outros, nem impede que tenham efeitos nocivos se forem amplamente praticados na sociedade. O provérbio "cada um com seu cada um"[19] afirma uma sabedoria vernácula adequada não só aos discípulos do sadomasoquismo. Na medida em que cada eu particular é o produto único de inumeráveis contingências e de diversos fatores contextuais, poderíamos esperar e respeitar uma certa diversidade de métodos somaestéticos e de objetivos para o autocultivo. Mas, como nossos eus corporificados compartilham traços comuns da composição biológica e do condicionamento social, há de haver base para algumas generalizações sobre os valores e riscos de diferentes métodos somáticos. Como a filosofia ou a ciência (ou mesmo a vida prática) seriam possíveis sem essas generalizações?

IV

Por concentrar-se nos métodos e objetivos da somaestética pragmática de Foucault, este capítulo não tem como dar a devida atenção a seus fascinantes estudos genealógicos de somaestética analítica, nem aos tentadores e controversos detalhes de suas práticas corporais efetivas. Nosso estudo crítico do programa pragmático de Foucault, contudo, irá além dos problemas particulares dos métodos especificamente recomendados por ele, chegando a questões mais amplas, relacionadas a seus objetivos de prazer e de autoestilização estética, e levando a preocupações ainda mais gerais a respeito do valor da

---

[19] No original, *different strokes for different folks*, que também tem o sentido de "golpes diferentes para pessoas diferentes", aproveitando a ambiguidade do contexto sobre sadomasoquismo. (N. T.)

somaestética enquanto interpretação do autocuidado somático. Os argumentos deste capítulo podem ser seriamente mal compreendidos se não se tiver em mente três pontos importantes.

Primeiro, a crítica de um programa ou método particular de somaestética pragmática não implica uma refutação ou rejeição da validade e do valor dessa área em si, a qual de fato se constitui como área complexa e nuançada de crítica comparativa de métodos e objetivos que competem entre si. Por outro lado, afirmar o valor da somaestética pragmática não é propor que todos os diversos métodos cobertos por essa área realmente tenham valor e devam ser adotados na prática. De fato, como alguns métodos são claramente incompatíveis uns com os outros, não seria coerente que os aprovássemos todos. Essa complexidade, compartilhada pela própria filosofia, não envolve de jeito nenhum uma contradição viciadora. Com certeza podemos afirmar o valor da filosofia sem afirmar a verdade e o valor de todas as suas teorias, assim como a crítica condenatória de uma teoria ou de um grupo particular de teorias da filosofia não implica uma rejeição da filosofia em si, constituindo antes uma afirmação da filosofia enquanto crítica.

Segundo, a principal estratégia de nosso estudo é uma crítica imanente da somaestética pragmática de Foucault, não um mero repúdio do programa somaestético geral de Foucault devido à simples repulsa por seus objetivos básicos e ao desejo de propor, em seu lugar, valores somáticos e culturais radicalmente diferentes. Em vez de fazer discursos moralistas sobre o problema das drogas violentas e do sexo sadomasoquista (cujos riscos somáticos, éticos e sociais não nego), nossos principais argumentos na verdade mostrarão como os métodos recomendados por Foucault estão em conflito fundamental, ainda que oculto, com seus objetivos declarados (como a multiplicação de prazeres somáticos e de formas de autoestilização), e assim tendem a prejudicar uma realização mais plena desses objetivos.

Terceiro, nosso propósito não é desacreditar as teorias de Foucault por meio de ataques *ad hominem* que satanizem seus objetivos, métodos e práticas pessoais, como se esses fossem *particularmente* perversos. Antes, nossos argumentos vão sugerir como o programa somaestético de Foucault, ainda que transgressoramente anticonvencional, ainda assim representa tendências típicas da abordagem da experiência somática pela cultura contemporânea que se inclinam para tecnologias de radicalização e sensacionalismo violento. Antes de criticar a celebração unilateral dessas tendências na somaestética pragmática de Foucault, cabe ressaltar o valor exemplar das outras contribuições de Foucault à somaestética (como suas teorias seminais de biopoder, de construção de gênero, e de dominação social baseada no soma). Isso é particularmente importante porque existe uma tendência lamentável no discurso anglo-americano recente a escandalizar e assim neutralizar a força das ideias de Foucault ao relacioná-las com sua morte prematura, devida à aids, em 1984, como se essa morte representasse uma refutação performativa de todas as suas teorias somáticas relacionadas, de modo que não haveria necessidade de criticá-las seriamente. Essas atitudes fazem parte de uma estratégia mais geral de satanizar e ao mesmo tempo banalizar diversos teóricos franceses do fim do século XX que são falsamente agrupados sob o rótulo de "pós-modernismo" (mesmo quando esses teóricos resistem a uma associação com esse conceito).

Desde esse preconceito lamentavelmente francofóbico, a defesa das drogas e do sadomasoquismo por Foucault seria ridicularizada e rejeitada como se não fosse nada além da lassa predileção de um francês niilista por perversões sexuais narcóticas. Cabe, porém, enfatizar que o objetivo declarado de Foucault é exatamente o contrário: acabar com nossa obsessão com o sexo enquanto chave de todo prazer, libertar-nos do fetichismo repressivo da nossa cultura pelo sexo, que nos cega para a realização de outros prazeres somáticos que poderiam tornar a vida mais bela e satisfatória. Em vez de concentrar-se fanaticamente nos prazeres do sexo e no mistério de sua verdadeira natureza (que infelizmente rotula as expressões sexuais socialmente desviantes de abjetamente antinaturais), temos de defender, de modo mais geral, "a realidade do corpo e a transcendência de seus prazeres".[20] Foucault insiste repetidas vezes que "deveríamos estar buscando uma dessexualização, uma economia geral de prazer que não fosse normatizada sexualmente". Condenando aquilo que chama de "monarquia do sexo", Foucault defende "a criação de outras formas de prazer" por meio de "relações polimorfas com coisas, com pessoas e com corpos", para os quais a tradicional "classificação de 'sexo' é uma verdadeira prisão".[21] Foucault explicitamente recomenda o sadomasoquismo homossexual *não* por seu barato sexual, mas por sua criativa "dessexualização do prazer", por "inventar novas possibilidades de prazer com partes estranhas do corpo – por meio da erotização do corpo". Como ele desenvolve, o sadomasoquismo é

> um empreendimento criativo, que tem entre suas principais características aquilo que chamo de dessexualização do prazer. A ideia de que o prazer corporal deve sempre vir do prazer sexual [que] é a raiz de *todo* o nosso prazer possível. Acho que *isso* é muito errado. Essas práticas insistem que podemos produzir prazeres com coisas muito peculiares, com partes muito estranhas de nossos corpos, em situações muito incomuns, e daí por diante. ("Sex, Power, and Politics of Identity", *FL*, 384).

Como, alguém perguntaria, é possível que o corpo e seus prazeres sejam simultaneamente dessexualizados e erotizados? O paradoxo termina quando recordamos que o termo para sexo em francês também denota a genitália. Assim, dessexualizar o prazer somático pode simplesmente significar diminuir a primazia da gratificação genital erotizando outras partes do corpo. O eros continua inteiramente

---

[20] Michel Foucault, "Introduction", em *Herculine Brabin: Being the Recently Discovered Memoirs of a Nineteenth Century Hermaphrodite*, trad. Richard McDougall (Nova York: Pantheon, 1980), vii.

[21] Michel Foucault, "Power Affects the Body" e "The End of the Monarchy of Sex", em *FL*, 212, 214, 218-219.

sexual, mas não se concentra mais em *le sexe*. Esse deslocamento do "centrismo genital" é claramente um dos principais objetivos de Foucault, um ponto em que ele critica de modo convincente tanto de Sade como Wilhelm Reich. Porém, será que o erotismo corporal também pode designar algo não apenas independente do sexo *genital*, mas desprovido de qualquer relação com a classificação de desejo sexual, algo que deva ser compreendido e cultivado "sob uma economia geral do prazer"? Essa forma mais radical de erotização dessexualizada serviria de modo mais completo ao objetivo de Foucault de tornar o corpo "infinitamente mais suscetível ao prazer" desenvolvendo suas capacidades para tipos de prazer somático que transcendem o sexual.[22]

Apesar da possível importância criativa de suas transgressões, o sadomasoquismo não deixa de ser dominado pelo sexo, e portanto excessivamente limitado em sua paleta de prazeres. As próprias descrições favoráveis de Foucault traem esses limites. Em "Sexual Choice, Sexual Act", o sadomasoquismo gay é louvado porque "toda a energia e imaginação, que na relação heterossexual eram canalizadas para a corte, agora são dedicadas a *intensificar* o próprio ato sexual. Desenvolve-se toda uma nova arte de prática sexual, que tenta explorar todas as possibilidades internas do comportamento sexual". Comparando as cenas sadomasoquistas gays de San Francisco e de Nova York a "laboratórios de experimentação sexual", Foucault afirma que essa experimentação é rigidamente controlada por códigos consensuais, como nas cortes cavalheirescas medievais, "em que estavam definidas regras rígidas de corte apropriada". Foucault explica que a experimentação é necessária "porque o ato sexual tornou-se tão fácil e disponível (...) que corre o risco de rapidamente ficar tedioso, de modo que é preciso realizar todo esforço possível para inovar e para criar variações que aumentem o prazer do ato". Conclui Foucault: "essa mistura de regras e de abertura tem o efeito de intensificar as relações sexuais, introduzindo uma novidade perpétua, uma tensão perpétua e uma incerteza

---

[22] Ver "Friendship as a Way of Life", *FL*, 310.

perpétua que falta à simples consumação do ato. A ideia também é usar cada parte do corpo como instrumento sexual" (*FL*, 330-331).

Essa receita não é muito promissora no que diz respeito a libertar-se da classificação sexual em busca do polimorfismo do prazer que ele diz buscar. Toda a imaginação somática é na verdade estreitamente focada na intensificação do "ato sexual" e na redução de cada segmento do soma a um "instrumento sexual". Por mais transgressora e experimental que seja, a visão de Foucault do sadomasoquismo desapercebidamente reforça a normalização homogeneizadora do prazer como algo sexual e estruturado pelo "ato" (não importando o quão desviantemente consumado). As próprias ferramentas e os ícones de servidão (correntes, cordas, chicotes, masmorras etc.) ironicamente transmitem a submissão do sadomasoquismo à norma *sexual* do prazer e sua afirmação erotizante da escravização dolorosa. A monotonia dessas imagens antiquadas de disciplina e a pobreza criativa das novas, como "botas, barretes e águias" nazistas não dão testemunho positivo da ousadia imaginativa sadomasoquista, um problema que o próprio Foucault admite, com certa consternação, já que essa fraqueza imaginativa trai sua deficiência quanto à autoestilização criativa.[23]

---

[23] Foucault reclama: "O problema levantado é por que hoje imaginamos ter acesso a certos fantasmas eróticos por meio do nazismo. Por que essas botas, boinas e águias causam tanto fascínio, sobretudo nos EUA?... Será que o único vocabulário de que dispomos para reescrever esse grande prazer do corpo em explosão é essa história triste de um apocalipse político recente? Será que não conseguimos pensar a intensidade do presente exceto como fim do mundo num campo de concentração? Veja quão pobre, na verdade, é nosso repositório de imagens!" ("Sade: Sergeant of Sex", *FL*, 188-189). Estudos mais iniciados do sadomasoquismo, porém, insistem que a surpresa e as ousadias inovadoras são estritamente limitadas por códigos e convenções sofisticadas que governam o chamado "script" teatral do encontro e que almejam antes a garantir a segurança e a satisfazer as expectativas do que a proporcionar o verdadeiro choque do novo. Ver, por exemplo, G. W. Levi Kamel, "The Leather Career: On Becoming a Sadomasochist", e "Leathersex: Meaningful Aspects of Gay Sadomasochism", em

Além disso, sua defesa unilateral do sadomasoquismo homossexual sugere os severos limites de uma sexualidade estritamente masculinista voltada para a violência, como se não pudesse haver erotismos igualmente criativos e prazerosos que expressem subjetividades e desejos de gêneros diferentes e que empregam métodos mais delicados de contato sexual.[24] Que modelo de autoestilização erótica, ética e social é promovido pela zelosa imersão num teatro sexual inteiramente dedicado a celebrar a violência, a dominação e a submissão como as melhores fontes de prazer? Que grande exemplo da relação de uma pessoa com outra é promovida pelo *fist fucking* sadomasoquista? O poder polivalente do eros fica reduzido a um erotismo de poder de dominação que parece não deixar espaço para a somática de delicadeza amorosa que certamente desempenha (junto com outros movimentos mais violentos) um papel de valor na cultura erótica tanto do Oriente quanto do Ocidente.[25]

Thomas S. Weinberg (ed.), *S&M: Studies in Dominance and Submission* (Amherst, NY: Prometheus Books, 1995), 51-60, 231-247.

[24] O sujeito masculino implícito e universalizado da filosofia somática de Foucault é às vezes criticado por feministas por sua cegueira de gênero, ao passo que sua identificação do sexual com a violência certamente reflete o erotismo masculinista de Sade e Georges Bataille. Para Bataille, é "o sentimento de violência elemental que alimenta toda manifestação do erotismo. Essencialmente, o domínio do erotismo é o domínio da violência, da violação... Que significa o erotismo físico, se não uma violação do ser mesmo de seus praticantes? – uma violação que beira a morte, que beira o assassinato?... O erotismo todo consiste em destruir a natureza autocontida dos participantes, tais como são em suas vidas normais", e a violência sexual serve para romper essas subjetividades de modo a transformá-las. A presunção parece ser que a autocontenção e as barreiras interpessoais não podem ser superadas de outras maneiras, mais delicadas. Georges Bataille, *Eroticism*, trad. Mary Dalwood (Londres: Penguin, 2001), 16-17.

[25] Foucault faz referências laudatórias à antiga *ars erotica* asiática, voltada para o prazer, ao contrário da *scientia sexualis* ocidental, dominada pela verdade e pelo modelo médico. Ver Michel Foucault, *History of Sexuality*, trad. Robert Hurley, vol. 1 (Nova York: Pantheon, 1980), 57-71; e, do mesmo autor,

Observar a existência desses limites no sadomasoquismo não é conceder um privilégio exclusivo às chamadas práticas-padrão de sexo – hetero ou gay – , pois todas essas práticas compartilham com a versão do sadomasoquismo de Foucault exatamente o mesmo contexto sexual limitador. Para mim, o mais importante aqui é ressaltar a importância de cultivar prazeres somáticos que fujam completamente ao contexto sexual e assim multipliquem mais amplamente nossa paleta de delícias. Esses prazeres assexuais, que, de modo mais democrático, proporcionam alegria também aos celibatários, incluem modos mais gozosos de respirar, sentar-se, deitar-se, alongar-se, andar, comer e também o gozo de modalidades mais específicas de exercícios e disciplinas de maior percepção corporal. Esses prazeres assexuais não são incompatíveis com o gozo sexual. De fato, por meio tanto da variedade que esses prazeres trazem, quanto das técnicas somaestéticas de autodomínio por meio das quais são buscados, eles podem até aumentar a intensidade dos prazeres sexuais dos quais se distinguem.

Se está limitado à classificação sexual e a um repertório deveras convencional (ainda que transgressor e variado) de práticas roteirizadas, como o sadomasoquismo homossexual poderia ser considerado por Foucault a chave somaestética para a criação de um modo de

---

"On the Genealogy of Ethics: An Overview of Work in Progress", publicado pela primeira vez em Hubert Dreyfus e Paul Rabinow (orgs.), *Michel Foucault: Beyond Structuralism and Hermeneutics* [*Michel Foucault: Além do Estruturalismo e da Hermenêutica*] (Chicago: University of Chicago Press, 1983), mas revisto por Foucault numa versão francesa mais completa, publicada em *Dits et Ecrits*, vol. 2: 1976-1988 (Paris: Gallimard, 2001), 1428-1450. Infelizmente, suas breves observações sobre essas artes eróticas (muito distantes do sadomasoquismo gay) sugerem que sua compreensão delas era muito limitada, pois até ele parece entender mal os pontos principais da fonte acadêmica que serve de base para suas observações, *Sexual Life in Ancient China: A Preliminary Survey of Chinese Sex and Society from ca. 1500 B.C. till 1644 A.D.* (Leiden: Brill, 1974), de Robert van Gulik. Examino a estética da *ars erotica* asiática (e explico o que Foucault entendeu mal nelas) em "Asian *Ars Erotica* and the Question of Sexual Aesthetics", *Journal of Aesthetics and Art Criticism*, 65, n. 1 (2007), 55-68.

vida e de um sujeito ético autoestilizado radicalmente novos (aliás, "imprevisíveis")? Primeiro, a natureza marcadamente cultural do sadomasoquismo – com seu questionamento da concepção natural do sexo, e com seu teatro, em que se pode trocar de papel – sugere que nossos prazeres eróticos são socialmente construídos. Além disso, ele inculta duas mensagens foucaultianas cruciais: que nossos eus não são entidades ontologicamente fixas (naturalmente definidas por um sexo exato e fisicamente determinado pelos órgãos sexuais), e sim papéis socialmente construídos que desempenhamos perante os outros; e, portanto, que podemos, numa certa medida, reformularmo-nos, adotando deliberadamente performances distintas. Mas talvez a razão mais forte de Foucault para defender o sadomasoquismo tenha sido a intensa e vívida força hedônica de sua experiência efetiva. Que importa se os meios são convencionais, ou mesmo banais, se os resultados são tão intensos e agradáveis?

Aqui chegamos a uma segunda objeção à somaestética pragmática de Foucault. Ao defender exclusivamente os prazeres mais intensos, que identifica com drogas pesadas e com sexo, Foucault mais uma vez reduz severamente nossa gama de prazeres, confundindo seu objetivo explícito de tornar-nos "infinitamente mais suscetíveis ao prazer" por meio de um emprego mais amplo de suas múltiplas modalidades somáticas. Revelando uma anedonia básica ("o prazer é um ato muito difícil (...) e sempre tenho a sensação de que não sinto prazer, o prazer total completo"), Foucault rejeita aquilo que chama de "aqueles prazeres medianos que compõem a vida cotidiana" (indicados, com certo desprezo, pelo *"club sandwich"* americano, pela "coca-cola" e pelo "sorvete", ou mesmo por "uma taça (...) de bom vinho"). "É preciso que um prazer seja incrivelmente intenso", afirma, ou "para mim, não é nada" ("An Ethics of Pleasure", *FL*, 378). O verdadeiro prazer está portanto identificado estritamente com experiências-limite avassaladoras e, assim, "relacionado à morte", à experiência-limite definitiva, que tanto fascinava Foucault a ponto de ele considerar longa e seriamente o suicídio (e o tentar mais de uma vez).²⁶ Foucault diz: "O tipo de prazer que eu consideraria o *verdadeiro* prazer seria tão intenso, tão avassalador, que eu não poderia sobreviver a ele. Eu morreria (...) [e] algumas drogas são realmente importantes para mim porque são as intermediárias dessas alegrias incrivelmente intensas que procuro e que não consigo experimentar, ter por mim mesmo" (*FL*, 378).

Por causa de sua declarada "verdadeira dificuldade de sentir prazer", Foucault aparentemente precisa ser avassalado pela intensidade sensorial para fruí-la. Não devemos descartar essa anedonia e essa necessidade de intensidade extrema como se fosse apenas um problema pessoal de Foucault, e ele mesmo diz: "não sou o único que é assim" (*FL*, 378). Elas na verdade refletem tendências mais gerais e preocupantes da consciência somática de nossa cultura. Primeiro faz-se uma dicotomia devastadora e ubíqua entre prazeres corporais supostamente insignificantes da vida cotidiana (identificados, de modo pouco criativo, com a comida e a bebida) e aqueles prazeres somáticos verdadeiramente significativos definidos por sua intensidade violenta, e identificados com drogas transgressoras e com sexo.²⁷ Mas os prazeres

---

²⁶ Em seu *playdoyer* para o cultivo do prazer do suicídio, Foucault diz que esse é "um prazer imensurável, cuja preparação paciente e incansável iluminará toda a sua vida" (*FL*, 296). Sobre as tentativas de suicídio de Foucault nos tempos de estudante, ver Didier Eribon, *Michel Foucault* (Cambridge, MA: Harvard University Press, 1991), 26-27. Paul Veyne, amigo próximo de Foucault, confirma o fascínio de Foucault com o suicídio nos últimos anos de sua vida, considerando até sua morte, relacionada à aids, uma forma de suicídio, ainda que sua conclusão drástica e especulativa certamente seja difícil de justificar. Ver Paul Veyne, "The Final Foucault and His Ethics", *Critical Inquiry*, 20 (1993): 1-9. Se a apologia do suicídio enquanto prazer por Foucault permanece um tanto iconoclasta, sua ênfase na íntima relação entre a autotranscendência extática e a paixão da morte corporal certamente tem eco nas imagens conhecidas do martírio religioso alegre.

²⁷ A rejeição cega de Foucault dos prazeres intermediários é complementada pelo fato paralelo de que ele não considera que, tanto na cultura contemporânea quanto na Grécia antiga, fazer da vida uma obra de arte não exige uma

somáticos cotidianos também podem incluir respirar, espreguiçar-se e andar e podem ser desenvolvidos de modo a produzir experiência de grande força e exaltação, como vemos em conhecidos métodos de ioga, como o *pranayama* e o *asana*, ou nas disciplinas budistas de meditação enquanto se está sentado, andando e dançando.[28] Por sua vez, a experiência de drogas pesadas e sexo intenso pode cair na rotina e perder o sentido. A psicologia da percepção sensorial significa que a intensificação do prazer não pode ser atingida simplesmente por meio da intensidade da sensação. A apreciação sensorial costuma ficar embotada quando bombardeada com sensações extremas. A música que frui de modo mais intenso não é a mais alta. Um toque pequeno e delicado pode proporcionar um prazer mais potente do que uma estrondosa estocada.

O prazer tem uma lógica complicada; os ascetas sabem que podem obtê-lo rejeitando-o. Os iogues encontram suas mais altas intensidades não nas explosões sensoriais de orgasmos narcóticos, mas no vazio que revela sua própria intensidade e completude emancipadora. Ao propor uma "ética do prazer", será que Foucault não precisa de uma "lógica" e de uma "logística" de seu conceito central mais cuidadosas, de uma apreciação mais sofisticada e delicada das diversidades e sutilezas do prazer, incluindo suas variedades mais ternas, gentis e suaves? Pierre Hadot criticou Foucault por fazer uma interpretação equivocada e hedonística dos antigos, confundindo o prazer sensual das *voluptas* com a ideia mais espiritual e religiosa de

---

vida de novidade e de originalidade radicais e transgressoras. Para uma crítica dessa cegueira, que aparentemente vem de identificar implicitamente a arte com a intensidade, a dificuldade e a originalidade de obras-primas de vanguarda (e que contrasta intensamente com o reconhecimento por Foucault de vidas artísticas mais moderadas nos tempos antigos), ver *Practicing Philosophy*, capítulo I, de minha autoria.

[28] Para uma discussão dessas disciplinas japonesas menos conhecidas por nós do que o ioga e o *zazen* (meditação sentada), ver Yuasa, *The Body, Self-Cultivation, and Ki-Energy*, 11-14, 20-36.

alegria (*gaudium*).[29] Por mais útil que seja essa distinção, ela é por demais simplista. Afinal, há ainda o deleite, a satisfação, a gratificação, o comprazimento, o contentamento, o gosto, a diversão, a ledice, o enlevo, a felicidade, o êxtase, a exultação, o arrebatamento, a distração, o entretenimento, a titilação, a jocosidade etc. Será que não deveríamos reconhecer mais cuidadosamente as muitas variedades diferentes de experiência que costumam ser classificadas como prazer, de modo a dar a cada uma delas a devida apreciação, e de apreender seu valor próprio? Se essa tarefa parece tediosa demais ao espírito do hedonismo para ser realizada, cabe-nos ao menos reconhecer (mais do que Foucault) que a intensificação do prazer nem exige uma dieta exclusiva de experiências-limite sensacionais nem é, na verdade, bem servida por esse regime.

Se o prazer é tão duro para Foucault, tanto no sentido de difícil de ser atingido quanto no de ser estritamente direcionado para as mais duras e violentas intensidades, como nos exemplos do sadomasoquismo e das drogas pesadas, é tentador enxergar uma conexão causal entre essas duas formas de dureza. A anedonia pode simultaneamente gerar uma demanda cada vez maior por sensações mais fortes e ser o resultado dela. Se a insatisfação com os prazeres comuns incita à demanda por estímulos mais intensos, então atender a essa demanda aumenta o limite daquilo que será considerado satisfatório, condenando assim uma parte excessiva da experiência cotidiana ao tédio infeliz. Hoje a relação da anedonia com o abuso de drogas (e com o suicídio) é bastante documentada, e os mecanismos neurais exatos desse nexo causal estão sendo explorados nesse momento.[30]

---

[29] Pierre Hadot, "Reflections on the Idea of the Cultivation of the Self", em *Philosophy as a Way of Life*, 207.

[30] Ver, por exemplo, L. Janiri et al., "Anhedonia and Substance-Related Symptoms in Detoxified Substance-Dependent Subjects: A Correlation Study", *Neuropsychobiology*, 52, n. 1 (2005): 37-44; e, para o suicídio, K. G. Paplos et al., "Suicide Intention, Depression and Anhedonia among Suicide Attempters", *Annals of General Hospital Psychiatry*, 2 (2003, suppl. 1): S10.

A demanda insistente por intensidades extremas não apenas ameaça reduzir a gama dos prazeres que sentimos, mas também reduzir nossa acuidade afetiva, nossa capacidade mesma de sentir nosso corpo com verdadeira clareza, precisão e força. Para Foucault, a consciência somática vívida não vem à tona se o corpo não estiver de algum modo tendo sensações violentas; e sem essa consciência nosso corpo desapercebidamente torna-se dócil instrumento de opressão social. O extremismo das experiências-limite torna-se assim necessário para Foucault, não só para sentir prazer somático, mas até para produzir o único tipo de consciência somática aguçada que pode ser sentido e portanto empregado no cultivo e na emancipação do eu. Se essa aparente necessidade reflete o embotamento da consciência somática de Foucault pela anedonia e por uma overdose abusiva de estímulos, então sujeitos menos sensacionalistas e deficientes quanto ao prazer perceberão que uma diminuição da violência e da intensidade sensoriais pode paradoxalmente levar a uma consciência somática mais atenta e aguda, permitindo sentimentos de prazer mais compensador e até mais intenso.

O argumento em favor da moderação sensorial encontra apoio num clássico princípio da psicofísica, formulado na famosa Lei de Weber-Fechner, que diz uma verdade que também conhecemos da experiência comum: um estímulo menor pode ser percebido de modo mais claro e mais fácil se a estimulação preexistente experimentada pelo órgão estimulado for pequena. Por outro lado, o limite para a percepção de uma sensação será tanto maior quanto maior for a estimulação preexistente. A luz de um cigarro, por exemplo, quase invisível a uma pequena distância à plena luz do sol, pode ser vista de longe nas trevas da noite; os sons de folhas mexidas pelo vento que ouvimos no silêncio da floresta à meia-noite são inaudíveis no ruído diurno da cidade. Um punho fortemente cerrado não será tão sensível às sutis discriminações de toque e de textura quanto uma mão macia e sem tensões musculares.

A ânsia constante de nossa cultura por intensidades cada vez maiores de estímulo somático na busca pela felicidade é, portanto, uma receita para a insatisfação crescente e para a dificuldade na obtenção do prazer, e nossa submissão a essas intensidades embota nossa percepção e nossa consciência somáticas. Não conseguimos nos deleitar com o som de nosso coração que bate serenamente enquanto somos arremessados para a frente por um avião a jato barulhento com música alta berrando nos fones de ouvido. Mesmo a apreciação da música alta, uma alegria inegável para muitos (inclusive para mim), é embotada por uma dieta exclusiva de volume ensurdecedor, que em última instância vicia a força e o sentido experimentados do som estrondoso. O valor das drogas psicotrópicas é, de modo análogo, viciado pelo uso exagerado.[31] O extremismo sensacionalista de nossa cultura simultaneamente reflete e reforça o profundo descontentamento somático que nos motiva incessantemente, mas que só é nebulosamente percebido por nossa consciência corporal subdesenvolvida, insuficientemente sensível e, portanto, compreensivelmente insatisfeita. Ainda que a somaestética radical de Foucault pareça a alguns terrivelmente perversa, sua anedonia e seu extremismo claramente expressam uma tendência comum da cultura ocidental do capitalismo tardio, cujo imperativo econômico incontestado de crescimento cada vez maior também produz uma demanda incontestada por cada vez mais estímulos, por cada vez mais velocidade e informação, por sensações cada vez mais fortes e por música cada vez mais alta. O resultado é uma necessidade patológica, se banal, de hiperestimulação, para que se possa sentir que se está realmente vivo, um problema expresso não apenas pelo vício em drogas, mas também por uma gama cada vez maior de males psicossomáticos cada vez mais comuns que vão de ações violentas de automortificação (como a escarificação)

---

[31] Devo observar que minhas ideias sobre a somaestética de fato foram usadas para recomendar o uso de psicotrópicos fortes, ainda que moderadamente, e em ambientes cuidadosamente controlados, a fim de promover *insights* na área de educação. Ver Ken Tupper, "Entheogens and Education: Exploring the Potential of Psychoactives as Educational Tools", *Journal of Drug Education and Awareness*, 1, n. 2 (2003): 145-161.

até a tortura passiva noturna da insônia.³² O desinteresse de Foucault por métodos mais tranquilos de reflexão somaestética para a maior consciência corporal também reflete o fato de a filosofia do século XX não ter promovido nem cultivado uma autoconsciência somática aguçada e explícita. Essa tradição de desinteresse ou de desprezo da reflexão somaestética, a que pertencem até os filósofos interessados pelo corpo, será reconstruída nos capítulos subsequentes deste livro.

V

Nossa crítica da somaestética pragmática de Foucault até agora tentou redimir sua apreciação do prazer somático refinando seu hedonismo, de modo a transcender sua fixação limitadora na sexualidade, na transgressão e na intensidade sensacional. Mas será que não há um problema mais profundo na própria preocupação com o prazer em qualquer forma? Será que uma somaestética pragmática, respeitadora do prazer, deve ser condenada, como se, diante do nobre objetivo de verdade descritiva (genealógica, sociológica ou ontológica) da somaestética analítica, ela não fosse mais do que um hedonismo narcisista trivial? Além disso, será que essa preocupação com o prazer somático não contradiz a ideia mesma de rígida disciplina ou *askesis*, tão central em conceitos éticos clássicos de cuidado do eu?³³ Será que não há uma

---

³² Um jovem que se cortava expressou o problema da seguinte maneira: "Como sei que existo? Quando me corto, pelo menos sei que existo." Ver J. L. Whitlock et al., "The Virtual Cutting Edge: The Internet and Adolescent Self-Injury", *Developmental Psychology*, 42 (2006), 407-417.

³³ Pierre Hadot dirige essa crítica à "estética da existência" de Foucault, junto com a acusação de que a ideia mesma de autoestilização *estética* envolve o acréscimo de uma artificialidade estranha à noção clássica de autocultivo por meio da *asseis* (que envolvia a redução ao essencial, não o acréscimo de ornamentos embelezantes). Ver Pierre Hadot, "Reflections on the Idea of Self-Cultivation", em *Philosophy as a Way of Life*, 207-213, e, no mesmo livro,

oposição fundamental entre uma estética do prazer e o ascetismo do autocultivo ético que implica um respeito essencial pelos outros, em vez da autocomplacência no serviço aos próprios prazeres? (*BC* 40)

Como minha teoria estética foi chamada algumas vezes de hedonista, a crítica do prazer é muito importante para mim, ainda que seja complexa demais para ser discutida adequadamente aqui.[34] Permita-me dizer algumas coisas breves.

1. Primeiro, mesmo que a maioria dos prazeres, considerados individualmente, fossem superficiais e sem sentido, o prazer em si desempenha um papel muito importante no guiamento da vida. Os filósofos, portanto, frequentemente preferem defini-lo não nos termos de sensações distintamente conscientes, mas em termos motivacionais.

"Spiritual Exercises", sobretudo 100-102. Em *Practicing Philosophy*, capítulo I, defendo uma versão estética do autocultivo e respondo à crítica que Hadot faz a essa ideia. Mas também afirmo de modo mais geral que não há necessariamente uma tensão entre o ascético e o estético, e que a autoinstrução estética pode assumir a forma de uma redução ascética ao mínimo essencial, como vemos na estética do minimalismo, ou no próprio modelo que de redução escultural de Plotino, que Hadot cita para sustentar seus argumentos (*Philosophy as a Way of Life*, 100).

[34] Para críticas a meu suposto hedonismo, ver Rainer Rochlitz, "Les esthétiques hédonistes", *Critique*, 540 (Maio de 1992): 353-373; Alexander Nehamas, "Richard Shusterman on Pleasure and Aesthetic Experience", *Journal of Aesthetics and Art Criticism*, 56 (1998); 49-51; e Wolfgang Welsch, "Rettung durch Halbierung?: Zu Richard Shustermans Rehabilitierung ästhetischer Erfahrung", *Deutsche Zeitschrift für Philosophie*, 47 (1999): 11-26. Respondo a suas críticas em "Interpretation, Pleasure, and Value in Aesthetic Experience", *Journal of Aesthetics and Art Criticism*, 56 (1998): 51-53; e "Provokation und Erinnerung: Zu Freude, Sinn und Wert in ästhetischer Erfahrung", *Deutsche Zeitschrift für Philosophie*, 47 (1999); 127-137. Jamais disse que o prazer é o único ou maior valor na arte e na experiência estética. Para ler mais sobre as variedades e valores de prazer, mas também sobre outros valores na experiência estética, ver, de minha autoria, "Entertainment: A Question for Aesthetics", *British Journal of Aesthetics*, 43 (2003): 289-307; e "Aesthetic Experience: From Analysis to Eros", *Journal of Aesthetics and Art Criticism*, 64 (2006), 217-229.

Nem todas as formas de prazer ou de fruição exibem uma qualidade especificamente consciente, mas, à primeira vista, todas têm importância motivacional. Tudo o mais constante; não faz sentido dizer que alguém gosta muito de fazer algo, mas não tem motivo nenhum para fazê-lo. Nos níveis evolucionário e psicológico, o prazer impulsiona a vida não apenas por guiar-nos àquilo de que necessitamos biologicamente (muito antes, e com muito mais força, do que poderia a razão deliberativa), mas também por oferecer a promessa de que a vida vale a pena de ser vivida. Assim como Aristóteles louva o prazer por fortalecer nossa atividade, Spinoza (ninguém mais distante de um voluptuário radical) o define como "a transição do homem de uma perfeição menor para outra maior", "quanto maior o prazer pelo qual somos afetados, maior a perfeição a que passamos".[35] Além disso, a onda emocional positiva do prazer incentivadoramente nos abre a novas experiências e a outras pessoas.

2. Em parte por essa razão, os prazeres somaestéticos não deveriam ser condenados como se necessariamente implicassem uma fuga para a privacidade egoísta. Sentir-se *bien dans sa peau* pode nos deixar mais confortavelmente abertos ao lidar com os outros; e a dimensão representacional da somaestética ocupa-se de modo central em tornar o próprio corpo atrativo para outros. Ainda que isso possa transformar-se no narcisismo de agradar outros simplesmente para agradar o orgulho que se tem de si (um problema que alguns veem exemplificado na pose vã do fisiculturista), essas tentações distorcedoras do orgulho estão presentes até nas formas éticas mais anti-hedônicas e odiosas do corpo.

3. Cabe-nos ainda rejeitar o dogma de que o corpo é irremediavelmente privado demais, subjetivo demais e individualista demais em seus prazeres para poder constituir a substância da ética e da política. Compartilhamos nosso corpo e nossos prazeres somáticos tanto

---

[35] Ver Benedict de Spinoza, *The Ethics*, em *Works of Spinoza*, trad. R. H. M. Elwes (Nova York: Dover, 1955), 174.

quanto compartilhamos nossa mente, e ela certamente parece tão pública quanto nossos pensamentos. O prazer é mal-entendido, como se fosse intrinsecamente privado, por ser erradamente identificado como mera sensação corporal interior, a que o indivíduo tem acesso único. A maior parte dos prazeres ou fruições não tem a natureza de um sentimento corporal específico e estritamente localizado (ao contrário de uma dor de dente ou de um dedo batido). O prazer de jogar tênis não pode ser identificado nos pés que correm, no coração que bate, na mão suada que segura a raquete. As fruições somáticas como o tênis não podem ser meras sensações por duas razões. Quanto mais forte uma sensação, mais atenção ela clama para si, e mais ela nos distrai da concentração em outras coisas. Se a fruição do tênis consistisse apenas em ter sensações fortes, quanto mais gostássemos dele, mais difícil seria concentrar-nos no jogo, quando é claro que o contrário é verdadeiro. Em segundo lugar, se o prazer fosse mera sensação cega, poderíamos a princípio gozar o prazer do tênis sem nenhuma relação com jogá-lo, seja na realidade ou na imaginação.

Essas objeções indicam algo mais geral. O prazer, mesmo quando identificado com sentimentos de prazer, não pode simplesmente ser identificado com a sensação cega porque a fruição mesma da sensação depende do contexto ou da atividade que informa seu sentido. A taça de vinho (mesmo medíocre) que Foucault condena à banalidade cotidiana pode ser o lugar de um prazer intenso, até de alegria espiritual, quando posta no devido contexto sacro. Esses exemplos (como a transfiguração hedônica da dor pelo sadomasoquismo) dão testemunho das dimensões semânticas e cognitivas do prazer, que desafiam sua redução ao mero sensacionalismo. Como a filosofia há muito insiste, também sentimos prazer em conhecer, e esse prazer nos inspira a aprender mais.

4. Se a maioria dos prazeres parece banal, algumas experiências de deleite são tão fortes que nos marcam profundamente, transformando nossos desejos e, assim, redirecionando nosso modo de vida. A experiência estética e a experiência religiosa profundas compartilham dessa

força, e em muitas culturas estão intimamente relacionadas: o poeta e o profeta, inspirados e inspiradores, por meio de estados mentais exaltadamente alterados.³⁶ A espiritualidade avassaladora dessa experiência é frequentemente expressa e aguçada por um deleite profundamente somático que Santa Teresa diz "penetrar até a medula", capturando-nos e transfigurando-nos.³⁷ Os termos "rapto" e "êxtase" transmitem essa ideia de ser capturado e transportado para fora de nós mesmos por um prazer tão intenso que às vezes quase parece doloroso demais para ser suportado. Não se trata aqui do prazer fácil da autogratificação, mas do terrificante arrepio da entrega de si na busca de transformação do eu. Possuídos por esse deleite acachapante, alguns se sentiram próximos de morrer com sua força eletrizante (e estudos da experiência mística efetivamente mostram que o pulso, a respiração e a circulação quase se interrompem).³⁸ Todavia, esses êxtases de parar o coração também são celebrados por oferecer emancipação somática e redirecionamento espiritual. O objetivo não é a deleitação sensual por si, mas a transformação do eu que pode ser induzida por um prazer dessa intensidade, como na fórmula de Al-Ghazzali, místico sufi: "transporte, êxtase e transformação da alma".³⁹ Ainda que marcadamente religiosas, essas experiências de clímax de alegria transcendental e de transfiguração espiritual não exigem uma fé teológica convencional.

As formas mais elevadas de somaestética pragmática combinam esses deleites de autoentrega autotransformadora com rígidas disciplinas de autocontrole somático (de postura, respiração, movimentos ritualizados etc.). Essas disciplinas não apenas preparam e estruturam

---

³⁶ Ver, por exemplo, os fortes paralelos que costumam ser traçados entre a experiência da poesia *waka*, do teatro No e do *satori* budista, como sintetizado em Yuasa, *The Body, Self-Cultivation and Ki-Energy*, 21-28.

³⁷ Santa Teresa de Jesus, *The Interior Castle* [*O castelo interior*], citado em William James, *The Varieties of Religious Experience* (Nova York: Penguin, 1982), 412.

³⁸ Ver William James, *The Varieties of Religious Experience*, 412; Yuasa, *The Body, Self-Cultivation, and Ki-Energy*, 59-60.

³⁹ Citado em William James, *The Varieties of Religious Experience*, 403.

a experiência do êxtase, como ainda oferecem uma área controlada em que a energia inspiradora da experiência sublime pode ser empregada e preservada em práticas sistemáticas que promovem o retorno a esses pontos sublimes em contextos saudáveis. Isso garante que a autoentrega absoluta possa ser resguardada por uma rede de segurança de autodomínio disciplinado, enquanto se prepara para um novo salto. Por trás do rapto sem respiração do *samadhi* estão os anos de disciplinado controle da respiração do iogue. Essa disciplina somaestética também oferece seus próprios prazeres de autogoverno, e seus benefícios cognitivos e éticos – com o treinamento dos sentidos, da vontade e do caráter – transcendem ainda mais os valores usualmente identificados com o hedonismo.

VI

Esses argumentos em favor do prazer também deveriam mostrar que os objetivos estéticos da somaestética pragmática não estão limitados à busca restrita do prazer (por mais valioso que seja esse prazer). A somaestética conota tanto o aguçamento cognitivo de nossa percepção sensorial *e* a reformulação criativa de nossa forma e de nosso funcionamento somáticos, não apenas para nos deixar mais fortes e mais perceptivos para nossa própria satisfação sensual, mas também para nos deixar mais sensíveis às necessidades alheias e mais capazes de responder a elas com ações eficazmente motivadas. No contexto desses objetivos mais amplos, a somaestética não deveria ser vista como um luxo autocomplacente. As formas mais elevadas de somaestética, portanto, fazem do prazer o subproduto essencial de uma demanda ascética, ainda que estética, por algo melhor do que o eu atual, uma demanda realizada por meio do aprendizado e do domínio do próprio soma e de seu refinamento, a fim de que se torne um veículo de beleza experienciada, para que se possa atingir alegrias e poderes ainda maiores potencialmente dentro de nós – um eu superior, talvez mesmo um espírito divino ou Supraalma. Essa disciplina somaestética (clara no ioga e na meditação zen, mas também em práticas ocidentais como o Método Feldenkrais e a Técnica Alexander) também envolve, é claro, um grau significativo de *askesis* intelectual.

Rejeitando o dualismo mente/corpo (já que o próprio fenômeno da percepção sensorial o questiona), essas práticas voltam-se para a transformação holística do sujeito, em que as dimensões do desenvolvimento estético, moral e espiritual estão tão intimamente interligadas que não podem ser de fato separadas. Assim, o estado de *Ghata Avasthâ* do hatha ioga é descrito como um estado em "a postura do iogue torna-se firme, e ele se torna sábio como um deus (...) indicado pelo maior prazer experienciado", envolvendo a percepção aguda de um som sutil, semelhante ao de um tambor, da energia divina "na garganta".[40]

Ainda que o ioga esteja certamente bem longe do programa disciplinar de sadomasoquismo de Foucault, será que sua devotada demanda pelos mais intensos prazeres somáticos pode ser entendida como *askesis* espiritualmente transformadora, mesmo que perigosamente mal orientada? Ele parece vê-la desse modo e certamente

---

[40] Svatmarama Swami, *The Hatha Ioga Pradapika*, trad. Pancham Sinh (Allahabad, Índia: Lahif Mohan Basu, 1915), 57. De modo análogo, diz-se que no *Parichaia Avasthâ*, "produz-se espontaneamente um êxtase, desprovido de males, dores, velhice, doença, fome e sono". Nessas condições de *samadhi*, diz-se até que o iogue vence a morte. Mas, paradoxalmente, exatamente em sua luta para superar as dolorosas limitações somáticas da vida, as práticas somaestéticas como o ioga ressaltam de modo útil a inescusável mortalidade do corpo, ensinando-nos a sabedoria da humildade. Somente uma somaestética pueril esqueceria que a corporificação supõe finitude e fraqueza inelimináveis. A negligência do corpo pela filosofia em parte pode ser considerada uma orgulhosa e voluntariosa negação de nossos limites mortais. Mas a finitude corporal não envolve inevitavelmente a futilidade de trabalhar nossos eus somáticos, assim como o não conseguir saber tudo não invalida a tentativa de ter maior conhecimento. A autoconsciência somática, em vez de negar nossas mortalidade e limitação, pode oferecer uma percepção mais clara de nossa finitude e, como veremos depois, uma preparação melhor para o envelhecimento e para a morte.

compreende a dimensão espiritual do somático. Afirmando já em *Vigiar e Punir* que a alma de fato "tem realidade", enquanto "produzida permanentemente em torno, em, dentro do corpo, pelo funcionamento do (...) poder", ele continua, ressaltando o papel da *askesis* somática (junto com as tecnologias de autoescrita) em seu estudo posterior sobre o cuidado de si greco-romano e cristão primitivo.[41] Se a somaestética pragmática do prazer do próprio Foucault tem uma dimensão espiritual transformadora,[42] a força de sua espiritualidade parece diminuída ou questionada não apenas por sua concentração excessiva nos prazeres sensacionais das drogas pesadas e da violência sexual, mas também por sua escolha do modelo de dandismo de Charles Baudelaire para simbolizar seu próprio ideal de *askesis* somaestética transformadora.[43]

Mesmo assim, será que não deveríamos admitir que as drogas psicotrópicas e a sexualidade intensificada desempenham um papel significativo em muitas tradições religiosas e que expressões de sadomasoquismo certamente não são estranhas às sensibilidades espirituais católicas que formaram nossa própria cultura? Considere, por exemplo, as imagens erotizadas da paixão torturada e sofrida de submissão fatal da crucifixão (supervisionada por um Deus Pai onipotente) ou as muitas mortificações sacras da carne e as provas inquisitoriais de fé, ou a expressão frequente do amor religioso nos termos de

---

[41] Michel Foucault, *Discipline and Punish*, trad. Alan Sheridan (Nova York: Vintage 1979), 29.

[42] Jeremy Carrette, *Foucault and Religion: Spiritual Corporality and Political Spirituality* (Londres: Routledge, 2000), apresenta um extenso argumento em prol de "espiritualidade corporal" insuficientemente percebida nos textos de Foucault, explicando-a (por meio de ligações com Sade, Nietzsche, Klossowski, Bataille e outros) dizendo que o corpo assumiu o lugar central da vida humana após nossa cultura ter admitido a morte de Deus. Bataille, é claro, insiste que "todo erotismo tem um caráter sacramental" (*Eroticism*, 15-16).

[43] Michel Foucault, "What is Enlightenment?", *The Essential Works of Michel Foucault*, trad. Robert Hurley (Nova York: New York Press, 1997), 1:303-319

um anseio alegre e de uma dominação deliciosa. "Força meu peito, Deus trino",⁴⁴ suplica John Donne no "Soneto Sacro XIV", continuando essa prece de ardor sacro aumentando sua violência erótica: " (...) me destrua e Tua força empreende / E quebra, sopra, queima; renova-me neste instante. / (...)/ Inda te amo e seria amado avidamente, / (...)/ (...) e prenda ou leva-me contigo, / Pois não serei livre, a não ser escravizado, / Nem casto, se não for por ti violentado". Aqui, novamente vemos como o programa sadomasoquista de Foucault merece nossa atenção crítica cuidadosa, nem tanto por ser uma perversa transgressão dos valores de nossa cultura, mas por ser uma expressão explícita e intensificada de tendências profundamente problemáticas que historicamente subjazem a esses valores e às práticas geradas por eles, inclusive em nossa experiência espiritual e religiosa.

Ao empregar o dandismo de Baudelaire como paradigma moderno de disciplina estética autotransformadora, Foucault afirma "o etos filosófico" pressuposto por seu respeito pelo "efêmero", sua vigorosa "vontade de 'heroicizar' o presente" e de capturar "as rápidas alegrias do *animal depravado*". Mas ele celebra especialmente sua exigente "doutrina da elegância", e, por seu aspecto transfigurador, "o ascetismo do dândi que faz de seu corpo, de seu comportamento, de seus sentimentos e paixões, de sua existência mesma, uma obra de arte".⁴⁵ Como o "culto do eu" estético do dândi, na descrição de Baudelaire, está concentrado "acima de tudo" na "distinção" entre "elegância e originalidade", e relacionado a uma apreciação intensa da "excelsa importância espiritual do toalete" ("em louvor à cosmética") e a "beleza particular do mal" enquanto "arte pura", a exaltação por Foucault desse modelo torna a ideia toda de autotransformação espiritual por meio da *askesis* somaestética muito mais suspeita, e vulnerável à acusação de Pierre Hadot de que esse estetismo é muito mais uma pose superficial e artificial do que o tipo zeloso de transformação

---

⁴⁴ A tradução do "Holy Sonnet XIV" de Donne é de Marcus de Martini. (N. T.)
⁴⁵ Ibid., 310-312.

espiritual profunda que esperamos do ideal ético do autocuidado.[46] A autoestilização somaestética, porém, pode encontrar um modelo muito mais convincente de transformação ética-espiritual na autodisciplina divinamente inspirada de Sócrates, cuja força somaestética (aprimorada por meio de exercícios constantes e da dança) conseguia lançar um encanto sedutor, apesar de sua velhice e de sua feiúra de rosto, assim permitindo que ele dissesse que era mais bonito do que Critóbolo, célebre por sua beleza, no *Banquete* de Xenofonte (2.8-2.19, 5.1-5.10). Encontramos exemplos igualmente fortes de disciplina somaestética espiritualmente inspiradora na tradição confuciana, cuja ênfase na arte, no ritual e na aparência somática atraente, com vistas a estabelecer maior harmonia tanto na natureza pessoal quanto na vida social, é tão preponderante que os confucianos já foram às vezes criticados por estetismo.[47]

Se esses exemplos ancestrais provam que as preocupações estéticas não eram essencialmente opostas à *askesis* ética e espiritual (que tem sua própria beleza austera), também deveríamos recordar como, em épocas modernas, a arte tantas vezes superou a religião tradicional como lugar da espiritualidade transcendente. Até o modelo de

---

[46] Charles Baudelaire, *The Painter of Modern Life and Other Essays*, trad. Jonathan Mayne (Londres: Phaidon, 1964), 1-40, citações de 27, 28, 31, 32, 38. Baudelaire admite que o dândi é "um tipo esquisito de espiritualista", cujo "amor excessivo pelas coisas visíveis e tangíveis... [envolve] uma certa repugnância pelas coisas que formam o reino impalpável do metafísico", e que dificulta que "se lhe dê o título de filósofo" (9, 28). Hadot critica o modelo de autocultivo de Foucault dizendo que ele é "uma nova forma de dandismo, ao estilo do fim do século XX", e que é "estético demais" para ser um bom "modelo ético". Ver *Philosophy as a Way of Life*, 211.

[47] Mozi, por exemplo, manifestou essa crítica. Ver *The Ethical and Political Works of Motse*, trad. W. P. Mei (Londres: Probsthain, 1929). Para uma discussão mais detalhada da somaestética do confucionismo e de sua relação com a *askesis* espiritual e ética, ver, de minha autoria, "Pragmatism and East-Asian Thought", em *The Range of Pragmatism and the Limits of Philosophy*, ed. Richard Shusterman (Oxford: Blackwell, 2004), 13-42.

autotransformação estética de Foucault tem sua sugestão de um momento religioso. Na própria entrevista em que ele defende uma ética sexual de prazer intenso, Foucault igualmente insiste que a demanda estética por autotransformação guarda a promessa de salvação, mas exige uma disciplina de esforço intelectual que obriga a "trabalhar feito um camelo". "Para mim, o trabalho intelectual está relacionado ao que chamam de estetismo, isso é, a transformação de si (...) Sei que o conhecimento pode transformar-nos (...) E talvez eu seja salvo. Ou talvez eu morra, mas acho que, no meu caso, essas duas coisas são a mesma. (Risos)." Essa alegria ambígua ao equiparar a salvação e a morte (que pode expressar humor negro ou ironia em relação à salvação cristã por meio da morte, ou mesmo vergonha a respeito de seu fascínio com a morte, ou de seu uso mesmo da noção de salvação, de carga religiosa) não consegue esconder que Foucault leva muito a sério a dimensão estética da autotransformação. Afinal, ele insiste: "Essa transformação do eu pelo próprio conhecimento é, acho, algo muito próximo da experiência estética. Por que um pintor trabalharia, se não é transformado por sua pintura?" (*FL*, 379).

Mas por que, para continuar esse raciocínio, deveríamos trabalhar tanto, se a transformação estética é meramente perfunctória e superficial: uma linha de rímel, o aparente lusco-fusco do cabelo pintado? A triste ironia da modernidade é que a arte herdou a autoridade espiritual da religião, ao mesmo tempo que foi separada da parte séria da vida. O estetismo pode parecer amoral e superficial quando a arte é falsamente divorciada da práxis ética e confinada ao campo do mero *Schein* (isto é, aparência, ilusão). Ao questionar essa falsa dicotomia entre arte e ética, o pragmatismo busca sintetizar o belo e o bom. Reconhecendo (com Montaigne) que nós mesmos (indissoluvelmente ligados a outras pessoas e formados por elas) somos nossas maiores obras de arte, ele também traz considerações éticas ao projeto da autoestilização estética e ao julgamento dessa arte. Se o pragmatismo tem em Foucault um aliado parcial, se problemático, seus melhores modelos oitocentistas não estão nem em Baudelaire, nem em Nietzsche, mas nos americanos

Emerson e Thoreau, antigos profetas da somaestética que proponho. Permitam-me encerrar este capítulo citando-os.

Diz Thoreau: "Todo homem é construtor de um templo, chamado de seu corpo pelo deus que ele adora, num estilo puramente seu, e não pode escapar disso martelando mármore. Somos todos escultores e pintores, e nosso material é nossa carne, nosso sangue e nossos ossos. Qualquer nobreza começa a refinar os traços de um homem, qualquer vulgaridade ou sensualidade começa a embrutecê-las". Afirma Emerson: "A arte é a necessidade de criar; mas, em sua essência, imensa e universal, ela não tem paciência de trabalhar com mãos aleijadas ou atadas, e de criar aleijados e monstros, que é o que as imagens e estátuas são. Seu fim é nada menos do que a criação do homem e da natureza".[48]

Na cultura americana que Emerson e Thoreau ajudaram a informar, e que a globalização veio a jogar sobre todas as culturas do mundo, como vamos criar nossos eus corporificados e cuidar deles hoje? Com drogas e dietas, com esteroides e implantes de silicone, com *piercings* e máscaras de couro e *fist fucking* em masmorras, com aeróbicas e triatlos, com dança e *pranayama*, ou com novas tecnologias de engenharia genética e neural? Foucault pode não dar as melhores respostas a essas perguntas, mas sua somaestética nos confronta (e até nos afronta) com a questão crucial: concebida como arte de viver, a filosofia deveria ocupar-se mais diretamente do cultivo do corpo senciente por meio do qual vivemos. Esse cultivo não apenas envolve o refinamento do corpo e de seus programas motores inconscientes; ele também significa o aprimoramento da senciência somática por meio da consciência somática aguçada e reflexiva. Foucault errava ao presumir que a melhor maneira de aguçar essa consciência está na intensidade maximizada do estímulo, cuja violência, em última instância, apenas embotará nossa sensibilidade e anestesiará nosso prazer.

---

[48] Henry David Thoreau, *Walden*, em *The Portable Thoreau*, ed. Carl Bode (Nova York: Viking, 1964), 468; e Ralph Waldo Emerson, "Art", em *Ralph Waldo Emerson*, ed. Richard Poirier (Oxford: Oxford University Press, 1990), 192.

capítulo 2

O CORPO SILENCIOSO E MANCO DA FILOSOFIA
Déficit de atenção somática em Merleau-Ponty

I

No campo da filosofia ocidental, Maurice Merleau-Ponty é uma espécie de santo padroeiro do corpo. Ainda que La Mettrie, Diderot, Nietzsche e Foucault também tenham defendido apaixonadamente a dimensão corporal da experiência humana, nenhum deles oferece tantos argumentos rigorosos, sistemáticos e persistentes quanto Merleau-Ponty para provar a primazia do corpo na experiência e no sentido humanos. Com uma eloquência incansável, que quase chega a vencer por seu fluxo imenso e incessante, ele insiste que o corpo não é apenas a fonte crucial de toda percepção e ação, mas também o fulcro de nossa capacidade expressiva, e, portanto, a base de toda a linguagem e de todo o sentido.

Paradoxalmente, se celebra o papel do corpo na expressão, Merleau-Ponty costuma caracterizá-lo em termos de silêncio. O corpo, como escreve em *Phenomenology of Perception*, constitui "o *cogito* tácito", "o *cogito* silencioso", o *"cogito* não dito".¹ Sendo nossa "subjetividade primária", ele é "a consciência que condiciona a linguagem", mas ele mesmo continua uma "consciência silenciosa" com uma "apreensão inarticulada do mundo" (*PoP*, 402-404). Formando "o plano de fundo do silêncio" que é necessário para a emergência da linguagem, o corpo, enquanto gesto, também já é "linguagem tácita", e base de toda expressão: "todo uso humano do corpo já é *expressão primordial*" (S, 46-47, 67). Há mais um paradoxo. Ainda que supere outros filósofos na ênfase do papel expressivo do corpo, Merleau-Ponty dificilmente quer escutar o que o corpo parece dizer a respeito de si mesmo no tocante às suas sensações autoconscientes, como os sentimentos cinestésicos ou proprioceptivos explícitos. O papel desses sentimentos recebe pouca atenção em seus textos e tendem a ser muito criticados quando são discutidos.² Eles são alvos na crítica geral de Merleau-Ponty às representações da experiência corporal, junto com outras percepções somáticas "tematizadas". Nosso corpo, insiste, nos

---

¹ Citarei as obras de Merleau-Ponty usando as seguintes edições e abreviações: *Phénomenologie de la Perception* (Paris: Gallimard, 1945), doravante *PdP*; tradução inglesa: *Phenomenology of Perception* [*Fenomenologia da Percepção*], trad. Colin Smith (Londres: Routledge, 1962), doravante *PoP*; *In Praise of Philosophy and Other Essays*, trad. John Wild, James Edie e John O'Neill (Evanston, IL: Northwestern University Press, 1970), doravante *IPP*; *Signs*, trad. Richard C. McCleary (Evanston, IL: Northwestern University Press, 1964), doravante *S*; *The Visible and the Invisible*, trad. Alphonso Lingis (Evanston, IL: Northwestern University Press, 1968), doravante *VI*.

² William James, John Dewey e Ludwig Wittgenstein dão mais atenção a esses sentimentos somáticos explícitos e tematizados. O capítulo V mostra como a atenção introspectiva aos sentimentos corporais desempenha um papel central nas explicações de James para o eu, para as emoções, e para a vontade. O capítulo IV explica por que Wittgenstein rejeita o uso desses sentimentos para explicar esses conceitos, ainda que considere válidos outros usos filosóficos dos sentimentos corporais. A apologia de Dewey de uma cuidadosa atenção somática aos sentimentos corporais (inspirada por seu estudo da Técnica de F. M. Alexander de percepção somática reflexiva aguçada e de autouso) será discutida no capítulo VI.

guia maravilhosamente, mas "somente se não refletirmos expressamente sobre ele" (S, 78, 79).

Este capítulo explorará as razões para a insistência de Merleau-Ponty no silêncio somático e a resistência aos sentimentos corporais explicitamente conscientes, mostrando como, além de os ilustrarem, eles emergem de seus objetivos específicos para uma fenomenologia da corporificação e uma reavaliação de nossa percepção espontânea, a qual é vilipendiada pelos filósofos desde a antiguidade. Algumas dessas razões não estão tão claramente articuladas em seus textos, talvez porque estivessem tão próximas de sua visão filosófica primordial que ele simplesmente as presumia. Talvez ele não as tenha visto claramente por enxergar através delas, assim como enxergamos através dos óculos sem os ver claramente (e quanto mais claramente enxergamos, menos vemos os óculos). Farei o possível para explicar a resistência de Merleau-Ponty à consciência somática tematizada ou reflexão somática. Mas não serei capaz de justificá-la, porque essa atitude é uma das características de sua teoria somática que considero mais problemáticas, não apenas como filósofo pragmatista, mas também como educador somático.

A atitude de Merleau-Ponty deriva tanto de seus objetivos específicos na fenomenologia somática quanto de sua concepção geral de filosofia. Assim como ele paradoxalmente descreve a expressividade do corpo em termos de silêncio, também em sua palestra intitulada "In Praise of Philosophy" (*leçon inaugurale* do Collège de France em que definiu seu projeto), ele diz surpreendentemente que a filosofia é "manca", mas mesmo assim a celebra, usando os termos de sua metáfora mutiladora: "o mancar da filosofia é sua virtude" (IPP, 58, 61).

Por que um filósofo brilhante do corpo como Merleau-Ponty usaria essa metáfora de incapacidade somática para caracterizar seu projeto filosófico? Ao explorar suas razões, esse capítulo contrastará sua visão filosófica com uma abordagem pragmatista mais prática e reconstrutiva da filosofia somática. Essa abordagem propõe uma atenção maior à consciência somática explícita ou reflexão somaestética, tentando realizar não apenas uma reabilitação teórica do corpo como conceito central da filosofia, mas também uma reabilitação mais prática e terapêutica do corpo vivido como parte de uma vida filosófica de mente mais alerta.

II

A chave para a estratégia de Merleau-Ponty é transformar nossa percepção da fraqueza do corpo numa análise de sua força essencial e indispensável. A experiência ubíqua da fraqueza corporal pode ser a causa profunda da rejeição do corpo pela filosofia, para sua recusa a aceitá-lo como identidade humana definidora. Avassaladora na morte, a impotência somática também é provada diariamente na doença, na deficiência, nos ferimentos, na dor, no cansaço e no esvaimento da força, que a idade traz. Para a filosofia, a fraqueza corporal também significa deficiência cognitiva. Assim como os sentidos imperfeitos do corpo podem distorcer a verdade, também seus desejos distraem a mente da busca pelo conhecimento. O corpo, além disso, não é um claro objeto de conhecimento. Não se pode ver diretamente a própria superfície corporal em sua totalidade, e o corpo é especialmente misterioso porque seu funcionamento interior está sempre de algum modo escondido da vista do sujeito. Não se pode correr os olhos por ele, do modo como presumimos ser capazes de examinar e conhecer nossas mentes por meio da introspecção imediata. Considerando o corpo na melhor das hipóteses um servo ou instrumento da mente, a filosofia frequentemente o pintou como uma atormentada prisão de enganos, tentações e dor.

Uma estratégia para defender o corpo desses velhos ataques da tradição platônico-cristã-cartesiana dominante é questioná-los como fez Nietzsche. Invertendo radicalmente as valorações convencionais de mente e corpo, ele defendeu que podemos conhecer nosso corpo melhor do que nossa mente, que o corpo pode ser mais forte do que a mente, e que deixar o corpo mais robusto pode tornar a mente mais forte. Concluindo essa lógica de inversão, Nietzsche insistia que a mente é essencialmente o instrumento do corpo, ainda que frequentemente seja mal utilizada (sobretudo pelos filósofos), como se fosse a prisão de enganos e de tormentos do corpo.[3]

Ainda que sedutoramente engenhosa, essa ousada estratégia não convence a maioria de nós. O problema não é simplesmente que sua transvaloração radical do corpo sobre a mente vá tanto contra a corrente da tradição intelectualista da filosofia. Também não é só que a inversão pareça reforçar o antigo dualismo rígido entre mente e corpo. A deficiência somática é, infelizmente, uma parte tão onipresente da experiência que a inversão de Nietzsche da hierarquia entre mente e corpo mais parece uma vã esperança (ainda mais quando recordamos sua própria fraqueza corporal/patética). Naturalmente, cabe-nos perceber que nossa mente muitas vezes não consegue explicar discursivamente aquilo que nosso corpo consegue fazer, e que nossa mente com frequência se cansa e para de trabalhar enquanto nosso corpo inconscientemente continua funcionando. Mas, apesar desse reconhecimento das deficiências mentais, a gama daquilo que podemos fazer ou imaginar com o poder de mente ainda parece muito superior àquilo que o corpo pode efetivamente fazer.

Ao contrário do somatismo hiperbólico de Nietzsche, o argumento de Merleau-Ponty em prol da centralidade e do valor filosóficos do corpo é mais ardilosamente cautelosa. Ele abraça as fraquezas essenciais do corpo, mas mostra como essas dimensões de limitação ontológica e epistemológica constituem uma parte necessária de nossas capacidades humanas positivas de ter perspectivas sobre objetos e de ter um mundo. Assim, esses limites oferecem a moldura focalizadora essencial de toda nossa percepção, ação, linguagem e compreensão. A limitação que o corpo tem por habitar um lugar específico é

---

[3] Para uma discussão mais detalhada dessa estratégia nietzscheana, ver, de minha autoria, *Performing Live* (Ithaca, NY: Cornell University Press, 2000), capítulo VII.

precisamente o que nos dá um ângulo de percepção ou perspectiva desde o qual se pode apreender os objetos, enquanto o fato de que podemos mudar nosso lugar corporal nos permite perceber objetos desde perspectivas diferentes e assim constituí-los como coisas objetivas. De modo análogo, ainda que corpo seja deficiente por não ser capaz de observar a si mesmo inteira e diretamente (uma vez que, por exemplo, os olhos estão voltados para a frente na cabeça, que eles nunca podem ver diretamente), essa limitação faz parte da posição permanente e privilegiada do corpo como pivô definidor e como orientação basilar da observação. Além disso, a limitação aparente de que as percepções corporais são vagas, corrigíveis ou ambíguas é reinterpretada como utilmente verdadeira em relação a um mundo de experiência que é em si ambíguo, vago e em fluxo. Essa lógica de descoberta das forças pressupostas pela fraqueza corporal também é captada pela noção posterior de Merleau-Ponty da "carne" (VI, 135-155). Se o corpo compartilha a corruptibilidade das coisas materiais e pode ser caracterizado como "carne" (o nome pejorativo tradicional de São Paulo e de Agostinho), esse visão negativa da carne é transformada a fim de louvar e de explicar a capacidade especial do corpo para apreender o mundo das coisas sensíveis e comungar com ele, já que sua carne é sensível e também senciente.

Antes que eu fale mais a respeito de como a estratégia de Merleau-Ponty para reabilitar o corpo o leva a negligenciar ou a resistir ao papel das sensações somáticas explicitamente conscientes, permita o leitor que eu faça algumas observações introdutórias a respeito dessas sensações e de seu uso. Essas são as percepções experienciais, explícitas e conscientes de nosso corpo: elas incluem sentimentos, observações e visualizações distintas, e outras representações mentais de nosso corpo e de suas partes, superfícies e interiores. Sua natureza explícita ou representada as distingue claramente do tipo de consciência primária que Merleau-Ponty defende. Ainda que essas percepções explícitas incluam os sentimentos mais sensuais de fome, prazer e dor, espera-se que o sentido do termo "sensação" seja amplo o suficiente para comportar percepções de estados corporais que são mais distintamente cognitivas e que não têm um caráter afetivo forte. O foco intelectual ou a percepção atenta à sensibilidade, ao movimento, à orientação ou ao estado de tensão de alguma parte do seu corpo contaria como sensação corporal consciente mesmo quando carece de qualidade emocional significativa ou de informação direta advinda dos corpos sensoriais externos do corpo. Assim, as sensações corporais conscientes não são de modo algum opostas ao pensamento, sendo antes entendidas de modo a incluir representações e pensamentos conscientes e experienciais voltados para o corpo.

Entre essas sensações corporais explicitamente conscientes, podemos distinguir entre aquelas dominadas por nossos sentidos de distância, ou mais externos (como a visão, a audição etc.) e aquelas mais dependentes de sentidos corporais mais internos como os sentimentos proprioceptivos ou cinestésicos. Sou conscientemente capaz de sentir a posição da minha mão olhando para ela e observando sua orientação, mas também posso fechar meus olhos e tentar perceber sua posição por meio do sentimento proprioceptivo de sua relação com as outras partes do meu corpo, com a força da gravidade, com outros objetos em meu campo de experiência. Essas percepções proprioceptivas explícitas podem ser consideradas percepções somaestéticas por excelência, porque não apenas são somaestética por invocar uma estesia alerta ou a percepção discriminadora e tematizada, mas também por valer-se essencialmente do sistema sensorial somaestético e não de nossos teleceptores.

Ao instruir-nos a respeito da condição de nosso corpo, esses dois tipos de percepções somáticas conscientes e alertas podem ajudar-nos a ter uma performance melhor. Um batedor de beisebol que esteja há muito sem marcar pode olhar os pés e as mãos e descobrir que está se estirando demais ou que está segurando o bastão muito em cima. Uma bailarina pode olhar para os pés e ver que eles não estão devidamente virados para fora. Mas, além dessas percepções externas, a maioria das pessoas desenvolveu consciência somática suficiente para saber (ao menos por alto) onde estão seus membros. E, por meio da prática sistemática da percepção somaestética, essa consciência proprioceptiva pode ser significativamente aprimorada, a fim de oferecer um retrato mais nítido e mais completo da forma, do volume, da densidade e do alinhamento de corpo, sem o uso dos sentidos externos. Essas duas variedades de sensações explicitamente conscientes ou de mente alerta constituem apenas uma porção relativamente pequena de nossas compreensões e percepções corporais, que exibem ao menos quatro níveis de consciência.

Primeiro, há os modos primitivos de apreensão dos quais não estou de modo algum conscientemente apercebido, mas que Merleau-Ponty parece atribuir à nossa "intencionalidade corporal" mais básica (*S*, 89). Quando Merleau-Ponty diz "que meu corpo sempre é percebido por mim" (*PoP*, 91), ele certamente há de perceber que às vezes não estamos conscientemente apercebidos de nosso corpo. Isso não é simplesmente quando estamos concentrando nossa consciência em outras coisas, mas porque às vezes estamos simplesmente inconscientes *tout court*, como no sono profundo e sem sonhos. Porém, mesmo nesse sono, será que não conseguimos discernir uma percepção corporal primitiva, do tipo inconsciente, que faz recordar a ideia de Merleau-Ponty da "intencionalidade motor" básica ou da "mobilidade enquanto intencionalidade básica" (*PoP*, 137-138)? Considere a respiração durante o sono. Se um travesseiro ou algum outro objeto bloquear nossa respiração, vamos virar a cabeça ou empurrar o objeto enquanto continuamos a dormir, ajustando de maneira inconsciente nosso comportamento no que diz respeito àquilo que é apreendido inconscientemente.[4]

---

[4] Ao definir a consciência simplesmente como "ser-para-a-coisa por meio da intermediação do corpo" numa relação não de "eu penso que", mas de "eu posso" (*PoP*, 137, 138-139), Merleau-Ponty pareceria implicar que a ação propositada no sono deveria ser entendida como ação da consciência. Poder-se-ia então imaginar em que medida seria possível falar de vida humana inconsciente, quanto mais de atos ou intenções humanas inconscientes. Mas Merleau-Ponty às vezes fala da consciência como se ela exigisse uma outra função, "constituidora":

Mesmo que essa falta de consciência nos impeça de aplicar nesse caso o termo "percepção", não há dúvida de que esse comportamento demonstra compreensão propositada e ação intencional inteligente.

Um nível mais consciente de percepção corporal poderia ser caracterizado como percepção consciente sem apercebimento explícito. Nesses casos, estou consciente e percebo algo, mas não percebo esse algo como objeto distinto de apercebimento e não o proponho, tematizo ou o predico como objeto específico de consciência. Meu apercebimento dele é na melhor das hipóteses marginal ou recessivo. Se minha atenção explicitamente se direciona para aquilo que é percebido, posso então percebê-lo com apercebimento explícito, como objeto determinado, específico, predicativo. Mas a introdução dessa atenção concentrada e do apercebimento explícito significariam ir além desse nível básico de consciência, que Merleau-Ponty celebra como "consciência primária", chamando-a de "a vida irrefletida da consciência" e de "vida antepredicativa da consciência" (*PoP*, xv-xvi).

Considere dois exemplos dessa consciência básica. Normalmente, ao atravessar uma porta aberta, não estou explicitamente consciente dos limites precisos da ombreira e de sua relação com as dimensões do meu corpo e com minha postura, ainda que o fato de que percebo essas relações espaciais seja demonstrado pelo fato de que passo pela abertura sem problemas, ainda que a porta seja inteiramente nova e a passagem não seja muito larga. De modo análogo, consigo perceber de algum modo marginal vago que estou respirando (no sentido de não sentir qualquer sufocamento ou impedimento à respiração) sem estar explicitamente apercebido de minha respiração e de seu ritmo, estilo ou qualidade. Num estado de excitação, posso experimentar falta de ar, sem que esteja distintamente apercebido de que é falta de ar que estou experimentando. Nesse caso, a falta de ar *não* é representada à consciência como objeto

---

"Estar consciente é constituir, de modo que não posso estar consciente de outra pessoa, já que isso implicaria constituí-la como constituidora" (*S*, 93).

explícito de apercebimento ou aquilo que Merleau-Ponty às vezes chama de objeto tematizado ou representação.

Mas a percepção pode ser elevada a um terceiro nível, em que estamos consciente e explicitamente apercebidos daquilo que percebemos, seja essa percepção de objetos externos ou de nosso próprio corpo e sensações somáticas. Assim como conseguimos observar a abertura da porta como objeto distinto de percepção, também conseguimos perceber (tanto visual quanto *proprioceptivamente*) se nossa postura é larga ou estreita, ou se nossos braços estão estendidos ou próximos do peito. Também podemos reconhecer explicitamente que nosso fôlego está curto, ou que nossos punhos estão fechados; podemos até estar apercebidos e alertas para os sentimentos distintos dessa respiração ou desse fechamento. Nesse nível, que Merleau-Ponty considera o nível das representações mentais, já se pode falar de percepção somática explicitamente consciente ou observação somaestética.[5]

Eu acrescentaria uma quarta camada de consciência ainda maior na percepção, um nível que é muito importante em muitas disciplinas somáticas de sintonia entre o corpo e a mente. Nela, estamos não apenas conscientes daquilo que percebemos como objetos explícitos de apercebimento, mas também estamos atentamente conscientes dessa consciência concentrada enquanto monitoramos nosso apercebimento do objeto de nosso apercebimento por meio de sua representação em nossa consciência. Se o terceiro nível pode ser caracterizado como percepção somática consciente com apercebimento explícito (ou, mais sucintamente, percepção somaestética), então o quarto nível, mais reflexivo, poderia ser chamado de percepção

---

[5] Esse nível de consciência corporal proprioceptiva explícita é reconhecido por diversos teóricos somáticos. Ver, por exemplo, Brian O'Shaughnessy, "Proprioception and the Body Image", em J. L. Bermúdez et al., *The Body and the Self* (Cambridge, MA: MIT Press, 1995), 175-203; e Jonathan Cole e Barbara Montero, "Affective Proprioception", em *Janus-Head*, 9 (2007), 299-317, que se vale de minha distinção somaestética entre prazer advindo de representações externas e prazer resultante da experiência interior, como sentimentos proprioceptivos.

somática autoconsciente ou reflexiva com apercebimento explícito (ou, mais simplesmente, autoconsciência ou reflexão somaestética). Nesse nível, estaremos apercebidos não apenas de que nosso fôlego está curto ou até precisamente de *como* estamos respirando (digamos que rápida e superficialmente, da garganta, ou em fungadas interrompidas pelo nariz, e não profundamente, pelo diafragma); também estaremos apercebidos de *como* nossa autoconsciência da respiração influência nossa respiração contínua e nosso apercebimento atento e os sentimentos relacionados. Estaremos concentrados em nosso autoapercebimento de como nossos punhos estão fechados, não apenas em termos de atenção específica a sentimentos explícitos de aperto e de orientação dos dedos no fechamento, mas também aos sentimentos da própria atenção alerta e das maneiras como essa autoconsciência somática influencia nossa experiência de fechar os punhos e outras experiências.

A filosofia de Merleau-Ponty apresenta um desafio ao valor desses dois níveis superiores (ou representacionais) de percepção somática consciente. Ela o faz não apenas por celebrar a primazia e a suficiência da "consciência primária" irrefletida, mas também por meio de argumentos específicos contra a observação corporal e contra o uso de sensações cinestésicas e de representações corporais. Uma defesa adequada da mente alerta somaestética tem de fazer jus aos detalhes desse desafio.

III

Um dos principais objetivos da fenomenologia de Merleau-Ponty é restaurar nosso contato robusto com as "coisas mesmas" e com "nosso mundo de experiência efetiva", do modo como eles "nos são dados inicialmente" (*PoP*, ix, 57). Isso significa renovar nossa conexão com as percepções e com a experiência que antecedem o conhecimento e a reflexão, "retornar ao mundo que antecede o conhecimento, do qual o conhecimento sempre *fala*" (*PoP*, ix). A fenomenologia é, portanto, "uma filosofia para o qual o mundo está sempre "já presente" antes de a reflexão começar – como presença inalienável; e todos os seus esforços concentram-se em reobter um contato direto e primitivo com o mundo, e dotar esse contato de status filosófico" (*PoP*, vii).

A filosofia é forçosamente um ato reflexivo, mas, no que diz respeito à fenomenologia, sua "reflexão radical resume-se a uma consciência de sua própria dependência de uma vida irreflexiva que é sua situação inicial, inalterada, dada de uma vez por todas". "Ela tenta dar uma descrição direta de nossa experiência assim como ela é" em nosso estado pré-reflexivo básico, buscando "a ambição de fazer a reflexão emular o nível irrefletido da consciência". Essa filosofia "não é a reflexão de uma verdade preexistente", mas sim um esforço "de descrever nossa percepção do mundo como aquilo sobre o que nossa ideia de verdade sempre se baseia"; ela pretende "reaprender a olhar para o mundo" com essa percepção direta e pré-reflexivo e agir nele de acordo com ela (*PoP*, vii, xiv, xvi, xx). Essas percepção primária e consciência pré-reflexivo estão corporificadas numa intencionalidade operativa que está caracterizada pela imediatez e pela espontaneidade (*S*, 89-94). "Assim, a função própria de uma fenomenologia filosófica (...) [seria] estabelecer-se na ordem da espontaneidade instrutiva" (*S*, 97); e essa espontaneidade básica e corporificada constitui uma sabedoria e uma competência mundanas que todas as pessoas compartilham. Assim, Merleau-Ponty conclui que o conhecimento específico do filósofo "é apenas um jeito de colocar em palavras aquilo que todo homem conhece bem (...) Esses mistérios estão em cada um de nós como estão nele. O que ele diz da relação entre a alma e o corpo, exceto aquilo que é conhecido por todos os homens que fazem suas almas e seus corpos, seu bem e seu mal, andar juntos num todo unitário?".

Três temas cruciais ressoam nessas passagens. Primeiro, Merleau-Ponty afirma a existência e a restauração de uma percepção primordial da experiência do mundo que fica abaixo do nível da consciência reflexiva ou tematizada e abaixo de toda a linguagem e de todos os conceitos, mas que ainda assim é perfeitamente eficaz no que tange as nossas necessidades fundamentais, e também oferece a base para reflexões superiores. Esse nível não discursivo de intencionalidade é celebrado como "consciência silenciosa" da "subjetividade primária" e "expressão primordial". Segundo, ele insta ao reconhecimento e à redescoberta da *espontaneidade* característica dessas percepção e expressão primordiais. Em terceiro lugar, há a presunção de que a filosofia deveria concentrar-se em condições da existência humana que são ontologicamente dadas como básicas, universais e permanentes. Portanto, seu estudo da percepção e da relação corpo-mente deveria dar-se em termos daquilo que é "inalterado, dado de uma vez por todas" e "conhecido de todos os homens" (e presumivelmente de todas as mulheres), ou pelo menos de todos os homens e mulheres considerados normais.[6]

Só o primeiro tema, por si, tiraria de Merleau-Ponty o incentivo para uma atenção simpática às sensações corporais explicitamente conscientes. Não apenas essas sensações vão além daquilo que ele deseja afirmar como consciência pré-reflexivo, mas também costumam ser usadas pelo pensamento científico e filosófico para usurpar o papel explanatório e para negligenciar a existência da percepção e da consciência primordiais que Merleau-Ponty tão ardentemente defende. Essa consciência primordial foi esquecida, diz ele, porque o pensamento reflexivo presumiu que essa consciência era inadequada para a realização das tarefas cotidianas de percepção, ação e fala; assim, ela na verdade explicava nosso comportamento cotidiano como se fosse baseado em "representações", fossem as representações neurais da fisiologia

---

[6] O conceito de Merleau-Ponty de uma experiência corporal primordial universal desprovida de gênero foi criticado por gerar uma explicação da existência corporificada que na verdade é mais androcêntrica do que neutra. Ver, por exemplo, Judith Butler, "Sexual Ideology and Phenomenological Description: A Feminist Critique of Merleau-Ponty's Phenomenology of Perception", em *The Thinking Muse: Feminism and Modern French Philosophy* (orgs.). Jeffner Allen e Iris Marion Young (Bloomington: Indiana University Press, 1989), 85-100.

mecanicista ou as representações psíquicas da filosofia e da psicologia intelectualistas. Assim, os argumentos de Merleau-Ponty dedicam-se a mostrar que as explicações representacionais oferecidas pela ciência e pela filosofia não são descrições necessárias nem precisas de como percebemos, agimos e nos expressamos no comportamento cotidiano normal (e também em casos mais anormais como as experiências de "movimento abstrato" e de "movimento fantasma").

Suas excelentes críticas às diferentes explicações representacionais são variadas e detalhadas demais para reproduzir aqui, mas compartilham uma estratégia nuclear de raciocínio. Mostra-se que as explicações representacionais levam a uma má interpretação da experiência ou comportamento básico que pretendem explicar ao descrevê-lo desde o início nos termos de seus próprios produtos de análise reflexiva. Além disso, mostra-se que essas explicações são inadequadas porque dependem (de algum modo implícito, mas crucial) de algum aspecto da experiência que não explicam efetivamente, mas que pode ser explicado pela percepção primordial. Por exemplo, para dar conta do fato de eu atravessar com sucesso o limiar de uma porta aberta, uma explicação representacional descreveria e analisaria minha experiência nos termos de minhas representações visuais do espaço livre, da ombreira à minha volta, e de minhas sensações cinestésicas conscientes da largura do meu corpo e de sua orientação de movimento. Mas normalmente não tenho essas representações conscientes ao passar por uma porta. Essas representações, diz Merleau-Ponty (de modo muito similar a William James e John Dewey, seus predecessores), são noções explicativas teóricas e reflexivas falsamente atribuídas ou impostas à experiência original.[7] Além disso, mesmo que eu tenha tido essas diferentes representações explicativas visuais e cinestésicas, elas não podem por si explicar minha experiência, porque não conseguem

---

[7] Dewey chamava isso de *"a falácia filosófica"*, e James, de "a falácia do psicólogo". Ver John Dewey, *Experience and Nature* (Carbondale: Southern Illinois University Press, 1988), 34; e William James, *The Principles of Psychology*, 1890 (Cambridge, MA: Harvard University Press, 1981), 195, 268.

explicar como são devidamente distinguidas de outras representações irrelevantes e sintetizadas na percepção e na ação eficazes. Antes, afirma Merleau-Ponty, é nossa intencionalidade irrefletida básica que silenciosa e espontaneamente organiza nosso mundo de percepção sem a necessidade de representações perceptuais distintas e sem nenhuma deliberação consciente explícita.

Ainda que esse nível básico de intencionalidade seja ubíquo, seu silêncio deveras onipresente e discreto obscurece sua extraordinária eficiência. A fim de ressaltar os impressionantes poderes desse nível irrefletido de percepção, ação e discurso, Merleau-Ponty o descreve nos termos do maravilhoso, do miraculoso e até do mágico. O "corpo enquanto expressão espontânea" é como a inconsciente "maravilha do estilo" do gênio artístico (S, 65, 66).

> Assim como o artista faz seu estilo irradiar até as fibras mesmas do material em que trabalha, movo meu corpo sem sequer saber quais músculos e caminhos nervosos têm de intervir, nem onde devo procurar os instrumentos dessa ação. Quero ir ali, e aqui estou, sem ter penetrado o segredo desumano do mecanismo corporal ou ter ajustado aquele mecanismo aos dados do problema (...) Olho o objetivo, sou atraído por ele, e o aparato corporal faz o que tem de ser feito para que eu chegue lá. Para mim, tudo acontece no mundo humano da percepção e do gesto, mas meu corpo "geográfico" ou "físico" submete-se às demandas desse pequeno drama, que não deixa de provocar mil maravilhas naturais nele. Só meu olhar voltado para o objetivo já tem seus próprios milagres (S, 66).

Se as representações de partes e processos do corpo são descritas negativamente, como se fossem mecanicisticamente desumanas, o uso não reflexivo do corpo não está apenas ligado ao humano e ao artístico mas também sugere – por meio de suas maravilhas miraculosas – o divino. Num trecho de *Phenomenology of Perception* em que Merleau-Ponty critica o uso de sensações cinestésicas, ele também insiste na natureza miraculosa da intencionalidade corporal, descrevendo sua eficácia intuitiva e imediata como "mágica". Não há necessidade de pensar naquilo que estou fazendo ou em onde estou no espaço, apenas movo meu corpo "diretamente" e, de modo espontâneo, obtenho o resultado desejado, mesmo sem representar conscientemente minha intenção. "As relações entre minha decisão e meu corpo são, no movimento, mágicas" (*PoP*, 94).

Por que um filósofo secular deveria celebrar nossa intencionalidade corporal comum com termos como milagre e mágica? É verdade que nossa competência corporal trivial pode, desde certas perspectivas, provocar genuíno espanto. Mas enfatizar o miraculoso e o mágico também serve a outros propósitos do programa somático de Merleau-Ponty. Celebrar o *mistério* primal da proficiência corporal espontânea é um forte antídoto para a urgência de explicar nossa percepção e nossa ação corporais por meios representacionais, precisamente o tipo de explicação que sempre obscureceu a intencionalidade somática básica que Merleau-Ponty corretamente considera primária. Além disso, a celebração do mistério miraculoso do corpo habilmente serve ao projeto de Merleau-Ponty de colocar o valor do corpo em primeiro plano ao mesmo tempo que o explica como um plano de fundo silencioso, estruturador e oculto. "O espaço corporal (...) é a treva necessária no teatro para ressaltar a performance, o plano de fundo de sonolência ou de reserva de força vaga contra o qual o gesto e seu objetivo se destacam." De modo mais geral, "o corpo é o terceiro termo, sempre tacitamente entendido, na estrutura de figura e plano de fundo, e toda figura se destaca contra o horizonte duplo de espaço externo e corporal" (*PoP*, 100-101). O corpo é também misterioso enquanto *locus* de existência "impessoal", abaixo da identidade normal e escondida dela. É "o lugar em que a vida se esconde" do mundo, onde me retiro do meu interesse em observar ou agir no mundo, "me perco em algum prazer ou dor, e me fecho nessa vida anônima, que se estende sob a minha vida pessoal. Mas exatamente porque meu corpo pode se fechar do mundo, é também ele que me abre para o mundo e que me coloca numa situação nele" (*PoP*, 164-165).

Merleau-Ponty pode ter tido também uma razão mais pessoal para defender o mistério oculto do corpo: um profundo respeito por sua necessidade de alguma privacidade para compensar por sua função de nos dar um mundo ao expor-nos a ele, por ser não apenas senciente, mas parte da carne sensível do mundo. Algumas de suas observações expressam um forte senso de modéstia corporal. "O homem não costuma mostrar seu corpo, e, quando o faz, está nervoso ou tem a intenção de fascinar" (*PoP*, 166). E quando Merleau-Ponty quer dar exemplos dessas "situações extremas" em que uma pessoa apercebe-se da própria intencionalidade corporal básica, quando apreende aquele "*cogito* tácito, a presença de si para si (...) porque ela está ameaçada", as situações ameaçadoras que ele cita são "o temor da morte ou do olhar de outra pessoa sobre mim" (*PoP*, 404).

A ideia de Merleau-Ponty de intencionalidade corporal desafia a tradição filosófica ao atribuir ao corpo uma espécie de subjetividade, em vez de tratá-lo como mero objeto ou mecanismo. Mas ele é ainda mais radical ao estender a faixa da subjetividade somática irrefletida muito além de nossos movimentos corporais e percepções sensoriais básicas às operações superiores da fala e do pensamento que constituem o querido reino do *logos* da filosofia. Aqui, mais uma vez a eficácia da intencionalidade espontânea do corpo substitui as representações conscientes como explicação de nossos atos:

> o pensamento, no sujeito falante, não é uma representação (...) O orador não pensa antes de falar, nem mesmo enquanto fala; sua fala é seu pensamento (...) O que dissemos antes sobre a "representação do movimento" deve ser repetido para a imagem verbal: não preciso visualizar o espaço externo e meu próprio corpo para mover o último dentro do primeiro. Basta que eles existam para mim e que formem um certo campo de ação aberto à minha volta. De modo análogo, não preciso visualizar a palavra para conhecê-la e

pronunciá-la. Basta que eu possua seu estilo articulatório e acústico como uma das modulações, um dos usos possíveis do meu corpo. Busco a palavra como minha mão busca a parte do meu corpo que está sendo espetada; a palavra tem um certo lugar no meu mundo linguístico e é parte do meu equipamento. (*PoP*, 180)

Em suma, assim como "minha tenção corpórea do objeto do meu entorno é implícito e pressupõe a tematização ou 'representação' de meu corpo ou ambiente", continua Merleau-Ponty, "o significado provoca a linguagem do mesmo modo que o mundo provoca meu corpo – por uma presença muda que desperta minhas intenções sem se adiantar a elas (...) A razão por que a tematização do significado não precede a linguagem é que aquela é o resultado dessa" (*S*, 89-90).

Também se ressalta o maravilhoso mistério dessa força de expressão somática silenciosa, mas que flui espontaneamente:

> como o funcionamento do corpo, o das palavras ou pinturas permanece obscuro para mim. As palavras, as linhas e as cores que me expressam (...) são arrancadas de mim por aquilo que quero dizer, assim como meus gestos o são por aquilo que quero fazer (...) [com] uma espontaneidade que não tolerará nenhuma ordem, nem aquelas que eu gostaria de dar a mim mesmo. (*S*, 75)

A misteriosa eficácia de nossa intencionalidade espontânea com certeza impressiona. Mas, por si, ela não tem como explicar todas as nossas capacidades comuns de movimento e de percepção, de fala e de pensamento. Posso pular na água e movimentar espontaneamente braços e pernas, mas não atingirei meu objetivo sem ter primeiro aprendido a nadar. Posso ouvir uma música em japonês e espontaneamente tentar cantar junto, mas não conseguirei fazê-lo, a menos que tenha primeiro aprendido palavras suficientes desse idioma. Muitas coisas que hoje fazemos (ou compreendemos) espontaneamente um dia estiveram além do nosso repertório de performance irrefletida. Elas tiveram de ser aprendidas, como percebe Merleau-Ponty. Mas como? Um jeito de explicar ao menos parte desse aprendizado seria pelo uso de diversos tipos de representações (imagens, símbolos, proposições etc.) que nossa consciência poderia usare em que poderia concentrar-se. Mas Merleau-Ponty parece crítico demais das representações para aceitar essa opção.

Antes, ele explica o aprendizado inteiramente como aquisição automática de hábitos corporais por meio de condicionamento motor irrefletido ou sedimentação somática. "A aquisição de um hábito [inclusive de nossos hábitos de fala e pensamento] é de fato a apreensão de um significado, mas é a apreensão motora de um significado motor"; "na aquisição do hábito, é o corpo que 'compreende'". Não há necessidade de o pensamento explicitamente consciente "acostumar-se com um chapéu, com um carro ou com uma bengala", nem de dominar um teclado; nós simplesmente "os incorporamos à massa do nosso corpo" por meio de processos irrefletidos de sedimentação motora e do próprio senso corporal espontâneo do eu (*PoP*, 143-144). O corpo vivido, para Merleau-Ponty, tem assim duas camadas: abaixo do corpo espontâneo do momento, há "o corpo-hábito" da sedimentação (*PoP*, 82, 129-130).

Afirmando a prevalência, a importância e a inteligência do hábito irrefletido em nossa ação, fala e pensamento, também compartilho do reconhecimento de Merleau-Ponty da base somática do hábito. Ambos os temas são centrais para a tradição pragmatista que inspira meu trabalho com filosofia somática. Mas há limites perturbadores para a eficácia dos hábitos irrefletidos, inclusive no nível das ações corporais básicas. Irrefletidamente, podemos adquirir maus hábitos com a mesma facilidade com que adquirimos os bons. (E isso parece especialmente provável se aceitarmos a premissa foucaultiana de que as instituições e as tecnologias que governam nossa vida por meio de regimes de biopoder inculcam hábitos corporais e mentais que têm por objetivo nos manter submissos.) Uma vez que os maus hábitos sejam adquiridos, como corrigi-los? Não podemos simplesmente depender do hábito sedimentado para corrigi-los – já que os hábitos sedimentados são exatamente o que está errado. Também não podemos depender da espontaneidade somática irrefletida do momento, pois ela já está maculada pelas sedimentações indesejadas, e assim tem a maior chance de continuar nos orientando mal.[8]

É por isso que diversas disciplinas de treinamento somático costumam valer-se de representações e de atenção corporal autoconsciente para corrigir nossa autopercepção falha e o uso de nossos eus corporificados. Das práticas asiáticas ancestrais de mente alerta aos sistemas modernos, como a Técnica Alexander e o Método Feldenkrais, o apercebimento explícito e o controle consciente são fulcrais, assim como o uso de representações e visualizações. Essas disciplinas não almejam apagar o nível crucial de comportamento irrefletido por meio do esforço (impossível) de nos tornar explicitamente conscientes de toda a nossa percepção e ação. Na verdade, elas buscam aprimorar o comportamento irrefletido que prejudica nossa experiência e nossa performance. Mas, para chegar a esse aprimoramento, a ação ou hábito irrefletido deve ser trazido à reflexão crítica consciente (ainda que por tempo limitado), de modo que possa ser apreendida e trabalhada mais precisamente.[9] Além desses

---

[8] Devo acrescentar que também não devemos confiar apenas no método de tentativa e erro e na formação da novos hábitos porque esse processo seria lento e caótico demais, e tenderia a repetir os maus hábitos, a menos que o hábito tenha sido criticamente tematizado na consciência explícita, de modo a ser corrigido. F. M. Alexander enfatiza isso ao defender o uso de representações de consciência reflexiva para corrigir maus hábitos somáticos. Ver, de Alexander, *Man's Supreme Inheritance* (Nova York: Dutton, 1918) e *Constructive Conscious Control of the Individual* (Nova York: Dutton, 1923); *The Use of the Self* (Nova York: Dutton, 1932), e minha discussão no capítulo VI.

[9] Os proponentes da mente alerta somática variam quanto ao grau, à duração e à gama de domínios a que a reflexão da mente alerta crítica deve ser aplicada. Para alguns, o ideal é retornar o mais rápido possível à espontaneidade irrefletida, com um hábito corrigido que garanta a performance eficaz; já outros parecem defender que a autoconsciência somática crítica da mente alerta

objetivos terapêuticos, as disciplinas de reflexão somática também podem melhorar nossa experiência com as riquezas, descobertas e prazeres agregados que a percepção aguçada pode trazer.[10]

Ao advogar o corpo vivido irrefletido e seu esquema motor, em oposição às representações conceituais da explicação científica, Merleau-Ponty cria uma polarização entre "experiência vivida" e "representações" abstratas que negligencia o uso de uma fecunda terceira opção – aquilo que pode ser chamado de "reflexão somaestética vivida", isto é, a consciência corporal concreta, mas representacional e reflexiva. Essa dicotomia polarizadora tem paralelo em outro contraste binário enganoso onipresente em sua explicação do corportamento. De um lado, ele discute a performance de pessoas "normais", cujos senso e funcionamento somáticos ele considera totalmente suaves, espontâneos e não problemáticos. De outro lado está sua categoria contrastante, dos anormalmente incapacitados – de pacientes como Schneider (*PoP*, 103-107, 155-156), que exibem deficiências patológicas e que costumam sofrer de sérios danos neurológicos (como lesões cerebrais) ou de graves traumas psicológicos.[11]

---

seja mantida até mesmo na performance. Ver, por exemplo, a teoria de Zeami da performance No em seu tratado "A Mirror Held to the Flower (*Kakyo*)", em *On the Art of No Drama*, trad. J. Thomas Rimer e Yamazaki Masakazu (Princeton: Princeton University Press, 1984).

[10] Ver, por exemplo, os livros de F. M. Alexander citados na nota 8; e Moshe Feldenkrais, *Body and Mature Behavior* (Londres: Routledge and Kegan Paul, 1949); *Awareness Through Movement* (Nova York: Harper and Row, 1972); *The Potent Self* (Nova York: HarperCollins, 1992).

[11] Essa tendência dualista (e o desprezo relacionado pelo valor da autoconsciência somática) ainda pode ser detectada em parte da melhor filosofia somática contemporânea inspirada por Merleau-Ponty. Shaun Gallagher, por exemplo, ao defender a (vaga e disputada) distinção entre "esquema corporal" (que funciona automática e "prenoeticamente", abaixo do nível da consciência) e "imagem corporal" (que envolve a percepção consciente e a consciência pessoal), constrói seu raciocínio a partir do contraste entre o comportamento normal de pessoas capazes de simplesmente depender de seu esquema

Essa simples polaridade obscurece o fato de que a maioria de nós, ditos normais e completamente funcionais, sofremos de diversas incapacidades e deficiências que não têm natureza grave mas que mesmo assim prejudicam a performance. Essas deficiências estão relacionadas não apenas às percepções ou às ações que não conseguimos realizar (ainda que estejamos anatomicamente equipados para tanto), mas também àquilo que conseguimos realizar, mas que poderíamos realizar com mais sucesso ou com maior facilidade e graciosidade. Merleau-Ponty sugere que, se não formos patologicamente deficientes como Schneider e outros indivíduos com problemas neurológicos, então nosso senso corporal irrefletido (ou esquema motor) é perfeitamente acurado e miraculosamente funcional. Para Merleau-Ponty, assim como meus movimentos corporais espontâneos parecem "mágicos" em sua precisão e eficácia, também meu conhecimento imediato de meu corpo e a orientação de suas partes parece infalivelmente completa. "Tenho a posse indivisa dele, e sei onde está cada um de meus membros por meio de uma imagem corporal (*schéma corporel*) em que todos estão incluídos" (*PoP*, 98).

Ainda que compartilhe da profunda apreciação de Merleau-Ponty de nosso senso corporal espontâneo "normal", acho que também deveríamos reconhecer que esse senso é muitas vezes dolorosamente inexato e disfuncional.[12] Posso achar que estou mantendo a cabeça baixa ao

---

corporal inconsciente para agir com sucesso, sem nenhuma necessidade de aprimoramento por meio de "atenção reflexiva consciente" e casos patológicos (como pacientes deaferentados) que demandam essa atenção porque seu esquema motor foi prejudicado ou destruído. Ver o livro instrutivo de Gallagher, *How the Body Shapes the Mind* (Oxford: Oxford University Press, 2005), que resenho em *Theory, Culture and Society*, 24, no. 1 (2007): 152-156.

[12] Assim como Alexander documenta nossa "apreciação sensorial não confiável" ou "cinestesia dissoluta", no que toca ao modo como nossos corpos são orientados e usados, também Moshe Feldenkrais defende que, se o termo "normal" designa aquilo que deveria ser a norma para humanos saudáveis, então seria mais exato que chamássemos o senso somático das pessoas e seu uso delas mesmas de "mediano", e não de "normal". Para uma descrição

balançar um taco de golfe, mas um observador pode facilmente ver que não. Posso acreditar que estou sentado com a coluna ereta, quando ela está curva. Diante do pedido para curvar-nos na altura das costelas, a maioria de nós vai na verdade curvar-se na altura da cintura e achar que está seguindo as instruções. Ao tentar alongar-se arqueando as costas, as pessoas costumam achar que estão esticando a coluna, quando na verdade a estão contraindo. As disciplinas de educação somática empregam exercícios de consciência representacional para tratar desses problemas de má percepção e de mau uso do corpo no comportamento espontâneo e habitual que Merleau-Ponty identifica como primal e que celebra como se fosse miraculosamente infalível na performance normal.

Ainda que exagere nossa proficiência somática irrefletida, de modo geral Merleau-Ponty não pode ser condenado por superestimar as capacidades do corpo. Ele ressalta a fraqueza distintiva do corpo de outros modos, inclusive suas limitações cognitivas de auto-observação. De fato, sua insistência na miraculosa eficácia do corpo espontâneo (e na consequente irrelevância da consciência representacional e reflexiva para o aprimoramento de nossa performance somática) ajuda a manter o corpo mais fraco do que poderia ser, ao sugerir que não há razão ou meio de aprimorar sua performance por meio do uso de representações. Por outro lado, sua eloquente apologia das limitações corporais como estruturalmente essenciais às nossas capacidades humanas também poderia desincentivar esforços para superar impedimentos somáticos arraigados, por medo de que esses esforços em última instância nos enfraqueçam, perturbando as deficiências estruturantes fundamentais de que nossas capacidades na verdade dependem.

Isso sugere outra razão por que Merleau-Ponty pode resistir à contribuição da consciência somática reflexiva e suas representações corporais. As disciplinas de percepção somaestética costumam visar não

---

comparativa da natureza e da importância filosófica da Técnica Alexander e do Método Feldenkrais, ver *Performing Live*, capítulo. VIII. As expressões citadas vêm de Alexander, *Constructive Conscious Control*, 148-149.

apenas a *conhecer* nossa condição e nossos hábitos corporais, mas a *mudá-los*. Até a percepção, por si, pode (numa certa medida) mudar nossa experiência somática e a relação com nosso corpo. Merleau-Ponty admite isso quando diz que o pensamento reflexivo não pode realmente capturar nossa experiência irrefletida primordial porque as representações desse pensamento inevitavelmente alteram nossa experiência básica, ao introduzir categorias e distinções conceituais que não estavam originalmente dadas nela. Ele condena especialmente as distinções postuladas das explicações representacionais da experiência (sejam mecanicistas ou racionalistas) por gerar "o dualismo de consciência e corpo" (*PoP*, 138), ao mesmo tempo que nos cegam para a unidade da percepção primordial.

Contudo, o fato de que as explicações representacionais não explicam adequadamente nossa percepção primordial não implica que elas não sejam úteis para outros propósitos, como melhorar nossos hábitos. A mudança de hábitos pode, por sua vez, mudar nossas percepções espontâneas, cuja unidade e espontaneidade serão restauradas uma vez que o novo hábito aprimorado fique arraigado. Em suma, podemos afirmar a unidade e a qualidade irrefletida da experiência perceptual primária ao mesmo tempo que defendemos a consciência corporal reflexiva que emprega o pensamento representacional tanto para a reconstrução de uma experiência primária melhorada quanto para obter as recompensas intrínsecas da reflexão somaestética.[13]

Ao modificarem a relação com o corpo, as disciplinas da mente alerta somaestética (como outras formas de treinamento somático) também ressaltam as diferenças entre as pessoas. Indivíduos diferentes com frequência têm estilos muito diferentes de uso (e de mau uso) do corpo. Além disso, aquilo que se aprende por meio do treinamento contínuo na percepção somática não é simplesmente "aquilo que

---

[13] Dewey admite isso ao defender o "controle consciente" reflexivo da Técnica Alexander, ao mesmo tempo que continua a propor a importância primária da experiência irrefletida imediata. Sobre a dialética fecunda entre a consciência corporal reflexiva e a espontaneidade corporal, ver *Practicing Philosophy*, capítulo VI, e os capítulos V e VII deste volume.

toda pessoa conhece bem" por meio da apreensão imediata da percepção primordial e do hábito irrefletido. Muitos de nós não sabemos (e podemos nunca descobrir) como é sentir o lugar de cada vértebra e cada costela proprioceptivamente, sem tocá-las com as mãos. Nem todos reconhecem, também, quando se tenta alcançar alguma coisa, qual parte de seu corpo (os dedos, o braço, o ombro, a pélvis ou a cabeça) inicia o movimento.

Se o objetivo da filosofia é simplesmente clarificar e renovar o universal e o permanente em nossa condição humana corporificada por meio da restauração de nosso reconhecimento da experiência primordial e de seus dados ontológicos, então todo o projeto de aprimoramento da percepção e do funcionamento somaestéticos por meio da reflexão autoconsciente será desprezado, como se fosse uma irrelevância filosófica. Pior ainda, será visto como uma mudança e uma distração ameaçadoras do nível original de percepção que é celebrado como base, foco e objetivo últimos da filosofia. O compromisso de Merleau-Ponty com uma ontologia fenomenológica fixa e universal baseada na percepção primordial oferece, assim, mais razão para desprezar o valor da consciência somática explícita. Estando mais preocupado com diferenças e contingências individuais, com a mudança e com a reconstrução voltadas para o futuro, com pluralidades de prática que podem ser usadas por indivíduos e por grupos para improvisar sobre a experiência primária, o pragmatismo é mais receptivo à consciência somática reflexiva e a seus usos disciplinares da filosofia. William James tornou a introspecção somática central para sua pesquisa da filosofia da mente, e John Dewey foi ainda mais longe, defendendo a consciência corporal reflexiva para aprimorar o autoconhecimento e o autouso.

IV

Considerando seu programa filosófico, Merleau-Ponty tem os devidos motivos para negligenciar a consciência corporal reflexiva ou mesmo para resistir-lhe. Mas será que eles constituem argumentos convincentes, ou será que devemos antes concluir que o projeto de Merleau-Ponty de uma fenomenologia centrada no corpo pode ser utilmente suplementado por um reconhecimento maior das funções e do valor da consciência corporal reflexiva? Podemos explorar essa questão reformulando nossa discussão dos motivos de Merleau-Ponty nas seguintes sete linhas de raciocínio:

1. Se a atenção à consciência somática reflexiva e a suas representações corporais obscurece o reconhecimento de nossa percepção corporificada irrefletida mais básica e de sua importância primária, então deve-se resistir à consciência somática. Esse raciocínio tem uma ambiguidade problemática em sua premissa inicial. Nossa consciência somática reflexiva nos distrai por algum tempo da percepção irrefletida (já que a atenção a qualquer coisa inevitavelmente significa o obscurecimento momentâneo de algumas outras coisas). Mas a reflexão somática não precisa nos cegar sempre nem permanentemente para o irrefletido, sobretudo porque essa reflexão não é (nem pretende ser) mantida constantemente. O uso da reflexão somática na maior parte das disciplinas corporais não pretende excluir *a priori* a percepção e o hábito irrefletidos, mas sim aprimorá-los, ao colocá-los em foco temporário, de modo que possam ser retreinados. Se essas disciplinas corporais podem afirmar a primazia do comportamento irrefletido ao mesmo tempo que defendem a necessidade de representações conscientes para monitorá-lo e corrigi-lo, então a filosofia somática também pode. Além disso, se adotarmos a afirmação de Merleau-Ponty de que a experiência sempre depende do contraste entre figura e fundo, podemos então dizer que qualquer apreciação verdadeira da percepção irrefletida depende desse contraste distintivo com a consciência reflexiva, já que a última claramente depende do plano de fundo da primeira.

2. Merleau-Ponty corretamente diz que a consciência reflexiva e as representações somáticas não são apenas desnecessárias, mas inúteis no que diz respeito a explicar nossa percepção e nosso comportamento comuns, que costumam ser irrefletidos. A partir dessa premissa, pode-se

inferir que a consciência representacional somática é uma irrelevância enganosa. Mas essa conclusão não se segue: primeiro, porque há mais a explicar na experiência humana do que nossas percepções e ações irrefletidas e não problemáticas. A consciência representacional somática pode nos ajudar nos casos em que as competências espontâneas cessam e em que se tenta corrigir os hábitos irrefletidos. Além disso, a capacidade explicativa não é o único critério de valor. A reflexão somaestética e suas representações podem ser úteis não para explicar a experiência comum, mas para alterá-la e suplementá-la.

3. Isso nos leva a outro raciocínio. Se as mudanças introduzidas pela reflexão somática na experiência são essencialmente indesejáveis, então, por razões pragmáticas, essa reflexão não deve ser incentivada. Merleau-Ponty mostra como as representações da reflexão formam o núcleo das explicações mecanicista e intelectualista do comportamento, que promovem o dualismo mente/corpo. A consciência somática reflexiva parece assim condenada por engendrar uma visão falsamente fragmentada da experiência, uma visão que acaba por infectar nossa experiência mesma e por cegar-nos para a unidade irrefletida da percepção primária.[14] Mas o mau uso do pensamento somático representacional em *alguns* contextos explicativos não obriga à sua condenação global. De modo análogo, afirmar o valor da consciência somática representacional não é negar a existência, o valor ou mesmo a primazia do irrefletido. A consciência representacional e reflexiva, repito, pode servir, junto com a espontaneidade somática, como suplemento e corretivo útil.

4. Merleau-Ponty considera o mistério e as limitações do corpo essenciais para seu funcionamento produtivo. Ele insiste no modo maravilhoso como realizamos nossas ações sem nenhuma reflexão

---

[14] Merleau-Ponty reclama que o pensamento reflexivo "separa sujeito e objeto um do outro, e ... nos dá apenas o pensamento sobre o corpo, ou o corpo enquanto ideia, e não a experiência do corpo" (*PoP*, 198-99). Mas isso não vale para as disciplinas de reflexão somaestética voltadas para o corpo experienciado concretamente.

consciente. Será que ele, então, poderia argumentar pragmaticamente que deveríamos resistir à consciência somática reflexiva porque ela põe em risco esse mistério e essa fraqueza "eficaz"? Esse argumento se baseia numa confusão. A afirmação de que podemos fazer algo eficazmente *sem* consciência explícita ou representacional não significa que não possamos também fazê-lo *com* essa consciência e que essa consciência não possa melhorar nossa performance. Em todo caso, ainda haverá muito mistério e muita limitação. A reflexão somaestética jamais poderia pretender dotar nosso corpo de total transparência ou de capacidade perfeita, uma vez que nossas mortalidade, fragilidade e contextualidade[15] perspectival o impedem de antemão. Mas o fato de que certos limites corporais básicos nunca podem ser superados não é um argumento convincente contra a tentativa de expandir, numa certa medida, nossas capacidades somáticas por meio da reflexão e do controle consciente explícito.

5. Aqui enfrentamos outro argumento. A reflexão prejudica nossa performance somática ao perturbar a ação espontânea baseada no hábito irrefletido. Os atos irrefletidos são mais rápidos e mais fáceis do que aqueles executados deliberadamente. Além disso, por não envolver a consciência explícita, essa ação irrefletida permite o melhor foco da consciência sobre os alvos para os quais essa ação se volta. Um batedor bem treinado pode acertar a bola melhor quando não está refletindo sobre a tensão em seus joelhos e pulsos ou imaginando o movimento pélvico de seu balanço. Não tendo de pensar nessas coisas, ele pode concentrar-se melhor em ver e em reagir à bola que se aproxima à toda velocidade. A autorreflexão somática aqui o impediria de reagir a tempo. Muitas vezes, o pensamento deliberativo pode arruinar o fluxo espontâneo e a eficácia da ação. Se tentarmos visualizar cada palavra enquanto falamos, nossa fala ficará lenta e interrompida; podemos até esquecer aquilo que queríamos

---

[15] No original, *situatedness*, palavra aqui traduzida sempre como "contextualidade". (N. T.)

dizer. Nos atos sexuais, se pensarmos demais naquilo que está acontecendo com o próprio corpo enquanto visualizamos aquilo que deve acontecer para que as coisas deem certo, há muito mais chance de que algo dê errado. Esses casos mostram que a consciência somática explícita pode às vezes ser mais um problema do que uma solução. A conclusão, porém, não é rejeitar integralmente essa consciência, e sim refletir mais cuidadosamente sobre os modos como ela pode ser disciplinada e empregada nos diferentes contextos e para os diferentes fins em que pode realmente ser útil.[16] Para a consciência somática, também é verdade que só porque uma coisa é boa, isso não significa que não possa ser excessiva.

6. Ao descrever o corpo como *"la cachette de la vie"* ("o esconderijo da vida" na existência impessoal básica), Merleau-Ponty sugere ainda outro argumento contra a mente alerta somática.[17] A concentração explícita nos sentimentos corporais leva a uma retirada do mundo exterior da ação, e essa mudança de foco prejudica a qualidade de nossas percepção e ação no mundo: "quando fico absorvido em meu corpo, meus olhos não me mostram nada além do que a cobertura exterior perceptível das coisas e das outras pessoas, as coisas mesmas assumem uma irrealidade, os atos degeneram no absurdo". "Ficar absorvido na experiência de meu corpo e na solidão das

---

[16] Para uma avaliação (baseada em estudos experimentais) das diferentes maneiras e contextos em que a autopercepção explícita pode ser vantajosa e desvantajosa, ver T. D. Wilson e E. W. Dunn, "Self-Knowledge: Its Limits, Value, and Potential for Improvement", *Annual Review of Psychology*, 55 (2004): 493-518. Uma aparente conclusão é que a consciência explícita ajuda nos estágios iniciais, mas costuma tender a interferir depois. Um estudo mais recente confirma que "sujeitos conscientes mostraram uma vantagem pequena, mas significativa, em sua capacidade de adaptar seus comandos motores", ver E. J. Hwang, M. A. Smith, e R. Shadmehr, "Dissociable Effects of the Implicit and Explicit Memory Systems on Learning Control of Reaching", *Experimental Brain Research*, 173, n. 3 (2006): 425-437, citação à p. 425.

[17] A expressão francesa é de *PdP*, 192, e foi traduzida pela expressão em inglês ["The place where life hides away"], de *PoP*, 164.

sensações" é, portanto, um perigo perturbador, do qual mal estamos protegidos pelo fato de que nossos órgãos e hábitos de sentidos estão sempre trabalhando para relacionar-nos com o mundo exterior da vida. Assim, a reflexão somática absorvida arrisca-se a perder o mundo, mas também o eu, já que o eu é definido por nosso relacionamento com o mundo (*PoP*, 165).

Merleau-Ponty está certo ao dizer que um foco intenso nas sensações somáticas pode desorientar temporariamente nossas perspectivas comuns, perturbando nosso envolvimento habitual com o mundo e nosso senso costumeiro de identidade. Mas é um erro concluir que a absorção em sentimentos corporais é essencialmente um nível impessoal primitivo de apercebimento, abaixo das noções do eu e do mundo, e portanto confinado àquilo que ele chama de "a vigilância anônima dos sentidos" (*PoP*, 164). Pode-se estar *autoconscientemente* absorvido nos próprios sentimentos corporais; a autoconsciência somática envolve uma percepção reflexiva de que o eu está experimentando as sensações para as quais a atenção está voltada. Claro que esse "voltar-se" da consciência corporal sobre si mesma obriga numa certa medida a que se tire atenção do mundo exterior, ainda que esse mundo sempre faça com que sua presença seja sentida de algum modo. *Um puro sentimento exclusivo do próprio corpo é uma abstração. Não é possível sentir a si próprio somaticamente sem também sentir algo do mundo exterior.* Se me deito, fecho os olhos e cuidadosamente tento sentir apenas meu corpo em si mesmo, também sentirei o modo como ele faz contato com o piso e perceberei o espaço entre meus membros. (E se eu fizer isso com autoconsciência somática atenta, também sentirei que sou eu que estou deitado no chão e concentrado em meus sentimentos corporais.) Em todo caso, se o desvio de atenção da somaestética para nossa consciência corporal envolve uma retirada temporária do mundo da ação, essa retirada pode aumentar enormemente nossos autoconhecimento e autouso, de modo que retornaremos ao mundo como observadores e agentes mais capazes. É a lógica somática de *reculer pour mieux sauter*.

Considere um exemplo. Ao querer olhar por cima do próprio ombro para ver algo atrás de si, a maioria das pessoas espontaneamente abaixará o próprio ombro enquanto gira a cabeça. Isso parece lógico, mas é (e deveria parecer) esqueletalmente errado; abaixar o ombro pressiona a costela e a área do peito e assim limita muito o espectro de rotação da coluna, o que realmente nos permite ver atrás de nós. Ao retirar momentaneamente nossa atenção do mundo atrás de nós, e concentrar-nos com bastante atenção no alinhamento das partes do nosso corpo ao girar a cabeça e a coluna, podemos aprender como girar melhor e ver mais, criando um novo hábito que acabará por ser realizado irrefletidamente.

7. O argumento mais radical de Merleau-Ponty contra a observação somática reflexiva é que simplesmente não se pode observar o próprio corpo, porque ele é a perspectiva invariante e permanente desde a qual observamos outras coisas. Ao contrário dos objetos comuns, o corpo "resiste à exploração e é sempre apresentado desde o mesmo ângulo (...) Dizer que ele está sempre perto de mim, sempre à minha disposição, é dizer que ele nunca está à minha frente, que não posso colocá-lo diante de meus olhos, que ele continua marginal a todas as minhas percepções, que ele está *comigo*". Não posso mudar minha perspectiva em relação a meu corpo como posso mudá-la em relação a objetos externos. "Observo objetos externos com meu corpo, mexo neles, examino-os, ando em torno deles, mas meu corpo mesmo é algo que não observo: para poder ser capaz disso, precisaria usar um segundo corpo" (*PoP*, 90-91). "Estou sempre do mesmo lado do meu corpo; ele se apresenta a mim em uma única perspectiva invariável" (*VI*, 148).

Certamente é verdade que não podemos observar nosso próprio corpo vivido do mesmo modo que podemos observar objetos externos, porque nosso corpo é exatamente o instrumento por meio do qual observamos tudo, e porque realmente não podemos colocar o corpo diante dos olhos (porque os próprios olhos são parte do corpo). Porém, disso não se segue que não podemos observar nosso corpo vivido de maneiras importantes. Primeiro, é errado identificar a observação somática estritamente com estar "diante dos meus olhos". Ainda que não possamos ver nossos olhos sem o uso de algum dispositivo especular, podemos, se nos concentrarmos, observar diretamente de dentro a sensação de tensão muscular, de volume e de movimento que nos apresentam, inclusive ao mesmo tempo que os usamos para enxergar. Também podemos observar nossos olhos fechados tocando-os de fora com as mãos. Isso mostra, além de tudo, que nossa perspectiva sobre nosso corpo não é inteiramente fixa e invariante. Podemos examiná-los segundo as diversas modalidades de sentido; e mesmo se usarmos apenas uma modalidade, podemos percorrer o corpo desde diferentes ângulos e com perspectivas de focos diferentes. Ao deitar-me no chão de olhos fechados, e usando apenas minha propriocepção, consigo percorrer o corpo da cabeça aos pés ou vice-versa, notando o alinhamento de meus membros ou meu senso de volume corporal, ou desde a perspectiva da pressão das diferentes partes do meu corpo sobre o chão ou de sua distância dele. Claro que, se desprezarmos a reflexão somática, então é bem mais provável que tenhamos uma perspectiva invariante de nosso corpo – aquela da experiência primitiva e sem foco e do hábito irrefletido, exatamente o tipo de percepção não tematizada que Merleau-Ponty defende.

A ideia de Merleau-Ponty da subjetividade corporal pode oferecer um último e desesperado argumento contra a possibilidade de observar o próprio corpo vivido. Em sua crítica das "sensações duplas" (*PoP*, 93), ele insiste que se o corpo é o sujeito observador da experiência, então ele pode ser ao mesmo tempo o objeto da observação. Por isso, não podemos realmente observar nosso corpo percebedor, assim como não podemos usar a mão esquerda para sentir a mão direita (como objeto) enquanto a mão direita está sentindo um objeto. Mesmo em "The Intertwining – The Chiasm", texto posterior em que Merleau-Ponty insiste que a "reversibilidade" essencial do corpo – a capacidade de sentir e de ser sentido – é crucial para nossa capacidade de apreender o mundo, ele adverte enfaticamente que essa reversibilidade de observador e observado, ainda que "sempre iminente", "nunca se realiza de fato" por meio da completa simultaneidade ou "coincidência" exata. Não se pode ao mesmo tempo sentir a própria mão como algo que toca e que é tocado, nem a voz como algo falado e ouvido (VI, 147-148). Em suma, não se pode experienciar simultaneamente o próprio corpo como sujeito e como objeto. Assim, se o corpo vivido é sempre o sujeito observador, então ele nunca pode ser observado como objeto. Além disso, como afirma G. H. Mead, o "eu" observador não consegue apreender-se diretamente na experiência imediata, já que, quando tenta agarrar a si próprio, já se tornou um "mim" objetificado para o "eu" apreendedor do momento seguinte.

Esses argumentos podem ser enfrentados de diversas maneiras. Primeiro, considerando a nebulosidade essencial da ideia de simultaneidade subjetiva, poderíamos afirmar que, na prática, *consegue-se* ter simultaneamente as experiências de tocar e de ser tocado, de sentir a voz desde dentro enquanto se a ouve de fora, ainda que o foco primário de nossa atenção possa às vezes vacilar rapidamente entre as duas perspectivas naquela curtíssima duração de tempo que fenomenologicamente identificamos como presente e que, como James há muito observou, é sempre um "presente especioso", que envolve a memória do passado imediato.[18] Parte daquilo que parece perturbar a experiência da percepção simultânea de nosso corpo enquanto percebedor e percebido é simplesmente o fato de que a polaridade dessas perspectivas é imposta a nossa experiência pela formulação binária do experimento cognitivo, um caso em que a reflexão filosófica "prejulga aquilo que encontrará" (VI, 130). Além disso, mesmo que seja fato que a maioria dos sujeitos experimentais não consegue sentir seus corpos sentindo, isso pode simplesmente se dever às suas incapacidades não desenvolvidas de reflexão e de atenção somáticas.

---

[18] James, *The Principles of Psychology*, 573-575. Sobre a vaga noção de simultaneidade mental e os difíceis problemas de determinação do *"timing* absoluto" da consciência, ver Daniel Dennett, *Consciousness Explained* (Boston: Little, Brown, 1991), 136, 162-166.

De fato, se se consegue simultaneamente experienciar o próprio corpo como algo que sente e que é sentido, disso não se segue obrigatoriamente que não se possa nunca observá-lo, assim como do fato putativo de que não se pode simultaneamente experienciar a própria mente como puro pensamento ativo (isto é, como sujeito transcendental) e como algo pensado (isto é, como sujeito empírico) não se segue obrigatoriamente que não possamos observar nossa vida mental. Tratar o corpo vivido como sujeito não exige que o tratemos *somente* como sujeito puramente transcendental que não pode também ser observado empiricamente. Fazê-lo viciaria a reversibilidade essencial da senciência percebedora e o sensível percebido que permite a Merleau-Ponty retratar o corpo como a "carne" que serve de base à nossa conexão com o mundo. A distinção "gramatical" entre o corpo enquanto sujeito da experiência e enquanto objeto da experiência é útil para lembrar-nos de que nunca alcançaremos uma transparência total de nossa intencionalidade corporal. Sempre haverá algumas dimensões de nossos sentimentos corporais que ativamente estruturarão o foco de nossos esforços de percepção somática reflexiva e que assim não serão eles mesmos objeto de nossa percepção ou foco de nossa consciência. Também haverá sempre a possibilidade de erro introspectivo por causa de uma falha da memória ou de alguma má interpretação. E também não se deve desejar a consciência reflexiva simultânea de todos os nossos sentimentos corporais. Mas a distinção pragmática entre o "eu" que percebe e o "mim" percebido não deve ser transformada em obstáculo epistemológico intransponível à observação do corpo vivido dentro da área oferecida pelo presente especioso e pela memória de curto prazo do passado imediato.[19]

---

[19] O próprio Mead sabiamente admite isso. Ao falar em "eu/mim", sua famosa distinção, Mead não concluiu que o "eu" era inobservável e ausente da experiência. Ainda que "não imediatamente dado na experiência" como dado imediato, "é na memória que o 'eu' está constantemente presente na experiência". Portanto, que "o 'eu' realmente apareça experiencialmente como parte de um 'mim' [subsequente]" não significa que não possamos observar-nos

Em última instância, podemos até questionar os argumentos de Merleau-Ponty contra a auto-observação corporal simplesmente recordando que essa observação (ainda que ela esteja apenas notando nossos desconfortos, dores e prazeres) constitui parte de nossa experiência cotidiana. Só a introdução da reflexão filosófica abstrata poderia nos levar a negar essa possibilidade. Se levarmos nossa experiência comum pré-teórica seriamente, como Merleau-Ponty nos insta a fazer, então rejeitaríamos a conclusão de que jamais conseguimos observar nosso próprio corpo vivido, e poderíamos assim instar a que seu projeto filosófico seja complementado por uma apreciação maior da consciência somática reflexiva.

V

Dada a insuficiência desses raciocínios reconstruídos, a resistência de Merleau-Ponty à mente alerta e à reflexão somáticas só pode ser justificada por seus objetivos e pressupostos filosóficos mais profundos. Nesses é proeminente seu desejo de que a filosofia nos leve de volta a um estado primordial de experiência unificada que "não tenha sido ainda 'violentada'" ou feita em pedaços pelos "instrumentos [de] reflexão" e assim possa "oferecer-nos simultânea, misturadamente, tanto 'sujeito' quanto 'objeto', tanto existência quanto essência", tanto alma quanto corpo (VI, 130). Esse anseio por um retorno à unidade pré-reflexiva sugere uma insatisfação com a fragmentação que a consciência reflexiva e o pensamento representacional introduziam em nossa experiência de sujeitos corporificados.

A filosofia pode tentar solucionar esse problema de duas maneiras diferentes. Primeiro, há a terapia da teoria. A reflexão filosófica

---

como agentes subjetivos, mas apenas que precisamos fazer isso observando-nos ao longo do tempo por meio da memória. Ver George Herbert Mead, *Mind, Self, and Society* (Chicago: University of Chicago Press, 1962), 174-176.

pode ser usada para afirmar a unidade e a adequação dos atos corporais irrefletidos para instar a que nos concentremos nessa unidade irrefletida e, ao mesmo tempo, a rejeitar a reflexão somática e a consciência somática representacional, como se essas fossem intrinsecamente desnecessárias e enganosas. Aqui, o próprio mistério dos atos corporais irrefletidos é celebrado como fraqueza cognitiva capacitadora que se mostra superior às performances dirigidas pela reflexão representacional. Mas uma segunda maneira de resolver a insatisfação com nossa experiência de sujeitos corporificados vai além da mera teoria abstrata, desenvolvendo ativamente nossas capacidades de consciência somática reflexiva de modo a que possamos atingir uma unidade superior de experiência no nível reflexivo e assim adquirir meios melhores de correção das inadequações de nossos hábitos corporais irrefletidos. Merleau-Ponty propõe a primeira maneira; minha teoria somática pragmatista, a segunda, ao mesmo tempo que reconhece a primazia da experiência e do hábito somáticos irrefletidos.

A primeira maneira – a do puro intelecto – reflete a visão básica de Merleau-Ponty da filosofia como algo que tira sua força teórica de sua fraqueza de ação. "O mancar da filosofia é sua virtude", escreve, ao contrastar o filósofo com o homem de ação pelo contraste "daquilo que entende e daquilo que escolhe". "O filósofo da ação é talvez o mais distante da ação, pois falar da ação com profundidade e rigor é dizer que não se deseja agir" (*IPP*, 59-61). Será que o filósofo do corpo deveria, então, ser o mais removido de seu próprio corpo vivido, porque está avassaladoramente absorvido em lutar com toda a sua mente para analisar e defender o papel do corpo?

Essa é uma conclusão infeliz. Mas ela se afirma teimosamente na reclamação comum de que a maior parte da filosofia contemporânea do corpo parece ignorar ou dissolver o soma ativo real num labirinto de teorias metafísicas, psicológicas, sociais, de gênero e neurologia. Apesar de suas valiosas intuições, essas teorias não consideram os métodos práticos com que os indivíduos podem melhorar sua consciência e seu funcionamento somáticos. A abordagem fenomenológica de Merleau-Ponty exemplifica o problema ao dedicar uma intensa reflexão teórica ao valor da subjetividade corporal irrefletida, desprezando ao mesmo tempo o uso da reflexão somática para aprimorar essa subjetividade na percepção e na ação. Ao contrário do homem de ação (e de outras variedades do "homem sério"), o filósofo, diz Merleau-Ponty, nunca está totalmente envolvido de modo prático naquilo que afirma. Mesmo no caso das causas a que ele é fiel, vemos "em seu assentimento [que] falta algo maciço e carnal. Ele não é inteiramente um ser real" (*IPP*, 59, 60).

Falta à soberba defesa da importância filosófica do corpo por Merleau-Ponty um senso robusto do corpo real enquanto lugar de disciplinas práticas de reflexão consciente que almejam reconstruir a percepção e a performance somáticas a fim de obter uma experiência e uma ação mais recompensadoras. O pragmatismo oferece uma perspectiva filosófica complementar mais amigável ao envolvimento corporal total em esforços práticos de percepção somática. Ele almeja gerar uma experiência melhor no futuro, em vez de tentar recapturar a unidade perceptual perdida do passado primordial, um "retorno ao mundo que antecede o conhecimento" (*PoP*, ix).

Se parece possível combinar essa dimensão reconstrutora pragmatista da teoria somática com as intuições filosóficas básicas de Merleau-Ponty sobre o corpo vivido e sobre a primazia da percepção irrefletida, isso em parte acontece porque a filosofia de Merleau-Ponty tem seu sabor pragmático próprio. Ao insistir que a consciência primariamente "não é uma questão de 'eu penso que' mas de 'eu posso'" (*PoP*, 137), ele também reconheceu que a filosofia é mais do que uma teoria impessoal, mas também um modo pessoal de vida. Se ele clamava por que a filosofia fosse um modo de recuperar uma unidade primordial de experiência irrefletida, se ele a definia como "a Utopia da posse à distância" (talvez a recaptura daquele passado irrefletido a partir da distância da reflexão presente), será que houve razões em sua vida que ajudaram a determinar seu anseio filosófico (*IPP*, 58)? Será que houve também um anseio pessoal por uma unidade passada utópica – primitiva, espontânea e irrefletida – e recuperável apenas à distância, se tanto?

Sabemos muito pouco da vida privada de Merleau-Ponty, mas certamente há indícios de que ele tinha um anseio por "esse paraíso perdido". "Um dia, em 1947, Merleau me disse que jamais se recuperara de uma infância incomparável", escreve Jean-Paul Sartre, seu amigo íntimo. "Tudo tinha sido maravilhoso demais, cedo demais. A forma da Natureza que primeiro o envolveu fora a Deusa Mãe, sua própria mãe, cujos olhos o fizeram ver aquilo que ele via (...) Com ela e por ela, ele viveu essa 'intersubjetividade da imanência', que ele tantas vezes descreveu e que nos leva a descobrir nossa 'espontaneidade' por meio de outro." Com o fim da infância, "uma das características mais constantes era buscar a imanência perdida em toda parte". Sua mãe, explica Sartre, era essencial a essa utópica "esperança de reconquista" desse senso de espontaneidade infantil e dessa "concordância imediata" com as coisas. "Por meio dela, isso era preservado – fora de alcance, mas vivo." Quando ela morreu em 1952, recorda Sartre, Merleau-Ponty ficou arrasado e essencialmente "tornou-se um recluso".[20] Restava a consolação da filosofia e o projeto de reclamar, ao menos na teoria, os valores queridos mas esvanecentes da espontaneidade, da imediatez, e da imanência, que pertenciam a seu mundo perdido de inocência e harmonia irrefletidas.

---

[20] Jean-Paul Sartre, "Merleau-Ponty", em *Situations*, trad. Benita Eisler (Nova York: Braziller, 1965), 228, 235, 243, 301-302.

capítulo 3

SUBJETIVIDADES SOMÁTICAS E SUBJUGAÇÃO SOMÁTICA
Simone de Beauvoir sobre gênero e idade

I

Se Merleau-Ponty não convence ao propor uma base fixa da percepção primordial que, ainda que corporificada, seja "imutável, dada de uma vez por todas" e compartilhada ou "conhecida por todos" se ele erra ao elevar essa base a um ideal normativo universal de espontaneidade cuja recuperação seria o principal objetivo da filosofia somática, voltemo-nos então para teóricos mais sensíveis à diversidade da percepção corporificada e à historicidade das normas somáticas. Insistindo que fatores históricos, sociais e culturais variáveis moldam de modos distintos nossa experiência de sujeitos corporificados, esses pensadores também afirmam que as formas dominantes de discurso de uma cultura tendem a obscurecer ou a menosprezar subjetividades divergentes, de modo a universalizar a consciência dos sujeitos privilegiados socialmente como se fosse naturalmente normativa e definitiva para toda a raça humana. Será que toda subjetividade somática deve ser conformada ao tipo descrito pelos filósofos que costumam generalizar a partir de sua experiência fenomenológica de machos adultos privilegiados no auge da vida?

Simone de Beauvoir está entre as teóricas da diferença mais originais e influentes. Amiga e colaboradora de longa data de Merleau-Ponty, ela questiona o universalismo a-histórico de sua abordagem da corporificação explorando os problemas da diferença corporal (nas mulheres e nos idosos) e denunciando os modos como as hierarquias de poder historicamente dominantes informam nossa experiência somática e definem as normas do ser corporal. Ao denunciar os mecanismos sutis pelos quais as subjetividades diferentemente corporificadas são subjugadas por meio de seus corpos, Beauvoir mostra como as diferenças corporais distintivas das mulheres e dos idosos são percebidas como negativamente marcadas em termos de poder social, refletindo a dominação masculina. Esse enfraquecimento social é reciprocamente reforçado pela fraqueza corporal percebida nas mulheres e nos idosos, que parece justificar sua condição subordinada como algo necessário e natural. Incentivada e inculcada pelas instituições e ideologias preponderantes de nossa cultura, essa subordinação somática e social é, além disso, incorporada aos hábitos corporais desses sujeitos dominados, que assim reinscrevem inconscientemente seu próprio senso de fraqueza e dominação.

Poderia o cultivo de maiores poderes e consciência somáticos ajudar a libertar essas subjetividades somáticas, e como Beauvoir enxerga o potencial emancipador da práxis somaestética? Para explorar esses assuntos, este capítulo examina a rica filosofia somática de Beauvoir, concentrando-se particularmente em duas grandes obras, *O Segundo Sexo* (1949) e *A Velhice* (1970), que exploram a diferença e a subjugação somáticas nas categorias humanas ubíquas das mulheres e dos idosos.[1] Se o corpo "é o instrumento de nossa apreensão do

---

[1] Simone de Beauvoir, *Le Deuxième Sexe* [*O Segundo Sexo*] (Gallimard: Paris, 1949), e *La Vieillesse* [*A Velhice*] (Galimard: Paris, 1970). Para o primeiro, cito a tradução inglesa, *The Second Sex*, trad. H. H. Parshley (Nova York: Vintage, 1989), doravante *SS*. O texto de Parshley é uma versão infelizmente

mundo", e se "a liberdade nunca será dada (...) [mas] sempre terá de ser conquistada", então é claro que Beauvoir deveria afirmar que o cultivo somático é crucial para o aprimoramento de nosso instrumento corporal, ajudando-nos a conquistar maior liberdade.[2] Todavia, sua abordagem é mais ambígua, complexa e conflituosa.

Suas complexidades podem ficar mais claras se formularmos nossa discussão nos termos dos ramos da somaestética apresentados no capítulo I. A *somaestética prática* de Beauvoir – seu envolvimento pessoal efetivo em práticas e em disciplinas corporais – não será estudada aqui. Ainda que fatores da biografia somática possam ajudar-nos a entender as ideias discursivas de um filósofo sobre a corporificação, a ênfase na biografia alimentaria uma tendência perigosa dos estudos sobre Beauvoir, de "reduzir a [obra] à mulher" e assim banalizar ou desacreditar seus argumentos filosóficos, como se fossem "meros deslocamentos do pessoal".[3] Os estudos biográficos e suas

---

condensada e muitas vezes mal traduzida do original, por isso traduzo eu mesmo alguns trechos. Para uma crítica vigorosa da condensação e da tradução de Parshley, ver Margaret Simons, *Beauvoir and The Second Sex* (Nova York: Rowman & Littlefield, 1999). *La Vieillesse*, traduzido do inglês (por Patrick O'Brien), recebeu o título *The Coming of Age* (Nova York: Putnam, 1972), doravante *CA*.

[2] *SS*, 34; e Simone de Beauvoir, *The Ethics of Ambiguity*, trad. Bernard Frechtman (Nova York: Citadel Press, 1964), 119. O papel crucial do corpo na liberdade fica particularmente claro quando concebemos a liberdade não no sentido estreito da liberdade negativa em relação aos constrangimentos sociais impostos, mas da capacidade positiva de ação. Uma criança pode ser livre no sentido negativo para andar, mas não tem liberdade positiva de fazê-lo a menos que domine a competência corporal relacionada. A capacidade corporal ou o movimento é talvez a raiz elementar de nosso conceito de liberdade, como afirmo em "Thinking Through the Body, Educating for the Humanities", *Journal of Aesthetic Education*, 40 (2006): 1-21.

[3] Ver Toril Moi, *Feminist Theory and Simone de Beauvoir* (Oxford, Blackwell, 1990), 27, 32. Há um risco similar em usar a ficção de Beauvoir para estimar suas ideias somáticas. Seus argumentos filosóficos sobre esses assuntos poderiam assim ser descartados, como se fossem essencialmente uma continuação de seus

próprias memórias extensivas mostram que ela gozava de uma vida corporal dinâmica e expressava seu gosto em roupas, cosméticos e no asseio. Ela gostava de esquiar, pedalar e jogar tênis, e de caminhadas. Gostava de comida, tinha uma experiência robustamente ampla da sexualidade e, de modo mais notável, uma paixão declarada pela violência, que ela também manifestou em certas experiências de ascetismo radical durante a infância.[4]

devaneios ficcionais, não devendo portanto ser considerados filosofia séria, e ela mesma então poderia ser banalizada, tratada como mera escritora e não como filósofa "de verdade". A estratégia de marginalizar a filosofia de Beauvoir é infelizmente incentivada pelo fato de ela mesma preferir chamar-se escritora em vez de assumir o título de filósofa (aparentemente em deferência à estatura filosófica de Sartre). Concordo com Margaret Simons, com Debra Bergoffen e com muitos outros que Beauvoir é uma filósofa importante. Ver Simons, *Beauvoir and The Second Sex*, e Debra Bergoffen, *The Philosophy of Simone de Beauvoir: Gendered Phenomenologies, Erotic Generosities* (Albany: Suny Press, 1997).

[4] "Há em mim não sei que anseio – talvez uma volúpia monstruosa – sempre presente, por barulho, por briga, por violência selvagem e, sobretudo, pela sarjeta", escreve Beauvoir, que diz que sua paixão pela "violência" remonta aos três anos de idade. Simone de Beauvoir, *Memoir's of a Dutiful Daughter*, trad. James Kirkup (Nova York: Harper, 1974), 13, 307. Um biógrafo relata que na adolescência Beauvoir expressava sua devoção religiosa de modo violento, "trancando-se no banheiro, onde mortificava a própria carne esfregando uma pedra-pomes em suas coxas, ou açoitando-se com um colar de ouro até sair sangue". Ver Claude Francis e Fernande Gontier, *Simone de Beauvoir: A Life, a Love Story*, trad. Lisa Nesselson (Nova York: St. Martin's Press, 1985), 42. Essa negatividade em relação à carne parece refletir a forte repulsa da mãe de Beauvoir em relação ao físico, que "levava o desprezo pelo corpo, por si e por suas filhas, ao ponto da imundície" (*ibid.*, 35). Beauvoir garante ter sido ensinada a "nunca olhar [para] seu corpo nu" porque "o corpo como um todo era vulgar e ofensivo", sendo que sua mãe jamais explicara as verdadeiras funções do corpo, sugerindo em vez disso que "os bebezinhos saíam do ânus" (*Memoirs of a Dutiful Daughter*, 58, 82, 87). Para outros materiais autobiográficos, ver Simone de Beauvoir, *The Prime of Life*, trad. P. Green (Londres: Penguin, 1965); *Force of Circumstance*, trad. Richard Howard (Londres: Penguin, 1968); *All Said and Done*, trad. Patrick O'Brien (Londres: Penguin, 1977); e seu

As contribuições de Beauvoir para a somaestética analítica – seus estudos da corporificação humana e de sua expressão particular nas mulheres (de idades, culturas e posições sociais diferentes) e dos idosos (de sociedades, profissões e classes diferentes) são ricas demais para serem devidamente analisadas aqui. Estendendo-se da metafísica e da biologia da corporificação aos modos como ela é moldada pelo desenvolvimento psicológico e por condições econômicas, sociais e históricas, ela também explora o modo como a vida somática é tanto representada quanto reformatada pelo mito e pela literatura. Ainda que o progresso social e científico a tornem às vezes datada, suas ideias sobre a somaestética analítica continuam relevantes, especialmente no que diz respeito ao principal foco deste capítulo: a somaestética e seu potencial liberacional.

Beauvoir não chega a propor o cultivo somático como principal meio de libertação dos sujeitos subjugados da diferença e da dominação. Reconhecendo que a força e a saúde corporais podem significar um aumento de poder, ela ainda assim minimiza o valor da atenção aguçada ao corpo, ao mesmo tempo que ressalta seus riscos, como se fosse um impedimento que distraísse do verdadeiro progresso emancipatório. Sua relação problemática com o cultivo somático será examinada segundo as diferentes categorias de somaestética pragmática delineadas anteriormente: a *representacional* (voltada primariamente para as formas superficiais ou representações do corpo), a *experiencial* (interessada principalmente na qualidade e na consciência perceptiva da experiência somática) e a *performativa* (dedicada essencialmente ao aumento da força, da performance e da capacidade corporais).

Os estudos de Beauvoir da mulher e da velhice revelam homologias consideráveis nos fatores que subordinam esses sujeitos

---

relato da doença terminal de sua mãe, *A Very Easy Death*, trad. Patrick O'Brian (Nova York: Pantheon, 1985). Para mais informações biográficas, ver Francis Jeanson, *Simone de Beauvoir ou l'Entreprise de Vivre* (Paris: Seuil, 1966); Deirdre Bair, *Simone de Beauvoir: A Biography* (Nova York: Summit, 1990); e Carol Ascher, *Simone de Beauvoir: A Life of Freedom* (Boston: Beacon, 1981).

somaticamente marcados e socialmente dominados. As diferenças corporais percebidas (seja a menor força muscular, sejam as perturbações da menstruação, da gravidez e do parto) são imediatamente vistas como *fraquezas* significativas ao serem apreendidas através da perspectiva discriminatória de uma matriz sociocultural arraigada. Essa rede de instituições, hábitos, crenças, práticas e valores reflete o status socialmente subordinado da mulher e do idoso, ao mesmo tempo que reforça e justifica sua dominação a partir de sua diferença somática de relativa fraqueza. Poder-se-ia imaginar uma sociedade radicalmente alternativa, sem a dominação masculina, que, inversamente, pudesse olhar a força indisciplinada da alta testosterona como uma fraqueza fisiológica que marcasse socialmente os machos como menos qualificados para posições de poder que demandam uma compostura tranquila. *O Segundo Sexo* e *A Velhice* são similares também na estrutura expositiva, começando seu raciocínio com a biologia, com a história e com o mito antes de passar à situação dos sujeitos contemporâneos e ao modo como as mulheres e os idosos de hoje vivem e experimentam sua situação subordinada. Todavia, há também diferenças claras no tratamento de Beauvoir das mulheres e da velhice, por isso consideraremos esses assuntos separadamente, começando com *O Segundo Sexo*, certamente seu livro mais influente, um clássico do feminismo.

II

A ambiguidade, um conceito-chave na filosofia de Beauvoir, tem destaque em sua teoria somática. Duas concepções espalham-se por *O Segundo Sexo*, cuja tensão difícil parece refletida nos desconfortos conflitivos que, como ela diz, são particularmente agudos na experiência feminina da corporificação. De um lado, Beauvoir define o corpo nos mesmos termos positivos da fenomenologia existencial de Merleau-Ponty – não como mera coisa material, mas como situação instrumental, capacitadora, positiva de nosso apreender e ter o mundo. "Se o corpo não é uma *coisa*, é uma situação", "o instrumento de nossa apreensão do mundo" (*SS*, 34). Questionando a presunção freudiana de que nosso corpo é sexual no que têm de mais primário, ela afirma que "o corpo é antes de tudo a irradiação de uma subjetividade, o instrumento que possibilita a compreensão do mundo" (*SS*, 267). Por outro lado, junto dessa subjetividade corporal intencional e ativa, temos uma caracterização mais sartreana e negativa do corpo igualmente ubíqua e talvez triunfante, em última análise, em seu livro: o corpo como mera carne, como imanência material inativa, um objeto contingente passivo que é definido e dominado pelo olhar subjetivamente ativo dos outros.[5] Ainda que as mulheres, por causa

---

[5] Ainda que Sartre reconheça um corpo-ativo que expressa a subjetividade da transcendência, que pode ser distinguido do corpo como mera carne passiva, ele tende a desvalorizar o corpo em geral, considerando-o uma facticidade imanente que contrastava com a consciência transcendente, infectado pela obscuridade e pela fraqueza, a dimensão visível e material de uma pessoa, que expõe essa pessoa ao olhar do outro e assim à ameaça de ser objetificada como coisa e dominada pela subjetividade do outro. Como Moi e outros observam, o linguajar desvalorizador e as visões problemáticas que Beauvoir expressa em relação ao corpo (e particularmente em relação ao corpo feminino) têm a influência de Sartre. Ver Toril Moi, *Simone de Beauvoir: The Making of an Intellectual Woman* (Oxford: Blackwell, 1994), 152-153, 170. Além disso, em entrevistas sobre *O Segundo Sexo*, em que Beauvoir afirmava a influência dominante da filosofia de Sartre sobre a dela, ela também insistia que sua visão do corpo era basicamente sartreana. Ver as entrevistas em Simons, *Beauvoir and The Second Sex*, capítulos I, II, IV, V. Porém, Simons e outras filósofas feministas, como Bergoffen e Karen Vintges, recusam-se a aceitar o que diz Beauvoir, e insistem que sua filosofia "redefiniu e transcendeu" as ideias de Sartre (Simons, *Beauvoir and The Second Sex*, 2). Bergoffen e Vintges afirmam sobretudo que a filosofia somática de Beauvoir distingue-se de modo significativo da de Sartre, ainda que ela tenha usado conceitos e estilo sartreanos. Não apenas Beauvoir vai além do foco de Sartre na ontologia geral do corpo ao oferecer uma rica análise fisiológica, histórica, social e política do corpo das mulheres, mas também enfatiza muito mais do que Sartre (aproximando-se mais de Merleau-Ponty) a ambiguidade do corpo enquanto intencionalidade e carne

de sua situação social subjugada, sejam particularmente inclinadas a sentir o corpo como "presa" de carne "passiva" (*SS*, 377), "um objeto carnal" (*SS*, 648) ou "presa carnuda" (*SS*, 410), Beauvoir insiste que "tanto homens quanto mulheres sentem vergonha de sua carne; em sua presença pura e inativa, em sua imanência injustificada, a carne existe, sob o olhar alheio, em sua contingência absurda, e ainda assim é uma; ah, impedi-la de existir para os outros; ah, negá-la!" (*SS*, 381).

Assim, Beauvoir ambiguamente afirma que o homem é seu corpo, ao mesmo tempo que implica retoricamente que a subjetividade humana é algo que não o corpo, e até oposto a este, fazendo com que cada pessoa pareça profundamente dividida entre a carnalidade e a consciência, ser objeto e ser sujeito, a imanência material inativa e a transcendência ativa da vontade consciente.[6] O argumento

---

e os aspectos positivos dessa ambiguidade. Em outras palavras, ela aceitava mais a carne, sua vulnerabilidade e as possibilidades emocionais que essa vulnerabilidade poderia oferecer. Ver sobretudo Bergoffen, *The Philosophy of Simone de Beauvoir*, 11-42, 141-181; e Karen Vintges, *Philosophy as Passion: The Thinking of Simone de Beauvoir* (Bloomington: Indiana University Press, 1996), 25, 39-45. A própria Beauvoir reconhece ocasionalmente sua divergência em relação à visão sartreana do corpo. "Critiquei Sartre por considerar o corpo nada além de um monte de músculos estriados, e por tê-lo removido de seu mundo emocional. Se você cedesse às lágrimas, ou se ficasse nervoso, ou se sentisse enjôo de mar, estaria apenas sendo fraco. Eu, por outro lado, dizia que o estômago e os canais lacrimais, e até a própria cabeça, às vezes eram submetidos a forças irresistíveis" (Beauvoir, *The Prime of Life*, 129).

[6] Debra Bergoffen descreve esse tipo de tensão em *O Segundo Sexo* como uma tensão entre a "voz dominante" de Beauvoir (que identifica a subjetividade com a transcendência) e sua "voz muda" que "questiona a equação que diz que a subjetividade é igual à transcendência" e em vez disso vê a subjetividade como uma "ambiguidade do corpo" que é simultaneamente transcendência e imanência. Essa tensão tem outras repercussões. "A voz dominante de *O Segundo Sexo* insta as mulheres a buscar a independência econômica. A voz muda nos insta a todos a recuperar o erotismo da generosidade." A voz dominante privilegia a violência e o "projeto ético de libertação" transcendente, a voz muda expressa "sua ética erótica da generosidade", que ressalta a

em favor do ser pessoa da mulher é retratado como algo ainda mais problematicamente dividido, porque a mulher, sob o patriarcado, não está apenas dividida entre o corpo e a consciência, mas dividida dentro de seu corpo. "A mulher, assim como o homem, *é* seu corpo; mas seu corpo é algo que não ela mesma" (*SS*, 29). Do início da puberdade e ao longo dos anos em que se dá à luz, se cuida do bebê e da criança, diz Beauvoir, a demanda biológica da espécie humana vigorosamente reafirma a si próprio contra a vontade da fêmea individual, cujo corpo é o lugar dessa invasão inexorável. A "maldição" mensal da menstruação, cujas reações hormonais afetam "o organismo feminino inteiro", incluindo seu sistema nervoso e sua consciência, parecem uma força alheia que captura corpo e mente, deixando a mulher "mais irritável" e mais suscetível a "sérios distúrbios psíquicos" (*SS*, 27, 28, 29). Especialmente nesses momentos, "ela, de modo muito doloroso, sente seu corpo como algo obscuro e alheio; de fato, ele é presa de uma vida teimosa e estrangeira que a cada mês constrói e depois destrói um berço dentro dele" (*SS*, 29). A concepção não é uma escapatória, mas apenas uma alienação mais extrema, em que o corpo da mulher não lhe pertence mais totalmente, sendo antes habitado por outra criatura viva, um parasita que se nutre de seus recursos corporais, e cuja presença resulta em vários incômodos, dificuldades e riscos de doenças, que vão do trivial ao muito sério.[7] "O parto em si é doloroso e perigoso", e "cuidar de um bebê é um serviço cansativo" (o termo francês original é "servitude", muito mais negativo, conotando escravidão) que consome ainda mais os nutrientes de que a mulher precisa para restaurar sua própria saúde somática, ao mesmo tempo que

---

preocupação com nosso "laço" corporal com os outros. Ver Bergoffen, *The Philosophy of Simone de Beauvoir*, 12, 36, 160, 173.

[7] Ao descrever os incômodos da gravidez como "a revolta do organismo contra a espécie invasora" (*SS*, 29-30), Beauvoir retrata o feto como algo estrangeiro à mulher grávida, "algo que cresce de sua carne mas que é alheio a ela" (*SS*, 498) e observa como pode parecer "deveras horrível que um corpo parasita possa proliferar no próprio corpo dela" (*SS*, 299).

limita os alimentos que pode comer para recuperar sua força (SS, 30). Somente na idade posterior da menopausa pode a mulher finalmente escapar sua "escravidão (...) à espécie" (SS, 35).

Beauvoir, porém, ardilosamente resiste às tentações de um cru determinismo biológico.[8] Os fatos biológicos são "insuficientes para estabelecer uma hierarquia entre os sexos; eles não explicam por que a mulher é o Outro; eles não a condenam a permanecer nesse papel subordinado para sempre" (SS, 32-33). "Não é a natureza que define a mulher; é ela que define a si mesma, lidando com a natureza por conta própria em sua vida emocional" (SS, 38). "Na história humana, o domínio do mundo nunca foi definido pelo corpo nu" (SS, 53); assim, "os fatos da biologia [devem ser vistos] à luz de um contexto ontológico, econômico, social e psicológico" (SS, 36). O corpo humano, diz, é a expressão maleável de uma criatura não inteiramente fixa, nem puramente natural, mas significativamente informada pelas

---

[8] Se ela resiste adequadamente ou não às tentações do positivismo biológico, eis algo mais discutível. Num artigo instrutivo, que examina o tratamento dado por Beauvoir à biologia à luz da ciência feminista e da filosofia da ciência mais recentes, Charlene Haddock Seigfried objeta dizendo que "Beauvoir admitia apenas o uso distorcido dos fatos biológicos que vários intérpretes faziam [para justificar a subjugação da mulher] e não se perguntava se os programas de pesquisa dos quais os fatos biológicos provinham não eram também distorcidos pelos mesmos preconceitos culturais" do patriarcado. Assim, para Siegfried, a explicação de Beauvoir para os fatos biológicos absorve sua tendenciosidade patriarcal de modo assaz acrítico e por conseguinte "sofre das mesmas distorções", por exemplo, nos ditos fatos da maternidade como causa de fraqueza escravizante e alienante. Considerada desde a perspectiva da biologia evolucionária, em que o sucesso é medido pela transmissão dos genes para uma nova geração por meio da produção de prole viável, as mulheres – sendo "muito mais responsáveis pelo sucesso produtivo do que os homens" – deveriam ser consideradas biologicamente "mais favorecidas". Ver Charlene Haddock Siegfried, "*Second Sex: Second Thoughts*", em *Hypatia Reborn: Essays in Feminist Philosophy*, Azizah Al-Hibri e Margaret Simons (orgs.) (Bloomington: Indiana University Press, 1984), 305-322; citações, 307-308, 312.

situações históricas e pelas condições da sociedade. Se a diferença e o sofrimento corporais da mulher não fossem reforçados por estruturas econômicas e sociais que exploram essa diferença e esse sofrimento ao mesmo tempo que as marcam com sentidos de inferioridade e de exclusão dos centros dominantes de ação, então essas características biológicas distintivas em si mesmas não prenderiam a mulher à sua opressão. Inspirada por temas existenciais de Nietzsche e de Merleau-Ponty, ela diz que "o homem é definido como ser que não é fixo, que faz-se a si mesmo"; "o homem não é uma espécie natural; é uma ideia histórica" (SS, 34).[9] Igualmente, "a mulher não é uma realidade completa, e sim um devir" (ibid.). Sendo uma criatura cujas vida e experiência corporal são formadas não apenas pela biologia mas pelas situações históricas em mudança nas quais vive, a mulher é também um "existente" que pode agir para transcender e transformar sua situação inicial. Assim, a questão mais importante sobre a mulher e sobre seu corpo não é aquilo que ela é histórica ou biologicamente, mas aquilo que ela pode tornar-se; "isto é, suas *possibilidades* deveriam ser definidas", e deveriam ser definidas de maneiras que expandam essas possibilidades e esses poderes no futuro (ibid.).

A abordagem voltada para o futuro, ativista e melhorista de Beauvoir de nossa natureza humana aberta e maleável (ela mesma informada por um mundo maleável que em parte é produto de intervenções humanas) é uma orientação existencialista convergente com a tradição pragmatista que motiva a somaestética.[10] Será que

---

[9] Compare-se a observação do capítulo de Maurice Merleau-Ponty, "The Body in its Sexual Being", de *Phenomenology of Perception*, trad. Colin Smith (Londres: Routledge, 1986), 170: "O homem é uma ideia histórica, não uma espécie natural". Rejeitando todo tipo de determinismo biológico no que diz respeito à existência humana, Beauvoir observa alhures que "nada que sucede a um homem é natural, porque sua presença põe o mundo em questão". Beauvoir, *A Very Easy Death*, 106.

[10] O existencialismo de Beauvoir também converge com o pragmatismo em outros pontos. Como a estética pragmatista, ela critica "a atitude estética"

a somaestética pragmática pode, então, ser utilizada para tratar de modo útil as limitações problemáticas que, segundo Beauvoir, impedem a autorrealização das mulheres ao mesmo tempo que melhoram algumas das capacidades distintivas que ela atribui às mulheres? Para argumentar em defesa desse valor, cabe examinar a análise de Beauvoir dos problemas distintivos das mulheres de corporificação subjugacional junto com os meios para tratá-los – alguns dos quais ela cita, mas critica com firmeza. Como *O Segundo Sexo* insistentemente compara formas performativas de somaestética a formas representacionais, minha discussão de seus argumentos se dividirá em duas seções, relacionadas, respectivamente, a questões representacionais e experienciais.

III

As representações, em seu sentido filosófico mais básico, são objetos de percepção tal como os sujeitos os apreendem. Na medida em que Beauvoir aceita um dualismo radical entre sujeito e objeto, a própria ideia de ver uma pessoa em termos de propriedades representacionais pareceria um modo de negar a subjetividade daquela pessoa, reduzindo-a à condição de objeto percebido ou representacional. Em outras palavras, a subjetividade ativa, percebedora e dominadora do eu percebedor tornaria o outro sujeito humano, representado, um mero objeto, um produto do olhar objetificador representacional da subjetividade. Para os homens, esse problema tem remédio, porque eles podem identificar-se fortemente com sujeitos ativos e dominadores por meio de sua atividade dinâmica e de seu poder no mundo. Ain-

---

da "contemplação distanciada" por ser "uma posição de alheamento" em relação ao mundo, observando como o artista cria "não em nome da pura contemplação, mas de um projeto definido", relacionado a sua situação ativa no mundo; "o homem nunca contempla; ele age". Ver Beauvoir, *The Ethics of Ambiguity*, 74-77.

da que esse remédio esteja claramente menos disponível aos homens das classes, raças e etnias dominadas, eles ainda podem afirmar sua dominação subjetiva em relação às mulheres de seus próprios grupos sociais dominados (e de outros).

Mas se tradicionalmente vê-se nos homens as marcas de ser sujeito e da transcendência (como o intelecto, a vontade e a ação), a mulher, diz Beauvoir, costuma ser identificada, ao contrário, como *objeto*. Ela é essencialmente vista como seu corpo e sua carne – um veículo material para o desejo e deleite do homem, e para a perpetuação da espécie. A mulher, em suma, é o sujeito que o patriarcado tornou o objeto quintessencial do olhar dominante do sujeito, e portanto o "Outro" "inessencial" (*SS*, xxxv). Ainda que os homens também tenham corpos, que podem ser colocados na categoria de objetos representacionais, as propriedades representacionais de seu corpo, segundo Beauvoir, implicam transcendência e subjetividade ativa e forte. As propriedades viris dos homens e seus músculos maiores sugerem esse poder dinâmico, assim como "a identificação do falo com a transcendência" (*SS*, 682), por causa do papel ativo, dominante, diretivo, penetrante e deliberado que se atribui ao pênis, não apenas no ato sexual, mas também no ato de urinar (*SS*, 274, 385). Essas propriedades representacionais da força somática masculina ajudam a reforçar o poder social dos homens enquanto sujeitos dominadores. Percebidos como fortes não apenas pelos outros, mas também por eles mesmos, o corpo dá aos homens a confiança necessária para afirmar uma subjetividade forte no mundo e para que os outros a aceitem.

A situação da mulher, infelizmente, é bem distinta. Não apenas a sociedade patriarcal ensinou-a "a identificar-se com seu corpo inteiro", como ainda a ensinou a enxergar esse corpo como mera "passividade carnal", "objeto carnal" (*SS*, 648, 718). Para Beauvoir, "sentir-se mulher é sentir-se um objeto desejável", mas também um objeto fraco e passivo – a "presa de carne" de um sujeito desejante mais forte (*SS*, 410, 637). Se "a bela aparência no homem sugere a transcendência" por causa do envolvimento viril com o mundo, por contraste sugere "na fêmea a passividade da imanência", um objeto do "olhar" que "pode por isso ser capturado" (*SS*, 631). Os estilos tradicionais de beleza feminina – que ressaltam a delicadez, a graciosidade, a suavidade e as roupas cheia de fru-frus, inadequadas à ação dinâmica – reforçam essa imagem da mulher como presa frágil, fraca e de carne. Esses estilos incentivam as mulheres a conformar não apenas sua aparência visual como também seu comportamento corporal a essa imagem de beleza feminina fraca – a assumir o papel passivo no sexo, a sentar-se a ou andar como mulheres, a jogar como meninas. Em suma, a ideologia estética estabelecida do corpo feminino serve para reforçar a fraqueza, a passividade e a mansidão femininas, ao mesmo tempo que essa submissão é reciprocamente usada para justificar a justeza permanente e natural da estética feminina tradicional e o "mito" do "Eterno Feminino" (*SS*, 253).

Será que uma crítica somaestética dessa ideologia e o desenvolvimento de novos ideais somaestéticos poderiam ser úteis para romper com esse círculo vicioso? Inicialmente, Beauvoir parece afirmar essa possibilidade. Em 1949, ela celebra o "novo" desafio somaestético da moda ao ideal feminino tradicional de carne pálida, macia e opulenta, envolvida em roupas nada práticas:

> Uma nova estética já nasceu. Se a moda de seios pequenos e ancas estreitas – a forma de menino – teve sua breve temporada, ao menos o ideal superopulento de séculos anteriores não retornou. Também se pede que o corpo feminino seja carne, mas discretamente; ele deve ser magro e não cheio de gordura; muscular, gracioso, forte, ele vai sugerir transcendência; não deve ser pálido como uma planta de estufa que fica demais na sombra, e sim bronzeado como o torso nu de um trabalhador exposto ao sol. As roupas da mulher, ao tornar-se práticas, não precisam deixá-la assexuada: pelo contrário, as saias curtas deram espaço às pernas e às coxas como nunca antes. Não há razão para o trabalho tirar da mulher seu apelo sexual. (*SS*, 262)

É claro que a mensagem aqui é que uma mudança de representações somaestéticas pode não apenas ajudar a mudar o corpo das mulheres, mas também melhorar sua autoimagem geral e capacitá-las para uma transcendência maior.

Beauvoir sugere o mesmo tipo de raciocínio em relação aos esportes e a outras formas performativas de disciplina somática que têm aspectos e objetivos representacionais claros. A representação externa da força corporal, "subir mais alto que um colega de brincadeiras, forçar um braço a ceder e a dobrar-se, é afirmar a própria soberania sobre o mundo em geral. Esse comportamento dominador não é para meninas, sobretudo quando envolve violência" (*SS*, 330).[11] Além disso, para a mulher, "essa falta de força física leva a uma timidez mais geral: ela não tem fé numa força que não conheceu em seu corpo; ela não ousa ser empreendedora, revoltar-se, inventar" (*SS*, 331). Se, na mulher, "a fraqueza muscular a dispõe para a passividade" (*SS*, 712), então a sociedade dominada pelos homens não se importa nem um pouco em confirmar sua disposição. Beauvoir coerentemente

---

[11] Muitas vezes Beauvoir surpreende por sua franqueza quanto ao valor da violência. "A violência é a prova autêntica da lealdade para consigo mesmo, para com a vontade própria", insiste, ao mesmo tempo que reclama que mesmo "a esportista nunca conhece o prazer de conquista de um menino que joga os ombros do adversário no chão" (*SS*, 330, 331). Numa passagem que compreensivelmente choca muitas feministas, ela escreve: "Não é em dar a vida mas em arriscar a vida que o homem se eleva acima do animal; é por isso que a superioridade na humanidade foi concedida não ao sexo que produz a vida, mas ao que mata" (*SS*, 64). Em sua interpretação do Marquês de Sade como "grande moralista", Beauvoir afirma sua perspectiva de que a violência, enquanto verdade essencial da natureza, é um meio crucial para o indivíduo experienciar a verdade, para torná-la sua, e para comunicá-la a sua vítima, estabelecendo assim um elo entre indivíduos separados. Com esse conhecimento vem também um prazer maior: "É preciso ser violento com o objeto do desejo; quando ele se rende, o prazer é maior". Simone de Beauvoir, *Must We Burn de Sade*, trad. Annette Michelson (Londres: Peter Nevill, 1953), 47, 58; cf. 84-85.

conclui: "Não ter confiança no próprio corpo é não ter confiança em si mesmo. Basta ver a importância que os homens jovens atribuem a seus músculos para entender que todo sujeito encara seu corpo como sua expressão objetiva" (SS, 332).

O resultado prático desse argumento deveria ser um programa somaestético destinado a desenvolver o senso geral de força da mulher, desenvolvendo suas capacidades somáticas e dotando seu corpo das qualidades estéticas representacionais que sugerem essas capacidades. E Beauvoir de início parece aprovar essa maneira de a mulher "afirmar-se por meio de seu corpo e enfrentar o mundo" com força transcendente: "Que nade, escale montanhas, pilote aviões, lute contra os elementos (...) e ela não mais sentirá aquela timidez diante do mundo" que sua fraqueza corporal sugere (SS, 333). A afirmação de Beauvoir de que "a técnica pode anular a desigualdade muscular entre homem e mulher" (SS, 53) também sugere que as mulheres deveriam cultivar disciplinas somáticas que especificamente desenvolvam técnicas para neutralizar a vantagem da força bruta, sobretudo técnicas como o judô e outras artes marciais que possam ser usadas naquilo que ela considera o campo crucial da violência.[12]

As mulheres podem superar, em grande medida, sua fraqueza física e muscular praticando disciplinas somáticas que desenvolvam força e técnica simultaneamente. Numa passagem que, de modo chamativo, reúne formas performativas e representacionais de somaestética (ao juntar ideias de função ativa e forte com forma visível e atraente), Beauvoir explica:

> Hoje, mais do que antes, a mulher conhece a alegria de desenvolver o próprio corpo por meio de esportes, ginástica, banhos, massagens, dietas saudáveis; ela escolhe quais serão seu peso, sua

---

[12] Numa entrevista dada a dois biógrafos em maio de 1985, Beauvoir afirma: "As meninas têm de aprender karatê na escola, temos de defender um Tour de France para mulheres". Citado em Francis e Gontier, *Simone de Beauvoir: A Live, a Love Story*, 358.

forma e a cor de sua pele. Os conceitos da estética moderna permitem que ela combine beleza e atividade: ela tem o direito de ter músculos treinados, ela recusa-se a engordar; na cultura física ela encontra autoafirmação enquanto sujeito numa medida que a liberta de sua carne contingente. (SS, 534-535)

Se essas palavras sugerem que uma mistura de somaestética representacional e performativa oferece uma direção promissora para a emancipação feminina, Beauvoir rapidamente (na mesma frase) observa que essa ideia é uma ilusão arriscada. Qualquer meio orientado somaticamente de "emancipação" da mulher "facilmente resvala na dependência" (SS, 535), porque emprega o corpo feminino, profunda e teimosamente marcado como mero objeto, carne e imanência passiva, contrária à verdadeira transcendência da consciência e da ação no mundo exigida pela verdadeira liberdade. "A estrela de Hollywood triunfa sobre a natureza, mas torna-se novamente objeto passivo nas mãos do produtor", diz Beauvoir (SS, 535). "É bem conhecida a submissão das estrelas de Hollywood. Seus corpos não lhes pertencem; o produtor decide a cor de seu cabelo, seu peso, sua figura, seu tipo; para mudar a curvatura de uma bochecha, pode-se tirar seus dentes. As dietas, os exercícios, e as provas de roupas constituem um transtorno diário" (SS, 570). Ainda que as mulheres possam obter certo poder maximizando sua beleza e assim exercendo a influência de ser desejadas, Beauvoir insiste que como esse poder depende do rosto e do corpo da mulher, ele se baseia num fundamento de "carne que o tempo irá desfigurar", e depende do olhar admirador e desejoso de outros; por isso, tende a reproduzir a "dependência" da mulher (SS, 640). Não apenas "seu corpo (...) [é] um objeto que se deteriora com o tempo", como "a rotina torna tediosos o cuidado da beleza e a manutenção do guarda-roupa" (SS, 535). "A mulher americana, que quer ser o ídolo do homem, torna-se escrava de seus admiradores; ela se veste, vive e respira apenas pelos homens e para os homens" (SS, 640). Assim, apesar das "vitórias" ocasionais e provisórias da autoafirmação por meio do cuidado do corpo "em que a mulher pode com justeza alegrar-se" (*SS*, 535), a somaestética representacional e performativa, para ela, não consegue oferecer um instrumento real ou confiável de emancipação feminina.

O argumento de Beauvoir pode ser questionado. O fato de ela juntar os projetos performativo e representacional da somaestética erradamente sugere que o esforço da mulher para fortalecer o corpo é essencialmente ou, em última instância, voltado para torná-lo mais bonito a olhos alheios, e não para torná-lo mais forte e para capacitá-lo a uma melhor performance para si. Também se pode observar que os atores homens enfrentam problemas similares ao ter de objetificar-se e submeter-se ao arbítrio dos diretores e produtores, ao mesmo tempo que se preocupam em manter o corpo e o cabelo de modo a permanecer objetos representacionais atraentes para o olhar feminino ou masculino. Além disso, é errado pensar que só o corpo e a carne estão sujeitos à desfiguração do tempo. Nossa mente também acaba sendo diminuída por ele; aliás, pelo envelhecimento do corpo, mesmo que a orgulhosa tradição idealista da filosofia tenha teimosamente tentado negar isso. Mas essas objeções não são relevantes para aquilo que considero o aspecto principal do argumento de Beauvoir.

Beauvoir resiste a defender irrestritamente a somaestética performativa e representacional porque ela, com razão, quer insistir que a total emancipação feminina não poderá ser obtida apenas com indivíduos isolados que pratiquem cultivo somático. Ela só pode ser obtida por meio de um esforço político "coletivo" que "exige antes de tudo (...) a evolução econômica da condição da mulher" e seu envolvimento ativo na política, projetando sua liberdade "por meio da ação positiva na sociedade humana" (627, 678). Em suma, a emancipação da mulher não pode depender da mudança do corpo individual, mas apenas da mudança da situação mais ampla que define aquilo que o corpo e o eu das mulheres podem ser. Beauvoir está certa quanto à importância primordial das condições sociais, políticas e econômicas que constituem a situação por meio da qual o eu corporificado é informado. Mas se a situação concreta total é o que determina o significado do eu feminino, também é verdade que as práticas corporais formam parte dessa situação maior (pois "o corpo da mulher é um dos elementos essenciais de sua situação no mundo" [SS, 37]) e portanto essas práticas podem ajudar a transformar essa situação. Essa verdade vale não apenas para aqueles indivíduos especiais cujas formas distintivas de excelência corporal (na beleza, no esporte, na dança etc.) podem ser convertidas diretamente em capital econômico e social. Todas as mulheres podem ser mais capacitadas para enfrentar o mundo e seus problemas sociais e econômicos aprendendo a ser, a sentir e a parecer mais fortes por meio de disciplinas somaestéticas.

Há uma intuição psicológica bastante difundida (enfatizada por pensadores tão diversos quanto William James e Wilhelm Reich) de que certas posturas corporais simultaneamente refletem e induzem reciprocamente certas atitudes mentais relacionadas. Ao gerar novos hábitos de comportamento corporal por meio de disciplinas de exercícios que não apenas proporcionam força e habilidade mas também dão sentimentos de poder e eficácia, as mulheres podem obter uma imagem corporal melhor, que lhes dê mais confiança para agir assertivamente e para superar a timidez que, segundo Beauvoir, as escraviza. Essa força representada do corpo e a atitude confiante que ela inspira também serão percebidas pelos homens, que assim ficarão mais dispostos a respeitar essas mulheres como pessoas vigorosamente competentes. Além disso, como a maior competência corporal dá às mulheres maior eficácia em fazer aquilo que querem fazer, ela também fortaleceria sua autoconfiança para projetos mais ambiciosos de envolvimento com o mundo. Em suma, as atividades somaestéticas performativas-representacionais orientadas para a demonstração de poder, de capacidade, e uma autoapresentação atraentemente dinâmica promoveriam o objetivo de Beauvoir de gerar a confiança das mulheres para uma maior ação no mundo. Pela lógica pragmatista, se damos valor ao objetivo, também deveríamos, *ceteris paribus*, respeitar os meios necessários para obtê-lo. Assim, mesmo que esteja distante do fim elevadíssimo da emancipação feminina, o cultivo da somaestética do corpo deveria ao menos ser defendido por sua contribuição enquanto meio útil (ainda que não seja o único meio útil).

Teóricos feministas que trabalham na tradição de Simone de Beauvoir e de Merleau-Ponty parecem reconhecer essa linha argumentativa, a qual desenvolvem de maneiras diferentes. Em seu brilhante ensaio "Throwing Like a Girl" ["Jogando como uma menina"], Iris Marion Young discute como "as mulheres frequentemente lidam com um envolvimento físico com coisas com timidez, incerteza e hesitação" porque "carecem de uma confiança total em [seus] corpos". Sentimentos de fraqueza e "um medo de se machucar" produzem em muitas mulheres uma sensação "de incapacidade, frustração, inadequação" que efetivamente interfere em sua performance somática na forma de uma crença autorrealizável em sua impotência. Essa dimensão de fraqueza corporal – que Young atribui principalmente à "falta de prática no uso do corpo [para] a realização de tarefas" que envolvam "movimentos largos" – é também, sugere ela, uma causa da "falta geral de confiança que nós [mulheres] sentimos em relação a nossas capacidades cognitivas e de liderança".[13] A partir de uma direção diferente, mas complementar, os argumentos de Judith Butler para a performatividade somática da paródia de gênero (como no caso de travestis e *drag queen*) mostram quão dramaticamente representações estéticas diferentes de corpos femininos podem ser usadas para transgredir e subverter as visões convencionais da identidade de gênero, ajudando assim a emancipar

---

[13] Iris Marion Young, "Throwing Like a Girl", em *The Thinking Muse: Feminism and Modern French Philosophy*, Jeffner Allen e Iris Marion Young (orgs.) (Bloomington: Indiana University Press, 1989), 51-70. citações de 57, 58, 67. Ainda que aprecie o reconhecimento feminista da contextualidade geral do corpo, Young a critica por "ignorar amplamente a contextualidade do movimento e da orientação corporais concretos da mulher em relação a seu ambiente e a seu mundo" (53).

as mulheres dos constrangimentos opressores que a ideologia da essência de gênero fixa e subordinada lhes impôs.[14]

Para reafirmar o questionamento dos argumentos de Beauvoir contra todos esses usos promissores da somaestética performativa--representacional, poder-se-ia dizer que qualquer reabsorção programática no corpo é perigosamente problemática porque distrai as mulheres da forma mais potente e verdadeira de transcendência – a ação política no mundo público. Mas esse tipo de argumento faz erradamente com que o *ótimo* invalide o *bom*. O desenvolvimento somático não precisa ameaçar a práxis política robusta, pelo contrário, admite Beauvoir, ele pode criar a confiança e o poder que encorajam essa práxis. No mais, seu argumento da distração também iria contra o valor de qualquer outra busca pragmática que não fosse a práxis política, como a leitura e a escrita de textos de filosofia.

Não pode ser, portanto, a mera distração que faz com que o cultivo somático seja um risco. Além de distrair temporariamente a mulher do "sucesso profissional" porque "ela tem de dedicar bastante tempo à aparência", o cultivo do corpo pela mulher "significa que seus interesses vitais estão divididos" entre a transcendência no mundo e o cuidado com sua carne imanente e objetificada (*SS*, 369). O problema crucial, para Beauvoir, é que a atenção ao corpo significa *uma distração no sentido da imanência*, uma regressão ao ser objeto que se opõe à subjetividade livre da transcendência. Isso acontece porque, apesar de sua defesa inicial da visão de Merleau--Ponty do corpo enquanto subjetividade, a retórica somática dominante de *O Segundo Sexo* (que tristemente reflete os valores do patriarcado e tantas vezes parece capturada por eles) tende a entender o corpo como carne passiva, sobretudo o corpo das mulheres. Podemos ver isso ainda mais claramente nas ideias de Beauvoir sobre a somaestética experiencial.

---

[14] Judith Butler, *Gender Trouble: Feminism and the Subversion of Identity*. Nova York: Routledge, 1990, 128-149.

IV

As feministas têm bons motivos para afirmar a somaestética experiencial porque ela resiste ao olhar objetificador, oferecendo uma alternativa enriquecedora aos prazeres corporais especulares. Em vez de voltar-se para a aparência do próprio corpo para os outros e para a tentativa de fazê-lo conformar-se a estereótipos externos de beleza que parecem projetados para exercer poder sobre nós, a somaestética experiencial concentra-se no exame e no aprimoramento da experiência somática interior própria. A atitude de Beauvoir, porém, é novamente ambígua e ambivalente. Afirmando, de um lado, que as mulheres são particularmente próximas de sua experiência somática e interessadas nela, ela também diz que elas são particularmente alienadas de seus corpos e que lamentavelmente desconhecem seus sentimentos e processos somáticos interiores. De modo análogo, se Beauvoir claramente sugere que a ignorância da própria experiência corporal é uma das grandes causas da fraqueza feminina, ela não recomenda um programa de maior autoconsciência somática para remediar essa fraqueza. Pelo contrário: ela chega até a dizer que seria melhor que as mulheres deixassem o corpo de fora do campo de análise experiencial e concentrassem sua atenção em projetos de transcendência no mundo.

Beauvoir astutamente diz que o senso de fraqueza corporal da mulher não é simplesmente uma falta de força física exacerbada pela discriminação social. É também um problema daquilo que poderia ser chamado de "fraqueza cognitiva" da mulher quanto a seu corpo, o senso de que seu corpo é algo misterioso e insuficientemente conhecido por ela. Ao contrário do menino, que pode facilmente identificar-se com seu eu corporal, tendo em seu pênis um "alter ego", a menina não tem um ponto externo de identificação com seu corpo, identificando-se facilmente com seu "interior" escondido (SS, 48, 278). "Ela fica extremamente preocupada com tudo o que acontece dentro de si, ela é desde o início mais opaca aos próprios olhos, mais profundamente imersa no obscuro mistério da vida, do que o homem" (*SS*, 278). E como os mistérios interiores de seu corpo contêm surpresas dolorosas e incontroláveis como a menstruação, a concepção e o parto, o corpo interior de experiência da mulher constitui uma grande fonte de ansiedade.

Ao chegar à adolescência, a mulher percebe que seu interior misterioso é fonte de "alquimias impuras" (*SS*, 307) que se opõem a seu senso de identidade ou autonomia. Ela "sente que seu corpo está se distanciando dela (...) ele se torna alheio a ela" (*SS*, 308). Ela sente não apenas mistério, mas repulsa a seu interior; todo mês "a mesma repulsa a esse cheiro insosso e abafado que sai dela – um cheiro de pântano, de violetas murchas – a repulsa a esse sangue, menos vermelho, mais dúbio do que aquele que saía de seus machucados na infância" (*SS*, 312). À medida que a menina se torna mulher, "torna-se desesperador o mistério" sexual de seu corpo, sobretudo porque seu desejo é forçado a expressar-se no papel de carne passiva; "ela sofre a perturbação como se tivesse uma doença vexaminosa; ela não é ativa" (*SS*, 321).[15] Assim como na doença, também na sexualidade feminina "o corpo é

---

[15] Beauvoir insiste que o desejo sexual da mulher (ao menos sob o patriarcado) tem de permanecer passivo, provocando assim ainda mais conflitos interiores na mulher. "*Fazer* de si mesmo objeto, *fazer-se* passivo é muito diferente de *ser* um objeto passivo." Se a mulher assume um papel muito ativo e dinâmico no ato sexual, ela vai "quebrar o encanto" que lhe dá prazer: "todo esforço voluntário impede a carne feminina de ser 'tomada': é por isso que a mulher espontaneamente declina das formas de coito que exigem esforço e tensão de sua parte; muitas mudanças de posição, ou mudanças muito rápidas, qualquer necessidade de atividades dirigidas conscientemente – sejam palavras ou atitudes – tendem a quebrar o encanto" (*SS*, 379). Mas depois, por meio da nova somaestética feminina exemplificada por Brigitte Bardot, Beauvoir parece ver a possibilidade de "um novo tipo de erotismo" para a mulher, tão assertivamente ativo quanto o do homem. "A carne dela não tem a abundância que, em outras, simboliza a passividade... O erotismo dela não é mágico, mas agressivo. No jogo do amor, ela é tanto caçadora quanto caça. O macho é para ela objeto tanto quanto ela é para ele." Simone de Beauvoir, *Brigitte Bardot and the Lolita Syndrome*, trad. Bernard Frechtman (Nova York: Arno Press, 1972), 8, 20.

carregado com um fardo; um estranho hostil" (SS, 337), experienciado como algo estranho, nojento, desumanamente animal. Ao contrário do órgão sexual masculino, "que é simples e elegante como um dedo" e que é "imediatamente visível e frequentemente exibido aos colegas com orgulhosa rivalidade", "o órgão sexual feminino é misterioso até para a própria mulher, oculto, mucoso e úmido; sangra todo mês, está sempre maculado por fluidos corporais, tem uma vida própria secreta e perigosa. A mulher não se reconhece nele, e isso em grande parte explica por que ela não reconhece os desejos dele como dela" (SS, 386). Em vez de ser uma expressão da subjetividade humana transcendente, "o desejo sexual feminino é a palpitação suave de um molusco", um "buraco" humilhantemente passivo ou "brejo" "viscoso" (SS, 386). Além disso, como "o corpo feminino é particularmente psicossomático" (SS, 391), Beauvoir diz que a profunda fraqueza cognitiva das mulheres (com a ansiedade e o nojo que vêm por consequência) a respeito de sua experiência corporal interior realmente tende a agravar sua fraqueza física e a gerar verdadeiro sofrimento físico, além daquilo que as causas orgânicas provocariam por si.[16]

A conclusão prática desse argumento deveria ser um chamado a que as mulheres conhecessem melhor seu corpo. Elas não deveriam transferir esse conhecimento inteiramente para a instituição da medicina, dominada por homens, que costuma tratar o corpo como uma máquina objetificada de carne, e não como subjetividade vivida, e que tradicionalmente preferiu manter as mulheres ignorantes a respeito de seu corpo de modo a explorar esses

---

[16] Beauvoir recorda aqui a afirmação de que "os ginecologistas concordam que 90% de suas pacientes são inválidas imaginárias, isso é, que suas doenças não têm nenhuma realidade fisiológica, ou que o distúrbio orgânico foi causado por um estado psíquico: é psicossomático. Em grande parte, é a ansiedade de ser mulher que arrasa o corpo feminino" (SS, 332-333). Sem questionar a importância dos distúrbios psicossomáticos, cabe perguntar se Beauvoir deveria aceitar acriticamente os "fatos" afirmados pela profissão médica, tradicionalmente dominada por homens e dominadora das mulheres.

mistérios, sustentando o senso de fraqueza da mulher e o senso de poder de autoridade do médico. Ao dar mais atenção positiva à experiência corporal, é possível tornar esses processos misteriosos mais familiares e mais compreensíveis. Assim, eles podem se tornar menos repulsivos, ameaçadores e incapacitadores. Mistérios temerosos imaginados são sempre mais assustadores do que as realidades familiares que exploramos por conta própria Além disso, dado o forte nexo psicossomático afirmado por Beauvoir, o maior conhecimento da mulher de seu corpo pode ser traduzido em maior força e confiança físicas porque as nuvens debilitantes de ansiedades misteriosas são então dissipadas.

Além disso, como admite Beauvoir, há fortes elementos de alegria e gozo na experiência corporal da mulher. Uma atenção maior a esses prazeres somáticos, por meio da percepção concentrada da somaestética experiencial, poderia aumentar ainda mais a confiança da mulher, fortalecendo seu ânimo. A mulher, insiste Beauvoir, é melhor do que o homem nessa atenção somática interior; "estar ocupada consigo" desse jeito é "o prazer que [a mulher] prefere a qualquer outro (...) Ela ouve o bater de seu coração, ela percebe os arrepios de sua carne, justificada pela presença da graça de Deus dentro dela, assim como a mulher grávida o é pela de seu fruto" (SS, 623). Se "a conhecida 'sensibilidade feminina' é um pouco derivada de mitos (...) por outro lado é fato que a mulher presta mais atenção em si mesma e no mundo do que o homem" (SS, 625); mais capaz e mais inclinada a examinar seus sentimentos, "a estudar suas sensações e a decifrar seu sentido" (SS, 626). "O chamado da carne não é mais forte nela do que no macho, mas ela ouve seus murmúrios mais sutis e os amplifica" (SS, 603). Essa inclinação para uma maior atenção somática explica por que tantas mulheres sentem "uma paz incrível" nos últimos estágios da gravidez; "elas se sentem justificadas. Anteriormente, sempre sentiram um desejo de observar a si próprias, de perscrutar seus corpos; mas não ousavam entregar-se demasiadamente a esse interesse, por causa de um senso de adequação social. Hoje é seu direito; tudo o que fazem para seu próprio benefício é feito também para o filho" (SS, 501).

A análise de Beauvoir do erotismo sugere outras razões por que a atenção mais aguçada aos sentimentos corporais da mulher poderia ser uma experiência fortalecedora. Ao contrário do prazer sexual do homem, que ela considera localizado na genitália e encerrado no orgasmo, "a fruição sexual feminina", escreve, "irradia pelo corpo inteiro (...) Como não há termo definido, o sentimento sexual da mulher se estende ao infinito" (SS, 395-396). Além disso, por causa de sua sexualidade diferente e do papel objetificado que ela foi treinada a desempenhar na arena sexual, a mulher também é mais sensível do que o homem à rica ambiguidade da subjetividade e da objetificação humanas que ficam mais claramente exibidas no domínio do sexo. "A experiência erótica é algo que revela do modo mais pungente aos seres humanos a ambiguidade de sua condição; nela, eles estão atentos a si mesmos enquanto carne e enquanto espírito, enquanto outro e enquanto sujeito" (SS, 402). As mulheres deveriam estar mais atentas a isso do que os homens por ser continuamente lembradas de que são não apenas consciência desejante mas também carne desejada e objetificada; e "ela quer continuar sujeito enquanto é feita objeto" (SS, 397); para "recuperar sua dignidade de sujeito transcendente e livre enquanto assume sua condição carnal – uma empresa repleta de dificuldades e de riscos, que frequentemente fracassa" (SS, 402).

Porém, mesmo no fracasso, a atenção a essa experiência somática ambígua pode dar à mulher uma intuição mais clara da ambiguidade fundamental da condição humana. Assim, Beauvoir pode dizer: "A mulher tem uma experiência mais autêntica de si mesma", de sua ambiguidade complexa, dolorosa, mas capacitadora, enquanto o homem, "facilmente feito de trouxa pelos enganosos privilégios que acompanham seu papel agressivo e pela satisfação solitária do orgasmo[,] (...) hesita em ver a si mesmo inteiramente como carne" (SS, 402) e assim permanece cego para uma parte essencial da condição humana.¹⁷ Como a vida autêntica é um objetivo primordial da ética existencialista, pode-se esperar que Beauvoir defendesse uma atenção maior à experiência somática, porque ela evoca um reconhecimento mais autêntico da ambiguidade humana. Além disso, como a cegueira para nossa condição ontológica é um obstáculo à realização da verdadeira liberdade, ela tem outra razão para reconhecer como a percepção somática experiencial pode ser útil na promoção da emancipação feminina.

Beauvoir, porém, está muito longe de defender esse programa de cultivo somaestético. Ao contrário, ela, em última instância, abomina o foco intenso na experiência corporal, considerando-a causa contribuinte e produto da opressão e do confinamento à imanência da mulher. Ela sugere até que as mulheres fazem melhor em dar menos atenção a seus sentimentos corporais, sobretudo no que diz respeito aos sentimentos frequentemente desagradáveis associados à condição especial da mulher. "Estou convencida", escreve Beauvoir, "que a maior parte dos desconfortos e incômodos que sobrecarregam a mulher se devem a causas psíquicas, como, aliás, me disseram os ginecologistas" (*SS*, 697). Em vez de autoexaminar o autocuidado dos sentimentos somáticos próprios a fim de melhor gerenciá-los ou de transformá-los por meio do conhecimento, é melhor para a mulher "reparar pouco neles". Por isso, "o trabalho melhorará sua condição física impedindo-a de ficar incessantemente preocupada com ele" (*SS*, 697).¹⁸ De modo mais geral, Beauvoir diz que a mulher deve

---

¹⁷ Ver o original em francês, *Le Deuxième Sexe* (Paris: Gallimard, 1949), 2:191: "La femme a d'elle-même une expérience plus authentique", que Parshley erradamente traduz como "Woman lives her love in more genuine fashion" (*SS*, 402).

¹⁸ Ao afirmar que as doenças psicossomáticas da mulher refletem sua situação infeliz, Beauvoir diz que "a situação não depende do corpo; o contrário é que é verdade" (*SS*, 697). Ela tem razão ao dizer que a situação social total tem maior força, mas a influência é exercida nos dois sentidos, em parte porque o corpo é sempre parte da situação. Como diz a própria Beauvoir: "o corpo da mulher é um dos elementos essenciais de sua situação no mundo" (*SS*, 37).

evitar a análise "subjetiva" intensa e cultivar um "esquecimento de si mesma", já que a autoanálise transfere tempo e energia demais da realização do tipo de trabalho que é valorizado no mundo e que vai garantir sua independência.

O trabalho respeitado no mundo público, é claro, é crucialmente importante para a realização total da liberdade da mulher, assim como para a do homem. Mas mesmo a importância superior do trabalho respeitado e da independência econômica não anulam o valor da percepção somática aguçada, cujas lições podem capacitar-nos a funcionar com muito mais sucesso no mundo público e econômico ao libertar o corpo dos maus hábitos de uso que dificultam sua eficiência e destreza e que o enchem de dor. Aqui mais uma vez o simples argumento da distinção temporária da práxis não basta para refutar o valor da atenção somática disciplinada. É claramente possível absorver-se na somaestética experiencial por um certo período e depois redirecionar-se para a ação renovada no mundo, com melhor preparo para a ação devido àquilo que se aprendeu sobre si. Para Beauvoir, aquilo que parece tornar a maior atenção somática problemática é a identificação do corpo com a imanência e a passividade, de modo que o exame da experiência corporal tenderia a reforçar essa imanência e essa passividade ao identificar o eu com a inferioridade da carne do eu. O exame da mente na busca do autoconhecimento crítico não é condenada, por analogia, como se fosse imanência passiva, porque Beauvoir considera que ela pertence à transcendência ativa da consciência, que está na base de sua perspectiva existencialista fenomenológica.

Com Beauvoir, essa assimetria não pode ser apenas produto do tradicional dualismo mente/corpo, uma vez que ela afirma a ambiguidade do corpo enquanto subjetividade e objeto. Sua preocupação feminista com a atenção intensificada aos sentimentos corporais é mais bem explicada pelo papel do corpo na simbolização e no reforço do status inferior da mulher (no patriarcado) enquanto passividade ou carne, enquanto mero instrumento de reprodução natural e mero objeto de desejo do homem. Se a mulher é mais hábil em lidar com sua existência corporal e em gozá-la, "é porque sua situação a leva a dar extrema importância à sua natureza animal[,] (...) porque a imanência é seu destino" (SS, 603).

Beauvoir parece estar dizendo que, ao melhorarem a percepção da experiência corporal, as mulheres estariam reforçando sua passividade e alheamento do mundo e caindo na imanência, além de ressaltar a dimensão mesma de seu ser (a experiência corporal) que mais expressa sua opressão. Identificadas com o corpo e com a interioridade passiva de seus sentimentos, as mulheres acham mais difícil afirmar-se no mundo público da ação e dos projetos intelectuais. Essa crítica da atenção concentrada na experiência somática interior tem o apoio até de feministas que defendem maior atenção às disciplinas performativas somaestéticas para o fortalecimento da mulher.

A insistência de Judith Butler nas performances representacionais transgressoras com o corpo é acompanhada de argumentos contra "a ilusão de um interior" da experiência somática que possa servir de foco legítimo para o estudo crítico e a transformação. A experiência corporal interior é tratada como efeito de regimes discursivos e de performances que trabalham com as superfícies externas do corpo.[19] Ser um efeito, porém, não significa ser uma ilusão. A partir de um ângulo diferente, Iris Marion Young alerta contra a "autoconsciência" somática reflexiva, como se fosse um impedimento a que as mulheres usem o corpo de maneira mais ativa e livre. "Sentimos como se devêssemos ter nossa atenção direcionada para o corpo a fim de ter certeza de que ele está fazendo o que queremos que ele faça, em vez de prestar atenção naquilo que queremos fazer *por meio* de nosso corpo." A atenção reflexiva à experiência corporal, portanto, contribui para "a timidez, a incerteza e a hesitação" das mulheres, para sua "sensação de incapacidade". Além disso, ao objetificar o corpo como objeto de consciência, a autoinspeção experiencial mantém a mulher em

---

[19] Butler, *Gender Trouble*, 134-141, citação à p. 136.

guarda, para "manter (...) seu [eu] no devido lugar" e explica "por que as mulheres frequentemente tendem a não fazer movimentos mais abertos, mantendo braços e pernas próximos de si".[20] Em suma, o raciocínio parece ser que a atenção concentrada na experiência corporal invariavelmente transforma o eu em mero objeto de inspeção, desviando a mulher que se autoexamina somaticamente do envolvimento com o mundo, relegando-a portanto à imanência e à passividade que Beauvoir condenava por diminuir a liberdade feminina.

Por que a inspeção da experiência somática necessariamente limitaria alguém à imanência e à passividade? Se houvesse alguma outra relação lógica intrínseca entre a objetificação da consciência somática e as propriedades da imanência e da passividade, então os homens também deveriam ser afetados. Mas Beauvoir não diz que são, insistindo antes que o autoconhecimento "e o domínio do corpo que o faquir indiano tem não o tornam escravo dele" (*SS*, 673). Em todo caso, o argumento de que a inspeção da experiência somática necessariamente transforma alguém num mero objeto passivo e imanente se baseia em falsas dicotomias de mente / corpo, sujeito / objeto, eu / mundo, atividade / passividade, questionadas pela apreciação mais sutil que Beauvoir faz da ambiguidade do corpo. A somaestética experiencial envolve o corpo-mente ativo na percepção e no movimento ativo (até quando se trata apenas do movimento da respiração na meditação sentada, ou na contração de músculos faciais ao concentrar a atenção). A autopercepção somática ativa a pessoa inteira, tanto como sujeito como quanto objeto.

O argumento de Beauvoir também naufraga porque a atenção à percepção somática é sempre mais do que a mera imanência do eu; essas percepções sempre ultrapassam o eu, ao incluir o contexto ambiental em que o soma se situa. Os corpos, como Beauvoir percebe, são focos de situações maiores que informam e condicionam esses corpos. Assim como nosso mundo não consegue fazer sentido

---

[20] Young, "Throwing Like a Girl", 57, 66-67.

sem um corpo, nosso corpo não faz sentido sem um mundo. Estritamente falando, nunca conseguimos sentir nosso corpo puramente em si; sempre sentimos o mundo com ele. Como já se observou, se eu permanecer imóvel e tentar perscrutar e sentir meu corpo em si, ainda sentirei a cadeira ou o chão sobre o qual repousa o peso do meu corpo; sentirei o ar que enche os pulmões, os efeitos da gravidade, e outras forças externas em meu sistema nervoso. Por essas razões, devemos dar razão à afirmação de Merleau-Ponty de que a consciência (que inclui a consciência corporal) é sempre "transcendência ativa. A consciência que tenho de ver ou de sentir não a observação passiva de um evento psíquico hermeticamente fechado em si, um evento que me deixa em dúvida sobre a realidade da coisa vista ou sentida (...) É o *momentum* profundamente arraigado da transcendência, que é meu próprio ser, o contato simultâneo com meu próprio ser e com o ser do mundo".[21] A própria Beauvoir afirma isso quando define o corpo como "a irradiação de uma subjetividade, o instrumento que possibilita a compreensão do mundo" (*SS*, 267).

Ainda que a rejeição de Beauvoir do potencial fortalecedor e emancipador da somaestética não seja convincente, há mérito em ela apontar os riscos e as armadilhas a que as mulheres se expõem por meio do cultivo somático do corpo e da autoconsciência somática. É fácil interpretar erradamente e degradar a ideia de autoconsciência somática, como se fosse a mera provisão de um rosto e de um corpo bonitos para um homem com desejos, e de um útero fértil e de seios nutritivos para a propagação da espécie. Esses riscos, sempre presentes, certamente eram maiores em 1949, quando Beauvoir escreveu o livro, antes da revolução dos anos 1960 e do movimento feminino das décadas seguintes, e antes da proliferação contemporânea de interesse em muitas formas diferentes de disciplinas corporais e de sexualidades.[22]

---

[21] Merleau-Ponty, *Phenomenology of Perception*, 376-377.

[22] Na França, ainda em 1943, uma aborteira foi guilhotinada. "As mulheres casadas tiveram de esperar até 1965 para ter o direito de abrir uma conta bancária em seu nome, ou para exercer uma profissão sem a permissão do

Os argumentos admonitórios de Beauvoir contra o cultivo soma-estético, portanto, parecem mais justificados pragmaticamente para as mulheres de sua época do que para as da nossa.[23] Mesmo hoje, ela tem razão em dizer que a ação política direcionada grupalmente será mais produtiva do que esforços individuais isolados de salvação pessoal para o progresso duradouro para as mulheres e outros grupos menos privilegiados.

Mesmo assim, como sentimentos pessoais de força e de autoconsciência alimentam sentimentos coletivos de poder e solidariedade, também os esforços individuais de conscientização e capacitação por meio da somaestética (sobretudo quando realizados com uma percepção dos contextos sociais mais amplos que estruturam a vida corporal) podem contribuir de maneira fecunda para as lutas políticas maiores cujos resultados informarão a experiência somática das mulheres no futuro. De fato, uma vez que reconheçamos a instrumentalidade insubstituível do corpo para todas as nossas ações e o papel insubstituível do indivíduo nos domínios mais amplos da práxis social, deve-se admitir que o cultivo somático aprimorado é essencial para

---

marido. Além disso, antes de 1965 só o marido tinha o direito de decidir onde o casal moraria...: a contracepção só deixou de ser ilegal na França em 1967, e o aborto continuou ilegal até 1974." Ver Moi, *Simone de Beauvoir: The Making of an Intellectual Woman*, 187.

[23] Beauvoir também oferece (ainda que na voz que Bergoffen chama de "muda", não na dominante) um vislumbre muito positivo de como as mulheres (e os homens) podem gozar o corpo uma vez que estejam libertos da ideologia repressiva do patriarcado que infecta nossa experiência amorosa com conflitos de dominação no lugar do erotismo da generosidade. "O erotismo e o amor assumiriam a natureza da transcendência livre", em que cada um dos amantes, homem e mulher, "no meio da febre carnal, é consentimento, dom voluntário, atividade", vivendo "a estranha ambiguidade da existência feita carne"; "a humanidade de amanhã viverá em sua carne e em sua liberdade consciente" (*SS*, 727, 728, 730).

essas lutas.[24] Além disso, dar maior importância ao progresso político amplo na esfera pública não nega de jeito nenhum o valor das disciplinas somaestéticas para a obtenção de realização pessoal e de riqueza estética como eu corporificado, quer busquemos esses objetivos por meio de um corpo masculino, quer de um feminino.

V

Qual a importância da somaestética para fortalecer, enriquecer e emancipar uma subjetividade somática subjugada compartilhada por centenas de milhões de homens e mulheres – a consciência corporificada da velhice? Novamente, apesar do ceticismo de Beauvoir em relação às soluções pragmáticas de cultivo somático, sua análise detalhada dos problemas que afligem os idosos sugere fortemente que esses remédios podem realmente ser úteis. Apesar de não ser tão influente, nem tão rigoroso, quanto *O Segundo Sexo*, *A Velhice*, de 1970 (cujo título em inglês, eufemístico, é *The Coming of Age*[25]) é notavelmente rico em informações e intuições, ao mesmo tempo que apresenta apaixonadamente o problema da alteridade subjugada, que a filosofia tinha amplamente ignorado, e que despreza ainda hoje. Paralelamente a suas ideias sobre a dominação da mulher, Beauvoir afirma que, se as diferenças e fraquezas corporais desempenham um papel importante no status subordinado e na consciência dominada dos idosos, não se

---

[24] Nas palavras de um antigo clássico chinês, "os antigos que desejavam manifestar seu caráter limpo ao mundo colocariam primeiro ordem nos Estados. Aqueles que desejavam colocar ordem nos Estados regulariam primeiro as famílias. Aqueles que desejavam regular suas famílias cultivariam primeiro a vida pessoal". *The Great Learning (Ta-Hsueh)*, em *A Sourcebook of Chinese Philosophy*, trad. Wing-tsit Chan (Princeton, NJ; Princeton University Press, 1963), 86.

[25] Em português teríamos *O Amadurecimento*. O original em francês, porém, é *La Vieillesse*, ou *A Velhice*.

trata apenas de um caso de necessidade natural, em que fisiologia é destino. Ainda que a *nossa* sociedade "considere a velhice uma espécie de segredo vergonhoso cuja menção é inapropriada" (*CA*, 1), Beauvoir mostra que em algumas outras culturas e períodos históricos os idosos eram grandemente estimados. Essa condição elevada, porém, como a das mulheres admiradas, não é "nunca *conquistada*, mas sempre *concedida*" por aquilo que ela considera os verdadeiros poderes da sociedade – os machos adultos, que podem ter razões para afirmar o valor da velhice, por exemplo, como meio de preservar a tradição e o conservadorismo cultural e de manter seu próprio poder à medida em que envelhecem (*CA*, 85). Mas mesmo essa autoridade concedida (que, por sua vez, precisa de algum modo ser conquistada ou justificada) claramente implica que a subjugação da velhice não é apenas um problema de necessidade natural, mas o produto de todo um arcabouço social, institucional e ideológico.

Quando uma cultura evolui muito devagar e tem grande respeito pela experiência da tradição e dos ancestrais mortos, os anciãos que encarnam essa experiência tradicional são os mais próximos dos mortos, e por isso são investidos de maior autoridade. Mas nas sociedades que privilegiam a transformação e valores desse mundo, é a juventude e a flor da vida que são exaltados (já que representam a promessa e a agência da mudança), enquanto os idosos são descartados, como se fossem sicofantas ultrapassados pelo progresso. Não surpreende que, em nossa cultura, "o status da velhice tenha sido consideravelmente diminuído, pois a ideia de experiência caiu em descrédito" (*CA*, 2010). A sociedade tecnológica moderna, com seu ritmo cada vez mais acelerado de inovação, indica que a experiência passada e as habilidades antigas não podem ser acumuladas de modo útil e aplicadas, tornando-se na verdade um fardo ultrapassado que retarda a velocidade em manter-se atualizado com o novo. Apesar do crescente mercado de idosos, a busca esfomeada do capitalismo por novas gerações de jovens consumidores (ansiosos para testar novos produtos, e prometendo muito mais anos de consumo) reforça a desvalorização dos velhos em nossa cultura. Como reconhece Beauvoir, é o sentido que as pessoas de uma cultura "atribuem a sua vida, é seu sistema inteiro de valores que define o sentido e o valor da velhice". Por outro lado, "os verdadeiros princípios e objetivos" de uma sociedade são revelados no modo como ela trata os idosos (*CA*, 87).

Se a condição infelizmente dominada dos idosos é essencialmente produto do poder social, não de limitações corporais (que são simplesmente as ocasiões ou instrumentos para marcar e naturalizar esse poder), então, diz Beauvoir, o único modo de fortalecer os idosos é uma transformação global da sociedade a de seus valores. Ela considera que nosso tratamento "escandaloso" da velhice emerge inevitavelmente do tratamento escandaloso que a sociedade inflige às pessoas já na sua juventude e maturidade. "Ela pré-fabrica a condição mutilada e infeliz que lhes pertence na velhice. É culpa da sociedade que o declínio da velhice comece tão cedo, que seja rápido, fisicamente doloroso e que, por entrar nele de mãos vazias, seja moralmente ultrajante." Explorados por uma sociedade agressivamente voltada para os lucros enquanto têm força para trabalhar, as classes trabalhadoras "inevitavelmente se tornam 'descartes', 'dejetos', uma vez que não tenham mais força". A ubiquidade dessa opressão social, afirma Beauvoir, vicia todos os métodos parciais para melhorar a velhice; esses "remédios" são uma "zombaria", porque a vida e a saúde dessas pessoas "não pode ser devolvida". "Não podemos nos contentar em pedir uma 'política para a velhice' mais generosa, pensões maiores, moradias decentes e lazer organizado. É o sistema inteiro que está em questão, e não podemos pedir nada menos do que algo radical – a mudança da própria vida" (*CA*, 542-543).

Os fatores sociais são inegavelmente dominantes na subjugação da velhice, e a exigência de Beauvoir de que a sociedade seja globalmente reconstituída para garantir maior justiça para os velhos e para os jovens é sem dúvida inspiradora. Menos convincente, porém, é seu desprezo pelas soluções parciais, particularmente porque essas soluções parciais ou limitadas oferecem os tijolos necessários e os modelos incentivadores para a obtenção de uma mudança social mais global. Restrinjo-me aqui ao desprezo de Beauvoir pelos métodos somaestéticos que poderiam ajudar a atrasar, a superar ou mesmo a reverter as incapacidades corporais que vêm com a idade e que determinam em grande parte o senso de negatividade e declínio que define a velhice em nossa cultura.[26] A análise que ela mesma faz dos problemas da velhice, como mostrarei, implica claramente o valor do cultivo somático.

Primeiro, o que é exatamente a velhice para Beauvoir? Ela nunca faz uma análise lógica rigorosa desse conceito. Ela diz que a velhice "não é apenas um fato biológico, mas também cultural", e mesmo assim, para fins de clareza (e considerando a idade comum de aposentadoria de sua época), ela define os termos "velho, idoso e envelhecido" em termos cronológicos objetivos, como "pessoas de sessenta e cinco anos ou mais" (*CA*, 13). De um lado, Beauvoir parece sensível à ambiguidade do conceito de idade, reconhecendo que "as idades cronológica e biológica nem sempre coincidem", de modo que uma pessoa de sessenta e cinco anos pode ser fisicamente mais saudável e nesse sentido fisiologicamente mais jovem do que uma pessoa de cinquenta e cinco. Por outro lado, ela insiste que "as palavras 'uma pessoa de sessenta anos' interpretam o mesmo fato para todos. Elas correspondem a fenômenos biológicos que podem ser detectados em exames" (*CA*, 30, 284). Há também a idade que se aparenta, que pode ser distinguida da idade biológica; e Beauvoir parece dar a esse sentido de

---

[26] Por outro lado, Beauvoir afirma que as faculdades *intelectuais* podem ser mantidas por meio de exercícios sistemáticos, de modo a retardar ou a desafiar seu declínio na velhice: "quanto maior o nível intelectual do sujeito, mais lento e menos marcado o declínio de suas faculdades"; "muito trabalho intelectual é executado sem qualquer relação com a idade" e "algumas pessoas muito velhas... mostram-se mais eficientes do que as jovens" nesse trabalho. De modo geral, por exemplo, "o pensamento do filósofo fica mais rico com a idade" (*CA*, 34-35, 396).

idade representacional ou manifesta uma importância considerável: "a aparência física diz mais sobre o número de anos que vivemos do que o exame fisiológico" (*CA*, 30).

Além desses sentidos cronológico, fisiológico e representacional da idade, a devida análise do conceito incluiria ainda um senso experiencial da idade (os sentimentos de ser velho ou de ter a meia-idade ou de estar na flor da juventude) e também um senso performativo, relacionado às capacidades de funcionar de maneiras que distinguem uma pessoa na flor da idade de outra que tenha os limites funcionais associados com a velhice. A discussão de Beauvoir da velhice fica entre esses sentidos distintos, sem distingui-los de maneira clara e coerente. Ainda que a idade cronológica seja um parâmetro objetivo que não pode ser afetado (descontando as exceções ainda quase inconcebíveis da viagem no tempo e da criogenia), outras dimensões da idade beneficiam-se muito mais do cultivo somático do que admite Beauvoir.

VI

Uma de suas afirmações mais exóticas a respeito da velhice é que ela só pode ser conhecida e definida desde fora. Ela não pode ser diretamente vivenciada no modo "em si mesma" da subjetividade pura, mas só pode ser apreendida indiretamente, como condição objetificada do eu a partir da perspectiva do olhar definidor de outros sujeitos fora do eu que consideram esse eu velho. Para Beauvoir, a velhice "é uma relação dialética entre meu ser como [o outro exterior] o define objetivamente e a percepção do meu eu que adquiro por meio desse outro. Dentro de mim está o Outro – isto é, a pessoa que sou para quem está de fora – que é velho; e esse Outro sou eu mesmo" (*CA*, 284). Assim, a velhice é sempre experienciada como algo alheio que é imposto sobre eu pelo olhar dos outros, de modo análogo à forma como as mulheres têm suas identidades de Outro inessencial impostas a si pelo olhar masculino privilegiado e definidor. "A pessoa idosa sente que é velha por causa dos outros, e sem ter experimentado mudanças importantes." Carecendo da devida "experiência interior" do envelhecimento, "seu ser interior" tem dificuldades em aceitar e em habitar o rótulo gerado exteriormente, de modo que "ele não sabe mais quem é"; daí a sensação de confusão desconfortável e alienação envergonhada da velhice (CA, 291-292). Essa desarmonia perturbadora e essa desconexão alienante entre exterior e interior, essa incapacidade de experimentar desde dentro os sentimentos somáticos da idade, claramente demandam os métodos melhorativos da somaestética *experiencial* que aumentam nossa capacidade de conhecer, de habitar e até, numa certa medida, de modificar a experiência qualitativa e os sinais proprioceptivos da idade avançada.

Antes de nos entendermos sobre isso, observe como o valor da somaestética *representacional* também é implicado pela afirmação de Beauvoir de que a velhice é essencialmente definida pelo olhar do observador externo. Como esses observadores não determinam nossa idade lendo nossa certidão de nascimento, mas julgando nossa aparência, se não parecermos velhos e velhas em declínio, não seremos tratados assim. Por isso, ao trabalhar para manter a aparência de nosso corpo diferente da aparência da decrepitude envelhecida, podemos evitar por mais tempo, e de modo melhor, o rótulo discriminatório que a subjugação social tende a trazer.

Milhões de homens e de mulheres (de diversas etnias, culturas e classes) entendem claramente essa lógica, e dedicam muito tempo e recursos a tratamentos cosméticos e a outros métodos concebidos para fazer com que pareçam mais jovens do que sua idade cronológica (e até que sua idade fisiológica e performativa). Será que devemos simplesmente condená-los por ceder à preocupação da sociedade com aparências superficiais? Essa resposta fácil injustamente ignora o fato de que algumas aparências superficiais (incluindo as da velhice) são ricamente carregadas de profundos sentidos que informam significativamente a realidade social; não se pode ignorá-las propriamente, sendo antes necessário vencê-las ou usá-las para manter o poder social do indivíduo.

Um executivo, cujo sucesso depende de projetar força, dinamismo, energia e promessa futura, não pode manter essa imagem (e, por conseguinte, sua posição), se parece velho e fraco demais. Assim, ele preserva sua autoridade social ao trabalhar numa aparência mais jovem e dinâmica, a qual, sem mentir a respeito de sua idade, refuta a presunção de que a idade avançada traz obrigatoriamente a fragilidade física. Se as pessoas mais idosas projetassem com mais sucesso uma imagem de vigor e saúde do auge da vida, então a associação somática da velhice com a decrepitude repulsiva seria minimizada, e, por isso, também boa parte da estima da velhice, que contribui para esse enfraquecimento.

Isso não significa que pessoas de setenta anos devam tentar parecer ter dezessete anos, ou mesmo trinta e sete. A ridícula futilidade dessas tentativas não nega de modo algum o valor da somaestética representacional para fortalecer os idosos. Pelo contrário, ela mostra que a atenção somaestética é necessária para desenvolver novas imagens de boas aparências vigorosas e capazes que sejam apropriadas para pessoas de mais idade, ao mesmo tempo que explora os melhores métodos para colocá-las em prática. Enquanto os estereótipos de beleza estiverem limitados às formas que vão da adolescência aos quarenta, não haverá uma opção clara para uma aparência mais velha atraente, cujas força e dignidade possam servir à autoridade social dos idosos. À medida que milhões de *baby boomers* se aproximam da velhice, relutantes em abandonar a autoimagem de dinamismo enérgico produzida pela cultura juvenil dominante que formou suas psiques, há um interesse cada vez mais urgente em encontrar esses modelos de envelhecimento atraentemente saudável. Se Beauvoir reconhece que o senso de poder das mulheres foi fortalecido por "uma nova estética" de aparência somática que transformou o estereótipo estabelecido da carne feminina macia e passiva numa nova imagem corporal que é "muscular, flexível, forte [e] (...) capaz de sugerir transcendência" e atividade (*SS*, 262), ela não faz um raciocínio paralelo sobre o valor transformativo de uma nova somaestética fortalecedora da velhice.

Os métodos para melhorar a aparência corporal muitas vezes coincidem com as disciplinas voltadas para o aumento da força, da saúde e da performance. Ainda que o fisiculturismo, por exemplo, se concentre primariamente na aparência externa, suas técnicas e seus benefícios estendem-se ao treinamento de força da somaestética performativa, cujo objetivo não é a mera imagem da potência funcional e do vigor saudável, mas sua realidade vivida e sua utilização na prática efetiva. A maior parte das pessoas que faz dietas está preocupada principalmente com uma aparência mais atraentemente magra, mas sua perda de peso, seus exercícios e sua alimentação mais saudável costumam resultar em melhor saúde, mais energia e, por conseguinte, melhor performance. Como nossa cultura valoriza a funcionalidade, a capacidade performativa é essencial para sustentar a eficácia pessoal necessária para o reconhecimento social pleno, tantas vezes negado aos idosos por causa de sua fragilidade ineficaz.

Alerta para essa intuição fundamental, Beauvoir astutamente identifica e refuta um argumento filosófico onipresentemente influente em prol do descarte do problema da fraqueza da velhice, que entende seu enfraquecimento somático como, na verdade, um mal que vem para bem. Desde que Platão afirmou que a velhice nos liberta das paixões desordenadas alimentadas pelo vigor corporal da juventude, os filósofos dizem que a fraqueza ou a aflição corporal promove a força da alma, por incentivar-nos a concentrarmo-nos nessa nossa parte superior. Beauvoir contesta veementemente essa afirmação, considerando-a "nonsense" esperançoso que, por sua recusa em enfrentar a verdadeira experiência e as condições da velhice, é "indecente" (*CA*, 316).

Ainda que a idade traga o declínio das glândulas sexuais e com isso uma redução das funções genitais, Beauvoir oferece diversos indícios de que os idosos não ficam libertos do desejo sexual e de outras paixões (*CA*, 317-352). Como o desejo e a atividade sexuais não se limitam ao comportamento genital, podem prolongar-se na velhice. A libido, além disso, não é um mero impulso físico, e sim "psicossomático" e informado pelo contexto sociocultural (*CA*, 317-323). Mesmo assim, ela aumenta com a saúde física (assim como a energia mental também aumenta). Como a sexualidade constitui parte importante de nosso senso de identidade, a perda da libido por causa da fraqueza somática do envelhecimento "é uma mutilação que traz consigo outras mutilações: a sexualidade, a vitalidade e a atividade estão indissoluvelmente ligadas" (*CA*, 350). Mesmo assim, Beauvoir não tira a conclusão de que os idosos deveriam trabalhar sistematicamente em sua boa forma a fim de aumentar os recursos energéticos necessários para alimentar uma libido mais forte e a capacidade performativa de exercê-la de modo recompensador no contato erótico, cujos prazeres ativos, por sua vez, reforçam o senso de bem-estar dinâmico e energético de qualquer pessoa.[27]

Indo além do campo da experiência sexual, é igualmente claro que a enfermidade do corpo não liberta a mente, e sim que sobrecarrega a consciência com preocupações sem fim relacionadas a incômodos e dores, ao mesmo tempo que suga a energia necessária para o pensamento contínuo ou esforçado. Como disse Rousseau uma vez, "quanto mais fraco for o corpo, mais ele comanda" a alma.[28] "A tragédia do velho", escreve Beauvoir, "é que muitas vezes ele não consegue mais fazer aquilo que deseja. Ele cria um projeto, e, na hora em que ele será realizado, seu corpo não o atende" (*CA*, 315). Ao mesmo

---

[27] Beauvoir não reconhece o papel do vigor e da energia somáticas quando diz que os trabalhadores manuais permanecem sexualmente ativos por muito mais tempo do que os "trabalhadores cerebrais". Essa afirmação (que parece contestável e que ela não embasa em dados empíricos) é explicada por ela como resultado de os trabalhadores manuais terem desejos mais simples e serem "menos dominados por mitos eróticos" que exigem um objeto sexual belo (*CA*, 323). Uma explicação mais convincente e mais direta seria que os trabalhadores manuais, por levar uma vida fisicamente mais ativa, tem mais capacidade e inclinação para a expressão e performance físicas, incluindo a do sexo.

[28] Jean-Jacques Rousseau, *Emile*, trad. A. Bloom (Nova York: Basic Books, 1979), 54.

tempo que enfatiza o modo como as fraquezas somáticas da velhice incapacitam a performance e assim diminuem a autoconfiança e a posição social, Beauvoir observa que os *atletas*, ao envelhecer, conseguem mesmo assim "compensar por [suas] capacidades perdidas até uma idade considerável", exatamente por causa de sua "experiência técnica" adquirida previamente e do "conhecimento preciso de seus próprios corpos". Assim, eles conseguem "manter a forma" e o respeito social que essa capacidade proporciona (*CA*, 31). Mas ela nunca parece perceber que o treinamento sistemático (tanto nas técnicas performativas quanto nas experienciais) poderia melhorar o funcionamento somático da população idosa em geral, ainda que essa solução claramente derive das causas que ela lista para o declínio na velhice.

Se a perda de status social e de autoestima resulta da funcionalidade reduzida por causa da força, saúde e energia deficientes, então essas perdas podem ser adiadas e minimizadas por métodos que desenvolvem a capacidade e o vigor somáticos. A dor e sofrimento advindos de doenças relacionadas à idade, muitas das quais podem ser prevenidas pela boa forma somática, também deveriam inspirar o estudo de disciplinas de cuidado somático promotoras da saúde. Igualmente, as habilidades da somaestética experiencial podem tratar da autoalienação gerada pela incapacidade de sentir precisamente e de habitar eficazmente o corpo que envelhece. Se os idosos perdem o entusiasmo pela atividade por causa de força e energia insuficientes para realizar seus projetos com sucesso, então seus problemas podem ser tratados por métodos somáticos que permitem manter e até aumentar a força e a energia. A tristeza estéril da velhice, diz Beauvoir, não se deve ao peso de nossas memórias, mas "ao fato de que nossa visão não é mais avivada por novos projetos" que estimulam a atividade e o interesse mas que, reciprocamente, o demandam. "A falta de curiosidade do velho e sua falta de interesse são agravadas por sua condição biológica", admite. "Dar atenção ao mundo lhe cansa. Muitas vezes ele não tem mais forças nem para afirmar aqueles valores que davam sentido à sua vida" (*CA*, 451, 453).

Ainda assim, Beauvoir não propõe nenhum treinamento sistemático do corpo para manter a força e o vigor biológicos necessários para realizar projetos que revistam a vida de interesse, sentido e valor. Ainda que admita que "psicologicamente, a perseverança [no esporte] dos velhos atletas tenha um efeito tonificante", e que também possa ajudar seu funcionamento somático, ela enfatiza os riscos fisiológicos do esporte e sua ineficácia na preservação da saúde dos idosos. "Para dois terços deles, o esporte é perigoso após os sessenta (...) [e] não retarda o envelhecimento dos órgãos" (CA, 314-315).

A ciência atual do envelhecimento oferece uma revisão bem-vinda das ideias de Beauvoir sobre essas questões, e cada vez mais idosos percebem que o exercício vigoroso não está reservado apenas para uma pequena elite de ex-atletas, constituindo antes um meio crucial para que todo tipo de gente mais velha melhore seu funcionamento e sua saúde. O exercício não apenas retarda o enfraquecimento do corpo relacionado à idade como às vezes pode até reverter esse enfraquecimento. O envelhecimento do esqueleto, expresso nas figuras frequentemente corcundas e tortas, é resultado sobretudo da "perda de cálcio nos ossos" e "é mais grave nas mulheres idosas do que nos homens". Ainda que a causa efetiva dessa perda "não seja conhecida, e que não haja métodos certos de impedi-la (...), diversos estudos mostraram que o exercício regular pode reduzir significativamente a taxa de perda de cálcio".[29] Os estudos mostram claramente que um programa sistemático de exercícios é "a melhor defesa contra a atrofia muscular" e pode "efetivamente aumentar a força dos músculos – inclusive em pessoas de setenta anos", ao mesmo tempo que aparentemente melhora "a atividade metabólica geral das células musculares exercitadas" e "a capacidade dos nervos de estimular as

---

[29] Alexander Spence, *Biology of Human Aging*, 2ª ed. (Nova York: Prentice Hall, 1994), 57. "Um estudo mostrou que 45 minutos de levantamento de peso moderado três vezes por semana retarda muito a perda de cálcio em mulheres mais velhas e, se continuado por um ano, pode reverter a desmineralização ocorrida." (*Ibid.*, 63)

fibras musculares".³⁰ Os principais problemas cardiovasculares da velhice incluem uma diminuição da frequência cardíaca, do volume de sangue bombeado por batimento, e do consumo máximo de oxigênio (todos associados com o funcionamento de um ventrículo esquerdo enfraquecido), junto com a pressão alta (devida à menor elasticidade e ao menor diâmetro interno das artérias). Diversos estudos demonstram que esses declínios podem ser minimizados por regimes programáticos de exercícios vigorosos e (para a pressão alta) também por dietas. Algumas descobertas indicam que "indivíduos de até setenta anos de idade podem aumentar seu consumo máximo de oxigênio seguindo um programa de exercícios de resistência, e a intensidade de treinamento necessária para obter essa melhora é menor do que a necessária para as pessoas mais novas.³¹

A somaestética performativa não se limita ao exercício vigoroso e ao treinamento de força. Métodos somaestéticos sutis, que não exigem esforço que faça suar, podem muitas vezes resolver incapacidades funcionais relacionadas à idade que oprimem os idosos com dores, incapacidades e a sensação de impotência, prejudicando assim a realização de projetos que enriqueçam sua vida com mais sentido, ação e valor. Permita que eu cite um exemplo de meu trabalho como profissional do Método Feldenkrais. Um idoso de mais de oitenta anos procurou-me por causa de uma dor nos joelhos que fazia com que a experiência de levantar-se, quando estava sentado, fosse bastante desagradável. Ele estava particularmente frustrado e deprimido porque esse problema inibia seu comportamento habitualmente dinâmico e energético, já que qualquer impulso frequente de levantar e fazer algo – como simplesmente pegar um copo d'água ou um livro –

---

[30] *Ibid.*, 71-72.

[31] *Ibid.*, 122. Ver também A. A. Ehsani *et al.*, "Exercise Training Improves Left Ventricular Systolic Function in Older Men", *Circulation*, 83, n. 1 (1991): 96-103; e P. A. Beere *et al.*, "Aerobic Exercise Training Can Reverse Age-Related Peripheral Circulatory Changes in Healthy Older Men", *Circulation*, 100, n. 10 (1999), 1085-1094.

tinha de ser pesado contra o custo de dor. A medicação e as injeções que os médicos receitaram não tinham ajudado, e lhe disseram que teria de suportar a dor, como se fosse esse o preço de sua longevidade. Quando examinei o modo como ele se levantava da cadeira, reparei que ele usava o mesmo mecanismo básico que a maioria de nós usa quando somos jovens e fortes: levantamo-nos verticalmente, pressionando com força os pés no chão, e empurrando com os joelhos. Isso envolve esforço e pressão consideráveis sobre as juntas dos joelhos, que podem facilmente causar dor quando as juntas estão feridas ou simplesmente velhas e fracas.

Contudo, também é possível aprender a levantar-se quando se está sentado movendo a cabeça, os ombros e o torso para a frente e deixando essas partes superiores do corpo caírem provisoriamente para a frente e na direção do chão. Esse deslocamento do peso da parte superior do corpo (o corpo é anatomicamente mais pesado na parte de cima) facilmente puxará para cima a parte inferior do corpo e as pernas, de modo que nos levantaremos sem ter de empurrar com os joelhos. Após algumas aulas, meu paciente octogenário conseguiu dominar essa nova maneira de levantar-se e pôde transformá-la em hábito da vida cotidiana. O problema no joelho desapareceu. Sua capacidade maior de levantar-se não veio de um aumento na força muscular ou no esforço. Veio da força da gravidade, que agora trabalhava com uma parte superior do corpo que tinha menos suporte do esqueleto. A maior agência performativa aqui é obtida não pelo fortalecimento da capacidade autônoma do corpo, mas pelo aprendizado de um método mais inteligente de uso das forças maiores da natureza, que intersecionam e habitam o indivíduo cujo corpo e eu são sempre mais do que ele.

Para dominar esse método de levantar-se, o octogenário teve de adquirir uma percepção proprioceptiva maior das posições de sua cabeça, membros e torso, e de adquirir um senso de equilíbrio mais consciente, sem suporte para a parte superior do corpo, e sua cabeça muito mais próxima do chão, uma posição que, de início, pode dar a sensação assustadora da queda. Essa necessidade de percepção experiencial mais aguçada para a melhora das capacidades motoras exemplifica a sobreposição da somaestética performativa e da experiencial. Assim como o halterofilista tem de discernir experiencialmente a dor que cria músculos da dor que assinala um problema, também o idoso que faz exercícios tem de desenvolver um senso experiencial melhorado de seu eu corporal, a fim de evitar os danos causados pelo esforço excessivo ou pelo mau uso de si no exercício. O aprimoramento da autoconsciência somática interior por meio do treinamento somaestético, portanto, combina crucialmente a exigência filosófica de "conhecer a si próprio" com uma segunda máxima délfica de "nada em excesso", que insiste no discernimento da medida adequada.

Um dos problemas de base da velhice, diz Beauvoir, é nossa incapacidade experiencial fundamental de devidamente senti-la em nossos próprios termos *a partir do interior*, e por isso ela nos "toma de surpresa" como uma condição imposta "de fora" por meio do julgamento objetificador dos outros: "nossa experiência privada e interna não nos diz [que estamos envelhecendo, nem] (...) nos mostra o declínio da idade" (*CA*, 284). Daí a estranha confusão e a desalentadora alienação da velhice, em que a pessoa se sente como se "algum Outro em mim fosse velho", não o próprio ser interior ou o verdadeiro eu (*CA*, 288). Mas se aplicarmos cuidadosamente certas técnicas da somaestética experiencial que aumentam a percepção somática (como a meditação em que se perscruta o corpo, ou o Método Feldenkrais), podemos ficar mais proficientes na identificação e no diagnóstico de nossos sentimentos corporais e portanto mais capazes de perceber e monitorar as transformações somáticas do envelhecimento a partir do interior. Podemos então habitar de modo mais confortável nossa idade sem senti-la como uma identidade mal vinda, indecifrável e estrangeira imposta pelos outros; mesmo as limitações indesejadas são mais fáceis de enfrentar se são percebidas como parte de nós, e não como algo infligido desde fora.

A percepção somaestética mais aguçada também aumenta nossas capacidades de distinguir entre as mudanças do simples declínio induzidas pela idade e aquelas causadas por uma doença ou disfunção, que podem (ou não) ser relacionadas à idade. Podemos assim diagnosticar e remediar melhor aqueles incômodos causados por doenças, em vez de simplesmente presumir que são parte do processo inevitável do envelhecimento. Admitindo que a saúde dos idosos é seriamente ameaçada por sua própria negligência por causa de sua tendência "a confundir doenças curáveis com a velhice irreversível" (*CA*, 284), Beauvoir, no entanto, não recomenda qualquer esforço de atenção somaestética para distinguir os sentimentos de doença e ferimentos daqueles advindos da mera velhice enfraquecedora.

Por que ela recusa essa opção de conhecimento e poder ampliados para os idosos? Novamente, assim como no caso das mulheres, Beauvoir teme que a autoconsciência somática incentive a imanência ao mesmo tempo que desincentiva aquilo que ela considera a chave do sentido e do valor da vida – a transcendência por meio de projetos. Se a atenção concentrada nos sentimentos corporais implica permanecer dentro da imanência passiva da carne, contrária ao "ego" dinamicamente transcendente, então os projetos significativos da velhice não têm como incluir um aumento do autoconhecimento somático do envelhecimento que permita viver melhor a própria idade. "Os projetos", insiste, "tem a ver apenas com nossas atividades. Envelhecer não é uma atividade. Crescer, amadurecer, envelhecer, morrer – a passagem do tempo é predestinada e inevitável" (*CA*, 540).

Mas o cultivo da acuidade somaestética com o fim de conhecer e de monitorar a idade não é uma inevitabilidade passiva, e sim um projeto ativo de busca e de investigação, assim como a busca disciplinada de um envelhecer sábio, capaz e saudável, ainda que, como outros projetos, essa seja vulnerável ao fracasso. Porém, para "dar sentido à nossa existência" na velhice, insiste Beauvoir, "só há uma solução (...) – a dedicação a indivíduos, a grupos ou a causas, ou o trabalho social, político, intelectual ou criativo". Assim, necessitamos de "paixões fortes o bastante [para tentar realizar esses projetos e] para impedir que desistamos de nós mesmos", e essa desistência é um pecado da imanência, de uma retirada constrangedora e isolada do mundo (*ibid.*). Mas, novamente, como a autoconsciência somática sempre envolve um campo ambiental significativamente mais amplo do que o eu, o problema do isolamento autista não está no autocultivo somaestético em si, mas em não reconhecer quanto do eu depende dos ambientes que o informam e os incorpora. Além disso, como a capacidade mesma de ter "paixões fortes o bastante" para projetos significativos demanda uma "condição biológica" adequada de energia ou força (*CA*, 453), a velhice vai dependendo cada vez mais do autocultivo e do autocuidado somáticos para manter essa potência. Mesmo que assegurar a saúde somática pessoal seja apenas um meio para fins muito mais nobres além do indivíduo, ela continua a ser, por sua instrumentalidade crucial, um projeto que vale a pena.

Levar as instrumentalidades a sério por valorizar os fins que elas atendem é um princípio-chave do pragmatismo. Mas antes de passar ao pragmatismo corporificado de William James e de John Dewey, dedicaremos o próximo capítulo à teoria somática de Ludwig Wittgenstein, cuja obra, de enorme influência na filosofia analítica da mente, inclui uma fascinante investigação do papel dos sentimentos corporais.

capítulo 4

A SOMAESTÉTICA DE WITTGENSTEIN
Explicação e melhoramento na filosofia da mente, na arte e na política

I

Em *Vermischte Bemerkungen*, durante uma discussão política a respeito de nacionalismo, antissemitismo, poder e propriedade, Ludwig Wittgenstein fala de ter "um sentimento estético pelo próprio corpo" [*aesthetische Gefühl für seinen Körper*].[1] Essa frase naturalmente atraiu

---

[1] Ver a edição bilíngue dessa obra, traduzida por Peter Winch e intitulada *Culture and Value* (Oxford, Blackwell, 1980), 12, doravante *CV*. Ocasionalmente darei minha própria tradução do alemão, quando ela parecer mais clara ou mais exata. Algumas das traduções problemáticas do livro foram corrigidas numa edição posterior revisada, publicada pela Blackwell em 1998, mas prefiro citar da edição anterior, mais conhecida, que está menos sobrecarregada de notas. A segunda edição, quando referida, será designada como *RCV*. Outros textos de Wittgenstein citados com frequência nesse capítulo referem as seguintes obras e edições: *Philosophical Investigations* [*Investigações Filosóficas*], trad. G. E. M. Anscombe (Oxford: Blackwell, 1968), doravante *PI* (essa obra célebre se divide em duas partes: as referências à primeira parte remetem às seções numeradas, e

minha atenção por causa de meu interesse pela somaestética enquanto disciplina voltada para a estética dos sentimentos corporais. Mas a frase de Wittgenstein me intrigou particularmente porque sua filosofia celebrizou-se por refutar a centralidade dos sentimentos corporais para a explicação de conceitos-chave da filosofia para os quais se costuma citar esses sentimentos: os conceitos de ação, emoção, vontade e julgamento estético. Ele acha que os filósofos os inventam, como se fossem explicações primitivas para as complexidades da vida mental. "Quando filosofamos, queremos hipostasiar sentimentos onde não há sentimento algum. Eles servem para explicar nossos pensamentos para nós. '*Aqui* a explicação de nosso pensamento exige um sentimento!' É como se nossa convicção fosse apenas uma consequência dessa exigência" (*PI*, 598).

Ao contrário de teorias tradicionais que usaram sentimentos ou sensações (sejam corpóreas ou supostamente mais puramente mentais) para explicar as causas e os sentidos de nossos conceitos psicológicos e estéticos, Wittgenstein afirma que esses conceitos complexos são mais bem compreendidos segundo seu uso. Eles se baseiam e se expressam nas práticas sociais sedimentadas ou formas consensuais de vida de uma comunidade de usuários de uma língua. "A *prática* dá o sentido às palavras" (*CV*, 85), e essa prática envolve "acordo (...) quanto à forma de vida" (*PI*, 241).

Como Wittgenstein oferece fortes argumentos para rejeitar as teorias do sensacionalismo e do psicologismo relacionadas a conceitos mentais e ao julgamento estético, há uma tendência ou tentação de concluir que ele achava que as sensações corporais eram insignificantes cognitivamente e indignas de atenção filosófica. Esse capítulo defende que se resista a essa tentação. Apesar de suas críticas

---

a segunda parte é referida pelo número da página, precedido por "p."); *Zettel*, trad. G. E. M. Anscombe (Oxford: Blackwell, 1967), com referências ao número do fragmento; *Lectures and Conversations on Aesthetics, Psychology, and Religious Belief* (Oxford: Blackwell, 1970), doravante *LA*; *Denkebewegung: Tagebücher, 1930-1932, 1936-1937* (Innsbruck: Haymon, 1997), doravante *TB*.

devastadoras do sensacionalismo, Wittgenstein reconhece o papel dos sentimentos somaestéticos em áreas tão distintas quanto a filosofia da mente, a estética, a ética e a política. Que esses sentimentos não ofereçam uma análise conceitual adequada de nossos conceitos não significa que eles careçam de outro valor cognitivo e sejam, portanto, irrelevantes para a filosofia. Podemos sentir a tentação de fazer essa inferência se identificarmos de modo estreito a filosofia e a análise conceitual. Porém, como Wittgenstein, penso diferente. A filosofia tem um sentido muito mais amplo; ela trata daquilo que Wittgenstein chamou de "o problema da vida" e da tarefa autocrítica de aprimoramento do eu: "Trabalhar com filosofia – como trabalhar com arquitetura, sob muitos aspectos – é na verdade, antes de tudo, trabalhar em si mesmo" (CV, 4, 16).[2]

Se a filosofia envolve as tarefas de autoaprimoramento e autoconhecimento (que parece necessário para o autoaprimoramento), então deveríamos encontrar um papel importante para as percepções somaestéticas, sentimentos corporais explicitamente conscientes. Se examina os diversos modos como Wittgenstein reconhece o papel positivo desses sentimentos, este capítulo vai além de Wittgenstein ao defender o modo como esses sentimentos deveriam ser usados de modo mais amplo e eficaz. Para compreender devidamente esses usos positivos, temos de distingui-los da dura crítica de Wittgenstein ao uso de sentimentos somáticos para explicar conceitos centrais de estética, de política e de filosofia da mente. Primeiro, porém, pode ser necessário explicar como conceitos e assuntos essenciais dessas disciplinas filosóficas distintas estão na verdade intimamente relacionados. A lógica de profissionalização e de especialização da modernidade tende a compartimentalizar a estética, a política e a filosofia da mente, e assim obscurecer sua conexão fundamental na busca filosófico por

---

[2] Para minha explicação da filosofia como modo de vida e de como Wittgenstein a enxergava e praticava, ver *Practicing Philosophy: Pragmatism and the Philosophical Life* (Nova York: Routledge, 1997), cap. I.

viver e pensar melhor, uma conexão que era vigorosamente afirmada e cultivada em tempos antigos.

Para ter uma ideia da força com que a filosofia um dia associou a estética e a filosofia da mente com a teoria política, basta que recordemos o texto paradigmático que em grande parte fundou a filosofia política e ainda ajuda a defini-la hoje: a *República* ou *Politeia* de Platão, um dos textos filosóficos mais amplamente lidos, e que na Antiguidade tinha como subtítulo "Sobre a Justiça". Nessa obra seminal, Sócrates diz que a justiça é essencialmente uma virtude, isto é, uma realização e disposição psicológica particular, não um mero contrato social externo (como dizem seus debatedores no diálogo). Boa parte da *República* é portanto dedicada à filosofia da mente, analisando as faculdades, necessidades e desejos básicos da alma, a fim de verificar se os fundamentos psicológicos da teoria política de Sócrates ou os de seus adversários estão mais corretos. Afirmando que a justiça enquanto virtude mental é essencialmente a regência da ordem adequada na alma humana, Sócrates projeta essa ideia da regência correta na ordem pública do Estado. Um Estado é justo quando é regido pela ordem adequada de seus diversos tipos de cidadãos, cada grupo fazendo o que faz melhor para o maior benefício da comunidade inteira, ficando os filósofos com o papel superior do guiamento do governo e do ensino do grupo regente de guardiães.

Mas, para assegurar a educação adequada dos guardiães, e garantir de modo mais geral a devida ordem mental que constitui a virtude da justiça no indivíduo, Sócrates insiste que temos de discutir questões estéticas. Não apenas nossos intelectos, mas também nossos sentimentos e desejos devem ser educados para reconhecer e apreciar essa ordem correta, de modo que a desejemos e amemos. As harmonias da beleza são assim propostas como instrumentos cruciais dessa educação. Por outro lado, a notória condenação da arte por Platão é também motivada por suas psicologia moral e teoria política. A arte é perigosa politicamente, segundo ele, não só porque espalha falsidades imitativas, mas também porque apela às partes mais baixas da alma e superestimula aquelas emoções desordenadas que perturbam a ordem correta na mente do indivíduo e da pólis em geral.

Essa conexão integral de estética, política e filosofia da mente é reafirmada por Friedrich Schiller, que diz que a arte é a chave necessária para a melhoria das ordens mental e prática. Em *On the Aesthetic Education of Man*, escrito após a Revolução Francesa ter-se tornado o Reino do Terror, Schiller apresentou o dilema de que uma sociedade demanda "o enobrecimento do caráter" para criar pessoas mais virtuosas, mas como podemos enobrecer o caráter sem ter uma sociedade política justa que eduque as pessoas para a virtude? A famosa resposta de Schiller é "educação estética": o "instrumento são as Belas-artes", cujos modelos de beleza e de perfeição inspiram e elevam nosso caráter. O valor educativo da arte para a virtude e para a justiça é mais uma vez explicado segundo a psicologia humana. Se a mente do homem está dividida entre um impulso terreno, sensual e material (*Stofftrieb*) e um impulso formal transcendental e intelectual (*Formtrieb*), então a expressão da arte como impulso mediador de jogo (*Spieltrieb*) fornece uma força reconciliadora crucial, pois nesse impulso "os dois outros trabalham concertadamente". "Só o gosto traz harmonia à sociedade, porque promove a harmonia no indivíduo (...) só o modo estético de comunicação une a sociedade, porque se relaciona com aquilo que é comum a todos."[3]

O mesmo nexo entre psicologia moral, estética e política poderia ser demonstrado em pensadores posteriores como Dewey e Adorno. Além disso, ele forma o núcleo da tradição filosófica chinesa.[4] Mas

---

[3] Friedrich Schiller, *On the Aesthetic Education of Man*, trad. E. M. Wilkinson e L. A. Willoughby (Oxford: Clarendon, 1982), 55-57, 79-81, 97, 215.

[4] Isso está particularmente claro, por exemplo, nas ideias de ordem atraente e harmonizante em Confúcio e Xunzi. Ver *The Analects of Confucius: A Philosophical Translation*, trad. R. T. Ames e Henry Rosemont Jr. (Nova York: Ballantine, 1998); e, de Xunzi, "Discourse on Ritual Principles" e "Discourse on Music", em *Xunzi: A Translation and Study of the Complete Works*, trad. John Knoblock (Stanford: Stanford University Press, 1994), vol. 3, em que lemos

confio que o elo entre essas disciplinas já esteja suficientemente claro para justificar o exame de como os sentimentos corporais desempenham um importante papel no pensamento de Wittgenstein, estendendo-se da filosofia da mente e da estética à sua teoria ética e política. Como Wittgenstein repudia a ideia de que os sentimentos corporais podem explicar o sentido de nossos conceitos estéticos e mentais centrais, comecemos com sua crítica dessa ideia antes de considerar os papéis positivos que ele admite para os sentimentos corporais.

II

Ao criticar o uso de sentimentos somáticos para explicar conceitos mentais cruciais como emoção e vontade, Wittgenstein toma o filósofo pragmatista William James como seu alvo principal. James influenciou Wittgenstein mais do que qualquer outro pragmatista clássico, e sabemos que Wittgenstein era grande apreciador do pensamento de James sobre questões religiosas.[5] Mas aqui Wittgenstein usa o sensacionalismo somático da psicologia de James como contraste crítico para desenvolver suas próprias teorias. James celebrizou-se por sua explicação corpórea da emoção: não apenas são "as causas gerais das emoções (...) indubitavelmente fisiológicas", mas as emoções mesmas são identificadas com os sentimentos que temos dessas excitações fisiológicas. Quando percebemos algo excitante, *"mudanças corporais seguem-se imediatamente à percepção do fato excitante, e (...) nosso sentimento das mesmas mudanças, enquanto elas ocorrem, É a emoção; (...)*

---

que "a música é o método mais perfeito para trazer ordem aos homens" (84). Exploro como a somaestética se relaciona com o nexo do extremo oriente de estética, psicologia moral e política em "Pragmatism and East-Asian Thought", em *The Range of Pragmatism and the Limits of Philosophy* (Oxford: Blackwell, 2004), 13-42.

[5] Ver *Ludwig Wittgenstein: Cambridge Letters*, ed. B. McGuinness e G. H. von Wright (Blackwell: Oxford, 1996), 14, 140.

sentimos que lamentamos porque choramos, que temos raiva porque atacamos, medo porque trememos, e não que choramos, atacamos ou trememos porque lamentamos, temos raiva, ou temos medo, conforme seja. Sem os estados corporais que se seguem à percepção, ela seria puramente cognitiva em sua forma, pálida, incolor, destituída de calor emocional".[6]

Se James iguala unilateralmente as emoções com as sensações corporais,[7] então a resposta de Wittgenstein é rejeitar enfaticamente essa identificação, insistindo que as emoções "não são sensações" do corpo, já que elas não são nem localizadas, nem difusas, e sempre têm um objeto (que é diferente de uma causa corporal). As emoções estão "na mente", são "expressas em pensamentos" e experienciadas e provocadas pelo pensamento, "não pela dor corporal". Ao contrário de James, Wittgenstein "quase diria: sente-se tanta tristeza no corpo quanto se sente o enxergar nos olhos" (*Zettel*, 495). Meu medo do escuro às vezes pode se manifestar em minha consciência da superficialidade de minha respiração, e de um cerrar da mandíbula e dos músculos do rosto, mas às vezes ele pode não se manifestar assim. Mesmo que esse sentimento corporal esteja sempre presente, isso não significa que ele seja a causa do meu medo, nem seu objeto. Não tenho medo da respiração superficial, nem dessas contrações musculares, mas do escuro. "Se o medo é amedrontador e se enquanto ele permanece estou consciente de minha respiração e da tensão nos meus músculos faciais – isso equivale a dizer que acho *esses sentimentos* amedrontadores? Será que não são nem um alívio?" (*Zettel*, 499). Wittgenstein realmente está certo em dizer que não é possível reduzir nossas emoções a sentimentos corporais nem a qualquer mera

---

[6] William James, *Principles of Psychology* (Cambridge, MA: Harvard University Press, 1983), 1065-1066, doravante *PP*.

[7] Uma leitura completa e simpática das diversas formulações de James de sua teoria negaria que ele simplesmente identifica as emoções inteiramente com sentimentos ou sensações corporais. Ver a explicação mais detalhada de sua teoria no capítulo V.

sensação; as emoções na verdade envolvem todo um contexto de comportamento e um plano de fundo de jogos linguísticos, toda uma forma de vida em que a emoção desempenha um papel.

Os sentimentos corporais, diz Wittgenstein, também não conseguem explicar a vontade. Novamente, James é o alvo da crítica. No capítulo sobre a vontade de *Principles of Psychology*, James afirma que nossos movimentos voluntários dependem de mais funções corporais primárias e são guiados por "impressões *cinestésicas*" de nosso sistema proprioceptivo que se sedimentaram numa "ideia cinestésica" ou "memória-imagem": "quer haja ou não outra coisa na mente no momento em que conscientemente nos resolvemos por um certo ato, uma concepção mental, composta das memórias-imagens dessas sensações, definindo qual ato particular é aquele, tem de estar presente". James continua, insistindo que "não é preciso que haja nada além disso, e que em atos voluntários absolutamente simples não há nada mais na mente, exceto a ideia cinestésica, assim definida, de qual ato será" (*PP*, 1100-1104).

Ainda que a teoria cinestésica de James possa ser criticada por ser "inflacionária" ao postular a necessidade de um sentimento consciente especial para explicar e acompanhar cada ato da vontade, ele na verdade queria que sua teoria fosse um questionamento deflacionário à explicação ainda mais inchada da vontade proposta por filósofos-cientistas como Wundt, Helmholtz e Mach. Além dos sentimentos cinestésicos, eles postulavam um "sentimento de inervação" ativo especial que acompanha "a corrente especial de energia que vai do cérebro aos devidos músculos durante o ato" da vontade, enquanto James afirmava que as "imagens cinestésicas" descritas por ele, mais passivas, bastavam para induzir a ação (*PP*, 1104, 1107).

Ainda que eu valorize os esforços de James em nome da economia teórica, prefiro economizar ainda mais apoiando a afirmação de Wittgenstein de que ideias cinestésicas específicas ou outros sentimentos conscientes viscerais não constituem a causa suficiente ou necessária da ação voluntária e não podem explicar a vontade adequadamente. Recordemos a célebre formulação do problema por Wittgenstein em *Philosophical Investigations* (que claramente remete a James): "o que resta se subtraio o fato de que meu braço se levanta do fato de que levantei meu braço? (Será que as sensações cinestésicas são querer meu?) (...) Quando levanto meu braço, não costumo *tentar* levantá-lo" (*PI*, 621-622).

A ação voluntária não costuma envolver nenhum esforço consciente de "tentar", nem quaisquer impressões cinestésicas conscientes relacionadas de "querer", sejam presentes ou recordadas. A maior parte das ações voluntárias é produzida espontânea ou automaticamente a partir de nossas intenções, sem qualquer atenção a quaisquer sentimentos viscerais ou processos corporais que poderiam ocorrer quando a ação é precipitada. "Escrever com certeza é um movimento voluntário e, ainda assim, é automático. Sente-se algo; mas não é possível analisar o sentimento. A mão escreve; ela não escreve porque se quer, mas quer-se aquilo que ela escreve. Não se olha para ela com surpresa ou interesse enquanto se escreve, nem se pensa 'o que ela vai escrever agora?'" (*Zettel*, 586). Na verdade, acrescenta Wittgenstein, essa atenção aos próprios movimentos e sentimentos pode impedir a execução fluente da ação pretendida: "a auto-observação torna incertos minha ação e meus movimentos" (*Zettel*, 592).

Assim como nossas emoções, então, os atos da vontade não podem ser explicados pelos sentimentos cinestésicos particulares que podem acompanhá-los, nem identificados com eles. A ação voluntária (assim como a emoção) só pode ser explicada segundo todo um contexto de vida, objetivos e de práticas, "o caos inteiro das ações humanas, o plano de fundo contra o qual vemos qualquer ação". "Aquilo que é voluntário em alguns movimentos com seu *entorno* de intenção, de aprendizado, de tentativa, de ação" (*Zettel*, 567, 577).

Há ainda uma terceira área importante em que Wittgenstein questiona o uso de sentimentos viscerais como algo essencial para o entendimento de conceitos-chave de nossa vida mental. Essa área diz respeito ao conceito do eu e do autoconhecimento do próprio estado ou posição corporal. Mais uma vez, James é o alvo óbvio. Ele é atacado por identificar o eu com sensações somáticas básicas que podem ser discernidas pela introspecção, por causa da "ideia de que o eu consistia principalmente de 'movimentos particulares na cabeça e entre a cabeça e a garganta'" (*PI*, 413).[8] ⋆ Isso, infelizmente, é uma distorção nada generosa do conceito de James do eu, que de fato inclui uma grande variedade de dimensões – das partes do corpo, roupas, propriedades e diversas relações sociais que formam nossos eus materiais e sociais às diversas faculdades mentais daquilo que ele chama de nosso "eu espiritual".[9]

Aquilo que James descreveu como sentimentos corporais na cabeça (determinados por sua própria introspecção pessoal), é apenas *uma* parte do eu, ainda que supostamente a mais básica, que ele chamava de "eu ativo central", "eu nuclear" ou "Eu dos eus". O conceito completo do eu, como James e Wittgenstein percebem, não é redutível a nenhuma espécie de sensações básicas na cabeça ou em qualquer outro lugar. É necessário todo um plano de fundo de vida e práticas sociais para defini-lo. Na maior parte do tempo, como afirma o próprio James, estamos completamente desapercebidos desses "sentimentos na cabeça" – que costumam "ser engolidos pela massa maior" das outras coisas que pedem mais atenção consciente do que esses movimentos de fundo primitivos do eu (*PP*, 288-289) –; no entanto, não estamos, assim, inteiramente desapercebidos de nós mesmos e inconscientes em relação a onde estamos e ao que estamos fazendo. Wittgenstein, porém, é muito mais claro do que James nesse ponto, e ele sabiamente evita que se postule um eu nuclear que seja

---

[8] Wittgenstein acrescenta que "a introspecção de James mostrava não o sentido da palavra eu (na medida em que significa algo como "pessoa", "ser humano", "*he himself*" ["ele mesmo"], "*I myself*" [eu mesmo], nem uma análise dessa coisa, mas o estado de atenção de um filósofo quando ele diz a palavra eu para si próprio e tenta analisar seu sentido. (E pode-se aprender muito com isso.)" (*PI*, 413)

⋆ A palavra *self*, substantivada, é sempre traduzida como "eu" ("o eu"). (N.T.)

[9] Para mais detalhes sobre a explicação de James do eu, ver o capítulo V deste livro.

identificado com certas sensações na cabeça ou que possa ser identificado por elas, pois essas teorias homunculares podem incentivar muitas confusões essencialistas. Um indivíduo é muito mais do que sua cabeça, e sua vida mental estende-se muito além das sensações nela.[10]

Wittgenstein, além disso, insiste enfaticamente (ao estilo de Merleau-Ponty) que conhecer a posição do corpo não exige uma atenção especial aos sentimentos somaestéticos das partes do corpo, seguida da inferência, a partir deles, da localização e da orientação particulares do corpo e de seus membros. Ao contrário, temos uma percepção imediata de nossa posição somática. *"Conhece-se* a posição dos próprios membros e seus movimentos (...) [sem] qualquer sinal local sobre a sensação" (*Zettel*, 483). Ao realizarmos tarefas comuns como tomar banho ou comer, subir escadas, andar de bicicleta, ou dirigir um carro, não costumamos precisar consultar os sentimentos distintos das partes do nosso corpo para calcular os movimentos necessários para realizar a ação que pretendemos (por exemplo, quais partes devem ser movidas, em que direção, distância, velocidade, grau de contração muscular).[11] Wittgenstein refuta a tese de que "minhas sensações

---

[10] Em sua obra-prima precoce, o *Tractatus Logico-Philosophicus*, Wittgenstein usa o corpo para explicar contra a ideia mesma do "eu filosófico" ou "sujeito" como algo no mundo que pode ser investigado pela psicologia. "Se eu escrevesse um livro intitulado *The World as I Found It* [*O mundo tal como o encontrei*], teria de falar nele sobre meu corpo e dizer quais membros estão subordinados a meu arbítrio e quais não estão etc., e isso seria um método para isolar o sujeito, ou melhor, de mostrar que num sentido importante não existe sujeito, pois ele somente *não* poderia ser mencionado nesse livro." "O eu filosófico não é o ser humano, nem o corpo humano, nem a alma humana, de que trata a psicologia, mas o sujeito metafísico, o limite do mundo – não parte dele." Ludwig Wittgenstein, *Tratactus Logico-Philosophicus*, edição bilíngue, trad. D. F. Pears e B. F. McGuinness (Londres: Routledge, 1969), seções 5.631, 5.641 (a tradução da primeira citação foi ligeiramente revisada).

[11] Para sermos justos com James, devemos recordar que ele também insistia que costumamos realizar (como aliás devemos) nossas ações corporais comuns por meio de hábitos irrefletidos, sem qualquer atenção explícita aos

cinestésicas me informam o movimento e a posição de meus membros" (*PI*, p. 185) fazendo a sua própria introspecção somaestética:

> Deixo meu dedo indicador fazer um movimento pendular fácil de pequena amplitude. Ou mal o sinto, ou nem o sinto. Talvez um pouco na ponta do dedo, uma pequena tensão. (Nada na junta.) E essa sensação me informa o movimento? – consigo descrever o movimento exatamente.
>
> "Mas, no fim das contas, é preciso que você o sinta, ou não saberia (sem olhar) como seu dedo está se movendo." Mas "saber" apenas significa: ser capaz de descrever. – Posso ser capaz de dizer de que direção vem um som só porque ele afeta mais um ouvido do que outro, mas não sinto isso nos ouvidos; porém, isso tem seu efeito: eu *sei* de que direção vem o som; por exemplo, eu olho nessa direção.
>
> O mesmo vale para a ideia de que deve ser alguma característica da nossa dor que nos informa do local da dor no corpo, e alguma característica de nossa memória imagem que nos diz o momento a que ela pertence. (*PI*, 185)

Em suma, nosso conhecimento da localização e do movimento corporais costuma ser imediato e não reflexivo. Ele não é sempre acompanhado de sentimentos cinestésicos conscientes aos quais damos atenção; também não costuma derivar desses sentimentos, quando na verdade eles não estão presentes. A ação voluntária de sucesso também não exige a mediação da atenção aos sentimentos somaestéticos. Esses sentimentos também podem estar ausentes de boa parte de nossa experiência da vontade, da emoção e do eu. Também é tentador, assim, concluir que não têm relevância para esses tópicos

---

sentimentos corporais ou qualquer percepção tematizada da localização das partes do nosso corpo. Ver, por exemplo, *PP*, 109-131, e minha discussão mais geral de suas ideias sobre o hábito e sobre a reflexão somática no capítulo V.

da filosofia da mente e que seria apropriado manter um ceticismo behaviorista quanto a seu papel na vida mental.

Mas isso seria equivocado, mesmo desde a perspectiva de Wittgenstein. Esses sentimentos, apesar de ser inadequados para explicar conceitos mentais, continuam sendo uma parte efetiva da fenomenologia da vida mental que cabe à filosofia descrever. As sensações cinestésicas não são nada teoréticas como o flogisto, mas elementos da experiência que podem ser descritos de maneira adequada ou inadequada. "Sentimos nossos movimentos. Sim, efetivamente os *sentimos*; a sensação é semelhante não a uma sensação de sabor ou de calor, mas à do toque: à sensação de quando a pele e os músculos são apertados, puxados, deslocados." E também podemos, ainda que nem sempre necessitemos, sentir a posição de nossos membros por meio de um "sentimento-corpo" ("*Körpergefühl*"), por exemplo, "o sentimento-corpo" do braço (...) [em] tal ou qual *posição*" (Zettel, 479-481). De fato, em certas circunstâncias podemos até perceber nossos movimentos e nossa posição pela mediação de sentimentos, como quando uma tensão sentida no pescoço nos informa de que os ombros estão encolhidos, próximos das orelhas. Ainda que Wittgenstein insista com razão que normalmente não exigimos nem usamos essas pistas somaestéticas para saber a posição de nosso corpo, ele reconhece que elas podem, ocasionalmente, oferecer esse conhecimento, e dá seu próprio exemplo caracteristicamente "doloroso": "Uma sensação *pode* nos informar o movimento ou a posição de um membro. (Por exemplo, se (...) seu braço estiver esticado, você pode descobrir isso por uma dor aguda no ombro.) – Do mesmo modo que a natureza de uma dor pode nos dizer onde está a lesão" (*PI*, p. 185).

Quero ir além, insistindo que, do mesmo modo, a atenção aos sentimentos somaestéticos pode às vezes nos informar de modo útil sobre as emoções e sobre a vontade. Já é clichê dizer que uma pessoa pode estar com raiva, incomodada, ansiosa ou com medo antes de estar efetivamente consciente disso. Ela, porém, muitas vezes se apercebe de seu estado emocional quando outra pessoa, observando seus movimentos, seus gestos, sua respiração e seu tom de voz, pergunta se alguma coisa que a está incomodando. O behaviorismo encontra bases nesse fenômeno para afirmar que as emoções não são definidas por aquilo que percebemos estar sentindo, e que a introspecção não é o verdadeiro árbitro de nosso estado emocional. Os observadores "de fora" podem nos informar quanto a um estado emocional do qual ainda não estamos efetivamente conscientes. Mas cabe-nos perceber que a atenção introspectiva aos nossos sentimentos somaestéticos (fôlego curto, fechar do peito ou das mandíbulas) também pode nos oferecer essa observação.

Em certas situações nas quais não estou inicialmente apercebido de minha ansiedade ou de meu medo, e quando ainda estou inconsciente em relação ao fato de que eles têm um objeto específico, posso me dar conta de que estou ansioso ou amedrontado observando minha respiração superficial e rápida, e a maior contração muscular de meu pescoço, ombros e pélvis. Mas isso não nega o fato de que um indivíduo pode conhecer seu padrão próprio e inferir a partir dele que está com raiva ou ansioso ou com medo. Wittgenstein admite: "Meu próprio comportamento às vezes – mas *raramente* – é objeto de minha observação" (*Zettel*, 591). Os sentimentos somaestéticos nos oferecem instrumentos úteis para essa auto-observação, com os quais podemos atingir melhor o clássico objetivo de autoconhecimento da filosofia. Claro que muitas vezes é necessário um esforço continuado de treinamento para aprender como ler adequadamente os próprios sinais somaestéticos, mas as disciplinas de educação somática, como o Método Feldenkrais ou o ioga, oferecem esse treinamento.

O papel dos sentimentos somaestéticos e da disciplina vai ainda mais além, uma vez que percebamos que a atenção a esses sentimentos pode nos dar não apenas conhecimento de nossos estados emocionais, mas, por meio desse conhecimento, os meios possíveis para lidar melhor com eles. Uma vez que as emoções sejam tematizadas na consciência, podemos tomar uma distância crítica, e assim simultaneamente entendê-las e gerenciá-las com maior domínio (o que não significa com maior repressão). Além disso, como as emoções são (ao menos empiricamente) intimamente relacionadas a certos estados e sentimentos somáticos, podemos influenciar nossas emoções de modo indireto, mudando nossas sensações somáticas por meio do controle somaestético consciente. Podemos regular nossa respiração para que fique mais profunda e vagarosa, assim como podemos aprender a relaxar certas tensões musculares que reforçam um sentimento de nervosismo por causa de sua associação há muito condicionada com estados de nervosismo. Conhecemos essas estratégias das antigas práticas de meditação, mas elas também são usadas em estratégias mais modernas de gerenciamento de estresse.

O entendimento efetivo da vontade e da ação voluntária também pode ser ampliado pela atenção disciplinada aos sentimentos somaestéticos. A ação intencionada e realizada com sucesso depende da eficácia somática, a qual, por sua vez, como vimos, depende da percepção somática acurada. Recordemos a golfista em dificuldades do capítulo I. Ela queria ardentemente realizar a ação voluntária de manter a cabeça baixa e os olhos na bola enquanto balançava o taco de modo a acertar a bola corretamente, mas mesmo assim sempre levanta a cabeça e erra o movimento. Ela não consegue reparar que está levantando a cabeça, e por isso não tem como corrigir o problema, porque não presta atenção suficiente às posições de sua cabeça e aos movimentos de seus olhos, que ela conseguiria perceber se tivesse mais capacidade e disciplina somaestética. A cabeça dessa golfista levanta contra sua vontade, ainda que nenhuma força externa ou instinto interno a esteja forçando a levantá-la, só a força dos maus hábitos inconscientes que são reforçados em sua cegueira pela autoconsciência somática insuficiente e por aquilo que F. M. Alexander chamou de "sistemas *cinestésicos* corrompidos" com um "senso-apreciação" defeituoso.[12] Não fazer aquilo que ela conscientemente intenciona e que

---

[12] F. M. Alexander, *Man's Supreme Inheritance*, 2ª edição (Nova York: Dutton, 1918), 22, 89. Ele desenvolve o exemplo da golfista que levanta a cabeça em *The Use of the Self* (Nova York: Dutton, 1932).

é fisicamente capaz de fazer poderia ser resolvido se ela tivesse uma apreensão melhor da posição de seu corpo e de seus movimentos, graças a uma atenção maior aos sentimentos somaestéticos de propriocepção e cinestesia. O mesmo tipo de impotência da vontade é evidente no insone que quer relaxar, mas cujo esforço cego de relaxar só serve para agravar seu estado de tensão e de insônia, porque ele não sabe como relaxar seus músculos e sua respiração, assim como não sabe que eles estão tensos.

Mas será que essa atenção aos sentimentos e movimentos corporais não distrai a golfista de acertar a bola, ou o insone de relaxar completamente? A experiência (com o devido treinamento) mostra o contrário.[13] Em todo caso, a atenção somaestética não precisa (nem pretende) ser um foco permanente que distraia de outros objetivos. Uma vez que se cuide dos sentimentos dos maus movimentos, os movimentos podem ser analisados, corrigidos e substituídos pelos movimentos adequados, acompanhados de outros sentimentos somaestéticos que podem se tornar hábitos, e assim passar ao nível do hábito irrefletido mas inteligente.[14] Se a filosofia envolve não apenas

---

[13] O trabalho clínico de Alexander e de Feldenkrais oferece vastos indícios de que a percepção somaestética treinada não precisa interferir com a performance motora. Os terapeutas da insônia empregam explicitamente a atenção à respiração e a movimentos corporais sutis não apenas para relaxar o corpo, mas também para distrair a mente perturbada dos pensamentos incessantes que mantêm a pessoa frustrantemente acordada.

[14] Ao dizer que a atenção somaestética concentrada é mais necessária para remediar os maus hábitos e pode ser subsequentemente diminuída uma vez que o novo hábito seja efetivamente adotado, não pretendo negar a afirmação de que às vezes ela também pode ser útil, ao usar-se um hábito inteligente e eficaz na performance concreta: por exemplo, a atenção proprioceptiva concentrada de um dançarino especialista ao fazer uma dança que conhece bem. No que diz respeito à questão de interferência *versus* valor na performance, isso depende da habilidade, da qualidade e do foco da atenção somaestética. Suspeito que muitos erros atribuídos à atenção explícita aos movimentos e sentimentos corporais sejam na verdade devidos a capacidades somaestéticas

o conhecimento da mente, mas o autodomínio melhorativo (como Wittgenstein fervorosamente acreditava), então a atenção aos sentimentos somaestéticos deveria ser crucial para a tarefa filosófica de "trabalhar em si mesmo". Esse projeto de autodomínio é central para o campo da ética, mas voltemo-nos primeiro para a estética, já que Wittgenstein identifica intimamente esses dois domínios de valor, a ponto mesmo de enxergar a demanda pela vida boa em termos amplamente estéticos.[15]

III

Como sua filosofia da mente, a estética de Wittgenstein apresenta uma crítica do psicologismo sensacionalista. As explicações estéticas não são explicações causais e, assim como os julgamentos estéticos que explicam, "não têm nada a ver com experimentos psicológicos" (*LA*, 17). Assim como as emoções e outros estados mentais, os julgamentos estéticos não podem ser explicados a partir de sensações somáticas do artista ou da plateia, "seus sentimentos orgânicos – a tensão dos músculos em seu peito" (*LA*, 33). Podemos explicar as experiências e julgamentos estéticos muito melhor descrevendo as obras de arte particulares que estão sendo julgadas e experienciadas, e também descrevendo o comportamento dos artistas e de plateia, incluindo nós mesmos. Os gestos também são bons para transmitir como a obra de arte nos faz sentir.

Em todo caso, nossa apreciação da arte não é uma apreciação de sensações somáticas separáveis que a arte pode nos proporcionar (assim como não é uma apreciação de associações que independem

---

pobres de atenção concentrada e à distração despercebida da atenção (com a consequente ansiedade) em relação aos melhores resultados da ação.

[15] Ofereço argumentos detalhados para essa afirmação em *Practicing Philosophy*, capítulo I. Recordemos o que disse Wittgenstein: "A ética e a estética são a mesma coisa", *Tractatus Logico-Philosophicus*, 6.421.

da obra de arte). De outro modo, poderíamos pensar em cortar qualquer interesse na obra de arte para simplesmente ficar com as sensações (ou associações) mais diretamente por algum outro meio (uma droga, por exemplo). Mas não temos como separar nossa experiência estética da arte do objeto dessa experiência; e esse objeto é arte, não nossas sensações somáticas. Por fim, o apelo a "sentimentos cinestésicos" para explicar nossos julgamentos estéticos é logicamente insatisfatório porque esses mesmos sentimentos não são adequadamente descritíveis ou individuados sem que se apele ou à própria obra de arte ou a algum grupo de gestos que sentimos que os expressam. Para Wittgenstein, parece não haver nenhuma "técnica para descrever sensações cinestésicas" da experiência estética de modo mais preciso do que por nossos gestos. Além disso, diz, ainda que inventássemos um novo sistema de descrição de "sensações cinestésicas" para determinar o que contaria como "as mesmas impressões cinestésicas", não está claro que seus resultados fossem corresponder a nossos julgamentos estéticos atuais e a sua expressão gestual (LA, 37-40).

Se os sentimentos somáticos não são nem o objeto nem a explicação de nossos julgamentos e de nossa experiência da arte, isso não significa, porém, que esses sentimentos não sejam esteticamente importantes. Wittgenstein, como vimos, claramente dá atenção aos sentimentos somáticos, e reconhece seu valor estético de diversas maneiras. Primeiro, eles foram o foco mediador (se não também o objeto preciso) das satisfações estéticas derivadas da experiência de nosso corpo. Wittgenstein ressalta "o modo delicioso como as várias partes do corpo humano têm temperaturas diferentes" (CV, 11). Segundo, os sentimentos cinestésicos podem ajudar-nos a obter maior completude, intensidade ou precisão em nossa experiência da arte porque (ao menos para alguns de nós) a imaginação ou atenção estética é ajudada ou ampliada por certos movimentos corporais que de algum modo dão a impressão de corresponder à obra de arte. Wittgenstein oferece seu próprio exemplo:

Quando imagino uma música, como faço muitas vezes todos os dias, eu sempre, acredito, ranjo meus dentes ritmicamente. Já notei isso antes, ainda que o faça de modo bastante inconsciente. E mais: parece que as notas que estou imaginando são produzidas por esse movimento. Creio que isso pode ser um jeito comum de imaginar a música internamente. Claro que consigo imaginá-lo sem mexer os dentes, mas nesse caso as notas são mais tênues, mais borradas e menos pronunciadas.[16] (*CV*, 28)

"Se a arte serve 'para despertar sentimentos'", pergunta depois Wittgenstein, "devemos incluir, no fim das contas, a percepção sensual dela [*ihre sinnliche Wahrnehmung*] entre esses sentimentos?" (*CV*, 36). Essa questão críptica e aparentemente retórica nos recorda que as percepções estéticas sempre têm de ser obtidas por meio dos sentidos corporais, e que um uso mais corporificado e sensualmente atencioso da arte pode ser recomendável. Em outras palavras, podemos aguçar nossa apreciação da arte por meio de uma atenção maior a nossos sentimentos somaestéticos envolvidos na percepção da arte, em vez de identificar estreitamente os sentimentos artísticos com aquelas emoções familiares (como tristeza, alegria, melancolia, arrependimento etc.) que frequentemente fazem com que a apreciação da arte degenere num romantismo vago e excessivamente efusivo. A observação de Wittgenstein não é nem um pouca clara, e minha interpretação pode ir além da intenção dele, ou ser totalmente diferente. Mas independentemente de Wittgenstein, a questão é válida. Se uma percepção e uma disciplina somaestéticas melhores podem melhorar nossa percepção em geral ao nos dar melhor controle dos órgãos de sentido pelos quais percebemos, então ela também pode, *ceteris paribus* (tudo o mais constante), nos dar uma percepção melhor em contextos estéticos.

---

[16] Pode ser que os hábitos de clarinetista de Wittgenstein tenham tido algo a ver com esses sentimentos somaestéticos porque tocar esse instrumento envolve fechar os dentes.

Para Wittgenstein, o corpo pode ter um papel estético crucial que vai mais fundo do que qualquer sentimento ou expressão somaestética consciente. Como em Merleau-Ponty, o corpo para Wittgenstein serve como instância central e símbolo daquilo que forma o plano de fundo misterioso, silencioso e crucial para tudo que pode ser expresso pela linguagem ou pela arte, a fonte irrefletida de tudo o que pode ser conscientemente apreendido pelo pensamento reflexivo ou pela representação. "O puramente corporal pode ser inesperado." "Talvez aquilo que é inexprimível (aquilo que considero misterioso e que não consigo expressar) seja o plano de fundo contra o qual tudo o que eu conseguiria expressar faz sentido" (CV, 16, 50). A profundidade inexpressável da música e sua força grandiosa e misteriosa são derivadas do papel silencioso do corpo enquanto base criativa e plano de fundo intensificador. É assim que uma superfície de sons efêmeros pode tocar as próprias profundezas da experiência humana. "A música, com suas poucas notas e ritmos, parece uma arte primitiva para algumas pessoas. Mas é só a sua superfície [seu primeiro plano] que é simples, enquanto o corpo que possibilita a interpretação desse conteúdo manifesto tem toda a complexidade infinita sugerida pelas formas externas das outras artes e que a música esconde. Num certo sentido, ele é a arte mais sofisticada de todas" (CV, 8-9).[17]

Aqui, mais uma vez, acho que o reconhecimento por Wittgenstein do papel crucial do corpo tem de ser levado um passo adiante numa direção pragmática. Mais do que violões, ou violinos, ou pianos, ou mesmo tambores, nosso corpo é o instrumento primário para fazer música. E mais do que discos, rádios, fitas ou CDs, o corpo é o meio básico e insubstituível de sua apreciação. Se nosso corpo é o instrumento definitivo e necessário para a música, e o corpo –

---

[17] "Primeiro plano", a expressão entre colchetes, refere o alemão "*Vordergrund*", que era uma variante textual de "superfície" [*Oberfläche*] nos manuscritos. Ver a segunda edição revisada de *Culture and Value* (RCV, 11).

em seus sentidos, sentimentos e movimentos – é capaz de ser mais afinado para perceber, responder e agir esteticamente, então será que não é uma ideia razoável aprender e treinar esse "instrumento de instrumentos" com uma atenção mais cuidadosa aos sentimentos somaestéticos?

O valor desse treinamento somaestético (como já observei em *Practicing Philosophy* e em *Performing Live*) vai muito além do campo das Belas-artes, enriquecendo nossa cognição e arte de viver global. A percepção mais aguçada de nossos sentimentos somaestéticos não apenas nos dá maior conhecimento de nós mesmos, como também nos dota de maiores capacidade, facilidade e gama de movimentos somáticos, que podem dar a nossos órgãos sensoriais um maior escopo para nos dar conhecimento do mundo. Além de aumentar nossas próprias possibilidades de prazer, essa percepção e esse funcionamento somáticos aprimorados podem nos dar uma capacidade maior de realizar atos virtuosos em benefício dos outros, já que toda ação de algum modo depende da eficácia de nosso instrumento corporal. Anteriormente neste capítulo observei como as ideias de ordem mental adequada e de educação estética adequada do gosto para apreciar a ordem correta foram tradicionalmente muito importantes para a ética e para a filosofia política. Se os sentimentos corporais têm um papel significativo na filosofia da mente e na estética de Wittgenstein, será que têm um papel igualmente significativo em seu pensamento ético e político?

IV

A discussão de Wittgenstein dos sentimentos somáticos em relação à ética e à política é deveras limitada, mas ainda assim digna de nota. Primeiro, diz ele, nosso senso do corpo oferece a base e muitas vezes o símbolo de nosso conceito daquilo que significa ser humano. "O corpo humano é o melhor retrato da alma humana"

(*PI*, p. 178).¹⁸ Além disso, nossa situação existencial básica enquanto seres corporificados implica que somos limitados pelos constrangimentos e pela fraqueza de nossa carne mortal: "Somos prisioneiros da nossa pele" (*TB*, 63). Mas nosso sentimento valorativo do corpo (como os gregos e até idealistas como Hegel admitiam) também é crucial para nosso senso de dignidade humana e de integridade e valor. Nosso corpo nos dá substância e forma, sem as quais nossa vida mental não gozaria de uma expressão tão variada, robusta, nuançada e nobre. "É humilhante ter de parecer um tubo vazio que é simplesmente inflado por uma mente" (*CV*, 11). Nossos conceitos éticos de direitos humanos, da santidade da vida, nossos elevados ideais de dignidade moral e realização filosófica e estética dependem todos, segundo Wittgenstein, de uma forma de vida que assume como premissa as maneiras como experienciamos nosso corpo e as maneiras como os outros os tratam. Considere essa passagem notavelmente brutal de seus cadernos de Cambridge, cuja evocação da violência faz recordar Foucault (ainda que sem o aparente desejo e a esperança utópica de Foucault de mudança positiva por meio da transformação radical do corpo):

> Mutile completamente um homem, corte seus braços e pernas, nariz e orelhas, e veja o que sobra de seu respeito por si e de sua dignidade, e a que ponto seus conceitos dessas coisas permanecem os mesmos. Não suspeitamos, de jeito nenhum, o quanto esses conceitos dependem do estado habitual e normal de nosso corpo. O que aconteceria com eles se fôssemos puxados por uma corda presa num anel em nossa língua? Quanto, então, resta nele do ser humano? A que condição se rebaixa essa pessoa? Não sabemos que

---

¹⁸ Além disso, as paixões corporificadas constituem parte da alma cujo cuidado e salvação são tão importantes para Wittgenstein: "é minha alma com suas paixões, como se fosse sua carne e seu sangue, que precisa ser salva, não minha mente abstrata" (*CV*, 33).

estamos numa rocha alta e estreita, cercada de precipícios, em que tudo parece diferente. (*TB*, 139-149, tradução minha)

Se as formas conhecidas e os sentimentos normais de nosso corpo servem de base à nossa forma de vida, que por sua fez serve de base a nossos conceitos e atitudes éticas em relação aos outros, então talvez possamos entender melhor algumas de nossas inimizades políticas irracionais. Aquele ódio ou medo fanático que algumas pessoas têm por certas raças, culturas, classes e nações estrangeiras demonstra uma qualidade profundamente visceral, o que sugere que essa inimizade pode refletir sérias preocupações com a integridade e a pureza do corpo familiar numa dada cultura. Essas ansiedades podem ser inconscientemente traduzidas em hostilidade para com estrangeiros que questionam o corpo familiar e ameaçam corrompê-lo com misturas étnicas e culturais que podem alterar o corpo na aparência externa e no comportamento.

Wittgenstein pode estar sugerindo algo semelhante para a teimosa persistência do antissemisitmo nos países aparentemente mais racionais da Europa. Esse ódio aparentemente irracional dos judeus pode na verdade ter uma lógica própria profunda e irresistível que parece operar sobre um modelo ou analogia visceral. Os judeus, nessa analogia infelizmente conhecida, são um tumor (*Beule*) doentio na Europa, ainda que Wittgenstein tenha a prudência de não chamar esse tumor de câncer fatal.

"Olhemos esse tumor como uma parte totalmente normal de nosso corpo!" Será que se pode fazer isso assim, por causa de um pedido? Será que tenho o poder de decidir quando quiser ter ou não ter uma concepção ideal de meu corpo?
Dentro da história dos povos da Europa, a história dos judeus não é tratada com a circunstancialidade que sua intervenção nas questões europeias efetivamente mereceria, porque dentro dessa história eles são experienciados como uma espécie de doença, de

anomalia, e ninguém quer colocar uma doença no mesmo nível que a vida normal [e ninguém quer falar de uma doença como se ela tivesse os mesmos direitos que os processos corporais saudáveis (inclusive os dolorosos)]. Talvez digamos: as pessoas só podem considerar esse tumor uma parte natural do corpo se todo seu sentimento pelo corpo muda (se todo o sentimento nacional pelo corpo muda). Senão, o melhor que podem fazer é *suportá-lo*. Você pode esperar que um indivíduo mostre esse tipo de tolerância, ou que desconsidere essas coisas; mas você não pode esperar isso de uma nação, porque é exatamente não desconsiderar essas coisas que faz dela uma nação. Isto é, há uma contradição em esperar que alguém guarde seu antigo sentimento estético por seu corpo [*aesthetische Gefühl für seinen Körper*] *e ao mesmo tempo* dê as boas-vindas ao tumor. (*CV*, 20-21)

Após meio século de esforços para superar os horrores do Holocausto com argumentos em prol da tolerância multicultural, devemos simplesmente dar nosso apoio às claras implicações políticas dessa suposta contradição e dizer que não é razoável que as nações europeias tolerem os judeus ou outras minorias estrangeiras que são experienciadas como tumores? Se respeitarmos a inteligência e a integridade ética de Wittgenstein (e como não poderíamos?), devemos ler essa entrada privada em seu caderno em 1931 como a opinião final de Wittgenstein sobre a questão judaica, afirmando que a função essencial ou dever de uma nação é preservar a pureza étnica de seu corpo político? Podemos rejeitar essa conclusão purista sem negar os laços explanatórios entre a inimizade política em relação contra o Outro e a preocupação com nossos sentimentos e práticas corporais familiares. Antes, as observações de Wittgenstein podem receber uma interpretação muito mais rica e politicamente progressista.

Um lugar-comum da antropologia diz que manter as fronteiras intactas e a pureza do corpo pode desempenhar um importante papel simbólico e pragmático na preservação da unidade, da força e da sobrevivência de um grupo social. Assim, por exemplo, na tentativa de assegurar a identidade social da jovem nação hebraica, os primeiros livros do Antigo Testamento estão repletos de ordenamentos meticulosos destinados aos hebreus quanto à pureza do corpo no que diz respeito à dieta, ao comportamento sexual e à limpeza das fronteiras corporais intactas. As "questões" corporais, como sangramentos, pus, cuspe, sêmen, vômito e sangue menstrual contaminam todos que tomam contato com elas, e os impuros têm de ser separados e purificados. "Separareis os filhos de Israel de sua imundícia" (Levítico, XV). O incesto, o bestialismo, a homossexualidade, o adultério e o alimentar-se de comidas declaradas impuras são igualmente contaminações. "Não vos contamineis com nenhuma dessas coisas, porque com todas elas se contaminaram as nações que eu expulso de diante de vós" (Levítico, XVIII). As nações estrangeiras são representadas como perigos impuros de contaminação que ameaçam a pureza e a saúde do povo hebreu. Como sugere a analogia do tumor de Wittgenstein, a mesma lógica metafórica de doença impura tinha sido usada *contra* os judeus na inconsciência simbólica da Europa. Os judeus recebem o estereótipo de escuros, peludos, fedidos, sujos e doentes; porém, ainda assim, prosperam misteriosamente em sua treva nojenta como um tumor, enquanto a verdadeira nação ou povo é idealizado como algo essencialmente puro ou sem mistura. E o tumor feio do antissemitismo prospera por meio do poder tenebroso desse simbolismo, e não da luz crítica da análise racional.

É exatamente porque o antissemitismo (como outras formas de ódio étnico) tem esse simbolismo irresistivelmente sinistro – uma imagem que aprisiona nações inteiras – que os argumentos racionais em prol da tolerância multicultural parecem naufragar, já que o ódio é adquirido não por meios racionais, mas pela força estética cativante das imagens. Contudo, como há muito disse Schiller, a educação estética pode ser capaz de realizar transformações ético-políticas onde os argumentos racionais não têm sucesso. Assim, se Wittgenstein tem razão ao dizer que é contraditório esperar que uma pessoa dê boas-vindas a um tumor enquanto guarda seu antigo sentimento estético por seu corpo, isso não significa que o tumor tenha de ser exterminado. Uma alternativa seria modificar o sentimento estético dessa pessoa pelo corpo e pelo corpo político.

Nessas questões éticas e políticas, a disciplina da somaestética mais uma vez pode oferecer um passo pragmático produtivo. Se a inimizade racial e étnica resiste à resolução por meios lógicos e por persuasão verbal porque tem uma base visceral de não familiaridade desconfortável, então, se não dermos atenção consciente a esses sentimentos viscerais profundos, nem os superaremos, nem a inimizade que eles geram e incentivam. As disciplinas de percepção somaestética, por envolver a perscrutação concentrada e sistemática de nossos sentimentos corporais, começa por ajudar a identificar essas sensações somáticas perturbadoras, de modo que possamos controlá-las melhor, neutralizá-las ou superá-las. Se não podemos fazer mais do que "suportá-las", nas palavras de Wittgenstein, ao menos temos a capacidade de identificá-las e isolá-las em nossa consciência, o que nos torna mais capazes de tomar uma distância crítica delas e evitar que elas pervertam nossos julgamentos políticos.

Mas os esforços somaestéticos podem ir além da solução de diagnóstico e isolamento ao efetivamente transformar os sentimentos corporais indesejáveis e "intolerantes". Os sentimentos somáticos podem ser transformados por meio de treinamento porque já são produto de treinamento. Os sentimentos e apetências normais de uma pessoa vêm muito mais do aprendizado do que do instinto inato; por serem hábitos derivados de nossas experiência e formação sociocultural, são facilmente manipuláveis por esforços reformatórios.[19] As disciplinas de treinamento somaestético podem portanto reconstruir nossas atitudes

---

[19] Uma experiência comum nas negociações entre grupos extremamente hostis é que a compreensão mútua aumenta muito uma vez que os negociadores passem bastante tempo agradável juntos a fim de ficar somaesteticamente à vontade uns com os outros, e é por isso que o compartilhamento de refeições e de entretenimento pode ser uma parte frutífera do processo de negociação.

ou hábitos de sentimento e também nos dar maior flexibilidade e tolerância a diferentes tipos de sentimentos e comportamentos somaestéticos. Isso é lugar-comum na gastronomia, na educação física e nas terapias somáticas; mas a ética filosófica e a teoria política modernas não lhe deram atenção suficiente.

Parte do problema pode ser que os filósofos que sugerem que se pode obter maior tolerância por meio de disciplinas de transformação somática – figuras como Wilhelm Reich ou Michel Foucault (e muitos seguidores de Foucault na teoria *queer*) – concentram sua defesa sociopolítica da disciplina somática na transformação radical da prática sexual. Por mais úteis e necessárias que sejam suas propostas de reforma, sua concentração na questão sensível do sexo e da transgressão cria uma nuvem de controvérsia e de polêmica que distrai a maioria dos filósofos do *mainstream* (e o público em geral) da noção e do valor gerais da disciplina somaestética transformadora. Toda a premissa de melhorar a tolerância social e a compreensão política por meios somaestéticos não deveria ficar tão estreitamente associada à questão sensacionalmente carregada mas ainda deveras limitada do comportamento sexual. Apesar de todas as alegrias do sexo (e das brilhantes intuições de Freud), há muitas outras coisas de interesse e de valor em nossa vida corporal do que nossa experiência da atividade sexual e do desejo. Isso é algo que Wittgenstein deve ter percebido, porque a sexualidade realmente não é o centro dominante de sua obra e vida, ainda que sua homossexualidade perturbada pela culpa, deveras escondida, amplamente reprimida, provavelmente tenha sido uma preocupação constante.[20]

Nesse contexto, devemos observar que a hostilidade, o medo, o tormento e a estigmatização social associados à homofobia também podem ser tratados pela mente alerta somaestética, já que o preconceito

---

Isso ficou muito evidente, por exemplo, nas negociações de maior sucesso entre inimigos árabes e israelenses.

[20] Sobre a sexualidade atormentada de Wittgenstein, ver, por exemplo, a biografia de Ray Monk, *Ludwig Wittgenstein: The Duty of Genius* (Londres: Penguin, 1991).

homofóbico compartilha a mesma lógica visceral da inimizade racial e étnica. Aqui também o antagonismo e a intolerância são alimentados por reações viscerais desconfortáveis mas frequentemente não percebidas, sentimentos de que os atos e os apetites homossexuais são estranhos e ameaçadores às formas conhecidas e estabelecidas de desejo e de comportamento corporal. Muitas pessoas que em princípio podem admitir que maiores de idade, dado o consentimento mútuo, devem ter a liberdade de buscar discretamente suas preferências sexuais alternativas ainda assim não conseguem tolerar a homossexualidade por causa das reações somáticas de desconforto e de nojo (incluindo o horror de desejos culpados reprimidos) que até mesmo a homossexualidade imaginada gera. Aqui, mais uma vez, a mente alerta somaestética pode oferecer os meios para reconhecer e controlar essas reações viscerais, e assim também pode oferecer os meios de reconhecer e de controlar essas reações viscerais, e assim oferecer também uma ponte para transformá-los em sentimentos menos negativos em relação à homossexualidade. A reflexão somaestética também pode capacitar aqueles homossexuais confusos ou perturbados por ter desejos e encontros eróticos que desviam da norma heterossexual. Ao dar a esses indivíduos maior clareza quanto a seus sentimentos, essa consciência corporal de mente alerta pode permitir que qualquer pessoa com desejos desviantes reconheça, habite e gerencie melhor esses sentimentos (o que não necessariamente significa sufocá-los).

Se a imagem sedutora da pureza e da uniformidade corporal alimenta o profundo preconceito que incita o medo e o ódio por grupos estranhos (sejam eles diferentes racial, étnica ou sexualmente), então uma estratégia para superar o problema seria deixar vividamente clara a natureza impura e misturada de todos os corpos humanos, incluindo o nosso próprio. As disciplinas somaestéticas podem nos dar uma percepção experiencial muito aguçada da mistura impura de nossa constituição corporal e lembrar-nos de que nossos limites corporais nunca são absolutos, mas bastante porosos. O corpo é um continente bagunçado de toda espécie de sólidos, líquidos e gases; ele é o tempo inteiro penetrado por coisas que vem de fora, do ar que respiramos, da comida que comemos, e também não paramos de expelir materiais de dentro dele. A estratégia somaestética de concentração em nossa mistura corporal impura pode ser encontrada no sermão em que Buda defende a mente alerta mais aguçada do corpo: "um *bhikku* reflete sobre seu próprio corpo, envolvido pela pele, e cheio de variadas impurezas, desde a sola, desde a ponta dos fios de seu cabelo, pensando assim: 'Há neste corpo cabelo da cabeça, cabelo do corpo, unhas, dentes, pele, carne, cartilagem, ossos, medula, rins, coração, fígado, diafragma, baço, pulmões, intestinos, mesentério, estômago, fezes, bile, fleuma, pus, sangue, suor, gordura, lágrimas, graxa, saliva, muco nasal, fluido sinovial, urina'. (...) Assim, ele vive observando o corpo".[21]

Tendo apresentado meus argumentos gerais em prol do potencial ético e político da mente alerta somaestética, não farei um exame mais detalhado de suas diversas disciplinas ou métodos;[22] afinal, Wittgenstein não faz nenhuma análise das práticas de mente alerta, antigas ou modernas. Podemos, contudo, concluir esse capítulo considerando um tema de Wittgenstein que ajuda a ressaltar a pertinência da somaestética não só para os ramos integrados da filosofia que examinamos até agora, mas para a filosofia como um todo.

V

Wittgenstein insiste com frequência na importância crucial da lentidão para o filosofar adequado. Os filósofos muitas vezes erram ao tirar conclusões apressadas ou ao interpretar mal a superfície

---

[21] Ver, de Buda, "The Foundations of Mindfulness", em Walpola Rahula, trad. *What the Buddha Taught* (New York: Grove Press, 1974), reproduzido em *A Sourcebook of Asian Philosophy*, John Kollers e Patricia Koller (orgs.) (Upper Saddle River, NJ: Prentice Hall, 191), 206.

[22] Discuto alguns desses métodos em *Performing Live* (Ithaca, NY: Cornell University Press, 2000), capítulo VIII.

grosseira da linguagem segundo algum esquema primitivo e depois ingerir algo que parece simultaneamente necessário e impossível. Em vez de apressar-se "como selvagens, como pessoas primitivas" em "fazer uma interpretação falsa" da linguagem "e então tirar dela as conclusões mais bizarras", a chave para o bom trabalho filosófico está em tomar o tempo necessário para cuidadosamente desfazer os nós de confusão conceitual causados por essas conclusões apressadas derivadas da linguagem. Fazemos isso ao pacientemente "limpar" as complexidades de nossa linguagem, "ao organizar aquilo que sempre soubemos", ao "reunir lembranças", "levar palavras de seu uso metafísico a seu uso cotidiano", e assim "descobrir (...) algum óbvio nonsense e (...) galos que o entendimento ganhou ao bater sua cabeça contra os limites da linguagem" (*PI*, 109, 116, 119, 127, 194). Esse trabalho de minuciosa análise linguística exige um trabalho lento e paciente, e por isso demanda uma lentidão como que praticada e disciplinada. Assim, Wittgenstein avisa que "alguém sem prática na filosofia passa por todos os lugares em que há dificuldades escondidas na grama, mas o [filósofo] com prática vai parar e perceber que há uma dificuldade próxima, mesmo que ainda não consiga vê-la" (*CV*, 29).

Daí o valor dado por Wittgenstein à lentidão: "Os filósofos deviam saudar-se deste modo: 'não tenha pressa!'". A maneira como Wittgenstein lia e escrevia visava a obter essa lentidão. "Realmente quero que minhas copiosas pontuações retardem a velocidade de leitura. Porque gostaria de ser lido lentamente. (Como eu mesmo leio.)" "Deve-se ler todas as minhas frases vagarosamente" (*CV*, 57, 68, 80). Sabemos, porém, que Wittgenstein, por temperamento, era tudo menos paciente. Muito rápido na mente e nos movimentos, ele tinha grande dificuldade em sentar ou em ficar de pé parado.[23] Apaixonado

---

[23] As memórias de Wittgenstein frequentemente dão testemunho disso. Ver, por exemplo, Fania Pascal, "Wittgenstein: A Personal Memoir", em *Recollections of Wittgenstein*, ed. Rush Rhees (Oxford: Oxford University Press, 1984), 18; e Norman Malcolm, *Wittgenstein: A Memoir* (Oxford: Oxford University Press, 1958, 2ª ed., 1985), 29.

e temperamental, ele insistia, de modo contrastante, que "meu ideal é uma certa frieza", um estado de tranquilidade em que "o conflito é dissipado" e chega-se "à paz no pensamento" (*CV*, 2, 9, 43).

Mas como podemos obter maior domínio da lentidão e da tranquilidade sem nos drogarmos com tranquilizantes que embotam a mente? O autoisolamento num lugar estranho e quieto, longe das distrações conhecidas e indesejadas é um dos métodos tradicionais, e Wittgenstein realmente o usava em seus períodos de vida ermitã no Fiorde Sogna, na Noruega. Mas outra resposta ancestral também é uma atenção concentrada em nossa respiração, com sua consequente regulação. Como a respiração tem um profundo efeito em todo o nosso sistema nervoso, ao tornar nossa respiração mais lenta, ou acalmá-la, podemos trazer maior lentidão e tranquilidade a nossa mente. Igualmente, ao perceber e relaxar certas contrações musculares que não apenas são desnecessárias, como também distraem o pensamento por causa da dor ou da fadiga que geram, podemos fortalecer o foco de nossa concentração mental, e construir sua resistência paciente para meditações filosóficas continuadas. Então podemos nos dar o luxo de não ter pressa.

A atenção aos sentimentos corporais não pode explicar nosso pensamento, nossas emoções ou nossa vontade. Mas pode melhorá-los. As sensações somaestéticas nem explicam nem justificam nossos julgamentos estéticos, mas podem ajudar-nos a melhorar nossas capacidades estéticas e até nossas forças éticas. A sensação não é o "*algo*" explanatório misterioso que define o mecanismo fundamental de toda vida mental, mas, como admite Wittgenstein, ela "também não é um *nada*!" (*PI*, 304). Por mais que o sentimento somaestético e a autoconsciência somática sejam importantes para Wittgenstein, espero ter mostrado que eles deveriam ser importantes para algo mais, ao menos para um pragmatismo que busca melhorar a qualidade de nosso pensamento e de nossa vida, incluindo a vida de pensamento que vivemos enquanto seres ativos éticos e políticos.

capítulo 5

MAIS PERTO DO CENTRO DA TEMPESTADE
A filosofia somática de William James

I

"O corpo", escreve William James, "é o centro da tempestade, a origem das coordenadas, o lugar constante de foco em [nosso] trem experiencial. Tudo gira em torno dele, e é percebido desde seu ponto de vista". Como ele desenvolve, "o mundo experienciado sempre aparece tendo nosso corpo como centro, centro de visão, centro de ação, centro de interesse".[1] Para fins de sobrevivência, se não também por outras razões, "todas as mentes precisam (...) ter um intenso interesse no corpo a que estão presas (...) Meu próprio corpo e aquilo que cuida de suas necessidades são assim o objeto primitivo, determinado instintivamente, dos meus interesses egoístas.

---

[1] Ver William James, "The Experience of Activity", em *Essays in Radical Empiricism* (Cambridge, MA: Harvard University Press, 1976), 86. A referência a esse livro de ensaios, publicado pela primeira vez em 1912, será a essa edição, doravante *RE*.

Outros objetos podem se tornar interessantes de modo derivado, por associação" com ele.²

Apesar dessas afirmações fortes e de muitos argumentos para embasá-las, William James raramente é celebrado como filósofo do corpo, ainda que ele certamente dê muito mais atenção à consciência corporal do que filósofos somáticos mais famosos, como Nietzsche, Merleau-Ponty ou Foucault. Talvez sua estatura enquanto filósofo do corpo tenha sido eclipsada porque a maior parte de sua investigação somática se concentra em seu livro, ainda do início da carreira, sobre psicologia (1890), e porque dedicou boa parte de suas energias, ao final, a questões metafísicas, religiosas e espiritualistas. Todavia, a afirmação, por James, da importância central do corpo se estende por toda a sua carreira. A citação que abre esse capítulo vem de um ensaio de 1905 que James veio a colocar num apêndice de *A Pluralistic Universe*, publicado em 1909, um ano antes de sua morte. Em "The Moral Equivalent of War", escrito em 1910, ainda celebrava o corpo, louvando "os ideais da ousadia", as "virtudes" da "saúde e vigor físico" e "a tradição (...) de boa forma física" que torna a vida marcial irresistivelmente atraente e que tem de ser incorporada num substituto mais moral da guerra.³

Três razões podem explicar o intenso interesse de James pelo corpo e sua grande sensibilidade para seu papel expressivo na vida mental e moral. Uma foi sua tentativa primeva de ser pintor, para o que estudou formalmente entre 1858 e 1861. "A arte é minha vocação", disse a um amigo em 1860, aos 18 anos.⁴ Ainda que essa vocação

---

² William James, *The Principles of Psychology* (1890; Cambridge, MA: Harvard University Press, 1983), 308, doravante *PP*.

³ William James, "The Moral Equivalent of War", em *The Writings of William James*, John McDermott (ed.) Chicago: University of Chicago Press, 1977, 664, 665, 670.

⁴ *The Correspondence of William James*, I. Skrupskelis e E. Berkeley (orgs.) Charlottesville: University Press of Virginia, 1992-2004, 4:33. Doravante, *C*, seguido do número do volume e do número da página, designarão as referências a essa obra em doze volumes.

logo fosse trocada pela de cientista e depois pela de filósofo, a atenção agudamente discriminadora à forma corporal e às sutilezas da expressão, junto com sua capacidade de visualizar e de retratar estados mentais e sentimentos, foi sem dúvida desenvolvida por sua paixão juvenil pelo desenho e pelo estudo da arte, que suas estadias longas e frequentes nos centros culturais da Europa ajudaram a inspirar.

A sensibilidade particular de James para a influência ubíqua do corpo em nossos estados morais e mentais também era certamente produto de seu imenso fardo de problemas corporais chatos e recorrentes, que por muitos anos ameaçaram impedi-lo de ter qualquer carreira que fosse. Naquilo que deveriam ter sido os anos saudáveis do início da vida adulta, ele sofreu muito de gastrite crônica, dores de cabeça, constipação, insônia, fadiga, depressão nervosa e fortes dores nas costas. Também foi prejudicado por problemas nos olhos que às vezes limitavam sua capacidade de leitura a quarenta e cinco minutos contínuos, nunca além de duas por dia.[5] Forçado a desistir de seus planos de ter uma carreira como cientista, já que ele não conseguia aguentar fisicamente a dureza do trabalho de laboratório, James decidiu tornar-se médico, apesar de sentir um certo desprezo pela profissão, cheia "charlatanismo" e de mentes "de décima categoria".[6] Dos cinco anos que passou na Faculdade de Medicina de Harvard até obter o diploma, somente dois foram passados na faculdade. Os outros três foram dedicados a buscar – primariamente por meio de repouso e de estações de águas em diversos spas da Europa – a saúde corporal e mental que lhe permitiria ter uma vida profissional de sucesso. Quatro anos após obter o diploma, aos 31 anos, James ainda era um

---

[5] Esses problemas de saúde estão descritos em muitíssimo detalhe nas cartas de James, mas veja também Howard Feinstein, *Becoming William James,* Ithaca, NY: Cornell University Press, 1984.

[6] Ver suas cartas aos amigos, como apresentadas em Ralph Barton Perry, *The Thought and Character of William James*, 2 vols. Boston: Little, Brown, 1935, 1:216; e também em *The Letters of William James*, ed. Henry James III, 2 vols. Boston: Atlantic Monthly Press, 1926, 1:79.

dependente desempregado "que cuidava da saúde fraca na casa do pai", até que Harry Bowditch, seu amigo, fisiologista de Harvard, ofereceu a ele um trabalho como substituto temporário. Charles Eliot, o novo presidente de Harvard, que tinha sido professor de química de James (e era vizinho e amigo da família) aprovou a ideia e acabou dando a James uma posição fixa em fisiologia.[7]

Vítima declarada da "neurastenia" (hoje considerada uma doença mítica), James percebia que muitas de suas enfermidades eram psicossomáticas, resultado daquilo que ele chamava diversas vezes de seu "triste sistema nervoso" (C2:108). Seus nervos problemáticos geravam distúrbios corporais que por sua vez aumentavam seu estresse nervoso, o qual, então, estimulava novas reclamações somáticas e ansiedade mental, numa espiral viciosa de incapacitação. Como poderia James não ficar profundamente impressionado pelas fortes influências recíprocas de corpo e mente, quando elas se exerciam tantas e tão dramáticas vezes em sua própria experiência dolorosa de enfermidade, e quando tinham sido tão cuidadosamente monitoradas por eles enquanto aluno de medicina e jovem doutor cuja ocupação primária era curar-se para finalmente poder iniciar uma carreira diferente da de estudioso inválido? Os biógrafos às vezes atribuíram o início desses problemas psicossomáticos à dificuldade de James de escolher uma profissão e particularmente à sua relutância em trocar a carreira artística pela científica e médica.[8] Mas, qualquer que fosse a causa, o fato de muitas dessas enfermidades terem continuado muito depois de James estar em sua carreira plena e feliz de filósofo profissional há de ter mantido a importância mental e moral do corpo ubiquamente presente em seu pensamento filosófico.

A questão da carreira profissional também sugere uma terceira razão que poderia ter sido crucial para levar James a enfatizar o papel filosófico central do corpo. Seu treinamento universitário e seus

---

[7] Feinstein, *Becoming William James*, 318, 321.

[8] Essa é uma tese central da instrutiva biografia de Feinstein.

primeiros trabalhos profissionais foram nas áreas de anatomia e fisiologia; e esse conhecimento somático foi precisamente aquilo que o capacitou a entrar na profissão acadêmica da filosofia, ainda que não tivesse treinamento formal nela. Ainda que Nietzsche tenha criticado os filósofos por "carecer (...) [de] conhecimento de fisiologia"[9], James começou sua ilustre carreira de filósofo de Harvard dando aula de fisiologia na Faculdade de Medicina em 1873. Então usou seu conhecimento de fisiologia para cavar de modo devagar mas seguro uma posição de professor no departamento de Filosofia de Harvard, vencendo sua falta de credenciais acadêmicas e a teimosa oposição de alguns membros importantes do departamento.[10]

Cada vez mais se considerava a fisiologia fundamental para as novas pesquisas de psicologia (que ainda era considerada um sub-ramo da filosofia), mas o Departamento de Filosofia de Harvard não tinha professores qualificados para ensinar essa nova abordagem científica da mente; assim, James conseguiu convencer o presidente e o Conselho de Supervisores de que era essencial que ele ensinasse psicologia para que o departamento continuasse atualizado e competitivo. Em 1874, James ofereceu um curso sobre "As Relações entre a Fisiologia e a Psicologia" no departamento de fisiologia; em 1877, permitiu-se que ele desse um curso sobre a psicologia de Herbert Spencer no departamento de filosofia; e, em 1879, James deu seu primeiro curso puramente filosófico (sobre Charles Renouvier) e parou de dar aulas de fisiologia. Por fim, em 1880, seu cargo de professor (assistente) foi transferido para o departamento de filosofia. Como as aspirações profissionais de James enquanto filósofo dependiam muitíssimo da ideia de que a fisiologia era crucial para o estudo filosófico da mente, é natural que sua filosofia desse ao corpo um papel muito proeminente.

---

[9] Friedrich Nietzsche, *The Will to Power* (Nova York: Vintage, 1967), §408.

[10] As manobras de James estão descritas em Feinstein, *Becoming William James*, 332-340.

O fato de que questões pessoais tenham contribuído para a ênfase somática de James não deve desacreditar suas teorias. Se a busca por conhecimento é sempre guiada pelo interesse, então um interesse pessoal aguçado pode gerar teorias melhores ao promover uma atenção mais perspicazmente vigilante, uma percepção mais sutil e uma sensibilidade mais aguçada. As preocupações com sua própria sintonia corpo-mente levaram James a buscar uma compreensão mais do que puramente teórica e especulativa de como as vidas mental e física se relacionam. Assim, sua filosofia somática foi aprofundada por explorações extensivas de uma grande variedade de metodologias pragmáticas voltadas para o aperfeiçoamento do funcionamento harmonioso do nexo corpo-mente do eu.

James não apenas leu e escreveu sobre essas terapias pragmáticas, exortando a comunidade filosófica a explorá-las mais seriamente.[11] Ele também teve a ousadia de testar muitas delas em sua própria carne. As cartas de James revelam seus experimentos com uma gama impressionantemente ampla de métodos muitas vezes contraditórios: gelo e calor (para contra-irritação), espartilhos, variedades de halterofilismo, choques elétricos, repouso absoluto, hidroterapias diversas, caminhadas vigorosas, alpinismo acelerado, mastigação sistemática, vibrações na coluna, inalações, remédios homeopáticos, aulas de concentração mental para minimizar as contrações musculares, programas diversos de exercícios receitados por médicos, cannabis, óxido nitroso, mescalina, estricnina, e diversos tipos de injeções hormonais. A gama de experimentos somáticos de James certamente foi tão audaciosa e variada para sua época quanto a de Michel Foucault para a

---

[11] Em sua palestra na American Philosophical Association em 1906 ("The Energies of Men"), James instou os filósofos a realizar um programa contínuo de pesquisa que explorasse sistematicamente os diversos meios (como o ioga) pelos quais nós, seres humanos, conseguimos atingir nossos "níveis mais profundos de energia", normalmente dormentes, de modo a melhorar nossas capacidades de performance física e mental. Ver "The Energies of Men", em *William James: Writings 1902-1910*, Bruce Kuklick (orgs.) Nova York: Viking, 1987, 1230.

nossa e, muitas vezes, igualmente questionadora da opinião dominante. Contudo, fiel a seu contexto puritano-vitoriano, o experimentalismo de James evitava a área explosiva da sexualidade, em que suas ideias eram conservadoras e sexistas na mesma medida em que as de Foucault eram radicalmente transgressoras.[12] Mesmo assim, o pragmatista da Nova Inglaterra foi um aventureiro tão admirável quanto o pós-estruturalista da França em todos os três ramos da somaestética: o estudo *analítico* do papel do corpo na percepção, na experiência e na ação e, por conseguinte, em nossa vida mental, moral e social; o estudo *pragmático* das metodologias que aprimoram o funcionamento de corpo e mente, e que assim expandem as capacidades de autoestilização; e o ramo *prático*, que investiga esses métodos pragmáticos, testando-os em nossa própria carne, na experiência e prática concretas.

Este capítulo primeiro discute as contribuições feitas por James à somaestética analítica com suas teorias a respeito do papel central do corpo na vida mental e moral. Depois, há que considerar suas ideias pragmáticas sobre as metodologias somáticas de melhorismo, sobretudo porque ele entendia a filosofia como instrumento e arte de viver voltada para o aprimoramento da experiência. Por fim, veremos como as limitações problemáticas dos métodos somáticos de James às vezes se refletem em seus próprios esforços práticos de curar a si mesmo pela sintonia corpo-mente.

II

A melhor porta de entrada para a filosofia somática de James é *The Principles of Psychology* (1890), seu primeiro livro e colossal obra-prima. O capítulo de abertura apresenta aquilo que será a hipótese-guia da

---

[12] Chama a atenção que James afirme a existência daquilo que chama de *"instinto antissexual"* – "a efetiva repulsa à ideia de contato íntimo com a maioria das pessoas que encontramos, sobretudo aquelas do nosso próprio sexo" (*PP*, 1053-1054).

filosofia de James da mente corporificada: "a lei geral de que *nenhuma modificação mental jamais ocorre sem ser acompanhada ou seguida de uma mudança corporal*" (PP, 18). Como o cérebro é a parte mais crucial do corpo para a vida mental, os dois capítulos seguintes do livro explicam o funcionamento cerebral e as condições psicológicas gerais da atividade cerebral. James dedica então o capítulo seguinte ao tema do hábito. A começar pelo hábito, analisaremos os grandes tópicos por meio dos quais James desenvolve seus argumentos em prol da centralidade da experiência corporal em nossas vidas mental e social, usando também textos seus além de *Principles*.

O Hábito

Os hábitos são um bom assunto para explorar a conexão corpo-mente, porque falamos tanto de hábitos corporais quanto mentais. Além disso, pode-se compreender os hábitos como expressão de atitudes mentais incorporadas às disposições corporais ou, inversamente, de tendências corporais que refletem a vida e os propósitos mentais. A famosa teoria de James do hábito revela o modo impressionante como sua intuição da dimensão corporal básica da vida se amplia para círculos cada vez maiores de significado humano, como as ondulações provocadas na superfície da água por uma pedra bem jogada, que logo se estendem por um lago inteiro. A partir do fato fisiológico simples mas crucial de que nossa constituição corporal maleável permite a formação de hábitos, o corpo do hábito torna-se um fator-chave que não apenas informa a vida moral e mental do indivíduo, mas também, de modo mais amplo, estrutura a sociedade humana como um todo.

No nível físico mais fundamental, "os fenômenos de hábito nos seres vivos devem-se à plasticidade dos materiais orgânicos de que seus corpos se compõem", o que para James inclui o sistema nervoso interno e também a "forma externa" (PP, 110). "Nosso sistema nervoso toma a forma dos modos em que é exercido" (PP, 117), de modo que nossos eus corporificados assumem a forma de hábitos de mente e ação que realizam para nós automaticamente aquilo que antes exigia muito pensamento, tempo e esforço. Como os hábitos fornecem o guiamento principal do pensamento e do comportamento, pode-se dizer que somos "meros agrupamentos ambulantes de hábitos" (PP, 130). Ao permitir que diminuamos a "atenção consciente" àquilo que eles mesmos podem realizar por meio do "cuidado fácil do automatismo", os hábitos também permitem que concentremos "as faculdades superiores de nossa mente" em aspectos mais problemáticos de nossa experiência, que necessitam de atenção mais concentrada (PP, 119-126).

A partir dessas premissas, James tira uma lição importante: devemos fazer todo esforço para desenvolver os melhores hábitos possíveis enquanto nosso corpo ou sistema nervoso ainda é flexível o suficiente para ser moldado com máxima facilidade. A chave *"é fazer de nosso sistema nervoso nosso aliado, e não nosso inimigo (...) Para tanto, devemos tornar automáticas e habituais, tão cedo quanto possível, o máximo de ações úteis que pudermos*, e evitar aqueles modos que provavelmente serão desvantajosos para nós, assim como evitamos a peste" (PP, 126). Segundo James, esse treinamento da ação corporificada exige uma boa medida de "ascese", a fim de levar nosso sistema nervoso mais adiante nas direções corretas, que ele pode ainda não estar inclinado a seguir (PP, 130).

Mas o papel do corpo-hábito disciplinado vai muito além dos esforços éticos pessoais de autoaprimoramento; ele sustenta toda a estrutura social por meio da qual o hábito mesmo se estrutura, e em que os esforços individuais encontram seu lugar e seu limite. Prenunciando a teoria de Foucault dos corpos dóceis e disciplinados, e a teoria de Pierre Bourdieu do *habitus*, James afirma: "O hábito é portanto o grande volante da sociedade, seu mais precioso agente conservador. Sozinho, ele nos mantém dentro dos limites da ordem, e protege os filhos dos mais afortunados dos levantes invejosos dos pobres". O hábito, prossegue James, "mantém o pescador e o marinheiro do convés no mar durante o inverno; mantém o mineiro em sua treva (...) Ele nos condena a lutar a batalha da vida segundo os termos da maneira como fomos criados, ou de nossas primeiras escolhas, e a fazer o que podemos com uma atividade incompatível, porque não fomos adequados a nenhuma outra, e é tarde demais para começar de novo. Ele impede as diversas camadas sociais de misturar-se". Mesmo que um homem adquira a riqueza necessária para vestir seu corpo "como um cavalheiro de nascença", "ele simplesmente *não consegue* comprar as coisas certas. Uma lei invisível, tão forte quanto a gravidade, o mantém em sua órbita, preso nesse ano assim como no ano passado" (*PP*, 125, 126). De modo similar, um corpo habituado a uma expressão tímida, subserviente e inibida achará quase impossível subitamente expressar-se naquele tipo de ação ousada e audaciosamente assertiva que é necessária para questionar as estruturas sociais que ubiquamente inculcam a inferioridade por meio da formação de hábitos somáticos que moldam atitudes mentais, e não apenas posturas corporais.

Mudança e Unidade no Fluxo do Pensamento

Troquemos esse amplo panorama social pelo teatro mais privado do pensamento pessoal, em que os filósofos raramente dão ao corpo um dos papéis principais. James é uma exceção notável. Afirmando que a consciência de cada indivíduo existe em "isolamento absoluto" dos outros (*PP*, 221), James afirma que a consciência pessoal não é apenas repleta de sentimentos somáticos, mas que, em última instância, depende deles para manter seu senso peculiar de fluxo e unidade contínuos. Sua famosa ideia do fluxo de consciência afirma que "o pensamento está em constante mudança" (*PP*, 224). Nossas sensações estão sempre mudando um pouco, mesmo que achemos que estamos tendo exatamente a mesma sensação enquanto continuamos a olhar o mesmo céu azul. Temos essa impressão porque confundimos ter *"a mesma sensação corporal"* com ter uma sensação do *"mesmo OBJETO"* (*PP*, 225), no caso, o céu azul; e porque nossa mente é muito mais interessada (e é muito mais capaz de concentrar-se) em tomar nota de objetos do que de sensações. Mas como "altera-se o tempo todo a sensibilidade" fisiológica do sujeito, não é possível que o mesmo objeto proporcione continuamente a mesma exata sensação. "A sensibilidade do olho à luz (...) diminui com surpreendente rapidez", e o estado do cérebro, que certamente afeta a sensação que experimentamos, é também, em alguma medida, continuamente modificada, porque o mero fluxo da experiência e da atividade cerebral deixará novos rastros neurais. "Para que uma sensação idêntica se repetisse, ela teria de ocorrer pela segunda vez *num cérebro não modificado*". Mas isso, como James observa, "é uma impossibilidade fisiológica". "A experiência nos remolda a cada momento"; e, assim como nosso sistema nervoso é continuamente modificado, também o é o fluxo de nossas sensações, sentimentos e pensamentos (PP, 226, 227, 228).

A concepção de James da dimensão somática onipresente no fluxo de consciência em constante mudança é fundamentada pela neurociência contemporânea. O neurologista Antonio Damasio explica que "a modulação em constante mudança do afeto" que caracteriza a consciência humana normal é, em última instância, um resultado da "paisagem em constante mudança do corpo". Os sentimentos resultam da "representação continuada e ininterrupta do corpo" pelo cérebro, de seu "monitoramento contínuo" por meio de imagens "daquilo que seu corpo faz *enquanto* vêm e vão pensamentos sobre conteúdos específicos", e essa "paisagem corporal é sempre nova", ainda que relativamente estável. Junto com a "corrente" em constante mudança, "mapas corporais dinâmicos", há também "mapas mais estáveis da estrutura" ou tendência "geral do corpo" que ajudam a formar nossa "noção de imagem corporal" mais duradoura.[13]

Além de explicar o fluxo em constante mudança do pensamento, o corpo, por outro lado, também oferece a base da unidade do pensamento. Nossos pensamentos são unidos como nossos porque "enquanto pensamos, sentimos nossos eus corporais como assento do pensamento. Se o pensamento for *nosso* pensamento, tem de estar

---

[13] Antonio Damasio, *Descartes' Error: Emotion, Reason, and the Human Brain*, Nova York: Avon, 1994, 144-145, 151-152, 158, doravante *DE*.

imbuído em todas as suas partes daquele calor e daquela intimidade particulares" que James considera que são constituídos primariamente do "sentimento do mesmo velho corpo, sempre ali", ainda que o corpo nunca esteja, estritamente, falando, ali, no mesmo estado inalterado. Assim, algum senso de corporificação está presente em todo o nosso conhecimento, ainda que não estejamos atentos para ele. "Nossas próprias posição, atitude e condição corporais estão entre as coisas de que *alguma* consciência, por mais desatenta, invariavelmente acompanha o conhecimento de tudo o mais que conhecemos"; e nossa sensibilidade somática continuada é essencial para a unidade do pensamento até em questões não somáticas, já que ajuda a "formar uma ligação entre todas as coisas de que sucessivamente nos apercebemos" (PP, 234-235). Ainda que o mundo de experiências e pensamentos de uma pessoa possa ser um "quase-caos" com "muito mais descontinuidade (...) do que costumamos supor", essa complexidade desconcertante consegue se manter coesa graças ao "núcleo objetivo da experiência de todo homem, seu próprio corpo, [que] é, é verdade, um objeto contínuo de percepção" (RE, 33).

A pesquisa neurocientífica de Damasio confirma isso. Ainda que nem sempre estejamos explicitamente conscientes da "representação continuada e ininterrupta do corpo, isso acontece porque "nosso foco de atenção costuma estar em outro lugar, onde é mais necessário ao comportamento adaptativo". Isso "não significa que a representação do corpo esteja ausente, como se pode confirmar facilmente quando uma súbita pontada de dor ou algum pequeno desconforto transferem o foco de volta para ele. O senso de fundo do corpo é contínuo, ainda que seja possível quase nem notá-lo, já que ele não representa uma parte específica de nada no corpo, e sim um estado geral de quase tudo nele". Porém, conclui Damasio, "essa representação continuada e ininterrompível do estado corporal é o que permite que você responda imediatamente à questão específica sobre 'como você se *sente*' com uma resposta que diz se você se sente bem ou se não se sente tão bem" (DE, 152). Uma das principais teorias de Damasio é que nosso senso contínuo dos sentimentos corporais é necessário para a realização efetiva do raciocínio prolongado, sobretudo no que diz respeito a questões sociais e práticas. Aqui, mais uma vez, seus argumentos são profundamente inspirados por James, que se destacou por afirmar o caráter somático da emoção ao mesmo tempo que celebrava a importância do afeto na vida do pensamento.

Sensação, Atenção e Senso de Tempo e de Lugar

Antes de considerar criticamente essas ideias controversas em sua formulação jamesiana, devemos observar outras maneiras como James ressalta a importância cognitiva do corpo. O conhecimento envolve a seleção e a organização de conteúdos. Os órgãos de sentido do corpo contribuem para esse processo primeiro por informar nossas capacidades e o escopo de nossa percepção. Servindo como filtros receptivos a apenas alguns aspectos do mundo físico, e somente com uma certa faixa de "velocidade", nossos órgãos sensoriais corporais selecionam as sensações que podem entrar em nosso pensamento (*PP*, 273-274).[14] O pensamento real, é claro, exige ainda a seleção da atenção consciente para algumas das diversas sensações dadas na experiência imediata. Mas a própria atenção é em parte "uma disposição corporal" (*PP*, 413). "Quando olhamos ou ouvimos, involuntariamente acomodamos nossos olhos e ouvidos, e também voltamos nossa cabeça e nosso corpo" (*PP*, 411). Mesmo aquilo que parece ser atenção puramente intelectual (como tentar recordar uma lembrança, uma ideia ou uma linha de raciocínio e concentrar-se nela) envolve, segundo James, contrações musculares específicas na cabeça, nas pupilas, nas pálpebras, nas sobrancelhas e na glote. Além disso, se a atenção demandar qualquer tipo de esforço, ela também envolverá "contra-

---

[14] Além disso, o corpo não é apenas um mero registro passivo, mas um integrador ativo dessas percepções sensoriais, de modo que a percepção de uma bola numa mão envolve uma integração "das impressões óticas do toque, de ajustes musculares dos olhos, de movimentos dos dedos, e das sensações musculares provocadas por eles" (*PP*, 708).

ções dos músculos das mandíbulas e da respiração", os quais muitas vezes irradiam-se da garganta e do peito para a lombar (*PP*, 287-288).

Há uma consequência prática dessa muscularidade do pensamento que James deixa de observar aqui, mas que já sugerimos nos capítulos anteriores. O esforço de atenção, tantas vezes doloroso, naquilo que presumimos ser trabalho puramente mental, vem da tensão muscular envolvida nesse pensamento supostamente "puro". Tendemos a sentir essa tensão somente quando ela atinge um certo limiar de dor ou de desconforto, sentindo-a no cansaço dos olhos, de nossas costas e, se formos suficientemente sensíveis, na fadiga de nossos músculos faciais. Mas uma atenção somática maior poderia nos dar um monitoramente melhor dessas contrações musculares, de modo que podemos aprender a evitar ou ao menos a diminuir aquelas desnecessárias ou desnecessariamente severas. Ao cortar ou minimizar essas contrações que produzem dor antes que permaneçam por tempo suficiente para gerar a dor, podemos capacitar-nos para pensar mais e melhor com mais facilidade e com menos distração advinda do desconforto e da fadiga.

James ainda afirma que os sentimentos corporais são cognitivamente cruciais para dar-nos a percepção do tempo, sobretudo no que diz respeito à passagem do dito tempo vazio. O sentimento fenomenológico da passagem do tempo jamais pode ser a sensação de pura duração sem qualquer conteúdo, porque esse puro vazio não poderia ser percebido como algo que tenha movimento ou mudança. Por isso, é preciso que se dê atenção a algum conteúdo passageiro na passagem do "tempo vazio", e James (baseando-se tanto na introspecção quando em descobertas experimentais) afirma que o corpo – por seus ritmos ou "batimentos cardíacos", pela "respiração" e pelos "sentimentos de tensão e de relaxamento musculares" – fornece esse conteúdo mutável que expressa a passagem do tempo (*PP*, 584).[15]

---

[15] James afirma a ideia mais específica de Hugo Münsterberg de que por até um terço de segundo conseguimos ter a percepção do tempo na memória esvanes-

Sendo "o núcleo objetivo da experiência de todo homem", o soma também estabelece o senso de lugar e de posicionalidade ao organizar o mundo experienciado em torno de seu centro como na forma de "origem das co-ordenadas". Explica James: "Onde o corpo está é 'aqui'; o momento em que o corpo age é 'agora'; aquilo que o corpo toca é 'isto'; todas as demais coisas estão 'lá', 'em outro momento' e são 'aquilo'. Essas palavras de posição enfatizada implicam uma sistematização das coisas pela referência a um foco de ação e de interesse que está no corpo; e a sistematização agora é tão instintiva (e quando não foi?) que nenhuma experiência desenvolvida ou ativa chega a existir para nós sem forma ordenada" (RE, 33, 86). Nosso corpo, além disso, ajuda a criar um senso de espaço comum. Quando vejo seu corpo, concentro-me num lugar e num objeto que são também o foco da sua experiência, ainda que a *sua* experiência do seu corpo venha de uma perspectiva diferente. Igualmente, os corpos oferecem um lugar comum para o encontro de mentes, cujas intenções, crenças, desejos e sentimentos são expressados pelo comportamento do corpo (RE, 38, 41).

O corpo também unifica o espaço por servir de ponte entre os espaços do eu interior e da natureza exterior, e entre os eventos físicos e os mentais. Ele o faz por estender-se ambiguamente por esses dois domínios de nossa experiência. Posso enxergar meu dedo que sangra como objeto externo que deve ser coberto por um curativo, mas também posso experienciá-lo como uma parte minha pulsante e dolorosa. E essa pulsação que sinto porque o sangue pulsa e jorra, será que ela é um sentimento físico ou uma experiência mental de dor? Ela parece incluir os dois espaços, assim como a afluência de amor conjugal que sinto que faz meu peito inflar-se e meu rosto luzir com olhos brilhantes e um grande sorriso. Esses sentimentos (que James chamava de "fatos afetivos") são "afetos (...) da mente" mas também "simultaneamente afetos do corpo" (RE, 69, 71), ambiguidade que se

---

cente de uma impressão, mas que além desse limite nossa percepção da passagem do tempo é uma função de mudanças em sentimentos musculares (PP, 584).

reflete na ambiguidade exemplar do próprio corpo, que é tanto aquilo que sou e aquilo que tenho como algo distinto do "eu" que o observa. Como James explica, "Às vezes trato meu corpo puramente como parte da natureza externa. Às vezes, novamente, penso nele como 'meu'. Ponho-o junto ao 'mim', e então certas mudanças e determinações locais nele passam por acontecimentos espirituais. Sua respiração é meu 'pensamento', seus ajustes sensoriais são minha 'atenção', suas alterações cinestésicas são meus 'esforços', suas perturbações viscerais são minhas 'emoções'" (RE, 76). Essa forte identificação de processos espirituais e corporais é o aspecto mais radical e controverso da filosofia somática de James, e temos de separar os pontos verdadeiramente válidos da retórica confusa e exagerada que ele usava às vezes, pragmaticamente, para defendê-los.

Emoção

James afirmava que os sentimentos corporais não são apenas cognitivamente úteis para a organização de nossa experiência, mas que também constituem nosso senso mais básico do eu. Sua explicação do eu é complexa, indo do "eu fenomênico" ou "Mim Empírico" (que inclui o Eu material, o Eu social e o Eu espiritual) ao "princípio puro de identidade pessoal", mais etéreo, que ele identifica com o *"Eu que conhece"* aquele Mim e que tem sido tradicionalmente identificado com a "alma" numênica ou "ego puro" (PP, 280, 283, 314, 379). "O corpo", escreve James, "é a parte mais interior do *eu material* em cada um de nós", seguida por nossas roupas e por nossos familiares imediatos, que também tendemos a considerar e a cuidar como se fossem "parte de nossos próprios eus" (PP, 280). O corpo é também importante para o eu social, já que esse eu envolve a "imagem" nos "olhos" ou "mente" dos outros, e que esse corpo costuma figurar de modo central nessa imagem (PP, 281-282).[16] Além dessas afirmações

---

[16] James considera tão importante nosso amor por roupas que chega a sugerir que sua beleza pode ser mais importante para nós do que a do nosso próprio

triviais a respeito do corpo, James controversamente propõe que os sentimentos corporais constituem um aspecto importante de nosso eu espiritual, do qual as emoções são parte importante.

A perspectiva psicológica estabelecida de sua época considerava as emoções eventos puramente mentais, experienciados primeiro diretamente por meio da percepção, e independentemente de reações corporais, reações essas que são interpretadas como meros efeitos subsequentes ou expressões da emoção. James (e C. G. Lange, pensador dinamarquês que desenvolveu de modo independente uma teoria muito similar no mesmo ano de 1884) afirmava que as sensações corporais têm um papel mais essencial na geração e até na constituição da emoção, ao menos no que diz respeito às emoções mais fortes (como a aflição, a raiva, o medo, a alegria etc.).[17] Quando

---

corpo. "Apropriamo-nos de tal modo de nossas roupas, e identificamo-nos tanto com elas, que alguns de nós, se tivessem de escolher entre ter um belo corpo envolto em trajes perpetuamente rotos e sujos, e ter uma forma feia e defeituosa, mas sempre imaculadamente vestida, não hesitariam um segundo antes de dar uma resposta decisiva" (*PP*, 280). James observa que *"cada homem tem tantos eus sociais quanto indivíduos que o reconhecem* e que têm uma imagem sua na mente" (*PP*, 281-282), de modo que a capacidade de um indivíduo de exibir diferentes imagens corporais – digamos, de mãe carinhosa e de professor de judô exigente – pode contribuir para sua capacidade de desenvolver um eu social mais variado.

[17] Ao descrever essas emoções como "as emoções *mais grosseiras*", James admite que também há "as emoções *mais sutis*" (exemplificadas por certos "sentimentos morais, intelectuais e estéticos") em que "o prazer e o desprazer" ou mesmo o "êxtase" resultam simplesmente da percepção de certas qualidades sensoriais sem a influência das sensações corporais. A "emoção estética" do "prazer primário e imediato em certas sensações puras e combinações harmoniosas delas" é assim puramente *"cerebral"*. James observa, porém, que essa emoção é tão sutil que "quase nem pode ser chamada de emocional". Além disso, costuma-se acrescentar a esse prazer primário de beleza pura apreciada intelectualmente os "prazeres secundários" em que "a mesa de som do corpo funciona", e somente quando eles são acrescentados temos uma experiência robustamente emocional da arte (*PP*, 1065, 1082-1085). Talvez a afirmação de uma emoção estética

observamos algo que nos deixa raivosos, temerosos ou enlevados, dizia James, não tiramos dessa percepção primeiro uma emoção puramente mental, a qual, por sua vez, manifesta-se em reações corporais. Em vez disso, *"as mudanças corporais seguem-se diretamente à percepção do fato provocador, e (...) nosso sentimento das mesmas mudanças, na hora em que elas ocorrem, É a emoção"* (PP, 1065). O papel interventor constitutivo das reações corporais (como os batimentos acelerados, os pelos arrepiados, a respiração curta, o rubor, o tremor, ou a fuga) é o que distingue uma verdadeira emoção de medo de um mero reconhecimento intelectual de que aquilo que percebemos é perigoso ou assustador. "Sem os estados corporais que se seguem à nossa percepção, essa seria puramente cognitiva em sua forma, pálida, sem cor, desprovida de calor emocional" (PP, 1066). As emoções "são em verdade constituídas e feitas daquelas mudanças corporais que costumamos considerar suas expressões ou consequência" (PP, 1068). "Uma emoção humana puramente desencarnada", conclui James, "é um não ente", mesmo que não seja uma impossibilidade lógica, e mesmo que essa emoção possa ser metafisicamente realizada por "puros espíritos" além do âmbito humano (PP, 1068).

Boa parte da notória controvérsia em torno da chamada teoria James-Lange vem do descuido conceitual e dos exageros estilísticos nas primeiras formulações de James. Posteriormente, ele admitiu "a brevidade apressada dos termos usados", cujos laconismo e exuberância sacrificaram em muito a precisão.[18] Para deixar claro que as

---

desencarnada tenha sido uma concessão estratégica às convenções do gosto estético sofisticado (exibidas com maestria na ficção de seu irmão Henry), mas é difícil enxergar, considerando as ideias de James sobre a dimensão somática da percepção e do pensamento, como o sentimento corporal não estaria integralmente envolvido até no mais puro de nossos prazeres estéticos.

[18] Ver William James, "The Physical Basis of Emotion" (1894), reproduzido em William James, *Collected Essays and Reviews,* Nova York: Longman, 1920, 351. Suas discussões anteriores incluem "What Is an Emotion?", *Mind,* 9 (1884): 188-205, e o longo capítulo sobre emoções em *Principles of Psychology.*

mudanças corporais são formativas e não apenas efeitos gratuitos subsequentes, James afirmou que quando percebemos um acontecimento triste ou um objeto amedrontador não experienciamos primeiro uma tristeza ou um medo desencarnados e só depois temos as reações corporais relacionadas à tristeza ou ao medo, como chorar, tremer ou correr; na verdade, somente experienciamos tristeza ou medo verdadeiros quando sentimos que nossas reações corporais àquele objeto ou acontecimento "surgem". Infelizmente, James expressou isso pela primeira vez dizendo que "sentimos tristeza porque choramos, raiva porque atacamos, medo porque trememos, e não choramos, atacamos ou trememos porque sentimos tristeza, raiva ou medo, respectivamente" (PP, 1066). Essa fórmula, sonora e muito citada, reduz de maneira confusa a riqueza de reações corporais envolvidas na emoção (muitas das quais, James percebia, eram "viscerais e invisíveis"[19]) a certos movimentos corporais explícitos, definidos e amplos, como chorar, atacar, correr, tremer.

O famoso *slogan* de James também sugere falsamente que cada emoção geral (como o medo, a raiva, a tristeza, a alegria etc.) tem um comportamento corporal fixo e facilmente observável que a define, e que as emoções deveriam portanto ser compreendidas em termos essencialmente behavioristas. James na verdade não acreditava em nenhuma dessas ideias. Afirmando que as mudanças corporais envolvidas numa emoção poderiam variar de modo significativo em pessoas diferentes e em situações diferentes, e que as emoções mesmas admitiam variedade ilimitada, apesar de nossa tendência a agrupá-las num conjunto limitado de nomes gerais, James insistia que as emoções são experiências interiores que não são redutíveis à sua "base fisiológica" e que portanto tem de ser estudadas também interiormente, por meio de esforços mais agudos de introspecção. Na verdade, ele dizia que os críticos rejeitavam sua teoria sobretudo porque não conseguiam

---

[19] James, "The Physical Basis of Emotion", 351, doravante *PE*.

distinguir introspectivamente os sentimentos das mudanças corporais que ele identificava com as emoções.[20]

A teoria de James sofre de outros problemas. Ele nem sempre era adequadamente claro ao distinguir entre meras mudanças corporais e o *sentimento* dessas mudanças no que diz respeito àquilo que causa ou que constitui a emoção (veja suas observações citadas três parágrafos acima). De modo mais grave, ao tentar definir o que é a emoção, James não distinguiu suficientemente a constituição orgânica da emoção do conteúdo ou objeto intencional da emoção, que também pode ser considerado definidor da emoção porque é a ele que ela toca. Nisso, recordamos, se funda o ataque de Wittgenstein à teoria de James. Minhas sensações corporais de tremor, de perda de fôlego e de contração muscular podem contribuir essencialmente para minha emoção de temer um leão que se aproxima (e não o mero fato de que julgo o leão perigoso), mas o *objeto* do meu medo é na verdade o leão, não essas mudanças corporais ou meus sentimentos dessas mudanças.

---

[20] James diz que *"não há limite para o número de emoções diferentes possíveis que podem existir"* e que *"as emoções de indivíduos diferentes podem variar indefinidamente*, tanto no que diz respeito à sua constituição, quanto ao que diz respeito aos vários graus de emoção que designamos pelo mesmo nome"*, ainda que reconheça que esses graus tenham de compartilhar "uma semelhança *funcional* suficiente" para merecer seu nome comum, que não deve ser compreendido como se designasse uma essência fixa em sentido ontológico ou "entitativo" (*PE*, 351, 354). Resistindo à afirmação de que sua teoria é materialista, James ressalta que "nossas emoções têm de sempre ser *interiormente* aquilo que são, qualquer que seja a base fisiológica de sua aparição" (*PP*, 1068), e defende sua teoria afirmando que seus críticos não têm capacidade suficiente de "introspecção" para detectar ou "localizar" os sentimentos corporais envolvidos na excitação emocional, concluindo daí que essa excitação tem origem não orgânica (*PE*, 360-362). James, portanto, insiste que devemos "afiar nossa introspecção" para melhorar nossa capacidade de localizar os sentimentos (*PP*, 1070) e que muito mais pessoas deveriam fazer relatórios cuidadosos dessas "observações" introspectivas (*PE*, 357).

Ainda que essa reformulação mais sóbria dê a esses objetos um papel vital "como elementos (...) nas 'situações' totais" que geram ou que constituem a emoção,²¹ a tendência dominante de James é identificar a emoção com a única dimensão que ele considerava mais distintiva – "o sentimento orgânico que dá o absoluto caráter de comoção à excitação" que sentimos por causa do *"ataque"* de uma emoção forte e que distingue a comoção emocional do medo verdadeiro do mero reconhecimento cognitivo do perigo (PE, 361). Esse sentimento orgânico de excitada comoção, diz James, e com razão, depende das mudanças corporais que sentimos em reação ao objeto (ou situação total) que nos assusta. Todavia, o fato de que esse sentimento corporal é característico da emoção não justifica a inferência, feita por James, de que ele simplesmente *"É a emoção"*, como que implicando que o elemento cognitivo não é essencial. Essa inferência comete aquilo que Dewey chamou de "falácia da ênfase seletiva": tomar um elemento que pode ser devidamente enfatizado como caracteristicamente importante num dado fenômeno, e depois concluir erradamente que ele é *tudo* o que é essencial ou definitivo para aquele fenômeno.²²

---

[21] *PE*, 350. O núcleo da teoria de James da emoção, nos termos do contexto da teoria psicológica de sua época, era que as emoções eram produto de correntes nervosas aferentes, cuja base estava em dados sensoriais do mundo exterior e de nossos corpos, em vez de ser o puro produto de correntes nervosas eferentes que vão na direção do corpo e se baseiam num julgamento puramente cognitivo da mente. Assim, James também definia "o comprimento e a largura" de sua teoria de modo modestíssimamente "despretensioso" pela proposição de que nossa consciência emocional é sempre mediada por essas correntes que chegam, algumas das quais são *"sensações orgânicas"* (PE, 359-360).

[22] John Dewey, *Experience and Nature*, Carbondale: Southern Illinois University Press, 1981, 31-32. Dewey, porém, não citou essa falácia em sua análise crítica muito favorável da teoria de James da emoção. Para uma breve discussão da crítica de Dewey, ver Gerald Myers, *William James: His Life and Thought,* New Haven, CT: Yale University Press, 1986, 535-536.

Apesar de seus exageros problemáticos, James está obviamente correto quando afirma a importante dimensão corporal de nossas emoções. A pesquisa neurofisiológica recente de Damasio confirma isso, apesar de Damasio ser ainda menos cuidadoso do que James ao sugerir um simples essencialismo corporal a respeito da emoção. Damasio define "a *essência* da emoção como o grupo de mudanças no estado corporal que são induzidas em inúmeros órgãos pelas terminações das células nervosas, sob o controle de um sistema cerebral dedicado, que responde ao conteúdo de pensamentos relacionados a um ente ou a um evento particular". Muitas dessas mudanças são perceptíveis a um observador externo, mas algumas só podem ser percebidas internamente pelo sujeito, que também pode não as perceber. Damasio reserva "o termo *sentimento*" para "a percepção" ou "a experiência dessas mudanças" (*DE*, 139). Essa formulação implica de modo problemático que podemos estar num estado emocional e nem sequer senti-lo, o que não seria o caso na versão mais precisa da teoria de James, em que ter uma emoção é sentir as mudanças corporais, ainda que possamos senti-las e mesmo assim não identificar que estamos tendo a emoção. Por exemplo, podemos sentir raiva (ao sentir as devidas mudanças corporais), mas não saber que estamos com raiva ou o que nos está deixando com raiva. A principal intuição que se deve preservar de James e de Damasio é que as mudanças corporais que resultam da percepção ou do pensamento daquilo que nos provoca emocionalmente não são meras expressões gratuitas ou subsequentes daquela emoção, e sim que fazem parte de seu núcleo formativo enquanto estado mental.

Pode-se tirar importantes consequências pragmáticas da teoria de James. Se existe uma conexão essencial entre nossas emoções e mudanças corporais, então a maior consciência dos sentimentos dessas mudanças pode oferecer um instrumento para que sejamos mais capazes de reconhecer nossas emoções. Podemos estar ansiosos ou perturbados sem realmente perceber; claro que sentimos algo, mas não reconhecemos explicitamente o sentimento, e assim não o identificamos como ansiedade ou perturbação. Mas se somos sensíveis aos sinais de nosso corpo, podemos reconhecer nossa perturbação emocional e lidar com ela, antes mesmo que saibamos exatamente qual coisa ou situação fora de nosso corpo nos deixa ansiosos ou incomodados. James não discute essa aplicação pragmática da percepção somaestética, mas devia ter discutido. Antes, ele recomenda que gerenciemos nossas emoções, por outros meios, por ações voltadas para a transformação dos sentimentos corporais envolvidos na emoção.

Percebendo que sentimentos fortes podem muitas vezes ser perigosamente destrutivos (e sem dúvida ciente dos danos causados por seus próprios surtos de depressão), James não é um defensor irrestrito da emoção.[23] Mas ele afirma efetivamente a dimensão produtiva da paixão muito mais do que a maioria dos filósofos. O sentimento forte não é sinal de erro e irracionalidade, mas oferece evidências experienciais *prima facie* da realidade e da verdade. Nesse sentido experiencial básico, *"a realidade significa simplesmente a relação com nossa vida emocional e ativa"* (PP, 924); aquilo que é mais real para nós é aquilo que mais nos importa mais apaixonada e ativamente,[24] ainda que esses julgamentos sobre o real possam ser corrigidos pela experiência posterior. Além disso, diz James, a paixão não é inimiga da razão, e sim sua forte aliada no prosseguimento dos raciocínios.

---

[23] Gerald Myers (*William James*, 227-230) diz que a atitude de James em relação à emoção é "ambivalente", porque ele reconhecia que as emoções às vezes poderiam ser prejudiciais e porque não as considerava explicitamente parte do núcleo mais espiritual do eu. Mas isso dificilmente equivale a uma ambivalência séria. Ao considerar a emoção essencial para seu ideal de vida humana plena de experiência e de pensamento ricos, James há de ter considerado a emoção uma característica essencialmente positiva, ainda que algumas emoções pudessem ser negativas em suas consequências.

[24] A "coercitividade sobre atenção" (um modo experiencial comum de definir a realidade) é também explicada por James como "o resultado da vivacidade ou interesse emocional" (PP, 928, 929).

"Se a *focalização* da atividade cerebral for o fato fundamental do pensamento razoável, vemos por que o interesse intenso ou a paixão concentrada nos fazem pensar de modo tão mais verdadeiro e profundo. A *focalização* persistente do movimento em certos traços é o fato cerebral que corresponde à dominação persistente na consciência da característica importante do sujeito. Quando não estamos "focalizados", nosso cérebro está disperso; mas quando estamos intensamente apaixonados, jamais nos desviamos do principal. Somente nos vêm imagens congruentes e relevantes" (*PP*, 989-990).

Mais uma vez Damasio oferece uma versão atualizada cientificamente do raciocínio de James. Como não existe um "teatro cartesiano" único, no qual todos os dados cerebrais se reúnem para ser processados simultaneamente, o pensamento humano funciona "pela sincronização de conjuntos de atividade neural em regiões cerebrais distintas, o que na verdade é um truque de *timing*", que envolve a "associação temporal" de imagens que ocorrem em lugares diferentes, mas "aproximadamente dentro da mesma janela temporal". Porém, isso exige "a manutenção da atividade concentrada em lugares distintos para o tempo que for necessário para que combinações significativas sejam feitas e para que o raciocínio e a decisão aconteçam. Em outras palavras, a associação temporal demanda mecanismos poderosos e eficazes de atenção e de memória funcional" (*DE*, 94-96). Damasio diz que as emoções (por causa de sua dimensão somática) não apenas funcionam "*como reforços da memória funcional e da atenção continuadas*" mas também facilitam "a deliberação, por ressaltar certas opções" e por eliminar outras possibilidades (*DE*, 174, 198). Sem os "marcadores somáticos" da emoção dando um reforço energizante e uma predisposição utilmente seletiva a nosso pensamento, não conseguiríamos raciocinar com a mesma velocidade, eficiência e decisão com que raciocinamos. Ficaríamos perdidos em todas as possibilidades lógicas de ação e em todas as suas consequências possíveis e assim "perderíamos a pista" ou nos perderíamos (*DE*, 172-173). O puro sangue frio racionalista, assim como o sangue frio dos pacientes com problemas cerebrais tratados por Damasio, tornaria a "paisagem mental" da memória funcional não apenas "desesperadamente monótona", mas também "mutante e fragmentada demais para o tempo exigido (...) pelo processo de raciocínio" em todas as questões complexas de pensamento ou de decisão (*DE*, 51).

O raciocínio psicológico-fisiológico de James a respeito do papel produtivo da paixão em nosso raciocínio parece resultar (nove anos depois de sua formulação em *Principles of Psychology*) numa tese epistemológica muito mais inquietante e questionável: "sempre que houver conflito de opinião e diferenças de visão, acreditaremos que o lado mais verdadeiro é o lado que sente mais, e não o lado que sente menos".[25] Essa ideia, que pode ter raízes mais profundas na ética de James de respeito pelos indivíduos do que em seus argumentos psicológicos a respeito do poder concentrador dos sentimentos, é claramente contestável, porque sabemos que os sentimentos fortes muitas vezes distorcem nossos julgamentos. A paixão realmente pode nos manter sempre na mesma linha, mas essa linha pode nos levar cada vez mais longe da direção mais racional ou do modo mais equilibrado de lidar com um problema. A afirmação de James é mais bem entendida como exagero pragmático da tese mais convincente de que devemos ser mais capazes de dar atenção a opiniões a que as pessoas dão muita importância e dar-lhes, ao menos de imediato, o benefício da dúvida.

Identidade Pessoal e Eu Espiritual

Mesmo quando consideradas como eventos essencialmente mentais, as emoções sempre foram associadas às paixões corporais e por isso nunca foram consideradas (nem mesmo por James) as mais espirituais das expressões da mente. O núcleo espiritual era na verdade identificado com a vontade e com a consciência ativa que dirigia

---

[25] William James, "On a Certain Blindness", em *Talks to Teachers on Psychology and to Students on Some of Life's Ideals*, Nova York: Dover, 1962, 114.

a atenção ou o fluxo de pensamento. A filosofia somática de James chega assim a seu ápice radical ao afirmar que é o sentimento corporal, e não *"algum elemento puramente espiritual"*, que nos dá nosso senso do "elemento *ativo* em toda a consciência" que manifesta nossa subjetividade e "espontaneidade" e "que é a origem do esforço e da atenção (...) e (...) dos impulsos da vontade" (PP, 284-287). Argumentando a partir de seus próprios esforços de introspecção, James afirma que, ao observar a atividade desse "Eu dos eus" nuclear, em seus atos-chave mentais de "atentar, assentir, negar, esforçar-se" etc., *"tudo o que [ele] é capaz de sentir distintamente é algum processo corporal, que acontece sobretudo dentro da cabeça"* ou *"entre a cabeça e a garganta"* (PP, 287, 288). Esses sentimentos, explica James, incluem os ajustes dos órgãos sensoriais cefálicos associados com o pensamento (como a pressão e a orientação das pupilas) e também as contrações musculares da sobrancelha, da mandíbula e da glote. Em seguida, James afirma que, se sua experiência exemplifica o pensamento humano em geral (e ele presume não ser uma aberração psicológica), então "todo o nosso sentimento de atividade espiritual, ou daquilo que normalmente passa por esse nome, é na verdade um sentimento de atividades corporais cuja natureza exata passa ao largo da maioria dos homens" (PP, 288).

Esse argumento não prova que o eu espiritual nuclear da vontade e da consciência ativas é em si mesmo corporal, nem James esperava que provasse. Considerando o foco psicológico de *Principles*, James não pretendia pronunciar-se sobre a *realidade metafísica* desse eu espiritual, mas somente a respeito de como esse "eu nuclear" interior (PP, 289) é de fato *sentido* na experiência, porque ele mantinha que efetivamente sentimos sua atividade, e que a sentimos somaticamente. Ainda que James admita que a experiência comum da "maioria dos homens" não identifique o sentimento da atividade mental nos termos de sentimentos corporais localizáveis, ele afirma que a causa disso está simplesmente em nossas atenção e acuidade inadequadas na introspecção somática. É "por falta de atenção e reflexão" que esses "movimentos cefálicos" ou "atividades corporais" do pensamento "costumam não ser percebidos e classificados como aquilo que são" (isto é, sentimentos corporais), de modo que presumimos que eles são sentidos de modo puramente espiritual (*PP*, 28, 291-292).

Além do sentimento do eu espiritual nuclear, o corpo oferece o núcleo inicial do interesse próprio; e a faixa final desse interesse efetivamente determina o escopo ético do eu. Por razões evolucionárias de "sobrevivência", diz James, *"o próprio corpo"* de uma pessoa, " (...) antes de tudo, depois seus amigos, e por fim suas disposições espirituais TÊM de ser os OBJETOS de supremo interesse para toda mente humana", a partir de que "outros objetos podem adquirir interesse de modo derivado, por associação" (*PP*, 307-308). Nosso interesse pelos amigos e nossas faculdades mentais derivam em última instância de sua relação com o cuidado com as necessidades do corpo enquanto necessidade de sobrevivência básica. "Meu próprio corpo e aquilo que cuida de suas necessidades são portanto o objeto primitivo, determinado instintivamente, de meus interesses egoístas", de que todos os outros interesses (incluindo os altruístas) evoluem para ampliar grandemente o eu (*PP*, 308).

Os sentimentos corporais também seriam o núcleo de nosso senso de autoidentidade contínua, e a própria unidade da consciência com que o "eu" pensante é identificado. O que, pergunta James, nos dá o senso de que eu sou o mesmo eu que era ontem e que meu pensamento atual pertence ao mesmo fluxo de pensamento que meus pensamentos anteriores? Ele responde a essa questão psicológica (distinta da questão epistemológica daquilo que garante a veracidade dessa unidade pressentida) falando em sentimentos de "calor e intimidade" que eu atual (ou o pensamento atual) sente em relação a seus complementos passados; e James identifica esses sentimentos como corporais: "sentimos toda a massa cúbica de nosso corpo o tempo todo, ela nos dá um senso incessante de nossa existência pessoal" (*PP*, 316). "Os eus presente e passado" são unificados por "um sentimento uniforme de 'calor', de existência corporal (ou um sentimento igualmente uniforme de pura energia psíquica?) [que] os impregna inteiramente (...) e que lhes dá unidade *genérica*", ainda que "essa unidade genérica coexista com diferenças genéricas tão reais quanto a unidade" (*PP*, 318).[26] Mesmo a unidade de consciência do meu pensamento atual (que então pode apropriar-se de pensamentos e de eus passados como meus) tem, afirma James, de basear-se no corpo. Como a unidade atual do meu pensamento não pode ser explicada como pura percepção de si (já que o "eu" pensante puro não pode estar consciente de si enquanto objeto), essa unidade deve então vir da "*parte* mais intimamente sentida *de seu Objeto atual, o corpo, e os ajustes centrais*, que acompanham o ato de pensar, na cabeça. *Eis o verdadeiro núcleo de nossa identidade pessoal*" (*PP*, 233).

Essa explicação um tanto atormentada de como a unidade de consciência se baseia no sentimento corporificado é muito simplificada quando James abandona a linguagem dualista mais tradicional de *Principles of Psychology* em prol do monismo experimental de seu empirismo radical, que simplesmente nega que a consciência exista como entidade espiritual especial, mesmo que ela ainda exista como função do saber ou do pensar. Em outras palavras, a consciência existe no sentido de que certamente temos pensamentos, mas não no sentido de que os pensamentos sejam amarrados por uma substância contínua chamada consciência, que independe de seu conteúdo ou de objetos. Minha consciência ou "fluxo de pensamento", afirma James, baseando-se novamente em sua introspecção, "é apenas um nome descuidado para aquilo que, se examinado, mostra não ser mais do que o fluxo de minha respiração. O 'eu penso' que, segundo Kant, tem de ser capaz de acompanhar todos os meus objetos, é o 'eu respiro', que efetivamente os acompanha". Ainda que note a presença de outros "ajustes musculares", James conclui que "a respiração, que desde sempre é a origem de "espírito", a respiração que sai, entre a

---

[26] O ceticismo de James a respeito desse sentimento de pura energia psíquica é indicado pelo fato de ele o referir entre parênteses e à sombra de um ponto de interrogação.

glote e as narinas, é, estou convencido, a essência com que os filósofos construíram a entidade que conhecem como "consciência" (*RE*, 19).

Esse argumento não convence. Baseado exclusivamente na introspecção de James, parece confundir a questão de como a consciência é sentida com as questões de como e se a consciência existe. O fato de sentirmos algo por meio de nossos movimentos respiratórios não significa que esse algo não seja essencialmente algo mais do que esses movimentos. Claro que essa distinção é solapada se estivermos comprometidos metafisicamente com a ideia de que as coisas não podem ser mais do que o modo como são atualmente sentidas na experiência. Mas por que se deveria aceitar essa ideia, sobretudo diante da crítica de James de nossa pouca capacidade de reconhecer aquilo que efetivamente sentimos? Por que, além disso, James decide limitar o sopro do pensamento à expiração? É certo que também conseguimos sentir nossas inspirações quando pensamos. (*BC*, 154-155) Ainda que James com certeza exagere ao definir a respiração como essência da consciência (porque é claro que continuamos a respirar quando estamos inconscientes), seu exagero tem claro valor pragmático de choque para ressaltar uma verdade importante: a forte influência da respiração na atividade e no esforço de pensar. As disciplinas de corpo e mente, do ioga e do zen ancestrais ao Método Feldenkrais moderno, efetivamente demonstraram essa verdade na prática, ao usar a respiração concentrada para garantir uma calma contínua que é crucial para o aguçamento da consciência, de modo a permitir que se possa perceber e pensar de modo mais claro e profundo, e com mais facilidade, inclusive em situações de urgência e pressão.[27]

---

[27] Ver, por exemplo, Moshe Feldenkrais, "Thinking and Breathing", capítulo XII de *Awareness Through Movement*, Nova York: Harper and Row, 1972. Ao defender a importância da respiração adequada para o melhor funcionamento geral do indivíduo, a Técnica Alexander também insta a uma reeducação de nossa respiração habitualmente errada por meio do "controle consciente" de nossos mecanismos respiratórios até que estabeleçamos hábitos respiratórios melhores. Ver F. M. Alexander, *Man's Supreme Inheritance*, Nova York: Dutton, 1918, 315-339.

A Vontade

A filosofia muitas vezes celebra a vontade como a expressão mais pura e forte da espiritualidade humana. Descartes, por exemplo, a definia como "atividade principal" da alma e nossa "única (...) boa razão para estimarmo-nos", já que a liberdade da vontade "nunca pode ser constrangida".[28] Por ter identificado o pensamento com os processos respiratórios e com movimentos corporais sutis na cabeça e na garganta, pode-se esperar que James proponha uma explicação corporal da vontade. Mas aqui o somatismo de James da vida mental subitamente se interrompe. A vontade, insiste, é um fenômeno puramente mental que não envolve o corpo de modo algum na execução do que se quer. "Numa palavra, a volição é um puro e simples fato psíquico ou moral" (PP, 1165).

Por que essa exceção para a volição? Talvez porque a vontade livre fosse para James algo muito maior do que uma questão filosófica abstrata, formando a pedra angular essencial de toda a sua vida de esforço perfeccionista. Suas primeiras ambições tinham sido há muito derrotadas pelos sérios ataques de depressão que eram causados não apenas por "nervos ruins" e por diversas enfermidades físicas, mas pelo espectro filosófico de materialismo determinista que ameaçava condenar seu futuro inteiro a uma condição de perpétuo desânimo. Se não houvesse uma vontade livre que James pudesse arregimentar para a luta contra seus infortúnios físicos e mentais, então o domínio que eles tinham sobre ele seria inescapavelmente paralisante. A saída dessa "crise na vida", como James registrou em seu diário em abril de 1870, veio graças ao apelo da "definição de vontade livre" de Charles Renouvier: "a 'manutenção de um pensamento *porque escolho*, quando poderia ter outros pensamentos'". "O primeiro ato de minha vontade livre", decide James com pompa, "será crer na vontade livre", e essa

---

[28] *The Philosophical Writings of Descartes*, 2 vols., trads. J. Cottingham, R. Stoothoff, e D. Murdoch, Cambridge: Cambridge University Press, 1985, 1:333, 343, 384.

fé então inspirou sua vida.²⁹ *Principles of Psychology*, obra monumental que resultou dessa fé, continua a afirmar sua capacidade de fazer de nós "os senhores da vida", ainda que James admita que sua crença na vontade livre baseie-se em última instância em fundamentos éticos, e não na prova psicológica (*PP*, 1177, 1181).

Se a vontade é puramente mental, em que consiste? James diz que "em todo caso, tudo o que a vontade implica é atenção com esforço" (*PP*, 1166). Trata-se integralmente de concentrar a atenção da mente em uma ideia e não em outra; e essa atenção escolhida, por si, tirando os constrangimentos físicos, deve bastar para que se inicie a ação voluntária, porque "a consciência é *impulsiva por sua própria natureza*" ou suscetível a agir em função de suas ideias (*PP*, 1134). O ato de querer "é absolutamente completado quando o estado estável da ideia se faz presente";³⁰ assim, a superveniência do movimento [no corpo] é um fenômeno supernumerário" que não é parte do querer propriamente dito (*PP*, 1165). O esforço que se sente em casos difíceis de exercício da vontade é simplesmente o de forçar a si mesmo "*a PRESTAR ATENÇÃO em um objeto difícil e mantê-lo firme diante da mente*" quando se está fortemente inclinado a pensar em outras coisas (*PP*, 1166). "*O esforço de atenção é portanto o fenômeno essencial da vontade*", e "o esforço volitivo jaz exclusivamente dentro do mundo

---

²⁹ Citado em Ralph Barton Perry, *The Thought and Character of William James*, edição resumida, Nashville, TN: Vanderbilt University Press, 1996, 121, doravante *TCWJ*.

³⁰ James observa alhures que um novo ato mental de "consentimento expresso" à ideia a que se deu atenção é às vezes necessário (*PP*, 1172), por exemplo em casos em que "o ato de consentimento mental" é necessário para superar ou deslocar ideias contrárias na mente (*PP*, 1134). Ainda que James primeiro diga que o mero "preenchimento da mente por uma ideia... *seja* consentimento à ideia" (*PP*, 1169), ele depois identifica o "*consentimento expresso*" e "o esforço de *consentir*" como algo mais do que a mera atenção à ideia (*PP*, 1172). Em todo caso, esse novo ato de consentimento é igualmente entendido como algo inteiramente mental.

mental. Todo o drama é mental. Toda a dificuldade é mental, uma dificuldade com um objeto de nosso pensamento" (*PP*, 1167, 1168).

Esse purismo psíquico da vontade é particularmente pouco convincente porque já foi solapado pelos próprios argumentos anteriores de James, que claramente implicam o corpo na volição. Se o esforço de atenção é o fenômeno essencial da vontade, então James deveria recordar seus argumentos de que esse esforço essencialmente envolve meios corporais. Não apenas a atenção aos dados sensoriais, mas mesmo a atenção a ideias puramente intelectuais é constituída por meio de atividades corporais de concentração (como aqueles "ajustes" sentidos na cabeça e na garganta) que James descreve e defende por meio da introspecção e de outros indícios. Assim, se "o esforço da atenção é o ato fundamental da vontade" (*PP*, 1168), é preciso que ele tenha um componente ou uma manifestação corporal evidente.[31]

O corpo também é implicado na explicação de James das ações voluntárias, que faz parte de sua análise da vontade. Nessa ação, insiste James, é preciso que haja uma *"ideia cinestésica (...) daquilo que o ato deve ser"*, uma ideia *"feita de imagens-memória dessas sensações"* de movimento com que o ato querido é associado (*PP*, 1104). Mas não conseguiremos entender essas imagens cinestésicas sem mencionar os movimentos e sentimentos corporais que são essenciais para experienciar essas imagens e que portanto são "igualmente essenciais"

---

[31] James insiste, numa nota, que o *"esforço de atenção"* da vontade ou "esforço *volitivo* puro e simples deve ser cuidadosamente distinguido do esforço *muscular* com o qual costuma ser confundido" (*PP*, 1167). Mas esses esforços musculares são descritos como "sentimentos periféricos" de "exerção", o que sugere que são diferentes dos movimentos cefálicos centrais de ajustes na atenção, que envolvem tão pouca contração muscular que quase não são detectados pela maioria das pessoas e mal poderiam contar como exerção, ainda que denunciem esforço. Além disso, James não oferece nenhum modo de distinguir (nem mesmo nos termos de sua própria introspecção) de distinguir o esforço volitivo puramente mental do esforço muscular de que fala. Ele também admite o papel necessário do corpo na *expressão* da volição, uma vez que "os únicos efeitos exteriores *diretos* de nossa vontade são movimentos corporais" (*PP*, 1098).

para recordá-las. Assim, nosso imaginar ou recordar mental do ato de pegar uma bola incluiria imagens motoras das contrações musculares relevantes e necessárias para o movimento (*PP*, 708).

Considerações similares questionam a afirmação jamesiana de que todas as questões corporais relacionadas à execução são irrelevantes para casos em que o querer teve sucesso, que "o *querer* extingue a prevalência da ideia; e se o ato se segue ou não é uma questão deveras imaterial no que diz respeito ao próprio querer". James defende isso pedindo que consideremos três casos. "Quero escrever, e o ato se segue. Quero espirrar, e o ato não se segue. Quero que a mesa distante deslize pelo chão até mim; o ato também não se segue. Minha representação voluntária é tão capaz de instigar meu centro espirrador quanto de instigar a mesa a agir. Mas nos dois casos trata-se de vontade tão verdadeira e boa quanto na hora em que quis escrever" (*PP*, 1165).

Esse argumento é altamente questionável, porque a maioria das pessoas não consegue entender nem o querer que a mesa se mova, como James, numa nota, é obrigado a admitir (*PP*, 1165). Ele julga que a razão é que sua crença na impossibilidade de efetivamente obter o resultado desejado as torna psicologicamente incapazes de querer. Mas essa não pode ser a explicação correta, porque também sei que não posso me fazer espirrar ou voar; contudo, consigo entender querer essas coisas. Qual a diferença? Consigo querer espirrar ou voar porque tenho algum senso corporal (por mais vago ou equivocado que seja) de como eu faria isso. Tenho uma ideia cinestésica de como é espirrar e consigo visualizar ou conclamar a ideia ao querer que eu espirre. Também tenho um vago (mesmo que confuso e amplamente empático) pressentimento cinestésico de como é voar (talvez a partir de experiências de pulos, de mergulhos, de voos em aviões, de observar pássaros ou super-heróis ficcionais que voam, que me dão ideias corporais de decolagem), de modo que até consigo compreender querer sair voando. Quanto a fazer uma mesa distante levitar ou deslizar na minha direção, não consigo nada cinestesicamente, assim como a maioria das pessoas (ainda que James talvez conhecesse médiuns que poderiam oferecer diversas imagens motoras como inspiração).

A ideia reprimida do esforço corporal da vontade vem à tona de modo revelador em sua discussão desse exemplo problemático. "Somente abstraindo o pensamento da impossibilidade consigo imaginar com força a mesa deslizando pelo chão, fazer o 'esforço' corporal que faço, e querer que ela venha na minha direção" (*PP*, 1165). Se atos difíceis da vontade envolvem grandes esforços da imaginação, então eles envolvem alguma espécie de atividade e de meios corporais. As disciplinas somaestéticas modernas, como a Técnica Alexander e o Método Feldenkrais, tiram a conclusão pragmática de que nossas faculdades de volição podem ficar mais eficazes quando se dá mais atenção a nossos sentimentos corporais de ação querida e aos meios corporais precisos exigidos pela ação que desejamos realizar.

III

James estudou, praticou e discutiu muitos métodos diferentes de aprimoramento da experiência somática, mas talvez sua maior contribuição para a somaestética pragmática possa ser encontrada em suas observações, esparsas mas perspicazes, sobre aquilo que poderíamos chamar de introspecção somaestética, o exame dos próprios sentimentos corporais. Observando e descrevendo vividamente esses sentimentos com grande maestria, James pode ter adquirido essa capacidade por causa de sua experiência infelizmente recorrente de diversos (e muitas vezes sutis) problemas psicossomáticos. Como observa Gerald Myers, a introspecção e a fisiologia foram os dois pilares do método científico de James para a psicologia.[32] Nos primeiros anos dessa ciência moderna que James ajudou a criar, os pesquisadores eram muitas vezes obrigados a fazer suas observações e experimentos em si

---

[32] Ver Myers, *William James*, 54, 224.

mesmos, submetendo a si próprios a uma experiência e depois examinando, muitas vezes por meio da introspecção, seus efeitos mentais.³³

"A Observação Introspectiva", afirma James com infeliz exagero, "é aquilo em que devemos nos basear primeiro, antes de tudo, e sempre" no estudo da mente (*PP*, 185), ainda que admita que ela não é nem infalível nem onisciente. Ela é tão "difícil e falível" quanto "qualquer tipo de observação" (*PP*, 191).³⁴ Como John Stuart Mill, James diz que a introspecção é essencialmente uma retrospecção, porque, em nosso fluxo permanentemente contínuo de pensamento, só podemos objetificar e relatar um acontecimento mental específico logo depois de ele ter passado (no ato presente da introspecção), mas quando ainda está vivo na memória. Além disso, como esse relato reflexivo requer um linguajar descritivo ou classificatório, a observação introspectiva pode errar não só por equívocos de memória como também por equívocos na descrição do que percebe.

---

³³ Lotze, Wundt, Münsterberg, Mach e outros psicólogos citados por James em *Principles of Psychology* fizeram a mesma coisa, e James usa suas descobertas introspectivas, observando os pontos de convergência e divergência de sua própria experiência.

³⁴ O verbete sobre "Introspection, psychology of" [Introspecção, psicologia da] em *The Routledge Encyclopedia of Philosophy*, Londres: Routledge, 1998, 4:843, equivocadamente afirma que para James não há "aspectos da mente escondidos da percepção introspectiva". O que James afirmou foi que não poderia existir um estado mental sem uma consciência que o experienciasse, mas não que esses estados fossem sempre observáveis introspectivamente. Ele percebia que eles podem ser tênues demais para ser notados, ou que podem ser bloqueados ou reprimidos da consciência introspectiva do indivíduo, como na hipnose, na personalidade múltipla e em outros casos semelhantes. James, porém, não compartilhava a ideia freudiana de um inconsciente geral, e rejeitava a ideia de estados mentais que não ocorriam em absolutamente nenhuma consciência. Para mais sobre essas questões, ver Myers, *William James*, 59-60, 210-211. Há um debate contínuo a respeito de se a introspecção pode ser enxergada como observação, já que ela é obviamente diferente, de maneiras significativas, da observação visual de objetos externos.

Sabendo que às vezes somos motivados por estados mentais de que não estamos claramente conscientes, James repetidas vezes diz que a introspecção costuma ser superficial demais para detectar tudo o que a mente está efetivamente sentindo ou fazendo. Recordemos como ele defende o papel dos sentimentos somáticos na emoção e no pensamento dizendo que esses sentimentos são simplesmente negligenciados porque nossa introspecção não é suficientemente cuidadosa ou perspicaz. Além disso, todo foco introspectivo necessariamente relegará alguns estados mentais a um plano de fundo não observado.

Ainda que ciente de seus limites, James considera a introspecção um instrumento precioso demais para ser rejeitado, ao menos para a jovem ciência da psicologia, carente demais de outros recursos. Instando a que os relatos introspectivos de diversos indivíduos sejam multiplicados, reunidos, testados e comparados a fim de distinguir um núcleo comum de verdade geral a partir do joio disperso das experiências idiossincráticas, James também diz que os próprios esforços pessoais de introspecção de uma pessoa poderiam ser aprimorados por meio do exercício mais atento, disciplinado e preciso da percepção. Mais importante ainda, suas análises psicológicas da atenção, sensação, discriminação e comparação oferecem pistas-chave para estratégias pragmáticas concretas para o aprimoramento dessa percepção.

1. A primeira via que James nos aponta para uma introspecção melhor é pelas dificuldades "destrutivas" (*PP*, 237) que efetivamente temos com ela; a menos que percebamos como e por que nossa introspecção é problemática ou inadequada, não teremos um direcionamento claro para seu aprimoramento. James observa como vagos e inominados "sentimentos de tendência" e "transições psíquicas" que existem em nosso fluxo de consciência são "muito difíceis de enxergar introspectivamente" (*PP*, 236), porque nossa atenção sempre tende a concentrar-se em "pontos de repouso" "substantivos" desse fluxo, que são fixados por palavras ou por

"imagens sensoriais" claras e duradouras (*PP*, 236, 240, 244). Esses sentimentos inominados incluem os sentimentos corporais que são sentidos vagamente mas que não são habitual (ou facilmente) percebidos pela introspecção. Ao contrário da forte pontada de uma dor de dente ou de uma espetada (sentimentos substantivos e nomeados), há tendências sutis, sentidas rapidamente, que fogem à nossa atenção explícita e nomeadora: uma pequena inclinação da cabeça, uma expectativa indefinida, um alargamento vago da pélvis, um relaxamento delicado do tônus muscular facial quando nos abrimos a uma pessoa ou situação convidativa.

James também indica problemas mais específicos da introspecção somaestética. É difícil concentrar-se nos sentimentos do "bater do coração e das artérias, da respiração [e até] de certas dores corporais persistentes" porque eles tendem a sumir no plano de fundo estável que envolve nosso foco consciente, e esse foco tende, de todo jeito, a concentrar-se não na discriminação dos sentimentos corporais, mas na discriminação de coisas externas (*PP*, 430). As sensações habitualmente concomitantes de atividades corporais são particularmente difíceis de examinar, pois seus diferentes sentimentos – que quase sempre vêm juntos – são extremamente difíceis de distinguir da combinação total de sentimentos a que pertencem. "São exemplos a contração do diafragma e a expansão dos pulmões, o encurtamento de certos músculos e a rotação de certas juntas" (*PP*, 475). No último exemplo, James ainda observa que geralmente não percebemos os sentimentos tanto da contração muscular quanto da rotação da junta, porque nosso interesse está na verdade absorvido pelo movimento do membro, que é sentido concomitantemente aos outros sentimentos. A natureza prática da consciência é o que explica nossa forte tendência a concentrarmo-nos no movimento do membro e não nos sentimentos internos de movimento nos músculos e juntas que efetivamente iniciam o movimento do membro; nosso interesse naturalmente se dirige para os membros porque eles estão em contato mais direto com nossos objetivos de movimento, como estender o braço para pegar uma maçã, chutar uma bola, saltar sobre um obstáculo (PP, 687, 829-830).[35]

2. Além de voltar-se para problemas de introspecção somática, James sugere algumas ideias práticas para torná-la mais eficaz, estratégias que essencialmente derivam de seu estudo de dois princípios-chave da atenção: a mudança e o interesse. Como a consciência humana evoluiu para nos ajudar a sobreviver num mundo em constante mudança, sua atenção acostumou-se à mudança e a exige. *"Ninguém consegue prestar atenção continuamente a um objeto que não muda"* (PP, 398), explica James ao propor o argumento paradoxal de que, para poder manter a atenção imutavelmente fixa no mesmo objeto de pensamento, é preciso de algum modo garantir que alguma espécie de mudança é introduzida no objeto, mesmo que isso seja só uma diferença da perspectiva a partir da qual ele é examinado enquanto objeto de pensamento. De modo análogo, como a consciência evoluiu para servir a nossos interesses, o interesse continuado é necessário para que se mantenha a atenção. Não conseguimos nos concentrar por muito tempo em coisas que não nos interessam, e até o interesse de uma pessoa pela ideia de uma coisa com a qual ela se importa (digamos, sua mão direita) logo pode exaurir-se, a menos que essa pessoa encontre algum jeito de reviver aquele interesse e de introduzir alguma mudança de consciência. Ainda que James não as formule claramente, pode-se tirar sete estratégias de introspecção somaestética de duas discussões da atenção, discriminação e percepção.

a. "A *conditio sine qua non* da atenção continuada a um tópico de pensamento é que devemos remoê-lo incessantemente e considerar sucessivamente aspectos e relações diferentes dele", afirma James;

---

[35] Esses sentimentos da junta e dos músculos são sentidos, mas simplesmente absorvidos como sinais do movimento do membro e, portanto, costumam ser ignorados, pois a consciência tende a saltar imediatamente do sinal para a coisa interessante significada. De fato, até nossa consciência do movimento do membro tende a ser ocluída por nosso interesse no objeto externo a que esse movimento se direciona, a bola a ser chutada, a maçã a ser colhida etc.

e um meio muito útil de fazê-lo é fazer diversas *"novas perguntas sobre o objeto"* em que queremos fixar nossa atenção continuada (*PP*, 400). Essas questões provocam um interesse renovado pelo objeto, levando-nos a reconsiderá-lo a fim de responder às perguntas. Além disso, o próprio esforço de considerar as questões efetivamente muda a maneira ou o aspecto pelo qual o objeto é observado. É difícil, por exemplo, manter nossa atenção concentrada no sentimento de nossa respiração. Mas se nos fizermos uma série de perguntas sobre ela – será que é funda ou superficial, rápida ou lenta?; será que é sentida mais no peito ou no diafragma?; qual a sensação que ela provoca na boca ou no nariz?; será que a inspiração ou a expiração parecem mais longas? – então conseguiremos manter a atenção por muito mais tempo e introspectar nossos sentimentos mais cuidadosamente.

b. Os princípios da mudança e do interesse também são básicos para a *perscrutação corporal* introspectiva. Esse importante instrumento da reflexão somaestética, empregado por diversas disciplinas de mente e corpo (das variedades de meditação de inspiração asiática a técnicas ocidentais como o Método Feldenkrais), envolve a perscrutação ou o exame sistemático do próprio corpo, não olhar ou o tocar de fora, mas sentindo-nos introspectiva e proprioceptivamente enquanto repousamos essencialmente imóveis (à exceção da respiração), normalmente com nossos olhos ao menos parcialmente fechados. Ainda que James não use a expressão "perscrutação corporal", é claro que ele apreende sua importância fundamental, sua lógica básica, e sua dificuldade desafiadora. Se tentarmos examinar nossas "sensações corporais (...) enquanto estamos imóveis, deitados ou sentados, percebemos que é difícil sentir o comprimento de nossas costas, ou a direção de nossos pés em relação a nossos ombros". Ainda que consigamos, "graças a um grande esforço", sentir todo o nosso eu simultaneamente, essa percepção é incrivelmente "vaga e ambígua" e apenas "algumas partes são fortemente enfatizadas na consciência" (*PP*, 788). A chave para uma introspecção corporal mais positiva é, portanto, perscrutar o corpo sistematicamente, subdividindo-o em nossa percepção – dirigindo nossa atenção concentrada primeiro para uma parte, depois para outra, de modo que cada parte possa receber a devida atenção, e se possa obter um senso mais claro das relações entre as partes e o todo.[36] A *transição de foco* não apenas traz o senso de mudança exigido pelo atenção contínua, como também traz o interesse renovado, porque cada parte que se começa a examinar apresenta um novo desafio. Além disso, essa transição da perquirição introspectiva de uma parte do corpo para outro é útil por proporcionar *contrastes de sentimento* sucessivos, e esses contrastes ajudam a aguçar a discriminação daquilo que sentimos.

c. Se nos pedissem para avaliar o peso que sentimos de um de nossos ombros enquanto estamos deitados no chão, é improvável que tivéssemos uma impressão clara dessa sensação. Mas se primeiro nos concentrarmos em um de nossos ombros, e depois no outro, podemos obter uma impressão mais clara de cada um deles, observando qual parece mais pesado e repousa mais firmemente sobre o chão. O contraste facilita a discriminação dos sentimentos,[37] e os contrastes sucessivos são mais discriminadores

---

[36] James trata isso como um princípio de atenção a qualquer todo maior. "A introdução de subdivisões na consciência constitui, então, todo o processo por que passamos, desde o primeiro sentimento vago de uma vastidão total, à cognição da vastidão em detalhe" (*PP*, 793).

[37] James (*PP*, 463-464) observa dois tipos de contraste: "existencial" e "diferencial". O primeiro é o simples contraste entre se o sentimento (ou, de modo mais geral, o elemento) em questão está realmente lá, ou ausente, sem considerar a natureza específica desse elemento. O contraste diferencial é uma questão de contrastar a natureza dos sentimentos (ou elementos) existentes. Os dois tipos de contraste podem ajudar na introspecção somaestética. Podemos, por exemplo, aprender a discriminar um sentimento anteriormente não notado de contração muscular crônica em nossos extensores antigravidade ao subitamente sentir esses músculos relaxados (se, por exemplo, um terapeuta somático suportar nosso peso) e assim ter uma ausência momentânea da contração. Mas também podemos aprender a discriminar o grau da tensão sentido em, digamos, um punho cerrado, pelo contraste da intensificação da

do que os contrastes simultâneos.[38] Assim, prestar atenção primeiro em um ombro e depois no outro é muito mais eficaz para conhecer a sensação de cada ombro do que o método de tentar combinar nossa atenção no sentimento de ambos os ombros em uma única percepção simultânea. No que diz respeito a discriminações mais globais da experiência corporal, como quando tentamos sentir quais partes do corpo parecem as mais pesadas, ou mais densas, ou mais tensas, fica ainda mais claro que não podemos confiar numa apreensão simultânea comparativa das sensações de todas as partes do corpo, mas que devemos na verdade proceder por exames sucessivos e comparações das partes. É nisso que consiste uma perscrutação corporal.

d. Além do uso de perguntas concentradoras e de transições, subdivisões e contrastes da perscrutação corporal, a discussão de James da atenção sugere outras estratégias para manter o interesse necessário para uma introspecção somaestética eficaz. Uma delas é o *interesse associado*. Assim como o vago bater na porta do amante aguardado será ouvido por cima de sons mais altos porque o amante está interessado em ouvi-lo (*PP*, 395), nós também podemos estimular a atenção a uma sensação corporal fazendo de seu reconhecimento a chave para algo com que nos importamos: por exemplo, o reconhecimento de uma certa sensação de relaxamento muscular ou do ritmo da respiração, cuja presença e percepção podem sustentar um sentimento de repouso que leva ao sono desejado.

---

contração muscular do punho por meio do esforço maior de flexão ou se o terapeuta apertar esse punho (ou até o outro punho).

[38] James cita dados experimentais para mostrar que, entre os contrastes diferenciais, os de sucessão são mais criteriosos do que os das percepções simultâneas. "Ao testar a discriminação local da pele, aplicando-se pontos de orientação, observa-se que se sente muito mais imediatamente que tocam lugares diferentes da pele quando dispostos um após o outro do que quando são aplicados ao mesmo tempo. No último caso, podem estar separados por duas ou três polegadas nas costas, nas coxas etc., e ainda assim transmitir a sensação de que estão no mesmo lugar" (*PP*, 468).

e. A atenção às sensações corporais também pode ser aguçada pela estratégia de expulsar os interesses concorrentes, já que toda forma de atenção constitui uma focalização da consciência que implica ignorar outras coisas em nome da concentração no objeto a que se atenta (PP, 381-382). É por isso que as perscrutações corporais introspectivas e outras formas de meditação são realizadas com os olhos fechados (ou semicerrados), de modo que nossa mente não seja estimulada pelas percepções do mundo exterior da visão, que distrairiam nosso interesse. Assim, a percepção interna é aprimorada indiretamente pela cegueira da percepção exterior. A introspecção somaestética também pode ser aguçada por outros métodos indiretos. Por exemplo, quando estamos deitados no chão, podemos não conseguir sentir quais partes do corpo não estão em contato com o chão, mas podemos vir a percebê-las prestando atenção primeiro nas partes do corpo que sentimos *estarem* em contato. Ainda que James não mencione essa tática indireta de introspecção, ela pode ser acomodada por sua estratégia de contraste.

f. Outra técnica para o aguçamento de nossa atenção para uma sensação que estamos tentando discriminar é nos prepararmos para sua percepção, ou prevê-la, porque *"a pré-percepção (...) é metade da percepção da coisa procurada"* (PP, 419). No que diz respeito à introspecção somática, essa preparação (que por si mesma aumenta o interesse) pode assumir formas diferentes. Podemos nos preparar para discriminar um sentimento conceptualizando em que parte do corpo ele deve ser procurado ou imaginando como ele será induzido e sentido ali. Essas conceptualização e imaginação claramente envolvem o pensamento linguístico, o que significa que a linguagem pode contribuir para a intuição somaestética, ainda que ela também possa ser um obstáculo distrativo quando se presume que a amplitude da linguagem possa esgotar a amplitude da experiência. Ao mesmo tempo que ressalta os limites da linguagem e a importância dos sentimentos inominados, James percebe que a linguagem pode melhorar nossa percepção daquilo que sentimos.

g. Os rótulos ou as descrições linguísticas, por exemplo, podem fazer com que uma sensação muito vago fique menos difícil de discriminar ao associar esse sentimento com palavras, as quais são muito mais fáceis de diferenciar. James diz, por exemplo, que os diferentes nomes dos vinhos nos ajudam a conseguir diferenciar os sabores sutilmente diferentes com muito mais clareza e precisão do que conseguiríamos sem o uso de nomes diferentes.[39] As associações de palavras, ricas e repletas de valor, também podem transformar nossos sentimentos, inclusive nossas sensações corporais. Por essas razões, o uso da linguagem para guiar e aguçar a interpretação somaestética – por meio de instruções preparatórias, perguntas focalizadoras, e descrições imaginativas daquilo que será (ou que foi) experienciado e de como isso será (ou foi) sentido – é crucial até para aquelas disciplinas de percepção somática que consideram que a amplitude e o sentido de nossos sentimentos vão muito além dos limites da linguagem.

IV

Um traço proeminente da filosofia da mente de James é sua tendência a traduzir as descobertas de suas pesquisas psicológicas em máximas morais e em métodos práticos para a melhor condução da

---

[39] James nota como o uso de uma descrição verbal para uma qualidade anteriormente inominada pode tornar o sentimento daquela qualidade mais distinto: "a neve que acaba de cair tinha uma aparência muito peculiar, diferente da aparência comum da neve. Imediatamente chamei essa aparência de "micácea", e me pareceu que, assim que o fiz, a diferença ficou mais distinta e fixa do que antes" (*PP*, 484). Num contexto bastante diverso, T. S. Eliot afirmou que o papel do poeta, ao criar uma nova linguagem, é ajudar-nos a sentir coisas que de outro modo não seriam sentidas, "possibilitando a outros homens uma gama muito maior de emoções e de percepções, por lhes dar a linguagem com que mais coisas podem ser expressas". Ver *T. S. Eliot, To Criticize the Critic*, Londres: Faber, 1978, 134.

vida. Suas teorias do hábito, da vontade, da emoção e do eu oferecem exemplos notáveis disso.[40] Mas, apesar de todo seu estudo, de sua prática e sua discussão propositiva da introspecção somaestética, James não desenvolve suas intuições em maneiras práticas de empregar sua percepção aguçada de modo a melhorar nossa performance no mundo mais amplo da ação. Se James afirma outros métodos de autoaprimoramento relacionados ao corpo, a introspecção somaestética permanece restrita a um papel observacional na teoria psicológica. Considerando a tendência robustamente pragmática de seu pensamento, o fato de ele não transformar a teoria em prática é surpreendente e lamentável.

James, porém, tinha razões para duvidar do valor dessa introspecção para o aspecto prático da vida. Primeiro, ele parecia estar em conflito com sua defesa de que abandonássemos o máximo possível da vida cotidiana prática "aos cuidados fáceis do automatismo" ou do hábito (*PP*, 126); também contraria aquilo que ele chamava de "princípio da parcimônia na consciência" (*PP*, 1108). A atenção concentrada em sentimentos corporais "seria uma complicação supérflua" (*ibid.*) que nos distrai dos verdadeiros fins de nossos empreendimentos práticos, em vez de contribuir para sua realização. Claro que, num estágio inicial de aprendizado, o cantor pode ter de pensar "em sua garganta,

---

[40] Suas quatro máximas práticas a respeito do hábito são (1) para adquirirmos um novo hábito ou livrarmo-nos de um velho devemos "precipitarmo-nos com uma iniciativa tão forte e decidida quanto possível". (2) "Nunca aceitar uma exceção até que o novo hábito esteja seguramente arraigado em sua vida." (3) "Aproveitar a primeira oportunidade que aparecer para agir em função de toda resolução que você fizer, e em função de toda incitação emocional que você sentir na direção dos hábitos que pretende obter." (4) "Mantenha a capacidade de esforço viva em você fazendo um pouco de exercício gratuito todos os dias." (*PP*, 127-130). A descrição de James do eu como amálgama de eus distintos o leva a oferecer uma fórmula para aumentar a autoestima (*PP*, 296-297), sua descrição da vontade como atenção produz um método para combater o alcoolismo (*PP*, 1169-1170). A máxima que emerge de sua descrição da emoção será discutida posteriormente neste capítulo.

ou em sua respiração; o equilibrista, em seus pés sobre a corda". Mas, a partir de um certo ponto, é melhor evitar essas formas de "consciência supernumerária" para obter a verdadeira proficiência, concentrando-se nos fins – a nota correta, ou o bastão equilibrado sobre a testa (*ibid.*). Como James diz posteriormente, "o fim por si basta"; "não temos precisão e certeza de que atingiremos o fim sempre que estamos preocupados demais com a consciência ideal dos meios [corporais]" e com os sentimentos internos (ou "residentes") que eles envolvem: "Quanto menos pensamos na posição de nossos pés sobre uma viga, melhor andamos sobre ela. Quanto mais exclusivamente ótica (mais remota) for nossa consciência, e menos tátil e muscular (menos residente), melhor lançamos ou pegamos, atiramos ou cortamos. Mantenha o *olho* no lugar que se almeja, e sua mão o alcançará; pense na mão, e provavelmente você errará o alvo" (*PP*, 1128).

James tem razão ao dizer que, na maioria das situações práticas, quando nossos hábitos já adquiridos são totalmente adequados a realizar as ações e a assegurar os fins que desejamos, não parece útil concentrar a atenção nos meios e nos sentimentos corporais envolvidos nessas ações. Mas, no exemplo definitivo que oferece a esse respeito, ainda assim ele ressalta os meios corporais de manter o olho focalizado no alvo, o que às vezes pode exigir que se dê atenção a outros meios corporais que ajudem a garantir o foco direcional dos olhos. Além disso, como já foi observado, nossos hábitos muitas vezes mostram-se insuficientes, seja porque novas situações demandam formas desconhecidas de ação, ou porque nossos hábitos são simplesmente defeituosos, de modo que a ação desejada ou não é realizada com sucesso, ou é realizada de um jeito que envolve esforço excessivo, dor, ou outras consequências negativas. Nesses casos, a cuidadosa atenção a nossos meios corporais (e aos sentimentos que os acompanham) de ação pode ser muito útil, não apenas para melhorar a performance da ação particular em uma única ocasião, mas também para construir hábitos melhores para a realização da ação (e também de outras ações) no futuro. Por meio dessa percepção concentrada, podemos aprender sentir quando estamos contraindo os músculos mais do que o necessário, e em lugares que conflitam com a execução eficiente do movimento desejado; e esse conhecimento pode instruir-nos a fazê-lo com maior sucesso e com mais facilidade e graça. Essa maneira aprimorada de realizar o movimento e seus sentimentos proprioceptivos associados pode então ser reforçada como um hábito novo e melhor de ação.[41]

Recordemos o exemplo do batedor. Ainda que o batedor bata melhor quando sua atenção está fixada na bola e não em seu próprio corpo, um batedor que esteja sem marcar pode descobrir (às vezes graças a um técnico atento) que o modo como ele planta os pés e prende os dedos, ou o modo como ele aperta demais o bastão tira seu equilíbrio ou impede o movimento da caixa torácica e da coluna, e assim atrapalha seu balanço e prejudica sua visão da bola. A essa altura, a atenção consciente tem de ser direcionada para o próprio corpo e para os sentimentos somáticos do batedor, para que ele consiga notar os maus hábitos de postura e de balanço, inibi-los, e depois transformar conscientemente sua postura, o modo como segura o taco e o movimento, até que um novo hábito de balançar o taco, mais eficaz, se estabeleça. Uma vez que esteja estabelecido, então a atenção concentrada a esses meios e a essas sensações corporais relacionadas ao

---

[41] Pode-se encontrar abundantes casos clínicos que atestam o sucesso dessa estratégia melhorística na literatura relacionada à Técnica Alexander e ao Método Feldenkrais. Além dos escritos de Alexander e de Feldenkrais (algumas de suas obras já foram citadas neste e em outros capítulos), há uma literatura secundária considerável, mais extensiva para a Técnica Alexander, que é o mais antigo dos dois métodos. Ver, por exemplo, Wilfred Barlow, *The Alexander Technique: How to Use Your Body Without Stress* (Nova York: Knopf, 1973), cuja segunda edição (Rochester, VT: Healing Arts Press, 1990) também contém o testemunho de Nikolaas Tinbergen (de seu discurso de agradecimento por receber o prêmio Nobel de medicina em 1973) a respeito da lógica cristalina da estratégia nuclear da Técnica Alexander e de seu sucesso prático. Ver também Frank Jones, *Body Awareness in Action: A Study of the Alexander Technique* (Nova York: Schocken, 1976), que inclui relatos clínicos e estudos experimentais dos efeitos da consciência ampliada e do controle consciente.

balanço pode ser abandonada e retornar ao plano de fundo que não é foco da atenção para que o batedor possa concentrar-se inteiramente na bola que quer acertar. Ainda assim, como sua própria capacidade percepção somaestética também foi reforçada por esse exercício de introspecção, ela pode ser reaplicada com maior facilidade e força em casos futuros em que seus hábitos mostrem-se inadequados, incluindo um lapso naquele hábito anterior que acaba de ser corrigido.

O respeito melhorístico do pragmatismo pelos meios deveria ter feito com que James apreciasse mais a instrumentalidade da consciência corporal para o aprimoramento de nossos hábitos e para a consecução dos fins de nossas ações. Mas ele seguiu a tradição dominante dos filósofos que enfatizam os riscos da introspecção somaestética para a vida prática. Kant, por exemplo, veementemente afirmava que a prática do exame desses sentimentos interiores "ou já é uma doença da mente (hipocondria) ou vai levar a essa doença e, em última instância, ao manicômio". Essa introspecção das sensações, dizia, "distrai a atividade da mente da consideração de outras coisas, e é prejudicial para a cabeça". Além disso, "a sensibilidade interior que se gera por essas reflexões é prejudicial. Os analistas facilmente adoecem (...) Essa visão interior e esse autossentimento enfraquecem o corpo e o desviam das funções animais".⁴² Em suma, como a concentração nos sentimentos interiores é prejudicial tanto para a mente quanto para o corpo, devemos evitar essa introspecção.

Compartilhando a "tendência à hipocondria" de Kant, e temendo "os estudos introspectivos que produziram uma espécie de hipocondria filosófica" em sua própria mente, James concorda que "não há (...) preceito mais conhecido ou geralmente mais útil do que o treinamento moral da juventude, ou em sua autodisciplina pessoal, do que aquele que nos faz prestar atenção primariamente àquilo que fazemos

---

⁴² Immanuel Kant, *Anthropology from a Pragmatic Point of View*, trad. Victor Dowdell, Carbondale: Southern Illinois University Press, 1996, 17: e *Reflexionen zur Kritischen Philosophie*, ed. Benno Erdmann (Stuttgart: Frommann-Holzboog, 1992), 68-69 (tradução do autor).

e expressamos, e a não ligar muito para aquilo que sentimos".[43] Como os sentimentos e a ação estão intrinsecamente conectados (porque os sentimentos envolvem a ação e são profundamente influenciados por ela), é melhor, diz James, concentrar-se simplesmente na ação e segurar nossos sentimentos, sobretudo porque os sentimentos são muito mais fugidios e difíceis de gerenciar. Para conquistar as emoções indesejadas (como a depressão, o mau humor ou o medo), "devemos assiduamente, e inicialmente com sangue-frio, realizar os *movimentos externos* daquelas disposições contrárias que preferiríamos cultivar". "Regulando a ação, que está sob o controle mais direto da vontade, podemos regular indiretamente o sentimento, que não está." Assim, para obter ou para recuperar a alegria, deveríamos simplesmente "agir e falar como se a alegria já estivesse presente". "Relaxe a sobrancelha, acenda o olhar, contraia a dorsal e não o ventre, e fale em tom maior" (GR, 100; PP, 1077-1078). James diversas vezes insistiu nesse método não apenas em textos técnicos e populares, mas também em conselhos particulares a sua família, exortando Peggy, sua filha doente, a "conter seus sentimentos", "jogar os braços três vezes por dia e *ficar ereta*". "Minhas 'palavras finais'", escreveu Robertson, seu irmão mais novo, em 1876, "são: 'atos exteriores, e não sentimentos!'".[44]

Ainda que tivesse razão em defender o valor das ações corporais para influenciar os sentimentos, James não reconheceu a importância

---

[43] William James, "The Gospel of Relaxation", em *Talks to Teachers*, 99: doravante refiro esse ensaio como GR. Sobre a hipocondria de James, ver Perry, *TCWJ*, que também cita as reclamações da mãe de James a respeito de sua excessiva expressão de "todo sintoma desfavorável" (361). Sobre a "hipocondria filosófica" dos "estudos introspectivos", ver a carta de James para seu irmão Henry datada de 24 de agosto de 1872, em C1:167. Assim como Kant confessou publicamente sua "inclinação à hipocondria" em *The Conflict of the Faculties* [trad. Mary J. Gregor, Lincoln: University of Nebraska Press, 1992, 189], James também confessou diversas vezes, em sua correspondência privada, que era "um neurastênico abominável". Ver, por exemplo, suas cartas a F. H. Bradley e a George H. Howinson em C8:52, 57.

[44] C9:14; C4;586.

correspondente dos sentimentos somáticos para o guiamento das ações. Não conseguimos saber como devidamente relaxar a sobrancelha se não conseguimos perceber que ela está tensa, ou como saber qual a sensação de uma sobrancelha relaxada. De modo análogo, muitos de nós habituados à má postura não conseguem permanecer eretos de um jeito que evite a rigidez e o arqueamento excessivos das costas (o que constrange nossa respiração e nossa performance e que causará dor) sem um processo de aprendizado que envolve a atenção sensível a nossos sentimentos proprioceptivos. Essa lição foi inculcada por John Dewey, discípulo posterior de James, que a aprendeu com o educador-terapeuta somático F. M. Alexander. A insistência insensível de James na vigorosa contração da dorsal e na postura ereta dura é, portanto, uma receita segura para a dor nas costas que ele efetivamente sofreu durante toda a sua vida, assim como é certamente uma expressão de sua ética puritana e não de pesquisa clínica cuidadosa. Se "ação e sentimento andam juntos" (*GR*, 100), como James astutamente observou, *ambos* necessitam de nossa cuidadosa atenção para um ótimo funcionamento.

 James temia que a introspecção somaestética fosse inibir a ação e destruir as energias, a espontaneidade e a atitude positiva que ele considerava cruciais para o sucesso na vida prática. Assim como a "inibição" mental solapa nossa "vitalidade", também a sensibilidade corporal "hiperestética" diminui a "tolerância à dor", ampliando assim nossa inibição de agir, e diminuindo nossa energia.[45] Devemos na verdade libertar nossa ação e até nosso pensamento "da influência inibidora da reflexão a seu respeito", diz James em "The Gospel of Relaxation" ["O Evangelho do Relaxamento"] (*GR*, 109). "Solte (...) seu maquinário intelectual e prático, e deixe-o correr solto; e o serviço que ele prestará a você será duplamente melhor" (*ibid.*). Esse conselho de "confiar na sua espontaneidade" (*ibid.*) obviamente se baseia na ênfase de James na utilidade dos hábitos. Mas e se nossos hábitos

---

[45] James, "The Energies of Men", 1225-1226, doravante *EM*.

forem problemáticos, como muitas vezes são? Agir espontaneamente vai simplesmente reforçar esses maus hábitos e o dano que causam. Não é possível corrigir esses maus hábitos sem inibir seu fluxo desimpedido, e também não é possível que aprendamos hábitos corporais melhores sem prestar atenção nos diferentes sentimentos somáticos que essas novas maneiras de usar o corpo envolvem. Como a inibição e a reflexão somáticas são cruciais para a formação de hábitos mais frutíferos e inteligentes, são instrumentos para a vida prática, e não obstáculos a ela, ainda que, como qualquer instrumento, possam ser mal utilizados (ou usados demais).

Ironicamente, no mesmo ensaio sobre relaxamento, James culpa os maus hábitos corporais de "retesar e estalar" por serem a origem da "excessiva tensão americana", com sua "falta de fôlego" apressada e sua "ansiedade e afoiteza desesperadas". A fim de contrabalançar esses *"maus hábitos"* de "supercontração" de nossos músculos, que por sua vez induzem a uma *"vida espiritual (...) supercontraída"*, James propõe "o evangelho do relaxamento" (GR, 103-105, 107), baseado no trabalho de Annie Payson Call, autora somática e espiritual.[46] Mas como podemos ter certeza de que nossos músculos e nossa respiração estão "completamente relaxados" (GR, 104) sem inibir nosso hábito anterior de supertensioná-los e sem dar atenção às diferentes sensações somáticas de relaxamento muscular e de tensão excessiva, de modo que possamos reconhecer a primeira e evitar a segunda?

Além da incoerência de instar simultaneamente a espontaneidade e o abandono dos maus hábitos, há uma tensão não resolvida entre

---

[46] James refere-se primariamente a seu livro *Power Through Repose*, de 1891, ainda que cite, em relação ao relaxamento moral, seu livro posterior *A Matter of Course*. James pode ter tirado a expressão "evangelho do relaxamento" do filósofo evolucionário inglês *sir* Herbert Spencer, objeto frequente de estudo e de discussão crítica de James. Numa visita aos EUA em 1882, Spencer comentou num jornal de Boston que o país, que trabalhava demais, estava "muito cheio do 'evangelho do trabalho'. É hora de pregar o evangelho do relaxamento". Ver Feinstein, 190.

o evangelho do relaxamento ou da "descontração" do ensaio e seu elogio anterior do "vigor muscular", da "vida atlética ao ar livre e do esporte" como chave para a superação da timidez inibidora e para instilar uma "higiene espiritual" melhor (GR, 102-103, 107). Essa ênfase no esforço e no exercício musculares robustos está muito mais afinada com a defesa insistente que James faz do "modo enérgico" de vida, com "dureza" e "severidade" e não com o "estado descontraído" do relaxamento e dos "feriados morais".[47] James parece pressentir o problema da coerência ao insistir que o relaxamento necessário envolve uma descontração moral completa, e não um esforço voluntário de "ficar energicamente relaxado" (GR, 112). Um modo de explicar a insistência nada característica de James no relaxamento moral e físico (e sua estranha conjunção com a vida atlética) é recordar que a origem do ensaio foi uma palestra numa escola para mulheres ginastas, que depois foi usada repetidas vezes como conferência em universidades

---

[47] Ver "The Moral Philosopher and The Moral Life", e "The Moral Equivalent of War", em *The Writings of William James*, McDermott (org.), 627-628, 669, e "The Absolute and Strenuous Life", em *The Meaning of Truth*, em *William James: Writings 1902-1910*, Kukclick (org.), 941. Nesse último ensaio, a preferência avassaladora de James pela atitude enérgica é ressaltada pelo fato de ele contrastá-la com a das "almas doentias" que necessitam de "férias morais", assim identificando implicitamente o estado de espírito leve do relaxamento com a doença (mental ou moral). James também defende que "a força e a energia, a intensidade e o perigo", e a "vida heroica" da "natureza humana no máximo limite" são elementos cruciais para tornar a vida significativa, e não monótona e desinteressante (em "What Makes a Life Significant?", *Talks to Teachers*, 133-134). Ele também louva o "teatro supremo da energia humana" e a "honra enérgica", contrária à "leveza pouco masculina" (em "The Moral Equivalent of War", 666, 669). Fiel a seu pluralismo tolerante, porém, James admitia que algumas pessoas encontram uma alegria verdadeira na vida simples "de não pensar em nada e de não fazer nada" e instava-nos a respeitar suas formas de vida e de felicidade (na medida em que não prejudiciais), mesmo que achemos essas formas "incompreensíveis" ("On a Certain Blindness in Human Beings", *Talks to Teachers*, 127, 129).

femininas.⁴⁸ James, sexista desavergonhado (ainda que inconsciente), não tinha problemas em afirmar dois pesos e duas medidas – vida enérgica para os homens e descontração relaxada para as mulheres, mantendo as últimas felizes em casa, para que pudessem cuidar melhor de seus machos enérgicos e estressados.

Essas explicações, porém, de nada servem para resolver o problema crucial da conciliação entre o esforço e o relaxamento, já que os homens *e* as mulheres precisam integrar os dois elementos em suas vidas – não como ataques consecutivos de atividade frenética e colapso absoluto, mas idealmente por meio da realização daquilo que demanda esforço com maior relaxamento. O relaxamento em si era um valor difícil de abraçar para um puritano como James, mas ele poderia recomendá-lo como instrumento para melhorar a saúde o funcionamento, assim como os "feriados morais" ocasionais poderiam ser justificados como "respiros provisórios, destinados a revigorar-nos para a luta de amanhã".⁴⁹ Por outro lado, como James sabia por experiência pessoal, o relaxamento só poderia ser buscado sob o véu da doença, o que permitiria que até um puritano descansasse de suas responsabilidades morais e ainda assim mantivesse sua vigilante consciência *"Arbeitsmoral"* satisfeita por uma "agenda de trabalhos" de terapias relaxantes no spa.

Outro problema é que o ensaio de James exorta-nos a relaxar, mas não nos diz como. O relaxamento supõe um certo grau de tônus, um equilíbrio de tensão e de descontração do sistema muscular. Mas uma pessoa que não conheça por experiência a sensação desse estado e como, na prática, chegar a ele, não verá grande valia na ordem a que

---

⁴⁸ Essa palestra dada na Boston Normal School of Gymnastics conclui dizendo que "aquilo de que as estudantes meninas e as professoras adultas mais necessitam hoje não é a exacerbação, e sim a diminuição de suas tensões morais" (*GR*, 112). James repetiu a palestra em Wellesley, Bryn Mawr e Smith, e referia-se a ela como "meu discurso de faculdade de mulheres". Ver C2:389, C8:96.

⁴⁹ James, "The Absolute and the Strenuous Life", 941.

se relaxe e não saberá como cumpri-la.⁵⁰ A falácia da simples exortação de James ao relaxamento de todos os músculos é não só que necessitamos de um grau considerável de contração muscular para nos manter funcionalmente unos, mas também que a única maneira diretamente voluntária de relaxar um músculo é contraindo seu antagonista. Ainda que James aconselhe o relaxamento por meio da respiração mais lenta e de uma diminuição das contrações musculares desnecessárias, ele nada diz sobre os meios de fazer isso, e sequer menciona os métodos efetivamente descritos no livro de Call.

A única recomendação prática feita por James é deixar de tentar e confiar em Deus. O modo de relaxar, "por paradoxal que pareça, é genuinamente não se importar se você está relaxando ou não. Assim, possivelmente, pela graça de Deus, você pode subitamente perceber que *está* relaxando, e, tendo descoberto a sensação que se tem, pode (novamente pela graça de Deus), conseguir continuar" (*GR*, 112). Mais do que paradoxal, esse método é excessivamente vago e excessivamente dependente da providência sobrenatural. É também, considerando a plateia a que a palestra se destinava, suspeitamente sexista. Não só as feministas radicais ficarão chocadas com o fato de James conclamar as educadoras a relaxar seus esforços, a abandonar a atenção crítica a seus sentimentos, e a simplesmente confiar em seus hábitos espontâneos (basicamente produtos da dominação patriarcal) e em sua fé no Patriarca Divino. Por fim, como o método de confiança relaxada no divino proposto por James também se baseia em prestar atenção na "sensação que se tem", ele contradiz sua afirmação de que deveríamos desconsiderar o exame de nossos sentimentos para concentrarmo-nos somente na ação que os regula.

---

⁵⁰ Aprendi isso em minha experiência clínica como profissional do Método Feldenkrais. Muitas pessoas com quem trabalhei simplesmente desconheciam a sensação de libertar-se de certos padrões crônicos de contração excessiva na parte superior das costas, no pescoço e nas costelas, e assim não conseguiam relaxar os músculos dessas regiões até serem levadas por manipulações corporais ao relaxamento desejado dessas contrações.

Argumentar em defesa de James que a filosofia somática não precisa dar mais atenção a métodos somáticos específicos seria incoerente com sua própria preocupação pragmática com o concreto. A correspondência pessoal de James demonstrava um grande interesse em expor os detalhes de muitos dos regimes somáticos que ele experimentou, e seu discurso presidencial à American Philosophical Association ("The Energies of Men" ["As Energias do Homem"]) foi amplamente dedicado à defesa de um estudo sistemático dos meios específicos para aumentar nossas energias, acedendo a nossos recursos mentais e físicos possíveis" mais profundos, de que normalmente usamos "apenas uma pequena parte" (*EM*, 1225). Essa extensão de nossas faculdades individuais, dizia James, também traria maiores benefícios à sociedade como um todo. Se os casos em que se encontram novas energias e demonstrações mais extraordinárias de resistência heroica mostram que esses veios mais profundos de energia às vezes podem ser encontrados, então James pragmaticamente buscou métodos mais confiáveis para aceder a essas forças desconhecidas, a fim de superar os limites habituais da dor, da fadiga e do vigor, que inibem nossa atividade. Ainda que a "excitação emocional" e um senso "de necessidade" muitas vezes ajudem-nos a "vencer a barreira" da incapacidade, a catapulta essencial desses novos níveis de energia, dizia James, é "um esforço extra da vontade" (*EM*, 1226). Assim, a exploração sistemática de nossas forças mais profundas deveria incluir os diversos meios de fortalecimento da vontade que franqueiam o acesso a essas forças. "Isso", insistia, "seria um estudo absolutamente concreto, a ser realizado com o uso de materiais sobretudo históricos e biográficos" (*EM*, 1240).

O ioga é a "disciplina ascética metódica" do fortalecimento da vontade que James considera "mais venerável" historicamente e mais rica em "corroboração experimental" (*EM*, 1230-1231), por isso o exemplo central de seu ensaio concentra-se no experimento feito durante quatorze meses por um amigo filósofo com o hatha ioga, a forma do ioga que enfatiza as práticas somáticas da postura, da respiração e da dieta. Citando extensivamente os relatos epistolares desse amigo, que analisam os métodos do ioga usados e seus efeitos, James confirma a transformação extremamente fortalecedora que seu amigo descreveu. Mas ele rejeita com surpreendente rapidez a atribuição de "valor" distintivo "aos processos peculiares do hatha ioga, as posturas, as respirações, os jejuns etc." Não são nada além, diz James, de uma "autossugestão metódica" que alterava "as engrenagens" do "maquinário mental" de seu amigo, e que por isso tornava sua vontade mais "disponível (...) sem que quaisquer novas ideias, crenças ou emoções, até onde consigo entender, tenham sido implantadas nele. Ele está simplesmente mais equilibrado onde estava mais desequilibrado" (*EM*, 1234, 1236). Esse veredito pouco caridoso e pouco fundamentado empiricamente é também bastante incoerente com a apreensão pragmática de James da experiência religiosa e com seu compromisso com a influência das ações corporais na vida mental. É impossível que alguém que tenha passado pelo treinamento sistemático de práticas do hatha ioga não tenha adquirido nenhuma nova ideia, crença ou emoção. No mínimo, ele teria adquirido todas as ideias, crenças e emoções envolvidas na realização dessas práticas (de respiração, postura, percepção somaestética, jejum) e no sentimento de que houve progresso na performance.

Por que, então, James tentaria minimizar o valor particular dos métodos corporais do ioga para o fortalecimento da vontade, reduzindo-os a uma mera forma de autossugestão mental, "de influência mental sobre processos fisiológicos" (*EM*, 1234)? Talvez ele achasse que seu comprometimento com a natureza exclusivamente mental da volição seria prejudicado pela aceitação de que a vontade poderia ser fortalecida intrinsecamente por meios corporais. Em todo caso, o hatha ioga (ou a meditação zen) não é apenas uma questão de fazer posturas e ações corporais, mas de realizá-las com a devida mente alerta e com concentração rigorosa, como na atenção total à respiração. Essa concentração intensa na sensação da respiração e em outros processos corporais envolve, porém, aquele tipo de introspecção somaestética que James (e Kant) consideram improdutivas na vida prática, além de psicologicamente perigosa.

Os fatos, porém, mostram o contrário. Ioga, *zazen* e outras disciplinas sistemáticas que envolvem a introspecção sistemática não produzem fraqueza mental, introversão mórbida, nem hipocondria, como temiam Kant e James. Na verdade, elas tendem, como no caso do amigo de James, a melhorar o ânimo e a fortalecer a vontade e a resistência individuais. Além dos dados empíricos de longas tradições de prática e testemunhos que confirmam os afetos positivos dessas disciplinas meditativas, hoje existem novas confirmações, graças a novas pesquisas científicas em psicologia experimental e em neurofisiologia. Estudos clínicos demonstraram que o treinamento de meditação (incluindo disciplinas de meditação sentada, de perscrutação corporal e de hatha ioga) podem efetivamente reduzir sintomas de ansiedade, depressão e pânico, gerando assim mais afeto positivo nas pessoas que meditam.[51] Outros experimentos estabeleceram a base neurológica dessa força positiva. Tendo determinado que sentimentos positivos e um "estilo afetuoso resiliente" estão "associados com altos níveis de ativação pré-frontal esquerda [no cérebro] (...) e com níveis mais altos de anticorpos à vacina da gripe", os cientistas mostram que pessoas que tenham passado por um programa de meditação de oito semanas exibem não apenas níveis significativamente mais altos de ativação anterior do lado esquerdo, como aumentos significativos das concentrações de anticorpos.[52] Os resultados claramente sugerem que a meditação melhora não apenas nosso ânimo, mas também nossa função imunológica.

---

[51] Ver, por exemplo, J. Kabat-Zinn et al., "Effectiveness of a Meditation-Based Stress Reduction Program in the Treatment of Anxiety Disorders", *American Journal of Psychiatry*, 149 (1992), 936-943; e "The Relationship of Cognitive and Somatic Components of Anxiety to Patient Preference for Alternative Relaxation Techniques", *Mind/Body Medicine*, 2 (1997), 101-109.

[52] Ver Richard J. Davidson et al., "Alterations in Brain and Immune Function Produced by Mindfulness Meditation", *Psychosomatic Medicine*, 65 (2003), 564-570; e Richard J. Davidson, "Well-Being and Affective Style: Neural Substrates and Biobehaviroural Correlates", *Philosophical Transactions of the Royal Society*, Series B, 359 (2004): 1395-1411, citação à p. 1395.

Minha própria experiência com o treinamento zen no Japão me mostrou como a reflexão somaestética metódica também pode desenvolver a capacidade de volição, direcionando intensamente a consciência concentrada para a respiração ou para outros sentimentos somáticos (como o contato dos pés com o chão, na meditação ambulante). E esse fortalecimento da capacidade volitiva pode ser explicado usando os termos das teorias do próprio James, assim como a admissibilidade dos dados obtidos por observação pessoal certamente seria concedida pelos princípios de James de filosofar a partir da experiência. A força de vontade, como insiste James, envolve manter a atenção firmemente fixada em uma ideia e em resistir à tendência natural da mente de vagar por distrações específicas trazidas por novas sensações e por nossos interesses habituais e por nossas associações de pensamento. Estamos natural e habitualmente inclinados a dar atenção ao mundo exterior de fluxos e de novas percepções, não à experiência constante e iminente da respiração. Ainda que momentaneamente demos atenção à nossa respiração, nosso pensamento quase imediatamente tende a passar a outras coisas. É assim muitíssimo difícil compelir a atenção a permanecer concentrada inteiramente na experiência da respiração mesma ou, na verdade, em qualquer processo somático. As disciplinas de concentração somaestética contínua podem fortalecer nossa vontade treinando nossa atenção a manter sua concentração e a resistir a sua inclinação a vagar. A respiração e o corpo são alvos maravilhosamente adequados para esses exercícios de atenção concentrada porque são objetos de foco sempre presentes, enquanto a mente costuma ignorá-los, fugindo para outros objetos mais interessantes ou exigentes. Quando comecei meu treinamento de meditação, era difícil manter meu foco além de uma única respiração, mas depois de um esforço continuado e vigoroso consegui manter a concentração por períodos muito mais longos, e ainda assim fazê-lo com sentimentos de facilidade relaxada e prazer. E minhas capacidades aumentadas de atenção passaram a ir além da respiração ou da meditação ambulante, de modo que os objetos cotidianos e as pessoas familiares subitamente eram percebidas com maior intensidade, profundidade e precisão. Meu movimento e minha ação, assim como minha percepção, ficaram mais aguçados, seguros e satisfatórios.

O fortalecimento da vontade por meio da percepção somaestética também pode ser explicado pelo conceito-chave de James do hábito. Ao romper com o hábito da consciência de fugir para outras coisas, ao qual ela se inclina por causa de padrões familiares de associação e de interesses arraigados, a introspecção somaestética disciplinada também cria um hábito (pelo aprimoramento de uma capacidade) de controle atencioso: a capacidade de direcionar a atenção continuada para aquilo a que a consciência reluta em concentrar-se longamente, e a que de outro modo não se voltaria. Uma vez que essa capacidade de atenção seja desenvolvida, ela pode ser usada para impedir a atenção de vagar para os pensamentos perturbadoramente mórbidos que se presume que a reflexão somática contínua gere. Essas ruminações funestas, de todo modo, pouco têm a ver com o monitoramento cuidadoso e com a consciência clara dos sentimentos corporais efetivos que a somaestética recomenda (para certos contextos e ocasiões): elas na verdade são imaginações vagas e obscuras, ainda que fortes, da doença e da morte, cuja força perturbadora depende amplamente de sua obscuridade.[53]

---

[53] Ainda que boa parte da literatura psicológica ainda confirme um laço entre a ruminação e a depressão, estudos mais recentes insistem na necessidade de distinguir entre a introspecção depressiva, obsessiva e voltada para o negativo (designada ruminação) e outras formas mais positivas de introspecção distinguidas como autoconsciência ou autorreflexão. Ver, por exemplo, S. Nolen-Hoeksema, "Responses to Depression and Their Effects on the Duration of Depressive Episodes", *Journal of Abnormal Psychology*, 100 (1991): 569-582; S. Nolen-Hoeksema e J. Morrow, "Effects of Rumination and Distraction on Naturally Occurring Depressed Mood", *Cognition & Emotion*, 7 (1993): 561-570; e P. D. Trapnell e J. D. Campbell, "Private Self-Consciousness and the Five-Factor Model of Personality: Distinguishing Rumination from Reflection", *Journal of Personality and Social Psychology*, 76 (1999), 284-304.

V

Talvez James se recusasse a defender a introspecção somaestética para a vida prática porque ele mesmo não tinha nenhuma inclinação psicológica a usá-la em sua própria vida de ação. Ainda que, sob um certo aspecto, demande esforço, a reflexão somaestética também pede tranquilidade e repouso. Isso porque (como indica a lei Weber-Fechner) é difícil observar aspectos sutis de nossa respiração ou de nosso tônus muscular enquanto realizamos movimentos rápidos e vigorosos. Fora de seu leito de doente e de sua poltrona de teoria introspectiva, a lentidão tranquila não era um estado em que James conseguia se colocar com facilidade. Notoriamente volátil, inquieto e impulsivo, sua irmã dizia que ele era *"uma gota de mercúrio"*. Sua atenção era "intensa mas *impacientemente* interessada" nas coisas que o envolviam, e por isso ele detestava "a aplicação prolongada à mesma tarefa" e tinha de usar a maravilhosa rapidez, mobilidade e ousadia de sua mente para "compensar por sua falta de equilíbrio". James sabia disso e alegremente caracterizava a si mesmo como "um motor", valorizando a energia e o movimento vigoroso como parte de seu ideal enérgico.[54]

Quando James sentia que seu motor estava em boa forma, buscava aumentar sua força produtiva levando-a a níveis mais altos de performance, o que costumava ser seguido por um colapso físico ou nervoso. Mesmo quando estava doente, ele firmemente acreditava (ao menos até os últimos dois anos de sua vida) que o melhor remédio para suas enfermidades crônicas e seu pouco ânimo deveria ser mais exercícios vigorosos, não descanso cuidadoso. Apesar dos muitos meses em que James passou por períodos de repouso nos spas europeus, sua negligência relativa dos usos valiosos da lentidão e do descanso energizado fica clara a partir de seu cardápio preferencial de somaestética prática, as efetivas práticas corporais que ele realizava

---

[54] Ver Perry, *TCWJ*, 32-33, 66, 220.

com mais interesse e que apreciava em sua demanda por saúde e pelo cultivo de suas capacidades.

Ainda que disposto a tentar quase qualquer coisa para aumentar sua energia e curar-se, James claramente preferia métodos que enfatizassem vigorosos esforços musculares e movimentos enérgicos, mesmo quando a dor nas costas crônica e posteriormente o problema no coração deveriam ter militado contra eles. Essa preferência reflete seus heroicos ideais éticos, seu temperamento dinâmico, e as ideologias de fundo do grande esforço puritano e do atletismo machista (notavelmente exemplificado por Teddy Roosevelt, contemporâneo de James) que eram proeminentes na época.[55] O halterofilismo foi uma das primeiras preferências esportivas de James, mas seu maior amor era a "escalada rápida", não só pelo exercício físico, mas como sua "principal fonte de sanidade básica e de saúde da alma", seu seguro e "antigo recurso de, caminhando, afugentar o tédio e as perturbações". Mesmo depois de saber que havia prejudicado seu coração por causa de seus excessos impulsivos na escalada de montanhas, James continuou a buscar os limites, fazendo "caminhadas de subida", reclamando que tinha de ir mais devagar do que gostaria, mas orgulhosamente feliz porque ainda conseguia concluir subidas "íngremes e escorregadias".[56]

---

[55] Na juventude, Roosevelt também recebeu o diagnóstico de neurastenia, mas foi curado e transformado por meio de exercícios fortes e da rigorosa e voluntariosa busca por força e dureza masculinas. Ver Tom Lutz, *American Nervousness – 1903* (Ithaca, NY: Cornell University Press, 1991).

[56] James parece ter sofrido uma lesão no coração pela primeira vez em julho de 1898, enquanto fazia alpinismo nas Montanhas Adirondack e tentava acompanhar o ritmo de alpinistas bem mais jovens (incluindo algumas moças que ele admirava particularmente). O problema no coração ficou ainda mais grave quando ele sofreu uma nova lesão no verão seguinte, ao ficar desesperadamente perdido praticando alpinismo na mesma área de Mount Marcy, e forçado a subir arduamente por muitas horas antes de encontrar o caminho. Ver C3:59, 64, 228, 345; C4:327; C8:390-391.

Ele não gostava da natureza sedentária do descanso, considerando-a quase uma expressão imoral de fraqueza preguiçosa, mas também temia seus danos à "força digestiva e nervosa" (C4:346; C9:157). James não apreciava suficientemente o valor do lazer (e provavelmente temia a morbidez imóvel que conheceu nos repousos sanatórios na juventude) e só buscava o descanso quando estava fraco demais para curar-se por meios mais enérgicos. Ao lidar com qualquer fraqueza que experienciasse, ele parecia preferir o "tratamento valentão" do herói, ignorando resolutamente as próprias sensações de dor e exercitando-se voluntariamente *contra* a dor para vencê-la. Ao lidar com um pé dolorido, James orgulhosamente diz à sua esposa que "triunfalmente aplicou o método valentão (...) e o pôs para andar" (*EM*, 1226; C8:389).

Doente e frágil demais para servir na Guerra Civil (ao contrário de seus irmãos mais novos), James compensou isso com um ideal heroico que era marcial e dinâmico, "um homem forte que luta contra o infortúnio". "Nunca perca a fibra", e "Viva *intensamente!*" eram seus lemas éticos. "O impulso de viver com esforço", acreditava James, firmemente, "é indestrutível na raça".[57] Isso pode ser verdade, mas o impulso de repousar também é mesmo numa vida forte e esforçada. Também podemos nos esforçar de modo mais eficaz quando nossos esforços, por mais fortes e imediatos que sejam, têm uma calma descansada, e não um nervosismo frenético. As artes marciais e o arco asiáticos, o balanço de um taco de beisebol ou de um taco de golfe ou o toque de um taco de sinuca exemplificam isso de modo eloquente. Por paradoxal que pareça, o esforço mesmo de manter um repouso alerta, animado ou ativo (ao contrário de um colapso passivo) pode ser também um esforço vigoroso. Não me refiro apenas aos estados

---

[57] De uma entrada de diário citada por Perry, *TCWJ*, 225; C4:409; C7:399; "The Sentiment of Rationality", em *The Will to Believe* (Cambridge, MA: Harvard University Press, 1979), 74. Cf. "The Moral Equivalent of War" (662), em que James escreve: "Nossos antepassados colocaram a pugnacidade dentro de nossa medula, e milênios de paz não vão tirá-la dali".

meditativos especiais do ioga ou do zen, mencionados anteriormente; também existem projetos para introduzir uma mente alerta mais tranquila nas tarefas que realizamos na vida cotidiana, dando assim a nossas ações (e ao nosso ser) um senso maior de facilidade e graça. Como nossos hábitos são sobretudo produtos disformes de ocupação, tensão e pressão excessivas, esse uso mais relaxado do eu demanda um esforço vigoroso e determinado de automonitoramento e de reeducação, oferecendo talvez um *equivalente moral* da guerra" – de batalhar contra os próprios maus hábitos – que pode até atender aos critérios jamesianos de esforço heroico no "teatro do vigor humano".[58] Ele certamente confessou que a tarefa era difícil, quando, por fim, foi convencido por um médico pouco convencional de Boston que ele estava sistematicamente utilizando mal a si mesmo por causa do esforço muscular excessivo em suas ações e pensamentos cotidianos.

Menos de dois anos antes de sua morte, James começou a frequentar o Dr. James R. Taylor, que ele inicialmente disse que era "um homeopata semicharlatão" (C3:376). Ainda que continuasse a reclamar do custo das visitas frequentes e que continuasse cético quanto aos benefícios de inalações de vapor, de vibrações e das "bolinhas homeopáticas" dadas pelo médico (C3:386), James tinha sido claramente convencido, por causa do diagnóstico perspicaz de Taylor e de sua instrução reeducativa a respeito dos efeitos prejudiciais da tendência crônica de James à tensão e às contrações musculares excessivas (ou "crispações") em sua vida cotidiana. O verdadeiro benefício do tratamento de Taylor, como James explicou a Henry, seu irmão,

> é *reeducar-me* quanto a meu modo geral de portar-me na corrente da vida (...) O que conta a longo prazo (...) é o "tom" em que vive um homem, e esse tom pode ser vicioso e falso (...) Basta dizer que tenho corrido demais, tenho estado tenso demais por dentro, antecipado-me ao ambiente, preparado-me para

---

[58] James, "The Moral Equivalent of War", 666.

enfrentar e resistir antes da hora (aqui, sobretudo o ambiente social!), deixado o ato presente feito sem atenção porque estou preocupado com o ato seguinte, deixado de ouvir etc., porque estou ansioso demais para falar, porque projetei-me quando deveria ter-me contido, porque fui brusco, angular, rápido, precipitado, porque deixei minha mente correr à frente de meu corpo etc. etc., e prejudiquei minha eficiência, e esquentei a cabeça, e com isso tornei meus tecidos fibrosos. O efeito cumulativo duradouro de suas críticas me é sensível num tom mais calmo, num temperamento melhor, em menos envolvimento nas "crispações" corporais em meus processos mentais, e, em suma, numa atitude melhor em geral. (C3:386-387)

Aquilo que James descobriu, ainda que de modo tardio e relutante, foi o efeito despercebido mas profundamente prejudicial de seus hábitos espontâneos de vigor impulsivo. Finalmente ele enxergou o valor crucial do aprendizado do autouso melhorado, não torcendo a vontade com atividades vigorosas, mas com atenção calma e cuidadosa à ação relaxada e sem pressa. Seis meses antes de sua morte, ele também parecia descobrir o valor do repouso, quando um "resfriado virulento" o confinou a quatro semanas de "vida sedentária" em sua casa em Cambridge e o deixou sentindo-se e trabalhando melhor do que "há muito tempo". Mas o hábito arraigado de "sobrecarregar [seu] coração" logo fez com que James corresse para a Europa, e para um novo período de enfermidade. Contudo, em sua última carta a seu irmão Henry (escrita em junho no sanatório de Nauheim, na Alemanha), acaba por louvar o princípio do movimento moderado e sem pressa e do repouso descansado. Instando Henry a não "exagerar nas caminhadas" porque "a moderação acaba por levar mais longe", ele também lhe implora que não se apresse demais em visitá-lo, e sim que "detenha-se (...) e passe pelo continente em estágios tão partidos quanto possível, e que passe por cada lugar devagar (...) Minha última palavra agora é 'não se apresse para vir aqui!'" (C3:407-408, 424-425).

James aprendeu suas lições tarde demais e de modo imperfeito demais para que pudesse reverter os danos que seu coração já tinha sofrido. Ele nunca recuperou sua saúde, e morreu em agosto de 1910. Após a autópsia, Alice, sua esposa, registrou em seu diário uma "hipertrofia aguda do coração" e conclui que ele "se havia esgotado".[59] É inútil especular em que medida a vida e a obra de James poderiam ter sido melhoradas se ele tivesse apreendido mais claramente os limites de suas teoria e prática somáticas e tivesse por isso monitorado melhor a si mesmo com a reflexão somaestética. É mais útil direcionar nossa atenção à perscrutação da instrução exemplar que seus textos e sua vida proporcionam, guiados pelo projeto pragmático de superação de suas limitações. John Dewey, seu discípulo pragmatista, trouxe progressos significativos ao projeto.

---

[59] Citação em Gay Wilson Allen, *William James*, Nova York: Viking, 1967, 491-492.

capítulo 6

REDIMINDO A REFLEXÃO SOMÁTICA
A Filosofia de Corpo-Mente de John Dewey

I

Ainda que seu temperamento sóbrio e lógico não fosse dado a hipérboles ferventes, John Dewey exaltava apaixonadamente o corpo humano como "a mais maravilhosa de todas as estruturas do universo".[1] Seu livro *Experience and Nature* celebra o "corpo-mente" como unidade essencial, em que a vida mental surge das mais básicas funções corporais físicas e psicofísicas, em vez de ser superposto ao soma por poderes racionais transcendentes que emanam de um mundo espiritual além da natureza (LW1:199-225). Contrastando o

---

[1] John Dewey, *The Middle Works*, vol. 11, Carbondale: Southen Illinois University Press, 1982, 351. As referências às obras publicadas de John Dewey remeterão às edições da Southern Illinois University Press das obras de John Dewey, cuja divisão de volumes em *Early, Middle e Later Works*.
As obras iniciais, mediais e finais serão abreviadas aqui como *EW*, *MW* e *LW*. Os números de páginas serão separados dos números dos volumes por dois pontos. (N.T.)

"desprezo pelo corpo, o medo dos sentidos, e a oposição entre carne e espírito" que infelizmente dominam a filosofia (inclusive no campo sensorial da estética), *Art as Experience*, de Dewey, insiste que fatores "biológicos" compõem as "raízes do estético" e assim informam até nossas experiências mais espirituais das Belas-artes e do pensamento imaginativo (*LW*10:20, 26).

Dewey, porém, nem sempre teve uma visão tão positiva do corpo biológico. Ele começou sua carreira como idealista neo-hegeliano, afirmando uma alma transcendente que contrastava com o corpo, e dando clara primazia ao corpo ou espírito como força informadora essencial da vida. Em vez de entender a mente como algo que surgia da existência corporal, ele via o corpo humano como criação emergente e instrumento de uma alma transcendente que torna a si mesma imanente no corpo para poder usá-lo. Em "Soul and Body" ["Alma e Corpo"], ensaio de 1886, diz: "O corpo é o órgão [da alma] só porque a alma *fez* do corpo seu órgão (...) O corpo enquanto órgão da alma é resultado da atividade informadora e criadora da própria alma. Em suma, a alma é imanente ao corpo, não por virtude do corpo enquanto mero corpo, mas porque, por ser transcendente, expressou e manifestou sua natureza no corpo" (*EW*1:112-113).

Dewey chega mesmo a defender essa primazia formativa da alma transcendente com uma retórica teológica que endossa a antiga doutrina cristã: "Olha e vê o que fez a alma. Ela habitou o corpo e transformou a carne em sua manifestação. O corpo é o corporificar-se da alma (...) Que ninguém se surpreenda que a psicologia fisiológica não tenha revelado nenhuma verdade nova a respeito das relações entre o corpo e a alma. Ela só pode confirmar e aprofundar nossa intuição da verdade intuída por Aristóteles e declarada por São Paulo. *Das Wahre war schon längst gefunden*" (*EW*1:114-115). Essa atitude retrógrada – de que a verdade já foi descoberta há muito tempo e que a teoria evolucionária darwiniana e a pesquisa fisiológica contemporâneas em nada modificam ou questionam a visão vilipendiadora de São Paulo da carne – é contrária não só à celebração que Dewey depois faz do corpo, mas também ao espírito progressista e científico pelo qual ele justamente se celebrizou.

O que mudou a visão de Dewey do corpo e seu peso para a compreensão da mente? Um fator crucial foi William James. A pequena biografia "oficial" de Dewey (formulada por suas filhas, com sua aprovação) afirma claramente: *"Principles of Psychology*, de William James, foi a maior influência para que o rumo do pensamento filosófico de Dewey" deixasse seu idealismo anterior.[2] Ainda que insistisse que suas inspirações filosóficas derivavam da experiência de vida e não de textos filosóficos, Dewey abriu uma exceção especialmente para *Psychology*, de James, creditando-lhe o "único fator filosófico apontável que entrou em meu pensamento de modo a lhe dar novo rumo e qualidade". Dewey dizia sobretudo que "a concepção biológica da *psique*" de James, cuja "nova força e importância se devia ao imenso progresso feito pela biologia desde a época de Aristóteles", "passou a fazer parte cada vez mais de todas as minhas ideias e serviu de fermento para a transformação de minhas antigas crenças" (*LW*5:157).[3]

Ao convencer-se de que nossa vida mental e espiritual tinha profundas raízes na fisiologia e no comportamento corporal que informam a experiência humana, Dewey aplicou o naturalismo biológico de James com maior coerência do que o próprio James, oferecendo uma perspectiva ainda mais unificada do corpo e da mente. Questionando a ideia de James de um eu (ou ego) fora do âmbito dos condicionamentos causais naturais, rejeitou também a ideia de que a vontade fosse algo puramente mental, cujas eficácia e expressão independiam de modalidades físicas. Defendendo a apreciação de James

---

[2] Jane M. Dewey (org.), "Biography of John Dewey", em *The Philosophy of John Dewey*, P. Schilpp e L. Hahn (org.). LaSalle, IL: Open Court, 1989, 23; doravante, *JD*. Referirei William James, *The Principles of Psychology*, Cambridge, MA: Harvard University Press, 1983, como *PP*.

[3] Dewey ainda observa que "a abordagem biológica objetiva da psicologia de James levou diretamente à percepção da importância de categorias sociais distintivas, sobretudo a comunicação e a participação" (*LW*5: 159).

do aspecto fisiológico das emoções, Dewey ofereceu uma teoria mais equilibrada, que afirmava mais claramente a dimensão cognitiva essencial da emoção, ao mesmo tempo que integrava a cognição e as reações fisiológicas à unidade maior da resposta comportamental. Ao contrário da ênfase de James na privacidade da consciência (PP, 221), Dewey entendia que a abordagem biológica da vida mental supunha a natureza essencialmente social da mente. É assim porque a sobrevivência de um organismo depende de sua interação com seu ambiente (e de sua incorporação dele), e a companhia de outros humanos é parte crucial do ambiente do organismo humano, sem a qual um organismo humano recém-nascido jamais conseguiria sobreviver e adquirir uma identidade humana completa, incluindo o domínio de uma linguagem compartilhada socialmente, em que é possível formular os pensamentos mais privados. Por fim, Dewey evitava a incoerência jamesiana de usar a introspecção somaestética na teoria enquanto a rejeitava na vida prática por meio de uma defesa ardorosa da espontaneidade desinibida, do hábito, e da vontade pura. Em vez disso, Dewey sabiamente afirmava a reflexão somática tanto para a teoria quanto para a prática.

Os aprimoramentos unificadores de Dewey a James se deviam em parte a sua "disposição" declarada de fazer da "coerência lógica (...) uma consideração dominante" (JD, 45). Mas elas também refletem o impacto de outro mentor, cuja influência pode ter sido tão inspiradora quanto a de James. Refiro o educador e terapeuta somático F. M. Alexander, cujas ideias e práticas Dewey frequentemente citava e incansavelmente defendia (apesar das objeções céticas de amigos e colegas). Dewey era bastante explícito em relação a sua dívida com Alexander, não só por ter melhorado sua saúde e seu autouso e assim contribuído para sua longevidade,[4] mas também por oferecer "subs-

---

[4] Aos 87 anos, Dewey escreveu que sem seu treinamento contínuo "do trabalho de Alexander... Eu dificilmente estaria aqui agora – por uma questão pessoal". Carta a Joseph Ratner, 24 de julho de 1946, citada em Steven

tância" concreta com que preencher a "forma esquemática" de suas ideias teóricas. "Minhas teorias de mente-corpo, da coordenação dos elementos ativos do eu e do lugar das ideias na inibição e no controle da ação manifesta demandaram contato com a obra de F. M. Alexander e, em anos posteriores, com a de A. R., seu irmão, para transformá-las em realidades" (*JD*, 44-45).[5]

Aqui, mais uma vez, James estava inspirado à hipérbole. Em um dos três prefácios que escreveu para os livros de Alexander, disse com ousadia: "Mr. Alexander demonstrou um novo princípio científico relacionado ao controle do comportamento humano tão importante quanto qualquer princípio jamais descoberto no domínio da natureza exterior. Além disso, sua descoberta é necessária para completar as descobertas já feitas a respeito da natureza não humana, se não essas descobertas acabarão por transformar-nos em seus servos e instrumentos impotentes" (*MW*15:313). Ainda que seja um exagero absurdo (que põe a Técnica Alexander ao lado da Física de Newton), a afirmação indica que a filosofia de corpo-mente de Dewey não pode ser devidamente apreciada sem a compreensão das ideias e dos métodos de Dewey.

Assim, este capítulo examina a filosofia somática de Dewey segundo os pilares jamesianos e alexanderianos sobre os quais foi erigida. Após mostrar como os ensinamentos de Alexander ajudaram Dewey a melhorar James e a perceber o valor prático da autoconsciência somática, argumento que a doutrina e a influência de Alexander não foram inteiramente benéficas e que a teoria somática de Dewey poderia ter sido ajudada por um distanciamento mais claro de algumas das ideias unilaterais e rigidamente racionalistas de Dewey, e pela

---

Rockefeller, *John Dewey: Religious Faith and Democratic Humanism* (Nova York: Columbia University Press, 1991), 343.

[5] *D*, 44-45. Dewey prossegue: "Minhas ideias tendem, por causa de meu temperamento, a tomar uma forma esquemática, na qual a coerência lógica é uma consideração dominante, mas tenho tido sorte em diversos contatos, que colocaram substância nessas formas" (45).

manutenção de uma atitude de maior respeito ao afeto, defendida por James e geralmente compartilhada por Dewey.

II

Corrigindo as Incoerências de James

Em *Principles of Psychology*, James enfatizou a correlação essencial entre estados mentais e corporais e afirmou uma presença corporal substantiva na experiência de fenômenos mentais que normalmente eram considerados inteiramente espirituais. Mas ele também "se permitia as conveniências do dualismo", em que mente e corpo poderiam ser concebidos como tipos de coisas diferentes, por mais intimamente que interagissem um com outro.[6] Ele não o fazia só porque o dualismo era a visão padrão do senso comum que deixaria seu livro (encomendado como livro-texto) mais claro e palatável, mas porque não estava disposto a defender um naturalismo mais extensivo, que ameaçasse sua crença existencialmente crucial no livre-arbítrio e que acabasse com sua fervorosa esperança de que a consciência humana existisse além dos limites da vida corporal mortal. Até quando abandonou o dualismo pelo "empirismo radical", em que mente e matéria são apenas formas diferentes de analisar um campo fundamentalmente unificado de experiência pura, James não abandonou seu compromisso com o livre-arbítrio como algo capaz de intervir eficazmente no mundo físico para determinar a ação, mas que, por sua vez, não é determinado pelas cadeias causais do mundo.

Uma vez convertido à perspectiva corporificada de James, Dewey elaborou um naturalismo não dualista mais coerente. Em vez de falar em corpo e mente como duas coisas distintas e separáveis, cujas influências recíprocas poderiam ser demarcadas e correlacionadas,

---

[6] Ralph Barton Perry, *The Thought and Character of William James*, edição resumida (Nashville, TN: Vanderbilt University Press, 1996), 273.

Dewey insistiu em tratá-las como uma unidade fundamental, condenando sua divisão estabelecida, que considerava um defeito ubíquo que atacava a teoria e a prática. Ainda que tenha ficado famoso por criticar toda espécie de dualismo (como meios/fins, arte/vida, sujeito/objeto, teoria/prática), Dewey disse que "não conhecia nada que fosse tão desastrosamente afetado pela tradição de separação e de isolamento quanto esse tema particular de corpo-mente" (*LW3*:27). Reconhecendo que a tradição linguística reflete e reforça essa separação, ele reclamava que "não temos uma palavra com que nomear o corpo-mente como todo operativo unificado" que caracteriza a vida humana. Convencido da "necessidade de ver o corpo-mente como todo integral", Dewey voluntariamente desprezou o uso convencional afirmando lexicograficamente sua unidade por meio de locuções como "corpo-mente" e "mente-corpo" (*ibid.*).[7]

Nossa ação é sempre corporal e mental. Ainda que atos como comer e beber costumem ser classificados como meramente físicos, ainda assim são permeados de sentidos sociais, cognitivos e estéticos. Em certos contextos rituais, eles podem até assumir um profundo significado espiritual. Os modos como os ânimos e os pensamentos afetam o comer, o beber e a digestão, e as maneiras como esses, por sua vez, afetam reciprocamente nossos estados mentais, expressam uma conexão tão íntima "que é artificial" falar de "uma influência que se exerça por duas coisas separadas e entre elas" (*LW3*:29). No lugar de uma interação entre um corpo e uma mente, temos um todo transacional de corpo-mente. Porém, essa *união* ontológica fundamental de corpo-mente não significa que um grau satisfatório de *unidade* harmônica em nosso comportamento de corpos-mentes

---

[7] Ainda que às vezes eu use a expressão "soma senciente" para ressaltar a união fundamental corpo-mente na experiência humana, pode-se entender "soma" como se já implicasse vida e algum grau de senciência proposital, permitindo assim que distingamos o soma do mero corpo (que pode existir num estado sem vida e sem sentimento).

sempre esteja presente ou que seja sempre garantido.[8] Pensamentos raivosos ou gulosos podem perturbar a digestão suave, assim como a digestão das comidas (ou quantidades) erradas pode perturbar nossa harmonia mental. A atividade erótica – cuja capacidade para assumir sentidos sociais, estéticos e até espirituais questiona sua definição como algo meramente físico – também pode ser prejudicada por uma harmonia inadequada entre as condições corporais e os processos imaginativos (que, por sua vez, têm suas raízes no comportamento corporal e são refletidos por ele).

No espírito progressista e melhorista do pragmatismo, Dewey enxerga a unidade corpo-mente menos como dado ontológico sobre o qual podemos repousar confortavelmente do que como objetivo desejado e gradual de funcionamento dinâmico e harmonioso que devemos continuamente tentar atingir. Assim como a unidade do hábito, "a integração é mais uma conquista do que um dado" (*MW*14:30). Reconhecendo que o organismo é informado por seu ambiente e que o ambiente humano é profundamente social, Dewey afirma que o nível da unidade corpo-mente depende profundamente das condições sociais. Essa unidade pode, portanto, ser usada como medida da qualidade de uma cultura: "quanto mais civilizada, menos se vê um comportamento que seja puramente físico e outro que seja puramente mental" (*LW*3:29). Por isso, ele denuncia as divisões radicais da sociedade entre

---

[8] Essa distinção entre união ontológica e unidade harmoniosa justificaria o hífen em corpo-mente, já que essa marca (chamada em francês de *trait d'union*) sugere uma união que nem sempre é uma unidade perfeita. Eis como, num dado momento, Dewey define corpo-mente e distingue funcionalmente os dois elementos da união: "corpo-mente designa apenas aquilo que efetivamente acontece quando um corpo vivente é implicado em situações de discurso, comunicação e participação. Na expressão hifenizada corpo-mente, 'corpo' designa a operação continuada e conservada, registrada e cumulativa de fatores contínuos em relação ao resto da natureza, inanimada e animada; "mente" designa características e consequências que são diferenciais e indicativas de traços que emergem quando o 'corpo' participa de uma situação mais ampla, mais complexa e interdependente" (*LW*1: 217).

o trabalho físico e não intelectual (tão mecânico quanto as máquinas de que se vale) e o trabalho puramente intelectual que está separado do "emprego e do direcionamento de instrumentalidades físicas para a efetivação de mudanças materiais". Os dois extremos refletem "desajuste", "um desvio daquela integralidade que é a saúde" (*ibid.*).

Assim, mais importante do que novas terminologias para sugerir a unidade corpo-mente, mais urgente do que teorias metafísicas para combater o dualismo, Dewey afirma que "a integração do corpo-mente em ação" é, do modo mais crucial, uma questão prática, "a mais prática de todas as questões que podemos levantar a respeito de nossa civilização", uma questão que demanda reconstrução social e também esforços individuais para que se obtenha uma unidade melhor na prática. Sem essa reforma, "continuaremos a viver numa sociedade em que um materialismo sem alma nem coração é compensado por um idealismo e um espiritualismo cheios de alma, mas fúteis e antinaturais" (*LW*3:29-30).

A primazia do prático não desincentivou Dewey de fazer intervenções teóricas para contestar a metafísica da divisão corpo/mente. Uma estratégia deweyana é solapar o dualismo tradicional de físico *versus* mental explicando a realidade humana como três "níveis" que se interpenetram "de crescentes complexidade e de intimidade de interação entre eventos naturais", níveis esses que ele chama de "físico, psicofísico e mental" (*LW*1:200). O "psicofísico" não é uma substância especial oposta ao físico; também não é o acréscimo de algo puramente psíquico ou sobrenatural que se funde ao físico, "como um centauro, que é metade homem e metade cavalo" (*LW*1:196). Na verdade, ela significa a emergência de um nível de organização mais complexo dos materiais e energias físicos por meio do qual o organismo gera esforços propositados de atingir a satisfação de suas necessidades de sobrevivência. Quando as discriminações sensoriais (que são necessárias para realizar com sucesso a sequência do organismo de necessidade, esforço e satisfação) ficam mais complexas, elas chegam ao nível de sentimentos ou de senciência básica experienciado pelos animais superiores, incluindo os humanos. A mente, para James, é um nível ainda mais alto de organização da experiência psicofísica somente quando a linguagem entra em cena, porque a linguagem permite que os sentimentos e movimentos do organismo sejam nomeados e portanto objetificados, e que se lhes dê um sentido determinado, que pode ser reidentificado e empregado na comunicação. A mente permanece no âmbito dos eventos naturais, mas a condição linguística que Dewey estabelece para a mente também a coloca de modo definitivo no âmbito da cultura. Não há incoerência nesse status duplo. Assim como a mente não se opõe ao corpo humano, sendo antes uma expressão emergente dele, também a cultura não é a contradição da natureza, e sim sua realização e remodelamento.[9]

Apesar da ênfase revolucionária de James na dimensão corporal da emoção, *Principles of Psychology* afirmava um grupo excepcional de emoções "sutis" (aquelas dos "puros" prazer e desprazer estético, moral e intelectual) que "quase não são sensíveis", inteiramente *"cerebrais"* e "cognitivas", e portanto não dependentes de sentimentos da "mesa de som corporal". A reconstrução feita por Dewey da teoria da emoção de James corrige essa sugestão anômala de uma emoção puramente espiritual e incorpórea que implicaria uma divisão real entre mente e corpo. Contestando a caracterização de James do prazer filosófico puro como mera satisfação cerebral

---

[9] Podemos resistir ao limiar linguístico-conceitual de Dewey da mente por causa de nossa convicção de que alguns animais e certamente as crianças humanas têm vida mental sem exibir linguagem discursiva. Essa objeção poderia ser minimizada pela observação de que a teoria de Dewey ainda lhes atribui a vida senciente (de sentimentos e sensações e ação voluntária) que pertence ao psicofísico. Além disso, a exigência de linguagem de Dewey pode ser relaxada a fim de incluir formas de linguagem corporal não conceitual que, pode afirmar-se, os animais superiores e as crianças possuem. Não queremos, porém, dizer que, ao desenvolver-se do comportamento meramente psicofísico para o uso discursivo da linguagem, uma criança mude radicalmente de status ontológico. Ela continua a ser um organismo natural e senciente, que sempre teve o pensamento linguístico como possibilidade a realizar.

de correção cognitiva, Dewey aponta para as "melhoras de descarga motora e de reforço orgânico" que sustentam e aumentam o suave e fluido "senso de abundância e de facilidade no pensamento" que James identificava com a satisfação puramente mental. Quando a atividade intelectual funciona do modo melhor e mais puro, diz Dewey, "o pensamento toma toda a nossa motivação; ele nos possui integralmente" – corpo e mente.[10]

Dewey vê um dualismo residual perturbador não só na distinção de James entre emoções puramente intelectuais e robustamente corporais, mas também na maneira jamesiana de contrastar o conteúdo cognitivo de uma emoção com sua causa ou expressão fisiológica. Em vez de entender a emoção como combinação de percepções cognitivas e reações corporais distintas, Dewey defende uma unidade mais básica de comportamento propositado, que subjaz às dimensões cognitiva e corporal da emoção. Essas dimensões só são identificadas e individuadas como tais quando o comportamento (sempre uma interação com um ambiente) se torna problemático e passa a ter atritos. Quando dirigimos sem problemas um carro, não temos percepções distintas de carros na outra direção e temores dos possíveis danos que eles podem causar ao bater em nós. Somente quando estamos diante de um colapso da interação suave – como quando um carro subitamente entra em nossa faixa – temos uma emoção distinta de medo e uma percepção distinta do objeto daquele medo, que corre em nossa direção, e temos de decidir como evitá-lo. Segundo Dewey, não temos primeiro uma ideia do carro e depois um sentimento de medo. Na verdade, "*a ideia e a excitação emocional constituem-se exatamente na mesma hora*" a partir do "modo de comportamento" relacionado (no caso, dirigir), que "*é a coisa primária*"; "*de fato, elas* [ideia e excitação fisiológica] *representam a tensão que constitui o modo de comportamento*" (EW4:174). Em suma, as reações mentais e corporais não são duas coisas distintas em busca de

---

[10] John Dewey, "The Theory of Emotion", EW4:157.

uma síntese filosófica, e sim abstrações analíticas já envolvidas pela unidade primal do comportamento propositado.

Essa unidade de ação voluntária, diz Dewey, jamais deve ser dividida num ato puramente mental de propósito escolhido (realizado por meio de uma agência ou livre-arbítrio supostamente desencarnados), que então é seguido de uma execução corporal separada daquele propósito. James, devemos recordar, afirmara essa visão dualista em *Principles of Psychology*, dizendo que nos atos explícitos da vontade "o esforço volitivo está exclusivamente no mundo mental. O drama todo é mental" (PP, 1168). Ele concedia sem pestanejar que a ciência exige a presunção metodológica de que tudo (inclusive nossas escolhas) pode a princípio ser explicado ou previsto por condições causais, "que o mundo tem de ser um único fato indiviso, e que a previsão de todas as coisas (...) idealmente, ainda que não concretamente, tem de ser possível". Contudo, afirmava James, há um "postulado *moral* a respeito do universo", contrário e, em última instância, definitivo, que é essencial para toda a nossa concepção de ética e ação, e que demanda o livre-arbítrio. Trata-se do "postulado de que *aquilo que deve ser pode ser, e que os maus atos não podem ser obra do destino, e que os bons têm de ser possíveis no lugar destes*" (PP, 1177). Não apenas sentimos o exercício do livre-arbítrio em nossas escolhas, insistia James, mas, sem ele, "toda a dor e a excitação" na escolha da ação desapareceria; "a vida e a história" seriam simplesmente "o monótono tilintar de uma corrente forjada há eras incontáveis", e a responsabilidade moral seria anulada pelas correntes causais do determinismo (PP, 429).

Dewey argutamente responde que essa alternativa pintada negativamente ao livre-arbítrio não é determinismo científico (que envolve condições e correlações causais que são probabilísticas, incertas e mutáveis), e sim um "*pré*-determinismo teológico" que interpreta antiquadamente a causalidade como "agência produtiva ou força determinante" (modelada a partir da ideia de um ego independente, como Deus). A "incerteza" das conexões e dos resultados causais em nosso mundo probabilístico de fluxo deveria bastar para que nossas ações tivessem um senso de excitação.[11]

A ideia do livre-arbítrio inteiramente fora do âmbito das conexões causais não é apenas incoerente com a ciência, mas também inadequada e desnecessária para explicar o senso ético da escolha livre e significativa. Se a escolha livre de uma bebida fria ou quente fosse inteiramente incondicionada por fatores materiais, então ela demandaria que fossem desconsideradas as preferências estabelecidas, os hábitos, os desejos presentes, o estado corporal e as condições físicas e sociais circundantes. Essa liberdade de escolha não seria mais do que a "liberdade da indiferença" ou a aleatoriedade arbitrária, não o exercício significativo da vontade, que define a ação ética (EW4:93). Além disso, como poderia essa escolha ser o livre-arbítrio do *indivíduo*, se não é condicionada por todas as condições que definem a individualidade de uma pessoa enquanto agente? Porém, se a escolha é significativa e importante para a vida ética exatamente porque é guiada pelas condições e pelos desejos de uma pessoa, então a escolha ou a vontade não podem ser incondicionalmente livres.

Escolhas e liberdades não são irreais apenas porque são condicionadas. Experienciamos nossas escolhas como livres, diz James, "porque a presença na consciência de fins alternativos com a reflexão que isso chama *é* liberdade" num certo sentido (EW4:95). E essa liberdade, ainda que não seja desprovida de condições causais, permite um senso distintivamente voltado para o futuro de responsabilidade moral. Ao tratar as pessoas como responsáveis e assim dar-lhes louvor ou censura por suas ações, elas podem ser influenciadas a fazer melhor uso da reflexão e do julgamento para fazer escolhas melhores. "Sempre existem causas para um ato, mas causas não são desculpas (...) É como causas de ações futuras que tanto desculpas quanto acusações têm de ser consideradas (...) Porque a moral tem a ver com atos ainda em nosso controle, atos que ainda serão realizados."

---

[11] John Dewey, "The Ego as Cause", EW4:91, 94.

A questão moral é "prospectiva", uma questão "de modificar os fatores que agora influenciam os resultados futuros" e nossas práticas ou "esquemas de julgamento, de atribuir louvor e censura; de conceder punição ou honra, fazem parte dessas condições" (*MW*14:17). Como Dewey diz alhures, "Responsabilizar os homens pode fazer uma diferença decisiva em seu comportamento *futuro*; responsabilizar uma pedra ou uma árvore não tem nenhum sentido" porque não existe influência comparável sobre a escolha e a conduta (*LW*3:94).

III

Alexander, Hábito e a Necessidade de Reflexão Somática

Exploramos os argumentos lógicos, ontológicos e éticos que Dewey oferece para mostrar a incoerência do livre-arbítrio jamesiano, fora do âmbito do condicionamento causal natural, e que sugerem uma forma de "determinismo *soft*" que afirma a escolha real ao mesmo tempo que reconhece sua natureza condicionada. Um segundo eixo crítico questiona de modo mais específico a visão jamesiana de que a vontade é algo exclusivamente mental, intrinsecamente independente dos meios corporais, que simplesmente se vale deles após o ato da vontade ser realizado com sucesso em sua pura mentalidade. Aqui Dewey se baseia muitíssimo nas intuições de F. M. Alexander a respeito da força dos hábitos corporais e da indispensabilidade dos meios somáticos na ação deliberada.

A ação voluntária não é um produto de momentos isolados de decisão puramente mental: ela se baseia nos hábitos de sentimento, pensamento, ação e de desejo que nos tornam os eus que somos. Andar é algo mecanicamente complicado, que envolve o movimento coordenado de muitos ossos e músculos enquanto se mantém o equilíbrio. Mas, em circunstâncias normais, nossos hábitos comuns de andar simplesmente respondem a nosso desejo de ir a algum lugar, sem exigir nenhum ato consciente especial da vontade a cada passo, a série complexa de movimentos para cima, para a frente e para baixo de cada anca, perna e pé, junto com os movimentos associados necessários da pélvis. Na vasta massa de comportamentos voluntários, nossos hábitos irrefletidos espontaneamente realizam nossa vontade. De fato, como observa Dewey, como "os hábitos são demandas por certos tipos de atividade (...) eles *são* vontade", e sua "força projetiva" de "predisposição (...) é uma parte imensamente mais íntima e fundamental de nós mesmos do que escolhas conscientes vagas e gerais". Assim, os hábitos "constituem o eu (...) Eles formam nossos desejos efetivos e nos proporcionam nossas capacidades funcionais. Regem nossos pensamentos, determinando quais devem aparecer e ser fortes e quais passarão da luz à obscuridade" (MW14:21-22).

Os hábitos não podem ser puramente mentais e autônomos, já que eles sempre incorporam aspectos do ambiente. Seu jeito habitual de andar depende não só de sua estrutura física particular (que, por sua vez, é parcialmente informada pelos hábitos de nutrição e de movimento que informam os músculos e a partir de certo momento até os ossos), mas também das superfícies sobre as quais você anda, os sapatos com que anda, os modelos de andar que você observa e com os quais busca afinar-se, e os propósitos situacionais que moldam seu jeito costumeiro de locomover-se (correr pelas ruas repletas ou andar descalço sobre a areia).[12] Os hábitos de pensamento também têm de incorporar traços do ambiente que devem ou que valem a pena considerar e tratar pela ação. Além disso, como os hábitos são formados ao longo do tempo, eles também corporificam históricos ambientais e por isso podem persistir mesmo quando as condições originais não

---

[12] Se os hábitos que constituem o eu também incorporam o ambiente, segue-se que o eu é em parte produto do ambiente. Nosso corpo, assim como nossos pensamentos, incorpora nosso entorno, ultrapassando as fronteiras corporais convencionais para atender a nossas necessidades essenciais de respiração e nutrição. As consequências éticas e sociais desse ponto são discutidas mais para o final do capítulo.

estão mais presentes, como infelizmente demonstram as vítimas de abusos e opressões passadas.

Se a vontade é constituída de hábitos, e se os hábitos sempre incorporam traços ambientais, então segue-se que a vontade não pode ser algo inteiramente autônomo e puramente mental. O querer não pode ser um ato desencarnado porque exige algum senso de emprego dos meios ou possibilidades disponíveis do contexto ambiental da ação, que inclui nossos recursos corporais. Querer (mais do que o mero desejar) andar significa de algum modo ocupar nossos hábitos e meios de movimento corporal, ainda que estejamos privados (por causa de uma lesão, por exemplo) do uso habitual de nossas pernas e que nossos esforços musculares só se expressem em outros lugares.[13] Dewey credita Alexander por oferecer a explicação mais clara de como os hábitos corporais são indispensáveis para a ação voluntária eficaz, mas como também são enormemente destrutivos ao enganadoramente frustrar nossa vontade.

Quem foi Alexander, e quais foram as origens e os princípios de suas teoria e prática somáticas? Nascido na Austrália em 1869, começou sua carreira como ator, mas misteriosamente perdia a voz, ainda que só enquanto atuava, e apesar de ter cordas vocais normais. Como os médicos não conseguiam curá-lo nem explicar o que ele tinha, Alexander começou a estudar sistematicamente a maneira como falava num espelho e acabou percebendo que seus problemas de voz ao atuar se deviam a uma postura declamatória habitual na área da

---

[13] Experimentos indicaram que o senso de esforço intencionado da mente depende de comandos motores e é expresso fisiologicamente. A mera representação mental da realização de uma ação pretendida, sem realizá-la concretamente, ativa respostas musculares e fisiológicas relacionadas a esse esforço, incluindo "mudanças na frequência cardíaca". Até mesmo localizar no espaço um objeto que se quer alcançar envolve a experiência simulada das "sensações musculares" dos "movimentos que seriam necessários para alcançá-lo". Ver Alain Berthoz, *The Brain's Sense of Movement*, trad. G. Weiss, Cambridge, MA: Harvard University Press, 2000, 31-32, 37.

cabeça e do pescoço que constrangiam sua respiração e assim forçavam sua voz. Ele descreveu essa postura (que ele usava para atuar, mas não para falar no dia a dia) como "jogar a cabeça para trás". Para sua surpresa ainda maior, Alexander depois descobriu que sua decisão consciente de *não* jogar para trás a cabeça era completamente inútil diante do hábito arraigado de fazê-lo, demonstrando assim que a vontade habitual e corporificada era uma parte mais básica e forte dele do que sua decisão mental consciente (ou dito ato de vontade), mesmo quando o desejo consciente era acompanhado de intensos esforços musculares de manter a cabeça para a frente. Para sua consternação ainda maior, Alexander reparou (mais uma vez com o uso de espelhos) que mesmo quando sentia que a mantinha para a frente, na verdade voltava a seu hábito de jogar a cabeça para trás. Em suma, ele percebeu que sua percepção sensorial de sua própria postura era extremamente inadequada. Então passou a estudar outras pessoas e viu que a maioria também sofre de "sistemas *cinestésicos* corrompidos", cujas "apreciação sensorial" defeituosa e falta de autopercepção somática prejudicavam-lhes seriamente o desempenho, fazendo delas as vítimas inconscientes de hábitos irrefletidos de mau uso corporal.[14]

Alexander ainda observou que a ansiedade de atingir um fim desejado, mas problemático automaticamente, inicia ações habituais para chegar a esse fim, sem que sequer percebamos que estamos voltando aos maus hábitos originais que já vinham frustrando nossos esforços de atingi-lo. "Quando se tem o fim em mente (...) o hábito

---

[14] Ver F. M. Alexander, *Man's Supreme Inheritance*, 2ª ed. (Nova York: Dutton, 1918), 22, 89. Alexander descreve melhor o processo de autoexame e de autocorreção que levou à descoberta de sua teoria e técnica em seu terceiro livro, *The Use of the Self* (Nova York: Dutton, 1932). Seu primeiro livro foi *Man's Supreme Inheritance*, cuja primeira edição foi publicada na Inglaterra em 1910. Foi seguido de *Constructive Conscious Control of the Individual* (Nova York: Dutton, 1923). As referências a esses livros doravante usarão as abreviações *US*, *MSI* e *CCC*. O último livro de Alexander, essencialmente uma reformulação de ideias anteriores, foi *The Universal Constant in Living* (Nova York: Dutton, 1941).

sempre tenta atingir o fim pelos métodos habituais" (*MSI*, 204). Além disso, o fato de nos concentramos nos fins desejados (que, quando os hábitos estão bem adaptados a esses fins, são realmente tudo em que devemos nos concentrar) nos distrai de dar atenção ao que estamos efetivamente fazendo em nossa postura e desempenho corporais e assim nos impede de ver como isso efetivamente frustra aquilo que queremos fazer. Nossa ávida "busca dos fins" contribui, portanto, para nossa "apreciação sensorial" distorcida (nossa percepção somaestética falha), ao mesmo tempo que desvia nossa atenção dos necessários "meios pelos quais" a ação poderia ser devidamente realizada (*CCC*, 151-153; *US*, 29-30).

Alexander concluiu que um método sistemático de percepção, análise e controle somáticos cuidadosos era necessário para o aprimoramento do autoconhecimento e do autouso: um método para discernir, localizar e inibir os hábitos indesejados, para descobrir as posturas ou os movimentos corporais necessários (os indispensáveis "meios pelos quais") para melhor produzir a ação ou atitude desejadas, e, por fim, para monitorar e dominar sua performance por meio do "controle consciente" até que, em última instância, um hábito melhor (isso é, mais eficaz e controlável) pudesse estabelecer-se para obter o fim deliberado da ação (*MSI*, 181-236). O elaborado método que desenvolveu – enfatizando a autopercepção somática e o controle consciente aguçados por meio da inibição, da indireção e do foco nos "meios pelos quais" enquanto meios cruciais e provisórios – tornou-se a célebre Técnica Alexander.

Mudando-se para a Inglaterra em 1904 para divulgar essa técnica (e adquirindo alunos famosos, como George Bernard Shaw e Aldous Huxley, Alexander depois a levou para os Estados Unidos quando foi para Nova York em 1914, anunciando sua teoria não apenas como terapia corporal, mas como filosofia educacional geral para o aprimoramento do uso do eu integral, que, dizia, poderia melhorar não apenas vidas individuais, mas a sociedade como um todo. A massa de problemas cinestésicos e de males somáticos-psíquicos relacionados (dores nas costas, dores de cabeça, perda de vitalidade, nervosismo, rigidez mental) que assolam a cultura contemporânea eram explicados por Alexander como resultado de um desajuste sistemático entre nossas tendências somáticas, desenvolvidas em lentos processos evolutivos, e as diferentes condições modernas de vida e de trabalho em que somos forçados a funcionar. Rejeitando um regresso à vida primitiva, procurou antes um método para que as pessoas ajustassem de modo racional e consciente seu comportamento às condições novas, que mudavam cada vez mais rápido, em vez de fiar-se em forças inconscientes e aleatórias que informassem essas adaptações. Não se pode mais confiar que o processo comum de formação de hábitos ajuste-se às novas condições, porque é lento, assistemático e incerto demais. Considerando a rápida velocidade da mudança contemporânea, mesmo que tenhamos a sorte de desenvolver um novo hábito irrefletidamente, ele poderia facilmente ser tornar obsoleto quando estivesse efetivamente consolidado. Assim, precisamos de um método sistemático para a reconstrução inteligente do hábito por meio do guiamento daquilo que ele chamou de "controle consciente construtivo".

Os temas-chave de Alexander – hábito, evolução, melhorismo, unidade corpo-mente e respeito pelos meios e a educação para a reconstrução racional do eu e da sociedade – já eram claramente agradáveis a Dewey, que logo se tornou ardente defensor das ideias de Alexander, tendo sido avassaladoramente conquistado por sua técnica prática de educador-terapeuta somático. Dewey (aos 57 anos) encontrou Alexander pela primeira vez em 1916 por meio de Wendell Bush, colega de filosofia de Columbia, e logo começou a aprender a técnica. Tendo sofrido por muito tempo de vista cansada, dor nas costas e com um pescoço dolorosamente rígido, Dewey disse "que Alexander o tinha curado completamente, que era capaz de ler e enxergar e de mover seu pescoço livremente".[15] Ao contrário de James,

---

[15] Corliss Lamont (ed.). *Dialogue on John Dewey*. Nova York: Horizon Press, 1959, 27.

que morreu apenas dois anos depois de conhecer seu guru postural do autouso (o Dr. James Taylor), Dewey beneficiou-se do trabalho de Alexander por décadas. Fazendo aulas tanto com Alexander quanto com seu irmão mais novo, Dewey continuou a reafirmar (até mesmo em 1946) que sua "confiança no trabalho de Alexander não diminuíra" e que sua contínua saúde tinha profundas dívidas com "seu tratamento".[16] O que poderia ser mais convincente para um filósofo pragmático da corporificação do que melhoras práticas duradouras e inegáveis no funcionamento somático e no aumento resultante de energia psíquica e ânimo?

Em *Human Nature and Conduct* (1922), Dewey faz das intuições somáticas de Alexander o núcleo de seu capítulo crucial sobre "Habits and Will" ["Hábitos e Vontade"], em que expõe a crítica de Alexander das presunções comuns de que nosso hábito pode funcionar "sem o controle inteligente dos meios" e "que os meios [corporais habituais] podem existir, e ainda assim permanecer inertes e inoperantes" (MW14:22). É "superstição" presumir "que se se pede a um homem que fique ereto, tudo o que é necessário é desejo e esforço por parte dele, e eis, está feito. [Alexander] observou que essa crença é semelhante à mágica primitiva por sua falta de atenção aos meios envolvidos na consecução de um fim". Essa crença impede o progresso "porque nos faz negligenciar a investigação inteligente para descobrir os meios que produzirão um resultado desejado, e a invenção inteligente para assegurar os meios. Em suma, ela deixa de fora a importância do hábito controlado de modo inteligente". Implicando falsamente "que os meios ou as condições efetivas da realização de um propósito existem de modo independente do hábito estabelecido e que até podem começar a ser usados em oposição ao hábito", essa fé cega em nossa

---

[16] Ver a carta de Dewey a Joseph Ratner, datada de 24 de julho de 1946, citada em Rockefeller, *John Dewey*, 343. Dewey também fazia aulas com outros professores da técnica que tinham sido treinados por Alexander e por seu irmão. Ver Frank Jones, *Body Awareness in Action: A Study of the Alexander Technique*. Nova York: Schocken, 1976.

proficiência postural também presume que os devidos meios já "estão presentes, de modo que o não ficar ereto de pé é inteiramente uma questão de ausência de propósito e de desejo" (MW14:23-24).

Fiando-se nas lições que aprendeu de Alexander, Dewey defende, no lugar disso: "Um homem que não fica de pé do modo adequado forma um hábito de ficar de pé de modo inadequado – um hábito positivo, forçoso". Por isso, presumir que "ele simplesmente não está fazendo a coisa certa, e que esse não fazer pode ser resolvido por uma ordem da vontade é absurdo (...) Formaram-se condições que estabelecem um mau resultado, e o mau resultado ocorrerá enquanto essas condições existirem. Elas não podem mais ser descartadas por um esforço da vontade, assim como as condições que criam a seca não podem ser eliminadas por uma dança da chuva" (MW14:24). Os hábitos têm de intervir não apenas na "execução" de nossos desejos, mas até na "formação de ideias" que converte desejos vagos em atos concretos de vontade. Uma vontade explicitamente concreta de ficar ereto, ao contrário de um mero e vago "desejo" de assumir essa postura, sempre envolve alguma ideia corporificada – uma noção proprioceptiva ou sentimento cinestésico (por mais implícito, despercebido, vago, parcial ou equivocado) – de como se fica e se sente ereto. E essa "ideia assume forma e consistência somente quando existe um hábito por trás dela". Porque mesmo que "por algum feliz acaso uma ideia ou propósito concretos corretos (...) sejam encontrados", o mau hábito arraigado da pessoa tenderá a sobrepujá-la e a frustrar sua execução. Assim, conclui Dewey, com Alexander, "Somente quando um homem já é capaz de realizar o ato de ficar de pé ereto ele sabe [no sentido proprioceptivo concreto] como é ter uma postura correta, e só então pode chamar a ideia necessária para a execução devida. O ato tem de vir antes do pensamento, e o hábito antes da capacidade de invocar o pensamento a qualquer momento. A psicologia comum inverte o estado real das coisas" (MW14:25-26).

Não reconhecer o elo essencial entre vontade e hábito "só leva à separação de mente e corpo" que solapa o status "científico" (nos trechos em que Dewey quer assustar) tanto da "psico-análise" e das teorias dos "fisiologistas dos nervos". Se a primeira erradamente "julga que os hábitos mentais podem ser corrigidos por alguma espécie de manipulação puramente psíquica, sem tratar de (...) conjuntos corporais ruins", os últimos falsamente creem "que basta localizar uma célula particularmente doente, ou uma lesão local, independente do complexo inteiro de hábitos orgânicos, para retificar a conduta" (MW14:27). Essa crítica científica não só da psicanálise (pela qual Dewey tinha pouco respeito – sobretudo por causa de sua ênfase no inconsciente, no sexual e no passado) mas também da neurofisiologia (que ele obviamente respeitava) deve ser entendida à luz de sua defesa, ardentemente repetida e ainda assim perseguida, do status científico do trabalho de Alexander – o fato de esse não conseguir obter aceitação científica consensual desapontava muito Dewey, se é que também não o envergonhava.[17]

Em William James, a defesa da vontade livre não corporificada é complementada pela observação de que a introspecção somática constitui uma distração e um risco para a vida prática. Assim, ao insistir num curso de ação, apenas "confie em sua espontaneidade", instava e deixe o hábito trabalhar por você. Não apenas "quanto menos pensamos na posição de nossos pés sobre uma viga, melhor

---

[17] Ver Jones, *Body Awareness in Action*, 104-105, que também descreve como alguns colegas de Dewey "sorriam" diante da "ingênua" adesão do filósofo à teoria de Alexander, considerando-a um erro de julgamento ou até uma "superstição" (98). Admitindo que Alexander não fazia "uma grande demonstração de terminologia técnica científica de fisiologia, anatomia e psicologia", Dewey entedia isso como uma virtude de "sinceridade e cuidado" que não comprometiam o status científico da obra. Ele dizia, antes, que "o ensinamento de Alexander é científico no sentido mais estrito da palavra", demonstrado por "suas consequências em operação... [que podem] ser verificadas experimentalmente pela observação" e pelo modo como se pode demonstrar que essas consequências derivam logicamente dos "princípios gerais" de sua teoria: assim, ela "satisfaz os mais rigorosos critérios do método científico" (MW15: 311, 313).

andamos sobre ela", mas a consciência somática reflexiva também tem uma "influência inibidora" sobre nossa vontade que frustra a ação, solapa a "vitalidade", e diminui nossa "tolerância à dor", diminuindo assim nossas eficácia e energia.[18] Contudo, uma vez que reconheçamos que a vontade está profundamente emaranhada ao hábito, temos de apreciar como a inibição pode nos ajudar a superar os maus hábitos que se expressam (e se reforçam) no comportamento espontâneo e que frustram nossa vontade. Além de reprimir as reações habituais, a inibição cria um espaço para a consciência reflexiva anterior à ação, de modo que os hábitos podem ser monitorados e corrigidos. De modo análogo, uma vez que reconheçamos que a vontade é essencialmente corporificada, podemos ver como a reflexão somaestética oferece um instrumento valioso para o aprimoramento da ação voluntária e assim melhora a vida prática. Convencido pela obra de Alexander dessas lições cruciais, Dewey divergiu radicalmente de James ao exaltar os méritos práticos da consciência somática reflexiva e de suas valiosas funções inibidoras, ainda que, como James, fosse particularmente atento para os riscos da introspecção.[19]

Dewey ecoa o ambicioso argumento de Alexander de que o cultivo da autoconsciência somática é necessário para "promover nosso crescimento construtivo e nossa felicidade", porque é essencial para o

---

[18] William James, *PP*, 1128; "The Energies of Men", em *William James: Writings 1902-1910*, ed. Bruce Kuklick (Nova York: Viking, 1987), 1225-1226. *Talks to Teachers on Psychology and to Students on Some of Life's Ideals* (Nova York: Dover, 1962), 109.

[19] Ao confessar a um amigo que, "por ser muito introspectivo por natureza, tive de aprender a controlar a direção que ela toma", Dewey expressa um desconforto peculiar a respeito da "introspecção autobiográfica... pois ela não me faz bem". Ver sua carta a Scudder Klyce, citada em Rockefeller, *John Dewey*, 318. A ideia de Dewey de controlar a direção da introspecção sugere a distinção útil entre a reflexão somática disciplinada para o autoconhecimento e as ruminações pessoais descontroladas sobre a própria vida.

aprimoramento do autouso e porque o autouso é essencial para nosso uso de todos os demais instrumentos de que dispomos. "Ninguém negaria que nós mesmos entramos como agência em qualquer coisa tentada e realizada por nós (...) Mas a coisa que temos mais dificuldade em atentar é aquilo que está mais próximo de nós, aquilo que é mais constante e familiar. E esse 'algo' mais próximo somos precisamente nós mesmos, nossos próprios hábitos e modos de fazer as coisas", por meio de nossa agência prima do corpo-mente. Entender e redirecionar seu funcionamento demanda uma "consciência sensorial" e um controle atentamente autorreflexivos. A ciência moderna desenvolveu toda espécie de instrumentos úteis para influenciar nossos ambientes. Mas "aquele fator que é o instrumento primário no uso de todos esses outros instrumentos, isso é, nós mesmos, ou, em outras palavras, nossa própria disposição psico-física, enquanto condição básica do emprego de todas as agências e energias" também precisa ser "estudado como instrumentalidade central" (MW15:314-315). Sem "o controle de nosso uso de nós mesmos, conclui Dewey em sua introdução a *The Use of the Self*, "o controle que obtivemos das energias físicas (...) é algo arriscado", e a autopercepção somática aprimorada é necessária para esses autocontrole e autouso inteligentes (*LW*6:318).

Se a consciência somática reflexiva é essencial para entender e corrigir hábitos, e portanto, para aprimorar o autouso, então a inibição é um instrumento igualmente crucial dessa reforma, pois precisamos inibir os hábitos problemáticos para criar a oportunidade de analisá-los e transformá-los em hábitos melhores. De outro modo, esses hábitos arraigados continuariam a ser reforçados em nosso comportamento irrefletido espontâneo. Alexander portanto enfatiza "o processo de inibição enquanto fator primário fundamental em [sua] técnica": "o processo inibidor tem de assumir o primeiro lugar, e de permanecer o fator primário": "ordens preventivas" são as ordens "primárias", cuja repressão e destruição dos antigos hábitos proporciona a limpeza necessária para o ensinamento de hábitos ou modos de ação novos e melhores (*CCC*, 152, 161, 186). Alexander de fato considera nossas "faculdades intelectuais de inibição" aquilo que "marca a diferenciação do homem do mundo animal" e ressalta as capacidades humanas de "raciocínio" e de liberdade (*MSI*, 35). Aquilo que acriticamente presumimos ser a liberdade de ação espontânea está na verdade aprisionada pelas correntes do hábito, que nos impedem de agir de outro jeito, e até de empregar nosso corpo de maneiras diferentes para realizar o mesmíssimo tipo de ação, mas melhor, ou de outro jeito.

Assim, a verdadeira liberdade da vontade envolve sua emancipação da servidão da espontaneidade ao hábito irrefletido, de modo que seja possível fazer com o próprio corpo aquilo que realmente se quer fazer. Essa liberdade não é um dom inato, mas uma habilidade adquirida, que envolve o domínio do controle inibidor e também ação positiva. Como diz Dewey, "A verdadeira espontaneidade é portanto não um direito de nascença, mas o último estágio, a conquista final, de uma arte – a arte do controle consciente", uma arte que envolve "a necessidade incondicional da inibição dos atos costumeiros, e a tremenda dificuldade mental encontrada em não 'fazer' algo assim que um ato habitual é sugerido" (*MW*11:352; *LW*6:318). Essas dificuldades inibidoras, que ele reconheceu pela primeira vez por meio de seu treinamento com Alexander, foram descritas por Dewey como "a experiência mais humilhante de [sua] vida, intelectualmente falando" (*LW*6:318).

O papel crucial da inibição na liberdade foi recentemente confirmado por estudos experimentais de neurociência (criados por Benjamin Libet) que mostram que a ação motora depende de eventos neurológicos que ocorrem antes que estejamos conscientes de que decidimos fazer um movimento, ainda que sintamos que foi nossa decisão consciente que iniciou o movimento.[20]

---

[20] Ver Benjamin Libet, "Unconscious Cerebral Initiative and the Role of Conscious Will in Voluntary Action", *Behavioral and Brain Sciences*, 8 (1985): 529-66, citações de 529, 536; "The Neural Time-Factor in Perception, Volition and Free Will", *Revue de Métaphysique et de Morale*, 2 (1992): 255-272; "Do We Have Free Will?", *Journal of Consciousness Studies*, 6 (1999): 47-57; "Can Conscious

Um experimento mostra que, em média, 350 milissegundos (ms) antes de as pessoas estarem conscientes de decidir, ou de ter um impulso, ou de movimentar os pulsos, seus cérebros já estavam envolvidos na preparação dos processos motores da realização do movimento (essa atividade cerebral é conhecida como "potencial de prontidão". Passavam-se então 200 ms em média entre a decisão consciente de realizar o movimento e o ato efetivo de mover-se, dos quais, logo antes do movimento, cerca de 50 ms são tomados pela atividade neural que desce do córtex motor até o pulso. Se os atos voluntários de movimento são realmente iniciados "por processos cerebrais inconscientes que começam (...) antes da aparição da intenção consciente", então como podemos falar de controle consciente do movimento e de exercício consciente do livre-arbítrio? Libet, porém, afirma a existência dessas faculdades voluntárias conscientes, exatamente por causa de nossa capacidade inibidora de "vetar" esse ato entre o momento em que o percebemos e sua efetiva implementação: "a decisão definitiva de agir ainda poderia ser controlada conscientemente durante os aproximadamente 150 ms que sobram depois da aparição da intenção consciente" e antes de sua "realização motora". O livre-arbítrio, por essa explicação, consiste essencialmente num livre "não farei". Ainda que o conceito geral de ação voluntária e de livre-arbítrio não deva ser limitado a esse modelo inibidor (com seu foco em movimentos experimentais "abstratos" não situados), as descobertas de Libet trazem confirmação científica à ênfase de Alexander na inibição para o exercício do controle construtivo consciente da performance motora.

Essencial não só para a repressão de hábitos problemáticos a inibição é necessária também para a própria eficácia da reflexão somática que permite que observemos nosso comportamento com precisão,

---

Experience Affect Brain Activity?", *Journal of Consciousness Studies*, 10 (2003): 24-28; e P. Haggard e B. Libet, "Conscious Intention and Brain Activity", *Journal of Consciousness Studies*, 8 (2001): 47-63.

de modo que possamos inibir o hábito problemático e trocá-lo por um modo superior de resposta. Não podemos alterar de modo confiável nossas ações se não realmente sabemos aquilo que estamos efetivamente fazendo, mas a maioria de nós está bastante desapercebida de nossos modos habituais de comportamento corporal. Qual pé você usa para dar o primeiro passo ao andar; qual de suas pernas suporta mais peso ao ficar de pé; sobre qual nádega você repousa mais ao sentar-se; onde inicia a ação de pegar uma xícara – na mão, no cotovelo, na junta do ombro, na pélvis, na cabeça? Não estamos nem um pouco inclinados a prestar atenção nessas coisas, porque, como criaturas ativas que lutam para sobrevier e crescer dentro de um certo ambiente, nossa atenção contínua é habitualmente direcionada primariamente para outras coisas nesse ambiente, que afetam nossos projetos, e não nossas partes, movimentos e sensações corporais. Por boas razões evolucionárias, habituamo-nos a responder diretamente a eventos externos, em vez de analisar nossos sentimentos interiores; a agir em vez de observar cuidadosamente, e buscar impulsivamente os fins em vez de parar e estudar os meios corporais de que dispomos. A força inibidora é portanto necessária até para romper nossos hábitos de prestar atenção em outras coisas, de modo que possamos manter a concentração na consciência somática reflexiva.

    Essa consciência é capaz de discernir melhor as sensações somáticas subjacentes e os movimentos despercebidos quando está livre da influência da ação que demanda esforço, pois essa ação (assim como qualquer estímulo forte) produz suas próprias sensações fortes, que elevam o nível necessário para que outros fatores somáticos sejam detectados. Essa informação, articulada na lei Weber-Fechner da psicofísica, é óbvia a partir da experiência comum. Ouvimos sons no silêncio da noite que não conseguimos ouvir no alvoroço barulhento da hora do *rush*. É muito mais difícil perceber a sutil pressão do chapéu que se usa enquanto se retira vigorosamente a neve do que quando se está calmamente em repouso. O mesmo princípio está por trás da meditação *zazen*. Realizada enquanto se está simplesmente sentado quieto (e por isso muitas vezes caracterizada por seus mestres como "simplesmente sentar-se" – *shikan taza*), sua posição de tranquila ausência de ação esforçada, voltada para algum fim, permite a concentração mais clara, fixa e exclusiva na respiração, interrompendo assim os hábitos mentais de pensamento associativo.[21] Claro que o *zazen* paradoxalmente exige seu próprio esforço de concentração, e o cioso controle inibidor para chegar a essa atividade meditativa de inação que mestre Dōgen descreve como "sentando-se fixamente, pense em não pensar", assim como o trabalho de Alexander envolve um pensamento esforçado a respeito de não agir.[22] A inibição é particularmente difícil quando se lida com pensamentos de ação, já que o pensamento mesmo de uma ação tende a causar aquela ação.

Como exatamente a Técnica Alexander emprega a inibição em sua reconstrução de hábitos e no domínio do controle consciente? Seu distinto uso educativo da inibição não é só estritamente dirigido à ação particular do mau uso que necessita ser corrigido, mas é na verdade instilada como princípio geral que pode ser aplicado também a outras ações, e que guia globalmente o devido uso do eu que o professor deseja instilar em seu aluno. Considere o caso de um golfista que habitualmente tire seu olho da bola por levantar a cabeça. Sua professora da Técnica Alexander não irá apenas dizer que ele tem de inibir o levantamento da cabeça e pedir que balance o taco enquanto inibe esse levantamento. Ela vai na verdade instruí-lo positivamente a respeito de como posicionar seu pescoço e sua cabeça na hora de balançar, e então dizer-lhe que, quando lhe der essas ordens-guia de manter-se nessa posição enquanto balança, "ele não deve tentar cumpri-las"; "pelo contrário, *deve inibir o desejo de fazê-lo no caso de cada ordem que lhe for dada*" (CCC, 152-153). Em

---

[21] Como diz Dōgen, "para buscar a pérola da iluminação, temos de acalmar as ondas" porque pode ser difícil de enxergar a pérola em águas turbulentas. Ver *Dōgen's Mannuals of Zen Meditation*, trad. Carl Bielefeldt (Berkeley: University of California Press, 1988), 183.

[22] *Ibid.*, 181.

vez de responder ao comando, o aluno "deve na verdade projetar as ordens-guia como lhe foram orientadas enquanto o professor, simultaneamente, por meio da manipulação, fará os ajustes de cabeça necessários e dará as coordenadas necessárias, dessa forma reproduzindo o movimento ou movimentos necessários para o aluno e dando-lhe o novo reconhecimento sensorial confiável e a melhor oportunidade possível de conectar as diferentes ordens-guia antes de colocá-las em prática (*CCC*, 153).

Esse método também treina o aluno a inibir de modo mais profundo e extensivo a tendência à "busca dos fins" direta, que incentiva os maus hábitos e que é tão prejudicial para a auto-observação e para o autouso, ao mesmo tempo que instila em seu lugar o hábito de "prestar atenção aos *meios pelos quais* esse 'fim' pode ser atingido" (*CCC*, 153; cf. *US*, 28-33). Ao pedir que o aluno ensaie mas *não* siga as ordens-guia, o professor também diminui a ansiedade do aluno, que na maior parte dos casos terá o hábito de sentir-se psicologicamente pressionado toda vez que lhe pedirem para realizar qualquer objetivo de movimento que lhe seja mandado por seu professor, que, no contexto da instrução, é uma figura de autoridade. Relaxado em relação à exigência da performance, o aluno pode concentrar-se melhor, calmamente, nos meios posturais e em senti-los, quando o professor os realiza no aluno por meio de manipulações físicas. Por meio de seu treino atento, ele acabará aprendendo a projetar para si próprio essas ordens-guia ou meios. Uma vez que essas instruções tenham sido suficientemente digeridas, o professor então dirá ao aluno que é possível responder às ordens-guia por meio da efetiva performance do ato ordenado. O aluno então continuará a projetar as instruções-guia para si próprio, mas ao mesmo tempo vai parar para um momento crítico de decisão, a partir do qual ou implementará a ação tal como foi instruída, ou abster-se-á dela, ou vai realizar uma ação completamente diferente, projetando o tempo inteiro as instruções-guia. Desse modo, "os meios pelos quais" podem ser claramente distinguidos, buscados e apreciados enquanto objetivo ou fim (provisório), em vez de estar totalmente subordinados ao fim inicial da ação, preocupação que incentiva os maus hábitos da "busca dos fins" que promovem o mau uso do eu.

A partir de sua própria experiência de autotransformação e de seu trabalho subsequente com outras pessoas, Alexander diz que o foco inicial desse treinamento da coordenação postural deveria estar na área da cabeça e do pescoço. É ali que ele identifica o "controle primário do uso do eu, que governa o funcionamento de todos os mecanismos, tornando assim o controle do complexo organismo humano algo relativamente simples". "Esse controle primário", continua Alexander, "depende de um certo uso da cabeça e do pescoço em relação ao uso do resto do corpo, e uma vez que o aluno tenha inibido a má instrução instintiva que leva a uso habitual defeituoso, o professor pode começar o processo de construção do novo uso dando ao aluno a instrução primária para o estabelecimento desse controle primário" (US, 32). Como explicado acima, o aluno então projetará essa instrução, mas não agirá em função dela; em vez disso, deixará que as mãos do professor produzam a postura ou movimento correspondentes desejados que "ainda que inicialmente estranha, tornar-se-á familiar com a repetição" (ibid.). Uma vez que esse controle primário tenha sido estabelecido, obtém-se a chave fundamental para a coordenação, de modo que o professor pode dar outras instruções ao aluno (por exemplo, como usar seus pulsos para balançar o taco). Mas o aluno "tem de manter a instrução primária enquanto projeta" essas instruções secundárias "e enquanto o professor produz a atividade correspondente" (US, 33). Enquanto o controle primário for mantido, afirma Alexander, o indivíduo será capaz de usar a si próprio de modo mais consciente e habilidoso, assim permitindo-se aprender com maior rapidez e facilidade quaisquer modos específicos de "meios pelos quais" somáticos que ele ou seu professor descubram. O foco insistente no controle primário é a razão por que a Técnica Alexander não emprega a perscrutação corporal, já que a concentração em outra coisa "desviaria do controle primário, isso é, do monitoramento da relação cabeça-pescoço".[23]

Alexander identificava "esse controle primário" com a importante descoberta de Rudolph Magnus (em 1924) de um "controle central" anatômico no cérebro (US, 32) que governava o reflexo de correção e todas as coordenações posturais reflexivas, mecanismo que Magnus denominou *Zentralapparat*.[24] Ainda que tenha enfatizado frequentemente a importância da postura da cabeça e do pescoço em seu trabalho anterior, Alexander não usou o termo "controle primário" antes que a teoria de Magnus ficasse bastante conhecida. Assim, ele pode ter introduzido esse termo justamente para dar à sua própria teoria maior credibilidade científica por meio da identificação com a pesquisa de Magnus, que ele nunca demonstrou ter entendido profundamente. Dewey, sempre preocupado com a respeitabilidade científica do trabalho de Alexander, entusiasticamente endossou essa identificação, ao mesmo tempo que sugeria que a descoberta de Alexander era anterior e mais potente por causa de seu conhecimento *experienciado pessoalmente*. "Magnus provou por aquilo que pode ser chamado de dados *externos* à existência de um controle central no organismo. Mas a técnica de Mr. Alexander ofere-

---

[23] Ainda que eu tenha observado isso em minha própria experiência com a Técnica Alexander, cito em confirmação um e-mail (de 26 de março de 2003) de Galen Cranz, profissional da Técnica que também fez algumas perguntas para mim entre suas colegas. Cranz é autora de um livro ótimo, *The Chair: Rethinking Culture, Body and Design* (Nova York: Norton, 2000), que aplica os princípios de Alexander numa rigorosa análise desse instrumento comum de sentar, que, apesar de parecer tão inocente, pode ser surpreendentemente prejudicial a nossa postura e a nossa saúde.

[24] Rudolph Magnus, *Körperstellung* (Berlim: Springer, 1924). Alexander não falava alemão e baseou-se em explicações e em traduções de seus amigos médicos para sua impressão desse livro, que não foi publicado em tradução inglesa até 1987, como *Body Posture: Experimental-Physiological Investigations of the Reflexes Involved in Body Posture, Their Cooperation and Disturbances* (Springfield, VA: National Technical Information Service, 1987). Minhas referências de página entre parênteses remetem a essa edição inglesa, doravante *K*.

ceu uma confirmação direta e íntima na experiência pessoal do fato do controle central muito antes de Magnus ter realizado suas investigações. E quem quer que tenha tido experimentado a técnica *conhece-a* por meio da série de experiências que tem. O caráter genuinamente científico do ensinamento e das descobertas de Mr. Alexander pode repousar seguramente apenas sobre esse fato" (*LW*6:317).

Magnus define o *Zentralapparat* como "um complicado aparato nervoso central que governa toda a postura corporal de modo coordenado", localizado "no tronco cerebral, da medula cervical superior ao mesencéfalo (...) Esse é o aparato tocado pelo córtex cerebral, assim como melodias complicadas são tocadas num piano" (*K*, 653). Ele oferece, em outras palavras, a base da estabilidade postural irrefletida e da coordenação reflexiva, que permite a ação propositada superior que "só pode ser realizada quando o telencéfalo está intacto" (*K*, 4). Há óbvias semelhanças entre a ideia de Alexander de controle primário e o *Zentralapparat* de Magnus, já que ambas se voltam para a área do pescoço e da cabeça e servem de controle coordenador primário, em que os demais comportamentos coordenativos têm de basear-se. Mas também há claras diferenças entre as duas ideias. Magnus identifica um *mecanismo anatômico* no tronco cerebral, e Alexander fala de um *uso comportamental* de manutenção de uma certa relação postural entre a cabeça e o pescoço e o resto do corpo. O controle de Magnus está relacionado a *reflexos automáticos, irrefletidos*, e o de Alexander é uma função do *controle consciente refletido*, que ressalta o pensamento racional, a inibição distintamente consciente, e a percepção metódica da vontade na ação deliberada, e tudo isso vai além do *Zentralapparat* por exigir o córtex cerebral intacto.[25]

---

[25] Magnus observa que sem um córtex cerebral intacto, um animal com um *Zentralapparat* funcional é capaz de ficar de pé por conta própria, andar instintivamente e dar respostas reflexivas a estímulos externos, mas não consegue iniciar ações voluntárias, que Magnus chama de "movimentos espontâneos"; "sempre são necessários estímulos externos para colocar o animal em movimento" (*K*, 4).

IV

Desconfortos da Teoria Postural de Alexander

Ainda que nunca tenha se ocupado seriamente da pesquisa de Magnus e de outros cientistas, o trabalho de Alexander foi elogiado por Dewey como algo cognitivamente superior ao deles por tratar do organismo vivo integral em situações da vida real – isto é, "condições comuns da vida – levantar, sentar-se, andar, usar os braços, as mãos a voz, ferramentas, instrumentos de toda espécie", enquanto os fisiologistas estudam partes ou ações isoladas do corpo em condições "artificiais" de laboratório. Analogamente, o mero conhecimento teórico do anatomista da coordenação muscular é contrastado com a especialidade realizável concreta de obter e ensinar a coordenação, que, diz Dewey, é conhecimento "no sentido completo e vital da palavra" (*LW*6:316-317). Essa defesa, porém, não redime o fato de Alexander não ter discutido a ciência contemporânea relacionada à postura, ao movimento e à mente. Não há razão por que uma abordagem somática prática e experiencial não possa também expressar, explicar e enriquecer-se empregando utilmente o que há de melhor no conhecimento científico contemporâneo, como vemos, por exemplo, no trabalho de Moshe Feldenkrais, que é rico em explicações baseadas na anatomia, na fisiologia e na psicofísica.[26] Um pluralismo pragmático incentivaria essa expressão interdisciplinar. Pior, porém, é a recusa teimosa de Alexander de fazer (e até de permitir) a exploração e o teste de suas teorias por meio de técnicas científicas padrão de experimentação e de análise. Essa atitude – que vai contra os compromissos de Alexander com a racionalidade e com a flexibilidade – acabou por exasperar o próprio Dewey, ainda que ele só expressasse sua frustração em particular.[27]

---

[26] Ver, por exemplo, Moshe Feldenkrais, *Body and Mature Behavior: A Study of Anxiety, Sex, Gravitation and Learning* (Londres: Routledge and Kegan Paul, 1949).

[27] Por exemplo, numa carta para Frank Jones, Dewey diz que a atitude negativa de Alexander em relação a testes científicos é produto de "preconceitos obstinados prematuros – cuja formação ou persistência é imediatamente

Se a inibição e o controle primário constituem dois pilares-chave da Técnica Alexander, sua obra também se baseia num compromisso com o valor supremo e com a força potencialmente ubíqua da consciência racional, um ideal de controle consciente total. Expressando a visão evolucionária de Alexander do progresso humano por meio da "inibição racional" consciente, ela alimenta a paixão melhorista de seu projeto: "não existe função do corpo que não possa ser colocada sob o controle da vontade consciente (...) e digo ainda que, pela aplicação desse princípio de controle consciente, pode surgir com o tempo um domínio completo do corpo, que resultará na eliminação de todos os defeitos físicos" (*CCC*, 44; *MSI*, 56). Esse "controle consciente total de todas as funções do corpo", insiste, não envolve nenhum "transe" (*MSI*, 41), mas exige, sim, o uso da consciência inibidora e reflexiva para a obtenção e uma autopercepção somática que pressupõe a possibilidade de observar todas as funções corporais. Essa possibilidade é crucial, porque, segundo os princípios de Alexander, só conseguimos controlar conscientemente aquilo de que estamos conscientes, pois, caso contrário, não temos como observar e inibir isso.

Percebendo que a vida seria impraticável se tivéssemos de refletir sobre cada movimento, Alexander admite o valor de hábitos positivos que funcionem irrefletidamente abaixo de nossa consciência concentrada. Mas ressalta que a essência desses hábitos positivos é que eles são sempre acessíveis pela consciência, que pode monitorá-los e revê-los. Todo o seu projeto de reconstrução dos hábitos é voltado para transformar hábitos ineficientes, "desconhecidos" e portanto incontroláveis em hábitos que são eficientes e adaptáveis porque

---

compreensível em relação a qualquer teoria, exceto em relação à dele mesmo". Ver Jones, *Body Awareness in Action*, 105. Uma biografia recente de Dewey indica que Dewey conseguiu convencer a Macy Foundation a bancar uma investigação científica da Técnica Alexander, mas que os irmãos Alexander recusaram-se a cooperar e opuseram-se à iniciativa. Ver Thomas C. Dalton, *Becoming John Dewey: Dilemmas of a Philosopher and a Naturalist* (Bloomington: Indiana University Press, 2002), 233.

são essencialmente governados pelo "controle consciente", ainda que nem sempre estejam focalizados pela autoconsciência reflexiva. Ainda que "funcionem de modo quieto e discreto" abaixo do nível da consciência, os bons hábitos podem ser fiscalizados e alterados pelo controle consciente "a qualquer momento que isso seja necessário" (*MSI*, 90-92). Assim, Alexander insiste que seu "método se baseia (...) na aceitação completa da hipótese de que cada movimento pode ser dirigido e controlado conscientemente" (*MSI*, 199).[28]

No entanto, como seria possível essa transparência total? Não apenas notamos as dificuldades práticas de manter a atenção e a acuidade perceptiva numa perscrutação corporal detalhada e precisa, mas a própria estrutura de figura/fundo que é essencial para qualquer consciência concentrada implica que sempre haverá algo no plano de fundo somático da consciência que estrutura essa consciência mas que não aparece como objeto em seu campo. Mesmo que cada elemento somático particular estivesse disponível em princípio para essa percepção e esse controle atentos (o que por si é uma hipótese questionável), alguma parte ou função corporal sempre escapará a nossa atenção enquanto nos concentramos em outra parte ou prestamos atenção em outra coisa.

Dewey reconhecia essas limitações da reflexão consciente quando enfatizava a imediatez indescritível e reflexivamente inapreensível

---

[28] Talvez se pudesse, em princípio, controlar consciente mas indiretamente as funções somáticas de que não se está alerta, se essas funções estiverem relacionadas de modo essencial e estável a funções das quais se está realmente consciente e se pode controlar. Na seção "Notes and Instances" ["Notas e Instâncias"], perto do final de *Man's Supreme Inheritance*, Alexander parece reconhecer essa opção de controle indireto, ao mesmo tempo que admite que "pode não ser possível controlar diretamente" cada parte do corpo (por exemplo, "cada parte distinta das vísceras abdominais") e cada função corporal (por exemplo, "as funções automáticas inferiores"). Contudo, ele não questiona que se pode estar diretamente consciente de todas essas partes e funções. Ver *MSI*, 291-292.

do sentimento qualitativo como cola essencial que dá coesão a uma experiência mas que não pode ser isolada como um de seus elementos, já que essa qualidade imediatamente experienciada é exatamente aquilo que informa a própria atenção a esses elementos e que viabiliza nossa percepção e identificação deles como elementos. Esses sentimentos imediatos, insiste Dewey, são *tidos* mas não conhecidos, e no entanto subjazem a todos os nossos esforços de pensar e conhecer.[29] "É indispensável o mecanismo" irreflexivo do hábito, porque "se cada ato tiver de ser conscientemente procurado a cada momento e realizado intencionalmente, a execução será dolorosa, e o resultado, tosco" (*MW*14:51). A razão e a consciência, além disso, não podem ser consideradas entidades autônomas para o controle do hábito, porque elas também emergem dos hábitos, e não têm qualquer existência real separadas deles. Para Dewey, "os hábitos formados no processo do exercício de aptidões biológicas são os únicos agentes de observação, memória, previsão e julgamento: uma mente ou consciência ou alma em geral que realiza essas operações é um mito. Os hábitos concretos fazem todo o perceber, reconhecer, imaginar, recordar, julgar, conceber e raciocinar que se faz" (*MW*14:123-124). E também fazem o trabalho de inibir outros hábitos. É portanto errado, dizia Dewey, opor o hábito à razão e ao controle consciente. A verdadeira oposição é entre hábitos "rotineiros", não inteligentes, e "hábitos inteligentes ou artísticos", "fundidos com o pensamento e com o sentimento", entre o hábito fixo e cego e o "hábito flexível e sensível" (*MW*14:51-52). A arte da reflexão somática e do controle consciente é portanto ela mesma um hábito sofisticado e inteligente que emerge de um plano de fundo de inúmeros outros hábitos e os coordena, hábitos que constituem o grupo em desenvolvimento de "atitudes, hábitos e impulsos

---

[29] Ver John Dewey, "Qualitative Thought", em *LW*5:243-262; e *Logic: The Theory of Inquiry*, *LW*12:73-76. Para uma discussão crítica dos argumentos que esse sentimento qualitativo imediato proporciona para a unidade subjacente necessária para a coerência de *todo* o nosso pensamento, ver, de minha autoria, *Practicing Philosophy* (Nova York: Routledge, 1997), 162-166.

complexos, instáveis, contrários" que chamamos de eu. "Não existe um eu pré-pronto por trás das atividades [de uma pessoa]", e nenhuma autoconsciência capaz de monitorá-las todas (MW14:96).

É pena que Dewey não tenha questionado o ideal de transparência absoluta e de controle consciente em suas discussões do trabalho de Alexander. Sua celebração da teoria de Alexander do "controle primário" e sua identificação dela com o *Zentralapparat* é também infeliz. "Essa descoberta (...) de um controle central que condiciona todas as outras reações", alegra-se Dewey, "coloca o fator condicionante sob o direcionamento consciente e capacita o indivíduo em suas próprias atividades coordenadas a tomar posse de suas próprias potencialidades" (LW6:319). Mas o controle central de Magnus não era de jeito nenhum uma questão de "direcionamento consciente" ou de "conquista final (...) [da] arte do controle consciente" (MW11:352); era um mecanismo instintivo e inconsciente, usado até mesmo por animais que haviam sofrido bastante dano cerebral, caso uma área-chave de seu sistema cerebral estivesse funcionalmente intacta.

Mais preocupantes do que suas diferenças em relação a Magnus são as limitações intrínsecas da ideia de Alexander de controle primário, uma intuição desfigurada pelo exagero. Ainda que a postura da cabeça e do pescoço seja extremamente importante para nosso funcionamento sensório-motor, é bastante obscuro que o "direcionamento primário" particular defendido por Alexander como controle essencial primário – isto é, manter a cabeça para a frente e para cima – seja sempre o fator mais indispensável, primal e dominante para a realização de todos os nossos movimentos. Em muitas posições de descanso calmo, é óbvio que não há nenhuma necessidade de manter a cabeça para a frente e para cima para obter regularidade em nossos movimentos respiratórios, e é ainda mais óbvio que não há necessidade de controle consciente dessa posição. Mesmo em movimentos conscientemente deliberados, como rolar na cama, a orientação postural da pélvis (ou de outras partes do corpo) pode ser tão ou mais importante do que manter a cabeça para cima e para a frente; de fato, para alguns movimentos (como o de engolir), jogar a cabeça para trás pode ser mais vantajoso.

Não estou contestando aqui a importância primal da área da cabeça e do pescoço para a postura e para o funcionamento sensório-motor corretos. Essa área contém não apenas o cérebro, os órgãos da visão, da audição, do paladar e o sistema vestibular do ouvido interior (que proporciona a estabilidade da postura e do olhar), mas também as duas primeiras vértebras cervicais (o atlas e o áxis), cujas articulações e ligamentos e músculos associados são aquilo que nos permite erguer, abaixar e girar a cabeça, dando assim maior escopo aos órgãos sensoriais dos olhos, ouvidos, nariz e boca. A insistência de Alexander em manter a cabeça para a frente e para cima é brilhantemente perspicaz para posturas ou movimentos relacionados a manter-nos eretos e equilibrados, em que os mecanismos sensoriais na cabeça e no pescoço são de importância crucial. Mas outras partes do sistema nervoso do corpo – com destaque para os receptores do toque na pele – também desempenham um papel significativo nessas questões de equilíbrio e de orientação corporal, como mostrado por experimentos neurofisiológicos recentes. "A informação háptica vinda do contato das mãos pode ter um efeito profundamente estabilizador sobre a postura corporal", até mesmo sobrepujando ou corrigindo deficiências no sistema nervoso vestibular e visual, que poderiam levar a uma queda.[30] Também se descobriu que os dados cutâneos sensoriais da

---

[30] Ver J. R. Lackner e Paul A. DiZio, "Aspects of Body Self-Calibration", *Trends in Cognitive Science*, 4 (2000): 279-288, citação à p. 282. Lackner e seus colegas também mostraram a contribuição das sensações táteis de outras partes do corpo na orientação corporal. Seus experimentos de "espeto" demonstraram que, quando os participantes eram privados de indicações visuais e vestibulares ao serem girados horizontalmente por uma máquina no escuro, a pressão do toque em diferentes partes do corpo criava sensações muito diferentes de orientação corporal. Por exemplo, a pressão nos glúteos induzia a sensação de sentar-se e de rodar; a pressão nos pés, de ficar nas pontas dos pés e de girar verticalmente. Ver também Berthoz, *The Brain's Sense of Movement*, 106, que

região plantar do pé, e os dados proprioceptivos do tornozelo guiam a postura, de modo que o estímulo dessas áreas pode gerar desequilíbrios no corpo inteiro.[31]

Em suma, em vez de uma dependência absoluta em uma única posição central de cabeça e de pescoço, o domínio humano do controle postural depende da "integração de informações multissensoriais" vindas de diversas áreas do corpo.[32] Isso não apenas oferece alguma redundância de informações posturais, permitindo que um indivíduo funcione quando um canal sensorial está bloqueado ou prejudicado. A complexa combinação de dados sensoriais parcialmente coincidentes relacionados à postura também permite um *feedback* mais comparativo da orientação corporal e por isso uma sistema mais preciso e afinado do controle postural. A filosofia somática e a terapia reconstrutiva devem respeitar esse pluralismo.

Um corolário prático é que a consciência somática não deve estar sempre estrita ou primariamente concentrada no controle primário de Alexander. Deveríamos, em vez disso, direcioná-la para quaisquer partes e posturas corporais que demandem atenção para que se obtenha o ajuste funcional. Isso, creio, é a razão pela qual as perscrutações corporais são particularmente úteis. Trabalhar no controle primário de manter a cabeça para a frente e para cima não vai automaticamente relaxar uma caixa torácica rígida ou uma pélvis congelada ou aumentar a flexibilidade de tornozelos duros e de dedos do pé cronicamente contraídos. Por outro lado, trabalhar essas áreas pode muitas vezes ser uma boa preliminar para fazer ajustes na postura da cabeça e do pescoço. Como aprendi com minha prática do Método Feldenkrais, se a área da cabeça e do pescoço de um dado indivíduo

---

observa como o reflexo de correção postural dos animais pode ser impedido aplicando pressão no flanco.

[31] Ver A. Kavounoudias, R. Roll, e J.-P. Roll, "Foot Sole and Ankle Muscle Inputs Contribute Jointly to Human Erect Posture Regulation", *Journal of Physiology*, 532.3 (2001), 869-878.

[32] *Ibid.*, 870.

já estão associadas à dor, ao estresse e à rigidez por causa de um histórico de mau uso, lesões e hipertensão, então um foco imediato de intensa atenção ou manipulação ali provavelmente vai só aumentar a tensão, a ansiedade ou a dor da pessoa. Isso solaparia nossos objetivos terapêuticos e educacionais de relaxar a tensão problemática e de produzir uma percepção maior da sensação desse relaxamento e de como ele pode ser induzido. Nesses casos, é mais prudente começar direcionando a atenção somática para áreas menos sensíveis do corpo, em que o indivíduo tratado pode fazer experimentos (numa zona de maior conforto) com os ajustes e as sensações do relaxamento e da flexibilidade. Uma vez que esses métodos e sentimentos tornem-se familiares, podem ser facilmente estendidos à área mais problemática da cabeça e do pescoço.

O corpo vivo e movente constitui um campo complexamente integrado e dinâmico, e não um sistema simples, estático e linear. Ainda que certas partes sejam mais básicas ou essenciais do que outras no controle motor, a atenção somaestética não pode ficar confinada a uma única região do corpo ou a uma única relação definida como "controle primário". Ela requer o pluralismo pragmático que James enfatizava maximamente e que Dewey geralmente defende.

A Técnica Alexander volta-se sobretudo para a postura ereta, e Dewey aprecia sua importância crucial.[33] Não há como contestar que essa postura essencialmente moldou a experiência humana e até

---

[33] Além de seu envolvimento com o trabalho de Alexander sobre ereção, Dewey esteve envolvido muito de perto com a pesquisa empírica da psicóloga desenvolvimentista Myrtle McGraw relacionada à aquisição pela criança da locomoção ereta. Essa relação é apresentada em grande detalhe em Dalton, *Becoming John Dewey*, caps. IX e X, que diz que Dewey considerava "o domínio da locomoção ereta" aquilo que "fez nascer o questionamento" ao proporcionar os recursos neurológicos primais para o desenvolvimento da consciência, da resolução reconstrutiva de problemas voltada para o equilíbrio, e proporcionando também "constância e ritmo, [que] deram métodos rudimentares de mensuração" (200, 208).

modificou nossa anatomia. Nossa capacidade de ficar de pé não apenas dá às mãos a liberdade de explorar hapticamente os objetos, de carregar e manipular as coisas, de gesticular e criar ferramentas, ela também estende em muito nossa faixa de visão, cuja percepção maior da distância proporciona a visão à frente e assim promove o planejamento e a reflexão. Ao libertar-nos da absorção total naquilo que é de contato concreto imediato, ela ainda oferece a possibilidade de abstração, simbolização e inferência. Além disso, ao deixar-nos menos dependentes do sentido do olfato e de carregar objetos com a boca, a postura ereta permitiu que os humanos desenvolvessem estruturas e músculos faciais que são mais capazes de linguagem articulada, o que por sua vez aumentou tremendamente nossas capacidades de pensamento e de comportamento. Se ficar ereto ajudou a gerar a linguagem e a racionalidade humanas que marcam nossa vantagem evolucionária sobre os animais inferiores, ela também parece estar relacionada à transcendência ética que nos é permitida pelo pensamento e pela linguagem.

A ideia de aprimoramentos físicos, cognitivos e morais por meio de uma postura e do autouso superiores constitui o núcleo da visão de Alexander. A ereção e a elevação são também traços-chave de sua técnica prática.[34] Seu "controle primário" de manter a cabeça "para

---

[34] Ao contrário de disciplinas somáticas comparáveis, como o Método Feldenkrais e a Bioenergética, a Técnica Alexander concentra-se em exercícios ascendentes e em posições de verticalidade. Ainda que muitos profissionais da Técnica Alexander hoje trabalhem com as pessoas deitadas numa mesa (uma posição que tem a utilidade de evitar certos problemas da pressão gravitacional comum e hábitos arraigados de postura, de movimento e de pensamento), as versões puristas da Técnica evitam as posições deitadas, que eram rejeitadas por F. M. Alexander e por seu irmão A. R. Eles julgavam que essas posições não favoreciam a percepção aguçada, o controle e a racionalidade, sugerindo antes a entrega inconsciente da hipnose e psicanálise. Na somática de verticalidade e de ascensão de Alexander, um pecado cardeal é "puxar para baixo", e o exercício mais característico da Técnica consiste em fazer o aluno levantar-se, estando numa posição ereta numa cadeira, concentrando-se apenas nos "meios" somáticos. Quando realizado corretamente, esse exercício (às vezes descrito como

cima e para a frente" (*MSI*, 284; *CCC*, 180) simboliza, assim, seu ávido compromisso com o contínuo progresso evolucionário humano: *para cima*, distanciando-se da existência animal irrefletida, impulsiva e inferior de nossas origens, e *para a frente*, na direção de uma transcendência cada vez maior e mais tendente à perfeição por meio da inibição racional e do controle consciente. Seu ideal radicalmente racionalista rejeita toda dependência da emoção ou de sentimentos espontâneos para guiar o comportamento. As atividades que estimulam excitação emocional são portanto condenadas, como se fossem riscos morais e cognitivos, inclusive quando essas atividades incluem as Belas-artes. Chamando as artes "da dança e do desenho (...) os dois Ds (...) duas formas de danação quando usadas como elementos fundamentais da educação", ele também alerta contra a excitação emocional da música, cuja "exaltação exagerada de todo o sistema cinestésico" tende a solapar o controle das faculdades da razão (*MSI*, 125-125).

Ainda que admita que esses "estímulos artificiais" artísticos "possam ser permissíveis" para um uso moderado pelo "adulto treinado e razoável", Alexander afirma que eles são perigosos demais para a educação das crianças, já que falam muito às nossas partes mais selvagens e primitivas. "A música e a dança são, como todos sabem, excitações que lançam um apelo mais forte às raças primitivas do que às raças mais evoluídas. Nenhum bêbado em nossa civilização jamais atinge o estado de anestesia e de perda total do autocontrole a que chega o selvagem sob o efeito desses dois estímulos" (*ibid.*).[35] Se essas observações soam como um excelso racionalismo que mascara um racismo repressivo e irracional, Alexander também está disposto

---

"pensar até levantar da cadeira") dá a sensação de transcender sem esforço as forças da gravidade pelo exercício das faculdades racionais e elevadoras da mente. Ver Jones, *Body Awareness in Action*, 6-8, 71, 76; e minha análise comparativa dos métodos de Alexander, de Feldenkrais e da Bioenergética em *Performing Live* (Ithaca, NY: Cornell University Press, 2000), cap. VIII.

[35] Alexander depois afirma: "Quanto mais baixo o estágio evolutivo, dentro de certos limites, maior o apelo da música e da dança" (*MSI*, 165).

a levantar a máscara e dizer de modo mais explícito: "As forças controladoras e direcionadoras dos animais selvagens quadrúpedes e nas raças negras selvagens são praticamente as mesmas; ... o progresso mental dessas raças não acompanhou sua evolução física". Essas afirmações absurdas são apresentadas como indícios de que o progresso evolucionário em questões culturais, sociais e mentais não pode ser atingido se dependermos simplesmente de "controle e guiamento subconsciente" (*MSI*, 72).

Aqui, mais uma vez, Dewey desaponta ao não se distanciar das afirmações excessivas de Alexander.[36] Em sua introdução ao livro que contém essas afirmações Dewey basicamente afirma a crítica educacional de Alexander de que a autoexpressão emocional livre é um risco tão prejudicial quanto a rígida "inculcação de regras fixas" (*MSI*, 144). O que a educação demanda, na verdade, conclui Dewey, não é nem um repressivo "controle pela autoridade externa" nem o "controle por impulsos emocionais", e sim o "controle pela inteligência" (*MW*11:352), uma versão mais sutil e graciosa da ideia de Alexander de controle "ditado pela razão" (*MSI*, 135-136). Aqueles "interessados na reforma da educação", insiste Dewey, deveriam "lembrar que a liberdade de ação física e a livre expressão da emoção são meios, não fins, e que, como meios, são justificados apenas

---

[36] Dewey claramente não compartilhava o racismo radical de Alexander. Seu engajamento político como fundados da National Association for the Advancement of Colored People em 1909 mostrou um comprometimento admirável com os afroamericanos. Mas não dava muita atenção filosófica à raça, excetuando o ensaio "Racial Prejudice and Friction" (*MW*13:242-254). Alguns textos de Dewey trazem uma divisão marcada entre a mente dos povos civilizados e "selvagens" que hoje pode ser considerada racista, ainda que ele atribuísse a diferença não a dons inatos, mas às "instituições retrógradas" da sociedade dita selvagem (*MW*9:41). Shannon Sullivan apresenta argumentos para a existência de aspectos de racismo em Dewey em "Re(construction) Zone", *Dewey's Wake: Unfinished Work of Pragmatic Reconstruction*, William Gavin (ed.), Albany: SUNY Press, 2003, 109-127.

na medida em que são usados como condições para desenvolver a força da inteligência" (MW11:352).[37]

Se essas afirmações de Dewey apoiam ou não as objeções de Alexander à dança e à música enquanto autoexpressão emocional livre, certamente sugerem um contraste perturbadoramente forte (não deweyano) entre os meios e os fins que subordina a ação física e a emoção, como se fossem *meros meios*, justificáveis apenas por sua subserviência aos fins mais racionais do desenvolvimento de uma maior inteligência. Não espanta que o pragmatismo deweyano fosse frequentemente atacado (com destaque para Randolph Bourne e para Lewis Mumford) por ser instrumentalmente racionalista em excesso, e inimigo da expressão emocional imaginativa da arte. Essa crítica acabou por provocar Dewey a responder com sua obra-prima, *Art as Experience*, em que ele insiste que o mero fato de algo servir como meio não implica que não pode ser gozado como fim. A mesma refeição que funciona como meio de nutrição e o mesmo poema que

---

[37] Talvez razões de amizade e de gratidão tenham impedido Dewey de criticar a ênfase unilateral de Alexander na consciência corporal racional, reflexiva e inibidora, mas ele de qualquer modo estaria fortemente de acordo com a tendência pessoal de Dewey de controlar suas paixões. Chama a atenção que Dewey tenha escrito essa crítica específica da "ação física" e dos "rompantes emocionais" livremente expressados no mesmo momento em que lutava para conter seus próprios desejos corporais apaixonados pela jovem escritora polonesa Anzia Yezierska, que o buscava e o cortejava, e que inspirou uma torrente poética em que ele tristemente descrevia a si próprio como "uma fonte sufocada". Ver o poema "Two Weeks" em *The Poems of John Dewey*, ed. Jo Ann Boydston (Carbondale: Southern Illinois University Press, 1977), 16. Em outra parte desse poema sobre sua relação com Yezierska, Dewey expressa seu desejo físico e sua repressão por seu "coração frio" e por sua "cabeça limpa": "Vejo a respiração do teu corpo / A curvatura do teu torso / E ouço os quentes pensamentos que borbulham. / ... Enquanto estou nessa maravilha / Sou vencido, como que pelo trovão / Do meu sangue que sobe / ... Renuncia, renuncia; / O horizonte está longe demais para alcançar. / É preciso desistir de tudo. / Os lábios mais secos, quando mais cheia a taça" (15-16).

pretende inspirar amor ou patriotismo também podem ser apreciados como fins de deleite estético. A expressão emocional e a ação desimpedida também podem ser gozadas e valorizadas por si mesmas, e não apenas como meios de desenvolvimento da inteligência, ainda que essa valorização deva sempre enfrentar o teste das consequências futuras para que se determine se seus valores são duradouramente valiosos e não apenas fugazmente valorizados.

Felizmente, Dewey afirma alhures que o desenvolvimento da conduta *e* do pensamento exige múltiplos recursos de sentimentos espontâneos e de hábitos irrefletidos, e não apenas o controle consciente reflexivo. Nossos instintos, sentimentos e hábitos irrefletidos não podem, no todo, ser inúteis para lidar com nossas necessidades e nosso ambiente, porque são em grande parte produtos dessas exigências e condições, derivando de tendências geradas geneticamente e afiadas pela seleção natural, ou do hábito adquirido irrefletidamente a partir da experiência de nosso arnbiente. Como os hábitos incorporam nossos ambientes, não podem estar radicalmente distanciados deles. Mas, como Alexander astutamente afirma, no mundo de hoje, cada vez mais complexo, com mudanças cada vez mais rápidas, os ambientes são alterados (ou simplesmente trocados pelo viajar) a uma velocidade rápida demais para o reajuste irrefletido eficaz do hábito. Além disso, como diferentes ambientes geram hábitos diferentes e muitas vezes conflitantes, o controle consciente por meio da reflexão somática às vezes será necessário para ajustar e coordenar esses conflitos. Por fim, a disposição natural dos hábitos, sentimentos e ambientes humanos é apenas básica e genérica. Na maioria dos indivíduos, existem hábitos e sentimentos associados (sobretudo aqueles formados por ambientes, tarefas e experiências que são estressantes e problemáticas) que envolvem desarmonias, distorções e desajustes e que constantemente prejudicam a performance e atrapalham nosso autouso, corrompendo até mesmo nossas faculdades perceptivas, de modo que "a apreciação sensorial fica confundida, pervertida e falsificada" (*LW*1:228) ou (como diz Alexander) "depravada" (*MSI*, 22).

Eis então o dilema prático fundamental da consciência corporal: temos de depender de sentimentos e de hábitos irrefletidos – porque não podemos refletir a respeito de tudo e porque esses sentimentos e hábitos irrefletidos sempre fundamentam nossos próprios esforços de reflexão. Mas também não podemos depender integralmente deles e dos julgamentos que geram, porque alguns deles são consideravelmente falhos e inexatos. Além disso, como podemos discernir seus defeitos e inadequações quando estão ocultos por seu status irrefletido, imediato e habitual e como podemos corrigi-los quando nossos esforços conscientes e reflexivos de correção baseiam-se espontaneamente nos mesmos mecanismos inexatos e habituais de percepção e de ação que estamos tentando corrigir?

V

Conclusões Pessoais

Aparentemente não há resposta que resolva elegantemente essas questões, nem um jeito honesto e bonito de passar ao largo delas, por isso temos de recorrer a estratégias pragmáticas e parciais. A atitude prática mais razoável em relação a nossos hábitos e sentimentos sensoriais é (para usar uma antiga máxima hebraica) "respeitar e suspeitar". Confiamos neles até que se mostram problemáticos na experiência – seja por causa de falhas na performance, de erros de julgamento, de sentimentos de confusão, do desconforto físico e da dor, ou pela da experiência dialógica de ouvir de outras pessoas que se está fazendo algo estranho, peculiar ou prejudicial. Nesse momento, devemos examinar mais atentamente nosso comportamento irrefletido. Mas discernir exatamente quais hábitos nos estão orientando mal, precisamente qual dimensão de um hábito necessita de ser corrigida, e que tipo de correção é necessário, exige um trabalho prático rigoroso de autoconsciência somaestética crítica. Nesse trabalho, as disciplinas estabelecidas de reflexão somática sistemática são muito úteis.

Todo método tem suas limitações, por isso, considerando a diversidade de necessidades, problemas, objetivos, contextos e temperamentos humanos, seria tolice dizer que um método é sempre superior ou sempre útil. Nossa caixa de ferramentas de disciplinas somáticas tem de ser pluralista. Os professores treinados desses métodos tem claramente um papel indispensável, porque, além de suas capacidades profissionais, têm um distanciamento crítico (literal e metafórico) dos hábitos do sujeito, que permite que eles os vejam mais claramente e que reconheçam maneiras alternativas de realizar o mesmo ato corporal. Ainda que Alexander tenha demonstrado uma genialidade singular ao ensinar-se a si próprio, até ele precisou de espelhos. O aprendizado do autouso aprimorado costuma exigir a ajuda de outras pessoas.

Há também uma lição maior aqui – a dependência essencial do eu em relação aos outros ambientais. A retórica perfeccionista de Alexander a respeito da *"suprema herança do homem"* de "inteligência raciocinante" sugere um individualismo extremamente orgulhoso e estreito alimentado por uma fé humanista cheia de *hybris* arrogante. A defesa do controle consciente do eu para obter o domínio total de toda função corporal de modo a "colocar-se acima do poder de todas as doenças e deficiências físicas" e assegurar não apenas a "perfeição física" mas também "o controle absoluto de nossas próprias potencialidades" implica que a "consciência raciocinante, deliberada" do indivíduo pode estabelecer-se como senhor todo-poderoso e totalmente autônomo de corpo, mente e comportamento (*MSI*, x, 11, 236). Paralela à celebração da força autônoma do indivíduo há uma censura ao indivíduo que deixa de realizar esse potencial de "perfeita saúde física e mental": essa pessoa "deveria entender que a responsabilidade é exclusivamente sua. Tem de conscientizar-se de que esses defeitos são culpa sua, e que resultam de sua ignorância ou negligência voluntária" (*MSI*, 155, 188).[38]

---

[38] Alexander depois reafirma isso: "Estou preparado para provar que a maioria dos defeitos físicos surgiram pela ação deliberada do próprio paciente, sob a influência de ideias errôneas preconcebidas e das ilusões que são suas con-

Apesar de nosso progresso evolucionário de transcendência racional (incluindo os avanços tecnológicos que alguns consideram que estão nos transformando em ciborgues pós-humanos), ainda pertencemos essencial e dependentemente a um mundo natural e social muito mais amplo, que continua a moldar os indivíduos que somos (incluindo nossa consciência raciocinante) de maneiras que vão além do controle de nossas vontade e consciência. Assim como o oxigênio é necessário para o funcionamento da consciência no cérebro, também as práticas, normas e linguagem da sociedade são materiais necessários para nossos processos de raciocínio e de avaliação. Não é perfeccionismo moral achar que não; é arrogância cega.

Ainda que celebrasse a descoberta de Alexander como o "controle central que condiciona todas as outras reações (...) e que capacita o indivíduo, por meio de suas próprias atividades coordenadas, a tomar posse de suas próprias potencialidades" (*LW6*:319), o humanismo de Dewey está geralmente muito distante da *hybris* individualista de Alexander. De fato, Dewey ressalta a dependência fundamental do indivíduo em relação a fatores ambientais mais amplos ao definir o eu em termos de hábitos e ao insistir que os hábitos têm de lidar com os ambientes em que funcionam e assimilá-los, sobretudo aqueles elementos ambientais que ajudam ou permitem seu funcionamento (aquilo que J. J. Gibson denominou "capacitações"). Se a ação, a vontade e o pensamento do eu são governados pelo hábito, e se os hábitos necessariamente incorporam elementos ambientais, então o eu essencialmente depende desses elementos ambientais.

O resultado para a filosofia somática é que o corpo (assim como a mente) incorpora seus entornos, ultrapassando, por exemplo, o limiar convencional da epiderme a fim de satisfazer suas necessidades mais essenciais de respiração e de nutrição. Por isso, nossos corpos (assim como nossos pensamentos) são paradoxalmente mais e menos

---

sequências, e que essas condições podem ser alteradas pela mesma vontade, dirigida por uma concepção correta, implantada pelo professor" (*MSI*, 216).

do que nossos. Como Dewey sucintamente diz, "vivemos (...) tanto em processos ao longo e 'através' de nossas peles quanto em processos 'dentro' de peles" (*LW*16:119). O limite semipermeável de nossa pele é um símbolo somático natural do status meramente semiautônomo de nossa identidade. Por ser constituído de relações ambientais, o eu acaba por ser definido por Dewey como "transacional". Ele preferia esse termo a "interacional", que julgava implicar maiores separação e independência (ver *LW*16:112-115).[39] Ainda que termos como "eu transacional" e "corpo transacional" sofram de associações mercantis inadequadas (que reforçam o estereótipo do pragmatismo como algo avidamente comercialista), eles transmitem o senso de um indivíduo dinâmico e simbiótico que está essencialmente envolvido e relacionado com outros e que por sua vez é essencialmente dependente e constituído dessas relações.

Essa visão do corpo simbiótico deveria inspirar maior apreciação pelos outros ambientais (humanos e não humanos) que ajudam a defini-lo e a sustentá-lo. Há também corolários para a autoconsciência somática. A percepção reflexiva de nossos corpos nunca pode parar na pele; não podemos sentir apenas o corpo, separado de seu contexto ambiental. Assim, ao desenvolver maior sensibilidade somática para um maior controle somático, temos de desenvolver uma maior sensibilidade às condições, relações e energias imediatas ambientais do corpo. Em nossas ações corporais, não somos agentes autossuficientes, mas servos e empresários de forças maiores que organizamos

---

[39] Dewey explica sua perspectiva transacional do homem como o tratamento "de todos os seus comportamentos, incluindo seus conhecimentos mais avançados, como atividades que não são apenas suas, nem mesmo primariamente suas, mas como processos da situação total do organismo-ambiente" (*LW*16:97). Shannon Sullivan habilmente emprega o conceito transacional de Dewey, dando particular atenção a questões feministas, em *Living Across and Through Skins: Transactional Bodies, Pragmatism and Feminism* (Bloomington: University of Indiana Press, 2001), que também inclui um capítulo sobre somaestética a partir de uma perspectiva feminista e "transacional".

a fim de realizar nossas tarefas. Como sabiamente observou Emerson, "poucas coisas fazemos pela força muscular, mas nos colocamos em atitudes tais que colocam a força da gravidade, isto é, o peso do planeta, sobre a espada ou o machado que empunhamos. Em suma (...) buscamos não usar a nossa força, mas colocar a nosso serviço uma força infinita".[40]

O que Emerson quer dizer, ainda que seja eminentemente americano e pragmático em sua atenção ao valor indispensável dos meios e das instrumentalidades naturais, também expressa uma intuição crucial das tradições filosóficas asiáticas que tão profundamente inspiraram sua sensibilidade espiritual. O eu relacional adquire e usa seus poderes somente por meio de suas relações capacitadoras; nos termos do pensamento clássico chinês, a virtude exemplar do indivíduo, ou *ren* (frequentemente traduzida como "humanidade"), depende de seu reconhecimento, integração e prática do Dao maior que o envolve.

Essa noção relacional simbiótica do eu inspira uma noção mais extensiva do melhorismo somático, em que também somos encarregados de cuidar das capacitações ambientais de nossos eus corporificados e de nos harmonizarmos com elas, e não só com as partes do nosso corpo. Esse modelo cósmico de autocultivo somático é expresso pelo ideal confuciano de formar um corpo "com o Céu e a Terra

---

[40] Emerson, "Art", em *Society and Solitude* (Nova York: Houghton Mifflin, 1904), 42. Ver também, de sua autoria, "Civilization", em *ibid.*, 27: "Você já viu um carpinteiro numa escada com um machado, cortando lascas de uma viga. Que estranho! Como ele trabalha em desvantagem! Mas veja-o no chão, cortando a madeira, abaixo dele. Agora, não são seus músculos frágeis, mas sim a força da gravidade que impulsiona o machado; isto é, o próprio planeta parte sua lenha". Emerson costuma enfatizar as forças cósmicas naturais, como a gravidade, que levam à genialidade um poder além da "nossa própria" força pessoal. Mas também deveríamos incluir as forças da sociedade e da tradição cultural na "força infinita" mais-que-pessoal que se reúne para galvanizar um mero indivíduo e transfigurá-lo em gênio. Para mais sobre o assunto, ver, de minha autoria, "Genius and the Paradox of Self-Styling", em *Performing Live*, cap. X.

e todas as coisas". Como os grandes neoconfuncianos Cheng Hao e Wang Yangming afirmam, "O homem de humanidade [ren] vê o Céu e a Terra e todas as coisas como um corpo. Se uma única coisa é privada de seu lugar, isso significa que minha humanidade ainda não foi completamente demonstrada".[41] Desde seu começo mesmo, a instrução confuciana de autoperfeição para a virtude e em última instância para a sapiência almejava "a unidade do homem e do Céu ou Natureza" como seu ideal máximo, persistindo nessa demanda de "formar uma trindade com o Céu e a Terra" graças ao indispensável meio do corpo – um dom natural e celestial cuja realização completa exige a sabedoria virtuosa do sábio. Como diz Mêncio, "as funções do corpo são dádiva do Céu. Mas somente um Sábio é capaz de manipulá-las adequadamente".[42]

Ao permitir que sintamos mais de nosso universo com maior precisão, percepção e apreciação, essa visão do cultivo somaestético promete o mais rico e profundo paladar de realizações experienciais porque pode valer-se da profusão de recursos cósmicos, incluindo um senso inspirador da unidade cósmica. Pode-se assim chegar a intensidades encantadoras de experiência na vida cotidiana, sem recurso a medidas violentas de intensificação sensorial que ameaçam a nós e a outrem. E se ainda preferirmos experimentos psicossomáticos mais perigosos, de intensidade extrema, nossa percepção sensorial cultivada somaesteticamente há de nos tornar mais atentos aos riscos iminentes e mais capazes de evitar ou de diminuir os danos.

---

[41] Ver Wang Yangming, "Instructions for Practical Living", em *A Source Book in Chinese Philosophy*, ed. e trad. Wing-tsit Chan (Princeton, NJ: Princeton University Press, 1963), 675 (em que ele também cita explicitamente Cheng Hao sobre o assunto), 685, 690; e o próprio Cheng Hao em Chan, 530.

[42] Ver *The Doctrine of the Mean*, em Chan, *A Source Book in Chinese Philosophy*, 108; e W. A. C. H. Dobson, *Mencios* (Toronto: University of Toronto Press, 1963), 144.

referências bibliográficas

Abrams, J. J. "Pragmatism, Artificial Intelligence, and Posthuman Bioethics: Shusterman, Rorty, Foucault." *Human Studies*, 27 (2004): 241-258

Alexander, F. M. *Constructive Conscious Control of the Individual*. Nova York: Dutton, 1923.

_____. *Man's Supreme Inheritance*. Nova York: Dutton, 1918.

_____. *The Universal Constant in Living*. Nova York: Dutton, 1941.

_____. *The Use of the Self*. Nova York: Dutton, 1932.

Ames, R. T., e Henry Rosemont, Jr. (tradutores). *The Analects of Confucius: A Philosophical Translation*. Nova York: Ballantine, 1998.

Ascher, Carol. *Simone de Beauvoir: A Life of Freedom*. Boston: Beacon, 1981.

Bair, Deirdre. *Simone de Beauvoir: A Biography*. Nova York: Summit, 1990.

Barlow, Wilfred. *The Alexander Technique: How to Use Your Body Without Stress*. Nova York: Knopf, 1973. Segunda edição, Rochester, VT: Healing Arts Press, 1990.

Bataille, Georges. *Eroticism*. Trad. Mary Dalwood. Londres: Penguin, 2001.

Baudelaire, Charles. *The Painter of Modern Life and Other Essays*. Trad. Jonathan Mayne. Londres: Phaidon, 1964.

Beauvoir, Simone de. *All Said and Done*. Trad. Patrick O'Brian. Londres: Penguin, 1977.

_____. *Brigitte Bardot and the Lolita Syndrome*. Trad. Bernard Frechtman. Nova York: Arno Press, 1972.

_____. *Force of Circumstance*. Trad. Richard Howard. Londres: Penguin, 1968.

_____. *La Vieillesse*. Paris: Gallimard, 1970. Tradução: *The Coming of Age*. Trad. Patrick O'Brien. Nova York: Putnam, 1972.

_____. *Le deuxième sexe*. 2 vols. Paris: Gallimard, 1949. Tradução: *The Second Sex*. Trad. H. M. Parshley. Nova York: Vintage, 1989.

_____. *Memoirs of a Dutiful Daughter*. Trad. James Kirkup. Nova York: Harper, 1974.

_____. *Must We Burn de Sade*. Trad. Annette Michelson. Londres: Peter Nevill, 1953.

_____. *The Ethics of Ambiguity*. Trad. Bernard Frechtman. Nova York: Citadel Press, 1964.

_____. *The Prime of Life*. Trad. Peter Green. Londres: Penguin, 1965.

Beere, P. A., et al. "Aerobic Exercise Training Can Reverse Age-Related Peripheral Circulatory Changes in Healthy Older Men." *Circulation*, 100.10 (1999): 1085-1094.

Bergoffen, Deborah. *The Philosophy of Simone de Beauvoir: Gendered Phenomenologies, Erotic Generosities*. Albany: Suny Press, 1997.

Berthoz, Alain. *The Brain's Sense of Movement*. Trad. Giselle Weiss. Cambridge, MA: Harvard University Press, 2000.

Böhme, Gernot. "Somästhetik – sanft oder mit Gewalt?" *Deutsche Zeitschrift für Philosophie*, 50 (2002): 797-800.

Bordo, Susan. *Unbearable Weight: Feminism, Western Culture, and the Body*. Berkeley: University of California Press, 1993.

Bourdieu, Pierre. *The Logic of Practice*. Trad. Richard Nice. Cambridge: Polity Press, 1990.

_____. *Pascalian Meditations*. Trad. Richard Nice. Stanford, CA: Stanford University Press, 2000.

Brown, Peter. *The Body and Society: Men, Women, and Sexual Renunciation in Early Christianity*. Nova York: Columbia University Press, 1988.

Butler, Judith. *Gender Trouble: Feminism and the Subversion of Identity*. Nova York: Routledge, 1990.

_____. "Sexual Ideology and Phenomenological Description: A Feminist Critique of Merleau Ponty's Phenomenology of Perception." Em *The Thinking Muse: Feminism and Modern French Philosophy*. Edição de Jeffner Allen e Iris Marion Young. Bloomington: Indiana University Press, 1989.

Carrette, Jeremy. *Foucault and Religion: Spiritual Corporality and Political Spirituality*. Londres: Routledge, 2000.

Chan, Wing-tsit (tradutor). "The Doctrine of the Mean". Em *A Source book in Chinese Philosophy*. Edição de Wing-tsit Chat. Princeton, NJ: Princeton University Press, 1963.

_____. "The Great Learning (Ta-Hsueh)." Em *A Sourcebook in Chinese Philosophy*. Edição de Wing-tsit Chan. Princeton, NJ: Princeton University Press, 1963.

Cole, Jonathan, e Barbara Montero. "Affective Proprioception." *Janus-Head*, 9 (2007): 299-317.
Cranz, Galen. *The Chair: Rethinking Culture, Body and Design*. Nova York: Norton, 2000.
Dalton, Thomas C. *Becoming John Dewey*. Bloomington: Indiana University Press, 2002.
Damasio, Antonio. *Descartes' Error: Emotion, Reason, and the Human Brain*. Nova York: Avon, 1994.
Davidson, Richard J., et al. "Alterations in the Brain and Immune Function Produced by Mindfulness Meditation." *Psycosomatic Medicine*, 65 (2003): 564-570.
_____. "Well-Being and Affective Style: Neural Substrates and Biobehavioural Correlates." *Philosophical Transactions of the Royal Society*, Series B, 359 (2004): 1395-1411.
Dennett, Daniel. *Consciousness Explained*. Boston: Little, Brown, 1991.
Descartes, René. *The Philosophical Writings of Descartes*. 2 vols. Trad. J. Cottingham, R. Stoothoof, e D. Murdoch. Cambridge: Cambridge University Press, 1984-1985.
Dewey, Jane. "Biography of John Dewey." Em *The Philosophy of John Dewey*. Edição de P. Schilpp e L. Hahn. LaSalle, IL: Open Court, 1989.
Dewey, John. *John Dewey: The Early Works: 1882-1898*. Edição de Jo Ann Boydston. 5 vols. Carbondale: Southern Illinois University Press, 1969-1972.
_____. *John Dewey: The Middle Works: 1899-1924*. Edição de Jo Ann Boydston. 15 vols. Carbondale: Southern Illinois University Press, 1976-1983.
_____. *John Dewey: The Later Works: 1925-1953*. Edição de Jo Ann Boydston. 17 vols. Carbondale: Southern Illinois University Press, 1981-1990.
_____. *The Poems of John Dewey*. Edição de Jo Ann Boydston. Carbondale: Southern Illinois University Press, 1977.
Diogenes Laertius. *Lives of Eminent Philosophers*. 2 vols. Trad. R. D. Hicks. Cambridge, MA: Harvard University Press, 1991.
Dobson, W. A. C. H. *Mencius*. Toronto: University of Toronto Press, 1963.
Dōgen, Zenji. *Dōgen's Manual of Zen Meditation*. Trad. Carl Bielefeldt. Berkeley: University of California Press, 1988.
Donne, John. *John Donne: The Complete English Poems*. Edição de A. J. Smith. Londres: Penguin, 1971.
Eliot, T. S. *To Criticize the Critic*. Londres: Faber, 1978.
Emerson, Ralph Waldo. "Art". De *Essays: First Series* (1847). Em *Ralph Waldo Emerson*. Edição de Richard Poirier. Oxford: Oxford Universit Press, 1990.
_____. "Art". Em *Society and Solitude* (1870). Nova York: Houghton Mifflin, 1904.
_____. "Civilization." Em *Society and Solitude* (1870). Nova York: Houghton Mifflin, 1904.
Eribon, Didier. *Michel Foucault*. Cambridge, MA: Harvard University Press, 1991.

Feldenkrais, Moshe. *Awareness Through Movement*. Nova York: Harper and Row, 1977.
_____. *Body and Mature Behaviour: A Study of Anxiety, Sex, Gravitation, and Learning*. Londres: Routledge and Kegan Paul, 1949.
_____. *The Case of Nora: Body Awareness as Healing Therapy*. Nova York: Harper & Row, 1977.
_____. *The Potent Self*. Nova York: HarperCollins, 1992.
Foucault, Michel. *Dits et Ecrits*. Edição de D. Defert e F. Ewald. 2 vols. Paris: Gallimard, 2001.
_____. *Discipline and Punish*. Tradução de Alan Sheridan. Nova York: Vintage, 1979.
_____. *Foucault Live: Collected Interviews*. Edição de Sylvère Lotringer. Nova York: Semiotext(e), 1996.
_____. *History of Sexuality*. 3 vols. Trad. Robert Hurley. Nova York: Vintage, 1980-1988.
_____. "Introduction". Em *Herculine Barbin: Being the Recently Discovered Memoirs of a Nineteenth Century Hermaphrodite*. Trad. Richard McDougall. Nova York: Pantheon, 1980.
_____. "On the Genealogy of Ethics: An Overview of Work in Progress." Em *Michel Foucault: Beyond Structuralism and Hermeneutics*. Edição de Hubert Dreyfus e Paul Rabinow. Chicago: University of Chicago Press, 1983.
_____. "Technologies of the Self." Em *The Essential Works of Michel Foucault, 1954-1984*. Edição de Paul Rabinow. Vol. 1. Nova York: New Press, 1997.
_____. "What Is Enlightenment?" Em *The Essential Works of Michel Foucault, 1954-1984*. Edição de Paul Rabinow. Vol. 1. Nova York: New Press, 1997.
Francis, Claude, e Fernande Gontier. *Simone de Beauvoir: A Life, a Love Story*. Trad. Lisa Nessselson. Nova York: St. Martin's Press, 1985.
Gallagher, Shaun. *How the Body Shapes the Mind*. Oxford: Oxford University Press, 2005.
Guerra, Gustavo. "Practicing Pragmatism: Richard Shusterman's Unbound Philosophy." *Journal of Aesthetic Education*, 36 (2002): 70-83.
Hadot, Pierre. *Philosophy as a Way of Life*. Edição de Arnold Davidson. Oxford: Blackwell, 1995.
Haskins, Casey. "Enlivened Bodies, Authenticity, and Romanticism." *Journal of Aesthetic Education*, 36 (2002): 92-102.
Higgins, Kathleen. "Living and Feeling at Home: Shusterman's *Performing Live*." *Journal of Aesthetic Education*, 36 (2002): 84-92.
Horkheimer, Max, e Theodor Adorno. *Dialectic of Enlightenment*. Trad. John Cumming. Nova York: Continuuem, 1986.
Husserl, Edmund. *Ideas Pertaining to a Pure Phenomenology and to a Phenomenological Philosophy*. Tradução de R. Rojcewicz e A. Schwer. Boston: Kluwer, 1989.
Hwang, E. J., et al. "Dissociable Effects of the Implicit and Explicit Memory Systems on Learning Control of Reaching." *Experimental Brain Research*, 173 (2006): 425-437.

Innis, Robert. *Pragmatism and the Forms of Sense: Language, Perception, Technics.* University Park: Pennsylvania State University Press, 2002.

James, William. "The Absolute and the Strenuous Life." In *The Meaning of Truth*, in *William James: Writings 1902-1910*. Edição de Bruce Kuklick. Nova York: Viking, 1987.

_____. *The Correspondence of William James.* 12 vols. Edição de I. K. Skrupskelis e E. M. Berkeley. Charlottesville: University Press of Virginia, 1992-2004.

_____. "The Energies of Men." Em *William James: Writings, 1902-1910*. Edição de Bruce Kukclick. Nova York: Viking, 1987.

_____. *Essays in Radical Empiricism.* Cambridge, MA: Harvard University Press, 1976.

_____. "The Gospel of Relaxation." Em *Talks to Teachers on Psychology and to Students on Some of Life's Ideals.* Nova York: Dover, 1962.

_____. "The Moral Equivalent of War." Em *The Writings of William James.* Edição de John McDermott. Chicago: University of Chicago Press, 1977.

_____. "The Moral Philosophy and The Moral Life." Em *The Writings of William James.* Edição de John McDermott. Chicago: University of Chicago Press, 1977.

_____. "On a Certain Blindness in Human Beings." Em *Talks to Teachers on Psychology and to Students on Some of Life's Ideals.* Nova York: Dover, 1962.

_____. "The Physical Basis of Emotion." Em *Collected Essays and Reviews*, 351. Nova York: Longmans, 1920.

_____. *The Principles of Psychology.* Cambridge, MA: Harvard University Press, 1983.

_____. *The Varieties of Religious Experience.* Nova York, Penguin, 1982.

_____. "What is an Emotion?" *Mind*, 9 (1884): 188-205.

_____. "What Makes a Life Significant?" Em *Talks to Teachers on Psychology and to Students on Some of Life's Ideals.* Nova York: Dover, 1962.

_____. *The Will to Believe.* Cambridge, MA: Harvard University Press, 1979.

Janiri, L., et al. "Anhedonia and Substance-Related Symptoms in Detoxified Substance-Dependent Subjects: A Correlation Study." *Neuropsychophysiology*, 52 (2005): 37-44.

Jay, Martin. "Somaesthetics and Democracy: Dewey and Contemporary Body Art." *Journal of Aesthetic Education*, 36 (2002), 55-69. Reproduzido em *Refractions of Violence.* Nova York: Routledge, 2003.

Jeanson, Francis. *Simone de Beauvoir ou L'Entreprise de Vivre.* Paris: Seuil, 1966.

Johnson, Mark. *The Body in the Mind: The Bodily Basis of Meaning, Imagination, and Reason.* Chicago: University of Chicago Press, 1987.

Jones, Frank. *Body Awareness in Action: A Study of the Alexander Technique.* Nova York: Schocken, 1976.

Kabat-Zinn, J., et al. "Effectiveness of a Meditation-Based Stress Reduction Program in the Treatment of Anxiety Disorders." *American Journal of Psychiatry*, 149 (1992): 936-943.

_____. "The Relationship of Cognitive and Somatic Compoents of Anxiety to Patient Preference for Alternative Relaxation Techniques." *Mind/Body Medicine*, 2 (1997): 101-109.

Kamel, G. W. Levi. "The Leather Career: On Becoming a Sadomasochist." Em *S&M: Studies in Dominance and Submission*. Edição de Thomas S. Weinberg. Amherst, NY: Prometheus Books, 1995.

_____. "Leathersex: Meaningful Aspects of Gay Sadomasochism." Em *S&M: Studies in Dominance and Submission*. Edição de Thomas S. Weinberg. Amherst, NY: Prometheus Books, 1996.

Kant, Immanuel. *Anthropology from a Pragmatic Point of View*. Tradução de Victor Dowdell. Carbondale: Southern Illinois University Press, 1996.

_____. *The Conflict of the Faculties*. Trad. Mary J. Gregor. Lincoln: University of Nebraska Press, 1992.

_____. *Reflexionen zur Kritischen Philosophie*. Edição de Benno Erdmann. Stuttgart: Frommann-Holzboog, 1992.

Kavounounoudias, A., R. Roll, e J.-P. Roll. "Foot Sole and Ankle Muscle Inputs Contribute Jointly to Human Erect Posture Regulation." *Journal of Physiology*, 532.3 (2001): 869-878.

Knoblock, John. *Xunzi: A Translation and Study of the Complete Works*, 3 vols. Stanford: Stanford University Press, 1988-1994.

Krüger, Hans-Peter. *Zwischen Lachen und Weinen*. 2 vols. Berlim: Akademie Verlag, 1999-2001.

Lackner, J. R., e Paul A. DiZio. "Aspects of Body Self-Calibration." *Trends in Cognitive Science*, 4 (2000): 279-282.

Lakoff, George, e Mark Johnson. *Philosophy in the Flesh: The Embodied Mind and Its Challenge to Western Thought*. Nova York: Basic Books, 1999.

Lau, D. C. *Tao Te Ching*. Londres: Penguin, 1963.

Leddy, Thomas. "Shusterman's *Pragmatist Aesthetics*." *Journal of Speculative Philosophy*, 16 (2002): 10-16.

Libet, Benjamin. "Unconscious Cerebral Initiative and the Role of the Conscious Will in Voluntary Action." *Behavioral and Brain Sciences*, 8 (1985): 529-566.

_____. "Do We Have Free Will?" *Journal of Consciousness Studies*, 6.8-9 (1999): 47-57.

Lutz, Tom. *American Nervousness – 1903*. Ithaca, NY: Cornell University Press, 1991.

Magnus, Rudolph. *Body Posture [Körperstellung]: Experimental-Physiological Investigations of the Reflexes Involved in Body Posture, Their Cooperation and Disturbances*. Trad. William R. Rosanoff e edição de A. van Harraveld. Springfield, VA: National Tecnhical Information Service, 1987.

Malcolm, Norman *Wittgenstein: A Memoir*. Oxford: Oxford University Press, 1958.

Mead, George Herbert. *Mind, Self and Society*. Chicago: University of Chicago Press, 1962.

Mei, W. P. (tradutor). *The Ethical and Political Works of Motse*. Londres: Probsthain, 1929.

Merleau-Ponty, Maurice. *In Praise of Philosophy and Other Essays*. Trad. John Wild, James Edie e John O'Neill. Evanston, IL: Northwestern University Press, 1970.

_____. *Phénoménologie de la perception*. Paris: Galimard, 1945. Tradução: *Phenomenology of Perception*. Trad. Colin Smith. Londres: Routledge, 1962.

_____. *Signs*. Trad. Richard C. McCleary. Evanston, IL: Northwestern University Press, 1964.

_____. *The Visible and the Invisible*. Trad. Alphonso Lingis. Evanston, IL: Northwestern University Press, 1968.

Moi, Toril. *Feminist Theory and Simone de Beauvoir*. Oxford: Blackwell, 1990.

_____. *Simone de Beauvoir: The Making of an Intellectual Woman*. Oxford: Blackwell, 1994.

Monk, Ray. *Ludwig Wittgenstein: The Duty of Genius*. Londres: Penguin, 1991.

Montaigne, Michel de. *The Complete Works of Montaigne*. Trad. Donald Frame. Stanford: Stanford University Press, 1965.

Mullis, Eric. "Performative Somaesthetics. Principles and Scope." *Journal of Aesthetic Education*, 40 (2006): 104-117.

Myers, Gerald. *William James: His Life and Thought*. New Haven, CT: Yale University Press, 1986.

Nehamas, Alexander. *Nietzsche: Life as Literature*. Cambridge, MA: Harvard University Press, 1985.

_____. "Richard Shusteman on Pleasure and Aesthetic Experience." *Journal of Aesthetics and Art Criticism*, 56 (1998): 49-51.

Nietzsche, Friedrich. *The Will to Power*. Trad. Walter Kaufmann e R. J. Hollingdale. Nova York: Vintage, 1967.

Nolen-Hoeksema, Susan. "Responses to Depression and Their Effects on the Duration of Depressive Episodes." *Journal of Abnormal Psychology*, 100 (1991): 569-582.

Nolen-Hoeksema, Susan, e J. Morrow. "Effects of Rumination and Distraction on Naturally Occurring Depressed Mood." *Cognition & Emotion*, 7 (1993): 561-570.

Nussbaum, Martha. *The Therapy of Desire*. Princeton, NJ: Princeton University Press, 1994.

O'Shaugnessy, Brian. "Proprioception and the Body Image." Em *The Body and the Self*. Edição de J. L. Bermúdez, A. Marcel, e N. Eilan. Cambridge, MA: MIT Press, 1995.

Pascal, Fania. "Wittgenstein: A Personal Memoir." Em *Recollections of Wittgenstein*. Edição de Rush Rhees. Oxford: Oxford University Press, 1984.

Perry, Ralph Barton. *The Thought and Character of William James*, 2 vols. Boston: Little, Brown, 1935.

_____. *The Thought and Character of William James*, edição resumida. Nashville, TN: Vanderbilt University Press, 1996.

Plato. *Complete Works*. Edição de John Cooper. Indianapolis, IN: Hackett, 1997.

_____. *Timaeus*. Trad. H. D. P. Lee. Londres: Penguin, 1965.

Porphyry. "On the Life of Plotinus and the Arrangement of His Work." Em *Plotinus: The Enneads*. Trad. Stephen MacKenna. Londres: Penguin, 1991.

Rahula, Walpola (tradução). "The Foundations of Mindfulness." Em *What the Buddha Taught*. Nova York: Grove Press, 1974. Reproduzido em *A Sourcebook of Asian Philosophy*. Edição de John Koller e Patricia Koller. Upper Saddle River, NJ: Prentice Hall, 1991.

Reich, Wilhelm. *The Function of the Orgasm*. Trad. Vincent R. Carfagno. Nova York: Farrar, Straus and Giroux, 1973.

Rimer, J. T., e Y. Masakazu. *On the Art of Nō Drama: The Major Treatises of Zeami*. Princeton, NJ: Princeton University Press, 1984.

Rochlitz, Rainer. "Les Esthétiques Hédonistes." *Critique*, 540 (maio de 1992): 353-373.

Rockefeller, Steven. *John Dewey: Religious Faith and Democratic Humanism*. Nova York: Columbia University Press, 1991.

Rousseau, Jean-Jacques. *Emile: Or, on Education*. Tradução de Allan Bloom. Nova York: Basic Books, 1979.

Rywerant, Yochanan. *The Feldenkrais Method: Teaching by Handling*. Nova York: Harper and Row, 1983.

Schiller, Friedrich. *On the Aesthetic Education of Man*. Tradução de E. M. Wilkinson e L. A. Willhoughby. Oxford: Clarendon, 1982.

Seigfried, Charlene Haddock. "*Second Sex*: Second Thoughts." Em *Hypatia Reborn: Essays in Feminist Philosophy*. Edição de Azizah Al-Hibri e Margaret Simons. Bloomington: Indiana University Press, 1984.

Shusterman, Richard. "Aesthetic Experience: From Analysis to Eros." *Journal of Aesthetics and Art Criticism*, 64 (2006): 217-229.

_____. "Asian *Ars Erotica* and the Question of Sexual Aesthetics." *Journal of Aesthetics and Art Criticism*, 65 (2007): 55-68.

_____. "Entertainment: A Question for Aesthetics." *British Journal of Aesthetics*, 43 (2003): 289-307.

_____. "Home Alone? Self and Other in Somaesthetics and *Performing Live*." *Journal of Aesthetic Education*, 36 (2002), 102-115.

_____. "Interpretation, Pleasure and Value in Aesthetic Experience." *Journal of Aesthetics and Art Criticism*, 56 (1998): 51-53.

_____. *Performing Live: Aesthetic Alternatives for the Ends of Art*. Ithaca, NY: Cornell University Press, 2000.

_____. *Practicing Philosophy: Pragmatism and the Philosophical Life*. Nova York: Routledge, 1997.

_____. "Pragmatism and Criticism: A Response to Three Critics of *Pragmatist Aesthetics*." *Journal of Speculative Philosophy*, 16 (2002): 26-38.

_____. "Pragmatism and East-Asian Thought." *The Range of Pragmatism and the Limits of Philosophy*. Edição de Richard Shusterman. Oxford: Blackwell, 2004.

_____. *Pragmatist Aesthetics: Living Beauty, Rethinking Art*. Oxford: Blackwell, 1992. 2ª ed., Nova York: Rowman e Littlefield, 2000.

_____. "Provokation un Erinnerung: Zu Freude, Sinn und Wert in ästhetischer Erfahrung." *Deutsche Zeitschrift für Philosophie*, 47 (1999): 127-137.

_____. "Somaesthetics and Burke's Sublime." *British Journal of Aesthetics*, 45 (2005): 323-341.

_____. "Somaesthetics and Care of the Self: The Case of Foucault." *Monist*, 83 (2000): 530-551.

_____. "Somaesthetics and Education: Exploring the Terrain." Em *Knowing Bodies, Moving Minds: Towards Embodied Teaching and Learning*. Edição de Liora Bresler. Dordrecht: Kluwer, 2004.

_____. "Somaesthetics and *The Second Sex*: A Pragmatist Reading of a Feminist Classic." *Hypatia*, 18 (2003): 106-136.

_____. "Thinking through the Body, Educating for the Humanities: A Plea for Somaesthetics." *Journal of Aesthetic Education*, 40 (2006): 1-21

_____. "William James, Somatic Introspection, and Care of the Self." *Philosophical Forum*, 36 (2005): 429-450.

Simons, Margaret. *Beauvoir and the Second Sex*. Nova York: Rowman and Littlefield, 1999.

Soulez, Antonia. "Practice, Theory, Pleasure and the Problems of Form and Resistance: Shusterman's *Pragmatist Aesthetics*." *Journal of Speculative Philosophy*, 16 (2002): 1-9.

Spence, Alexander. *Biology of Human Aging*. 2ª ed. Nova York: Prentice Hall, 1994.

Spinoza, Benedict de. *The Ethics*. Em *Works of Spinoza*. Tradução de R. H. M. Elwes. Nova York: Dover, 1955.

Sullivan, Shannon. *Living Across and Through Skins: Transactional Bodies, Pragmatism, and Feminism*. Bloomington: Indiana University Press, 2001.

Svatmarama Swami. *The Hatha Ioga Pradapika*. Tradução de Pancham Sinh. Allahabad, Índia: Lahif Mohan Basu, 1915.

Taylor, Paul C. "The Two-Dewey Thesis, continued: Shusterman's *Pragmatist Aesthetics*." *Journal of Speculative Philosophy*, 16 (2002): 17-25.

Thoreau, Henry David. *Walden*. Em *The Portable Thoreau*. Edição de Carl Bode. Nova York: Viking, 1964.

Trapnell, P. D., e J. D. Campbell. "Private Self-Consciousness and the Five-Factor Model of Personality: Distinguishing Rumination from Reflection." *Journal of Personality and Social Psychology*, 76 (1999): 284-304.

Turner, Bryan. *The Body and Society: Explorations in Social Theory*. Oxford: Blackwell, 1984.

Van Gulik, Robert. *Sexual Life in Ancient China: A Preliminary Survey of Chinese Sex and Society from ca. 1500 B.C. till 1644 A.D.* Leiden: Brill, 1974.

Veyne, Paul. "The Final Foucault and his Ethics", *Critical Inquiry*, 20 (1993): 1-9.

Vintges, Karen. *Philosophy as Passion: The Thinking of Simone de Beauvoir*. Bloomington, IN: Indiana University Press, 1996.

Wang, Yangming. "Instructions for Practical Living." Em *A Source Book in Chinese Philosophy*. Tradução e edição de Wing-tsit Chan. Princeton, NJ: Princeton University Press, 1963.

Watson, Burton. *The Complete Works of Chuang Tzu*. Nova York: Columbia University Press, 1968.

Welsch, Wolfgang. "Rettung durch Halbierung?: Zu Richard Shustermans Rehabilitierung ästeticher Erfahrung." *Deutsche Zeitschrift für Philosophie*, 47 (1999): 111-126.

Whitlock, J. L., et al. "The Virtual Cutting Edge: The Internet and Adolescent Self-Injury." *Developmental Psychology*, 42 (2006): 407-417.

Wilson, T. D., e E. W. Dunn. "Self-Knowledge: Its Limits, Value, and Potential for Improvement." *Annual Review of Psychology*, 55 (2004): 493-518.

Wittgenstein, Ludwig. *Culture and Value*. Trad. Peter Winch. Oxford: Blackwell, 1980.

_____. *Denkebewegung: Tagebücher, 1930-1932, 1936-1937*. Innsbruck: Haymon, 1997.

_____. *Lectures and Conversations on Aesthetics, Psychology, and Religious Belief*. Oxford: Blackwell, 1970.

_____. *Ludwig Wittgenstein: Cambridge Letters*. Edição de B. McGuinness e G. H. von Wright. Oxford: Blackwell, 1996.

_____. *Philosophical Investigations*. Trad. G. E. M. Anscombe. Oxford: Blackwell, 1968.

_____. *Tractatus Logico-Philosophicus*. Trad. D. F. Pears e B. F. McGuinness. Londres: Routledge, 1969.

_____. *Zettel*. Tradução de G. E. M. Anscombe. Oxford: Blackwell, 1967.

Xenophon. *Conversations of Socrates*. Edição de Robin Waterfield. Trad. Hugh Tredennick e Robin Waterfield. Londres: Penguin, 1990.

Young, Iris Marion. "Throwing Like a Girl." *The Thinking Muse: Feminism and Modern French Philosophy*. Edição de Jeffner Allen e Iris Marion Young. Bloomington: Indiana University Press, 1989.

Yuasa, Yasuo. *The Body: Toward an Eastern Mind-Body Theory*. Trad. S. Nagatomo e T. P. Kasulis. Albany: Suny Press, 1987.

_____. *The Body, Self-Cultivation, and Ki-Energy*. Trad. S. Nagatomo e M. S. Hull. Albany: Suny Press, 1993.

índice remissivo

A
aborto, 159-160
Abrams, Jerold J., 63
ação, 17-19, 51, 83-99, 103-07, 110-11, 118-21, 126-27, 141, 145-48, 156-57, 160, 172-73, 178, 251-58, 265-71, 278, 296-300, 318-20
  contextualidade da, 185, 279-80
  voluntária, 84, 184-85, 188-89, 191-92, 239-41, 284-95, 304
acuidade, 21, 27-28, 50, 76, 175-76, 234-35, 307
adaptação, 220-21
Adorno, Theodor W., 59, 60-61, 181-82
aeróbica, 55, 62, 89
Agostinho, Santo, 96
aids (Síndrome de imunodeficiência adquirida), 66, 73
alcoolismo, 252
Alexander, Albert Redden, 277, 291-92

Alexander, Frederick Matthias, 39-40, 48, 110-12, 191-92, 257, 276-77, 286, 288-07, 309-20
Al-Ghazzali, Abu Hamed, 82
alienação, 166, 170, 174
  somática, 29, 59-60, 137-38
Allen, Gay Wilson, 272
alma, 30-31, 35, 45, 82, 85, 102, 168, 169-70, 180, 224-25, 268
  veja também corpo, e alma
  altruísmo, 235
ambiente, 27, 35, 176, 270-71, 283, 287, 296, 299, 317-21
Ames, Roger, 47
amor, 85-86, 223-24, 316-17
anatomia, 213, 305-13
andar, 74, 286-88, 299, 305
anedonia, 72-73, 75-78
anestesia, 314-15
animais, 282, 297, 309, 313-15

anorexia, 59
Anscombe, Gertrude Elizabeth Margaret, 177-78
ansiedade, 50, 151-53, 190, 199, 212, 230-31, 258, 264, 301-12
Antigo Testamento, 201
antissemitismo, 177-78, 201
antropologia, 200-01
Aristipo, 46
Aristóteles, 80, 274-75
arte, 11-13, 16, 19, 87-89, 180-81, 193-97, 210-11, 279, 297, 316
de viver, 29, 44, 89, 197, 215
artes
eróticas, 56, 71
marciais, 20-21, 53, 55, 62, 144, 269
artista, 140, 193
ascetismo, 16, 79, 83, 86, 132, 262-63
Ascher, Carol, 133
associação, 193-94, 209-10, 235, 264-66
atenção somaestética, 153-58, 167, 192
atenção, 15-16, 25-26, 30-35, 116, 120, 123, 133, 185, 186-97, 214, 217, 221-24, 232-33, 239-42, 244-58, 261-66, 292, 307, 308, 311-12
somaestética, 153-58, 167, 192
autoaprimoramento, 21, 47, 16, 179, 252
autoconhecimento, 18, 31, 36, 44, 47, 49, 50, 63, 115, 120, 156, 158, 175, 179, 185-86, 190, 290
autocontrole, 82-83, 314-15
autoexame (ou automonitoramento), 18, 42, 155-56, 270
autoexpressão, 315-16
automatismo, 109, 185, 217, 252-53
autonomia, 35, 45, 151, 173, 319
autopercepção, 34-35, 42, 158
veja também reflexão, somática ou somaestética
autopercepção somática *veja* consciência corporal, reflexiva
autouso, 31-32, 34-35, 115, 120, 270, 276-77, 290, 296, 300-03, 313-14, 317, 319

B

Bair, Deirdre, 133
Bardot, Brigitte, 151
Barlow, Wilfred, 254
Bataille, Georges, 70
Baudelaire, Charles, 85-86, 87
Beauvoir, Simone de, 35-38, 40, 129-76
e a somaestética
experiencial, 150-61, 174
performativa, 142-49, 168-72
representacional, 140-49, 166-69
La Vieillesse [A velhice], 130-31, 134, 161-65
O Segundo Sexo, 38, 130-31, 134-61
sobre a ambiguidade do corpo, 134-36, 154-57
sobre a biologia, 138-39
sobre a sexualidade, 151-52, 169
sobre a velhice ou sobre os idosos, 129-34, 161-72, 174-76
sobre as mulheres, 129-61
Beere, Polly A., 172
behaviorismo, 189-90, 227
beleza, 16, 17, 54-55, 60-61, 83-84, 86-87, 142, 145-147, 150, 167, 180-81
Bergoffen, Debra, 132, 135-36, 160
Bermúdez, José Luis, 100
Berthoz, Alain, 288, 310
bioenergia, 53
biologia, 55, 133-34, 137, 274-76
biopoder, 63, 66, 109
biopolítica, 53-54
Böhme, Gernot, 63
Bordo, Susan, 32, 54
Bourdieu, Pierre, 54, 217-18
Bourne, Randolph, 316

Bowditch, Henry, 212
Boydston, Jo Ann, 316
Bradley, Francis Herbert, 256
Brown, Peter, 54
Buda, 205
budismo, 74, 82
busca dos fins, 290, 301-02
Bush, Wendell, 291-92
Butler, Judith, 54, 103, 148-49, 157

C

cabeça, 17, 39, 51, 63, 96, 98, 112-13, 115, 121, 173-74, 186-87, 191, 205, 221-22, 234, 236, 238, 240, 245, 289, 299-304, 309-14
    e região do pescoço, 302-04, 309-12
Call, Annie Payson, 258, 261
Campbell, Jennifer D., 266
Campbell, John, 55
capitalismo, 62, 77, 162-63
carne, 16-18, 20, 60, 63, 85-86, 89, 96, 107, 124, 132, 135-36, 141-42, 145-46, 149, 151-57, 167, 175, 198, 205, 214-15, 274-75
Carrette, Jeremy, 85
Cassirer, Ernst, 36
causalidade, 284-85, 286
Cavell, Stanley, 44
cérebro, 41, 184, 216, 219, 232-33, 264, 298, 303, 310, 320
    córtex, 298, 304
    danos, 111, 232-33, 309
    mesencéfalo, 304
    tronco cerebral, 304, 309
Chan, Wing-tsit, 161, 323
Cheng Hao, 323
ciborgues, 320
ciência, 64, 104, 171, 242-44, 284-85, 296, 305
cinestesia, 92, 97, 101, 104, 106, 184-85, 188-89, 191-92, 194, 224, 240-42, 289, 290-91, 293, 314
    veja também propriocepção
cirurgia (cosmética), 56, 58
civilização, 281, 314-15
classe social, 54-61, 141, 163, 166-67, 199
Cleóbulo, 46
cognição, 19, 33-34
    veja também corpo, papel na cognição
Cole, Jonathan, 100
coluna, 17, 121, 254
comercialismo, 321
    veja também capitalismo; propaganda
comportamento, 18-19, 57-58, 86, 98-99, 110-11, 116-17, 143, 172-73, 183-84, 199, 203, 217, 223, 227, 277, 280-81, 283-84, 286, 291, 295-99, 318-19
compreensão, 29, 95-96, 98-99, 108, 109, 126, 206
comunicação, 41, 181
comunidade, 178, 180
conceitos, 38, 102-03, 177-180
concentração, 81, 99, 118-119, 207, 240, 262-66, 299, 300
    veja também conceitos de foco
conforto, 17, 57, 80, 312
Confúcio, 47, 181
confucionismo, 87
conhecimento, 15, 29, 47, 49, 54, 88, 94, 101-02, 127, 155-56, 175, 213, 220, 254, 305
    veja também autoconhecimento
consciência, 15-21, 50, 52, 101-11, 129-30, 135, 136-37, 145, 156, 190-91, 202, 218-19, 232, 244-48, 255, 265, 276, 278, 285, 306-12, 319-20
    aspecto social da, 276
    base corporal da, 218-24, 233-37, 306
    corporal, 15-23, 25, 44-45, 76-78, 96-101, 129-30, 196, 210, 255, 318

fluxo de, 218-21, 233-37, 244-45
impulsividade da, 239
irrefletida, 101
parcimônia da, 252-53
unidade da, 141-43, 153-55
veja também consciência corporal
consentimento, 239
consumismo, 162-63
contraste, 247-50
controle
   central (*Zentralapparat*), 303-04, 309, 320
   primário, 302-304, 306, 309-314
   veja também controle consciente
controle consciente, 33, 51, 110, 114, 118, 137, 254, 290-91, 297-310, 314-19
   indireto, 307
coordenação, 19, 277, 302, 304
coração, 82, 153, 205, 245, 268, 272
corpo vivido, 94, 109-11, 121-27
   veja também corpo, como intencionalidade ou subjetividade; soma
corpo, 15-20
   ambiguidade do, 135-36, 156-58
   como centro, 28, 209-10, 223
   como distração, 15, 28-30, 149
   como eu, 17, 161, 173, 185-86, 223-24, 321
   como expressão, 16-18, 92, 105, 144
   como forma fixadora da vida, 106-07
   como instrumento ou meio, 27-31, 42, 44, 49, 94, 130-31, 135, 196-97, 296, 323
   como intencionalidade ou subjetividade, 19, 26, 28, 38, 50, 91-92, 98, 104-09, 122-23, 125, 135, 149, 158-61
   como mistério, mágica, 102, 106-09, 112, 117-18, 126, 150-53, 196
   como objeto de experiência, 17-20, 120-25, 134-35, 140-49, 157-58, 223, 234-37
   como objeto físico, 20, 26, 60, 105, 134-35, 152-53
   como prisão, 15, 30, 94, 198
   como silencioso, 91-92, 106, 196
   condicionamento biológico do, 64, 133, 138-39, 176
   condicionamento sociocultural do, 134
   contextualidade do, 158-59, 288, 321-23
   desprezo pelo ou condenação do, 15, 29-30, 45, 80, 95-96, 132-33, 273-74
   e alma, 45, 198, 274-75
   e confiança, 147, 153
   forma externa do, 31, 35-36, 38, 50, 58-62, 150-51, 157, 165-68, 199, 211
   imagem, 15, 31, 59, 112, 147
   mutilação do, 76, 132, 198
   na cultura contemporânea, 26, 31-33, 37, 40-42, 59-60, 73-78, 159-60
   natureza misturada do, 204-05
   normas, 32, 52-55, 61, 130, 141-42, 150-51, 167, 198-99, 204
   observação do, 52, 100-01, 120-25, 185, 189-90, 205, 248-49, 301-02, 306
   orientação ou posição do, 96, 97, 185-89, 220, 223, 300, 309-11
   papel na ação, 19, 28, 39, 42, 51, 54, 91, 95-96, 184-85, 191, 197, 209-10, 216-17, 223, 286-323
   papel na apreciação ou experiência estética, 26, 193-97, 207, 273-74
   papel na cognição, 33-34, 94-95, 221-23
   papel na emoção, 38, 39, 41, 50, 136, 180-85, 188-91, 207, 220-21, 224-25, 227-28, 244, 275-76, 282-83
   papel na ética, 217-18, 235

papel na experiência, 19-20, 25-28, 33-34, 91-92, 209-15, 223, 275-76
    papel na expressão, 91-92, 196, 198, 210-11
    papel na liberdade, 131
    papel na linguagem, 91, 95-96, 108, 196, 313
    papel na percepção, 17-19, 26, 28-29, 49-50, 54-55, 91, 95-96, 120, 215
    papel na vida mental, 27-28, 39, 46, 169-170, 206-207, 213-242, 263
    papel na vontade, 39-40, 51, 184-90, 238-42, 275-76, 286-311, 320
    papel no pensamento, 29, 39, 45, 52, 107, 169-70, 207, 218-24, 243, 274, 278-313
    representações, 96-97, 100-01, 219-21
    ritmo do, 222
    simbiótico ou transacional, 321-23
    vulnerabilidade ou deficiência do, 16, 18, 29, 37, 94-96, 112, 136
corpo-mente, 56, 103, 146, 158, 212, 273-74, 275-83, 291-92, 296
    condicionamento sociocultural de, 280-81
    sintonia, 34, 100, 214
    união de, 125, 278-86, 291-303
corporificação, 18, 55, 129-34, 140, 220, 292
cosmética, 32, 55, 56, 58, 61, 86-87, 132, 166
costas, 113, 222, 247, 257
costelas, 113, 115, 121, 310
Cranz, Galen, 303
crença, 16, 134, 223, 239, 240, 263, 292-93
crianças ou infantes, 131, 282, 314-15
Criogenia, 165
cristianismo, 30, 85, 88, 94-95, 274
cuidado com o corpo *veja* cultivo somático

cultivo somático, 15, 25, 133, 146-49, 159-62, 164-65, 175-76, 323
cultura, 54-55, 129, 162-63, 166-67, 199, 280-82
    veja também corpo, na cultura contemporânea; corpo, condicionamento sociocultural do

D

Dalton, Thomas C., 306, 312
Damasio, Antonio, 55, 219-20, 230-33
dança, 46, 55, 74, 87, 89, 147, 314-17
dandismo, 85-86
Dao, 322
darwinismo, 274-75
Davidson, Richard J., 264
deficiência somática, 41-42, 95, 172-73, 319
deitar-se, 71, 247-48, 250
Dennett, Daniel, 123
depressão, 39, 211, 231, 238, 256, 264
desarmonia, 317
Descartes, René, 238
desconforto somático, 41-42, 50, 57, 125, 134-35, 204, 220-22, 318
desejo, 16, 68, 70, 81-82, 94, 125, 141, 151-54, 168-69, 180, 203-04, 285-89
dessexualização, 67
determinismo, 138-39, 238, 284-85
Deus, 85-86, 153, 261-85
Dewey, Jane M., 275
Dewey, John, 39, 40, 92, 104-05, 114-15, 176, 181-82, 229, 257, 272-88, 291-97, 303-09, 312-17, 320-21
    "Soul and Body" ["Alma e Corpo"], 274
    "The Ego as Cause", 285
    "The Theory of Emotion" ["A Teoria da Emoção"], 283
    Art as Experience [A Arte enquanto Experiência], 274, 316

e F. M. Alexander, 276-78, 305
Experience and Nature [Experiência e Natureza], 273
Human Nature and Conduct [Natureza Humana e Conduta], 292-96
sobre a ação, 278-88, 297, 316
sobre a alma, 274
sobre a consciência corporal, 295
sobre a emoção, 276, 283-84, 314-16
sobre a espontaneidade, 276, 297
sobre a experiência, 275-76, 282, 305-09
sobre a unidade de corpo e mente, 278-282
sobre a vontade, 284-89, 292-95
sobre o controle consciente, 307-09, 314-17
sobre o eu, 276, 287, 320-21
sobre o hábito, 286-88, 291-94, 297, 308
sobre William James, 275
dicotomia corpo/mente, 26, 31, 62, 84, 94-95, 117, 156, 158, 273-74, 278, 281, 283, 293-94
Diderot, Denis, 91
dieta, 16, 18, 32-33, 46, 55-56, 58-59, 89, 144-45, 168, 172, 201, 262-63
diferença, 204-05
corporal, 130
digestão, 279-80
dignidade, 154, 167, 198
Diógenes, o Cínico, 46, 51
direitos humanos, 198
disciplina, autodisciplina, 255-56
disciplinas
corporais asiáticas, 20-21, 40-41, 110-11, 247-48
somaestéticas (ou somáticas), 16, 22, 34, 55-64, 71, 100-01, 110-15,
127, 131-32, 143-44, 147, 157, 161, 170, 190, 202-03, 242, 247, 251, 265, 318-19
discriminação perceptiva, 49-50, 76, 97, 244-50, 281-82
distração, 57, 75, 115, 149, 207, 222, 294-95
Dizio, Paul A., 310
Dobson, William Arthur Charles Harvey, 323
doença, 46, 94, 137, 151-52, 170, 175, 199-201, 212, 255, 260, 266, 319
doenças
psicossomáticas, 152, 155, 212, 242-43
somáticas, 137-38, 169-70, 176, 212
Dogen, Zenji, 300
dominação, 18, 30-32, 66, 86, 133-34, 140-41
Donne, John, 86
dor, 17-18, 21, 50, 52, 59, 81, 96-97, 125, 156, 169-70, 172-73, 183, 188, 207, 220, 222, 245, 253-54, 257, 261, 268, 295, 312, 318
de cabeça, 211, 291
nas costas, 42, 211, 257, 268, 290-91, 291-92
Dreyfus, Hubert, 71
drogas, 26, 37, 63-67, 73-78, 85-86, 89, 194, 207
Dunn, Elizabeth W., 119

E

educação, 291-92, 314-16
estética, 181, 197, 201-02
somática, 34, 113, 190
ego, 175, 224, 275, 284-85
egoísmo, 235
Ehsani, Ali A., 172
Eliot, Charles, 212

Eliot, Thomas Stearns, 251
emancipação, 38, 130, 133, 145-49, 155, 159, 161, 297
emergente, 274, 282
Emerson, Ralph Waldo, 89, 322
emoção, 38, 39, 178, 184-85, 188, 221, 224-33, 244, 252, 263, 314-16
   dimensão cognitiva da, 182, 224-30, 276, 282-84
   "emoções mais sutis", 225, 282-83
   e realidade ou verdade, 231
   papel na ação, 232-33
   papel no pensamento, 231-32
energia, 83, 167-70, 176, 257-58, 262, 267, 281-82, 295, 321-22
   psíquica, 236, 292
entretenimento, 33, 75
epistemologia, 49, 52, 54, 95-96, 233, 235
equilíbrio, 45, 173-74, 254, 263-86, 310-11
   psíquico, 56
ereto, ficar, 256, 292-93, 310-14
Eribon, Didier, 73
erotismo, 17, 40, 67-72, 151, 280
escolha, 218, 284-87
esforço, 88, 110, 124, 172-75, 185, 217, 221-22, 234, 238-42, 253-54, 259-60, 267-70, 281-82, 288-89, 292-93, 299-300, 308
   volitivo/muscular, 239-40
esforço (ou trabalho), 142, 155-56, 280-81, 292
espírito, 15, 48, 59-60, 154, 274
espiritualidade, 81-89, 238, 258, 279-80, 322
espiritualismo, 210, 281
espontaneidade, 19, 39-40, 93, 102, 104-14, 116-19, 128-30, 185, 234, 257-59, 261, 276, 287, 294-97, 314, 317-18
esportismo, 268
esquema do corpo, 112
essencialismo, 187, 230
estar em forma, 169-70, 210
estesia, 26, 49, 97
estética, 26, 38-39, 60-61, 139-40, 177-82, 193-97, 273-74
estetismo, 86-89
estilo (apresentação pessoal, autotransformação), 19, 36, 82-83, 86, 88-89, 99-100, 105, 108, 114, 142, 187, 264, 302
estético, 78-79, 86-89
estímulo, 75-76, 89
   veja também superestimulação
estresse, 15, 191, 212, 260, 317
ética (ou moralidade), 38, 48, 52, 70, 74, 80-81, 87-88, 136, 155, 179, 182, 193, 197, 200, 203, 257, 284-85, 313
etnicidade, 141, 166, 199-204
eu, 17, 29, 30-31, 35, 40, 43-44, 83-84, 120, 150-51, 165, 173-74, 185-86, 188-89, 214, 224, 233-37, 252, 275-76, 291-92, 320
   cuidado, cultivo do, 18, 30-31, 40, 43-44, 48, 54, 64, 78-79, 86-87, 156
   contextualidade do, 185-86, 287, 319-23
   e outro, 56-57, 319-23
   espiritual, 59-60, 186, 224-25, 233-37
   simbiótico ou transacional, 35, 321-23
eu/mim, 124
Europa, 199, 211, 271
evolução, 42, 80, 235, 246, 274-75, 291, 299, 306, 313-15, 320
excitação, 33, 99, 182, 229, 262, 283-84, 314
exercícios (ou esportes), 22, 62, 143, 147, 168, 171-72, 174, 259
exercícios, 18, 45-46, 51, 71, 87, 145, 147, 171-74, 259, 267-68

veja também treinamento
existencialismo, 36, 139-40, 155-56
experiência, 19, 27, 36-37, 49, 55, 73-76, 80, 96-97, 101-05, 110-11, 114-17, 122-25, 127-32, 162-63, 188-89, 215-16, 219-27, 230, 234-37, 243-44, 250, 265, 303-04, 308, 312-13, 317-18, 323
   corporal *veja* experiência somática
   imediata, 221
   estética, 81-82, 88, 194
   limite, 72-73, 75
   pura, 278
   somática, 27, 32-33, 41, 42, 58, 66, 92-93, 114, 130, 133, 150-60, 219-24, 232-35, 242-46, 250-51
   religiosa, 81-82, 86, 263
   veja também experiência estética

F

fadiga, 59, 94, 95, 207, 211, 222, 262
falácias, 104, 229
Feinstein, Howard, 211-13
Feldenkrais, Moshe, 48, 53, 237, 305
felicidade, 19, 21-22, 49, 52, 76-77, 295-96
feminismo, 22, 32, 36, 53-54, 134, 138, 157, 261, 321
fenomenologia, 36, 55, 93, 101-02, 116, 126-27, 130, 134-35, 156, 189
ficar de pé, 35, 173, 206-07, 293, 299, 313
filosofia, 15-16, 18-20, 25-29, 93-95, 125-28, 177-82, 205-07, 210, 212-15, 238, 275
   analítica, 36, 38, 176
   asiática, 47, 181-82, 322
   como autocuidado corporificado, 43-48
   como forma de vida, 15-16, 19, 44-48, 89, 127-28, 178-79, 189, 215-16
   da mente, 38, 54, 115, 176-82, 193, 197, 213, 251-52
   e exercícios espirituais, 44-45

grega, ix, 29-30, 44-48, 51, 180
profissão acadêmica da, 16, 62-63, 179, 212-13
somática, 33-34, 36, 129-130, 209-10, 224, 262, 277-78, 320-21
física, 277
fisiculturismo, 53, 55-56, 58-59, 80, 168
fisiologia, 55, 103-04, 134, 162, 212, 213, 242, 264, 275, 294, 305
   neurofisiologia, 230, 264, 294, 310-11
flexibilidade, 203, 311-12
foco, 25, 34-35, 59, 97, 116-24, 220, 223, 244-55, 265, 302
força, 62, 133, 137, 141, 143-48, 150-51, 152-61, 163, 166-173, 176
Foucault, Michel, 35-37, 40, 43-45, 52, 53, 54, 63-78, 81, 84-89, 91, 109, 198, 203, 210, 214-215, 217
   e a espiritualidade, 83-88
   sobre a consciência corporal, 76
   sobre a morte, 88
   sobre as drogas, 63, 72-73
   sobre o biopoder, 52-53, 63
   sobre o eu e sobre a autoestilização, 72-73, 87-89
   sobre o prazer, 36-37, 43-44, 63-64, 66-78, 88
   sobre o sadomasoquismo, 63-64, 66-72
   sobre o sexo, 65-74
   Vigiar e Punir, 84-85
Francis, Claude, 132
fraqueza, 17-18, 130, 134, 141-44, 150-53, 161-62, 168-70, 264, 269
Freud, Sigmund, 135, 203
fruição *veja* prazer
função imunológica, 264
funcionamento sensório-motor ou *performance*, 19-20, 309
futuro, 42, 115, 139-40, 285-86

G

Gallagher, Shaun, 55, 111-12
Gehlen, Arnold, 36
gênero, 54-55, 66, 70, 126-27, 148-49
genes, 89, 138, 317
gênios, 105, 322
genitália, 63, 67-68, 154, 168-69
gestos, 16, 92, 105-06, 190, 193-94, 313
Gibson, James Jerome, 320
Gibson, William, 41
glândulas, 41, 168-69
Gontier, Fernande, 132
graça, 153, 261
gravidade, 97, 159, 173, 218, 322
gravidez, 134, 137, 153-54
Guerra, Gustavo, 63
Gulik, Robert van, 71

H

hábitos, 27, 33, 118, 120, 134, 202-03, 216-18, 251-55, 261, 266, 276, 285, 306-09, 317-20
    contextualidade do, 217-18, 286-87, 320
    corporal, 21, 27, 34-35, 41-42, 49-53, 113-17, 122, 126, 130, 147, 191-93, 216, 257-58, 280-81, 286-02
    diagnóstico e correção do, 109-10, 113-14, 117, 156, 202-03, 253-54, 258, 291-302, 306-07
    e a mente, 216-18, 293-94, 308
    e o eu, 287, 308-09
    força do, 286
    formação do, 110, 202-03, 216, 291, 293, 308
    inteligente/não inteligente, 308-09
Hadot, Pierre, 44, 45, 74-75, 86-87
halterofilismo, 214-15, 268
Haskins, Casey, 63
hedonismo, 48, 71-75, 78, 83
Hegel, Georg Wilhelm Friedrich, 198
Helmholtz, Hermann von, 184
Higgins, Kathleen, 63
higiene/limpeza, 259, 201
hipnose, 243, 313
hipocondria, 255-256, 264
história, 55, 129-30, 138-39, 162, 199-200, 284
Holocausto, 200
homeopatia, 214-15, 270
homofobia, 203-04
homossexualidade, 37, 67, 70-72, 200-04
Horkheimer, Max, 59-60
Howinson, George H., 256
humanismo (e humanidade), 319-23
Husserl, Edmund, 27-28
Huxley, Aldous, 290-91
Hwang, Eun Jung, 119

I

idealismo, 30, 44-45, 198, 275, 281
identidade, 27, 31, 72, 185-87, 233-37, 276
ideologia, 52, 63, 130, 142, 149, 162, 268
imaginação, 59, 68-69, 81, 194, 242, 250
imanência, 128, 135-37, 142, 145, 149, 155-58, 175-76, 274
imediatez, 102, 128, 307-08
impulsos, 168-69, 181
inconsciente, 186-87, 199, 260, 294, 309
individualidade (e individualismo), 61, 285, 319-20
inervação, 184
informação, 25-26, 40-43, 77-78
Ingres, Jean Auguste Dominique, 16-17
inibição, 257-59, 277, 294-306
insônia, 78, 192, 211
instinto, 27, 51, 191-92, 202-03, 223, 317

interação, 279-84
interesse, 171, 185, 203, 209, 214, 223, 246-50, 265-66
interpretação, 196, 205-06
intolerância, 200-04
introspecção somaestética (ou somática), 18-19, 34-35, 39, 115, 124, 185-88, 234-35, 242-43, 244-53, 255-58, 266, 276, 294-95
introspecção, 94, 190, 222, 227-28, 233-37, 240, 242-51, 252-58, 263, 295
introversão, 264
ioga, 34, 47, 50, 55-56, 58, 84, 190, 237, 262-63, 270
   asana, 74
   Ghata Avasthâ, 84
   Parichaya Avasthâ, 84
   pranayama, 74, 89
irracionalidade, 199, 231

J

James, Alice Gibbens, 272
James, Henry, 256, 270-71
James, Margaret Mary "Peggy", 256
James, Robertson, 256
James, William, 18, 28, 35-36, 39, 92, 104-05, 115, 123, 147, 176, 182-86, 209-72, 281-86, 291-92
   A Pluralistic Universe [Um Universo Pluralista], 210
   e o empirismo radical, 236, 278
   Essays in Radical Empiricism [Ensaios de Empirismo Radical], 28, 209
   sobre a ação, 241-42, 251-61
   sobre a ambiguidade do corpo, 223-24
   sobre a consciência, 218-21, 233-37, 252-53
   sobre a espontaneidade, 257-58
   sobre a introspecção somaestética, 242-51, 257-58, 263
   sobre a introspecção, 242-51, 255
   sobre a vontade, 184-85, 238-42, 262, 284
   sobre as emoções, 182-83, 224-33, 283
   sobre as sensações, 221-24
   sobre exercícios corporais, 251-52, 267-68
   sobre o eu, 185-86, 224-25, 233-37
   sobre o hábito, 216-18, 251-52, 257-58
   The Energies of Men [As Energias do Homem], 262
   The Gospel of Relaxation [O Evangelho do Relaxamento], 257-60
   The Moral Equivalent of War [O Equivalente Moral da Guerra], 210
   The Principles of Psychology [Os Princípios da Psicologia], 184, 210, 215-21, 233-37, 238-54, 275-78, 282, 284
Janiri, Luigi, 75
Jay, Martin, 63
Jeanson, Francis, 133
Johnson, Mark, 55
Jones, Frank, 254, 292, 305
judeus, 199-201
julgamento estético, 177-79, 193-94, 207
juntas, 60, 173, 245-46
justiça, 49, 52, 180
juventude, xiii, 21, 162, 168, 255-56

K

Kabat-Zinn, Jon, 264
Kamel, G. W. Levi, 69
Kant, Immanuel, 18, 236, 255, 263, 264
Kavounoudias, Anne, 311
Klossowski, Pierre, 85
Klyce, Scudder, 295
Krüger, Hans-Peter, 36

L

La Mettrie, Julian Offray de, 91
Lackner, James R., 310
Lakoff, George, 55
Lamont, Corliss, 291
Lange, Carl Georg, 225
Laozi, 47
lazer, 163, 269
Leddy, Thomas, 63
lei de Weber-Fechner, 76, 267, 299
lentidão, 205-07, 267
liberdade, 16, 61, 131, 145-46, 155, 160, 285, 297, 315-16
Libet, Benjamin, 297-98
libido, 168-69
linguagem, 92, 102-03, 108, 178, 196, 206, 236, 243, 250-51, 276, 282, 313, 320
Lotringer, Sylvère, 48
lugar (ou espaço), 104, 106, 120, 223-24, 323
Lutz, Tom, 268

M

má percepção corporal, 51, 113
Mach, Ernst, 184
machismo, 268
mágica, 106, 292
    veja também corpo, como mistério, mágica
Magnus, Rudolph, 303-05, 309
Malcolm, Norman, 206
mandíbulas, 190, 221-22
manipulação, 301, 312
mãos, 97, 122, 185, 246, 253, 305, 310, 313
massagem, 55, 144
matéria, 278
materialismo, 238, 281
Mauriac, Claude, 37
McGraw, Myrtle, 312
Mead, George Herbert, 123

medicina, 152-53, 155-56, 172-73, 211-12, 214-15, 269-89
meditação, 20-21, 37, 44, 58, 191, 207, 247, 250, 264-65, 269-70, 299-300
    ao andar, 74-75, 265-66
    na dança, 74-75
    sentada, 74-75, 158, 264, 299-300
    veja também zazen; zen
medo, 148, 183, 189-90, 199, 203-04, 225-29, 256, 274, 283
meios e fins, 27-30, 176, 252-55, 290, 299, 301-02, 315-17
melhorismo, 139-40, 215, 280-81, 291, 306, 322-23
membros [braços e pernas], 17, 30, 112, 122, 173-74, 187-89, 245-46
memória, 123-24, 170, 184, 232, 243
Mêncio, 47, 323
menopausa, 138
menstruação, 134, 137, 151, 201
mente (ou mental), 15-22, 26, 31, 38, 46, 94-95, 110, 137, 146, 156, 169, 177-89, 193, 197-98, 207, 212-13, 233, 243, 250, 255, 263-66, 273-86, 305, 320-21
mente alerta, 22, 33, 58, 94, 98, 101, 110, 114-15, 119, 125, 203-04, 263, 270
Merleau-Ponty, Maurice, 35-36, 37-40, 91-130, 134-35, 148, 159, 187, 196
    sobre a consciência corporal, 96-101, 115-28
    sobre a consciência, 98-99
    sobre a espontaneidade, 102-14
    sobre a fenomenologia, 93, 101-02
    sobre a filosofia, 93-94, 101, 125-28
    sobre a observação do corpo, 120-25
    sobre a percepção pré-reflexiva (ou consciência), 98-99, 102-03
    sobre a percepção, 96-107, 108-09, 112-15, 121-23

sobre a vulnerabilidade (ou deficiência) do corpo, 95-96, 113-14
sobre as representações enquanto explicações, 103-10
sobre o corpo silencioso, 91-92
sobre o hábito, 109-10, 119-20
metabolismo, 171-72
metafísica, 126-27, 133, 210, 226, 234, 237, 281
veja também ontologia
Método Feldenkrais, 17, 21-22, 34, 49-50, 55-58, 84, 110, 113, 172, 174, 190, 237, 242, 247, 254, 261, 311, 313
consciência pelo movimento, 56, 58
integração funcional, 57
mídia, 17, 31, 40-41
Mill, John Stuart, 243
minimalismo, 79
misticismo, 82
moda, 10, 32, 142
modernidade, 179-80
Moi, Toril, 131-35
monismo, 236
Monk, Ray, 203
Montaigne, Michel de, 33, 88-89
Montero, Barbara, 100
moralidade *veja* ética (ou moralidade)
Morrow, Jannay, 266
morte, 17-18, 45, 66, 72-73, 88, 94, 107, 118, 266
movimento, 35, 57, 82-83, 97, 103-08, 112, 115, 118, 122, 148, 158-60, 184-97, 206-07, 227, 237, 238-42, 245-46, 254, 266-67, 282, 286-88, 297, 306-07, 309-10
Mozi, 87
mudança, 55, 146-47, 163-64, 218-21, 226-31, 246, 281, 291, 317
Münsterberg, Hugo, 222
mulheres, 31, 129-62, 166, 171-72, 175, 259-60

como objetos, 17, 140-42, 145, 149, 154, 156-58
como corporal das, 133-61
experiência sexual das, 141-42, 151-54, 159-60
opressão das, 31, 130-31, 133-34, 135-36, 138-58, 161-62
Mullis, Eric, 63
multiculturalismo, 200-03
Mumford, Lewis, 316
mundo exterior, 35, 106-07, 119-20, 122-23, 157-159, 223, 250, 265
músculo, 49, 56, 59, 76, 105, 122, 134, 141, 143-44, 158, 167, 171-74, 187-88, 189-93, 221-22, 236-37, 244-46, 267-68, 270, 286-89, 305, 310, 313, 322
atrofia, 171-72
contração, 50, 52, 158, 183-84, 187-88, 190-92, 221-22, 228, 234, 241, 245-46, 253-54, 258-61, 270, 310
música, 74, 77, 195-97, 314-16
Myers, Gerald, 229, 231, 242-43

N

nação, 200-01
narcisismo, 48, 78-79, 80
National Association for the Advancement of Colored People [Associação Nacional para o Progresso das Pessoas de Cor], 315
naturalismo, 275, 278-79
natureza, 89, 128, 138, 139-40, 157, 173, 273-74, 277
natureza humana, 139-40, 197-98
ambiguidade da, 28, 154-55
nazismo, 60, 69
necessidades, 27-28, 83, 180, 209-10, 281-82, 317, 320-21
corporais, 42, 45, 235, 320-21
Nehamas, Alexander, 44, 79

neoplatonismo, 30-31
nervos, 171-172, 230, 269
neurastenia, 212, 268
neurociência, 219-20, 297
Newton, Isaac, 277
Nietzsche, Friedrich, 88-89, 91, 94-96, 139, 210, 213
Noe, Alva, 55
Nolen-Hoeksema, Susan, 266
Nussbaum, Martha Craven, 44

O

O'Shaughnessy, Brian, 55, 100
objeto, 140-42, 218-19, 239-40, 246-47, 279
    e sujeito, 124, 158
    veja também percepção, objetos de; corpo, como objeto de experiência; corpo, como objeto físico
ódio, 197-205
olhos, 17, 29, 30, 96-97, 119-22, 183, 191, 211, 219, 221-24, 247, 250, 253, 300-10
ombros, 121, 173, 189-90, 247-49, 299
ontologia, 53-55, 95-96, 279-80
    veja também metafísica
organismo, 29, 276, 280-82, 302-05
órgãos sensoriais, 29, 41, 46, 97, 120, 197, 221, 234, 319
orgasmo, 74, 154
ossos (ou sistema esquelético), 20, 60, 89, 121, 171, 173, 205, 286-87
outro, o, 56-57, 138, 140-41, 165-66, 174, 200
oxigênio, 172, 320

P

padrões, modelos ou ideais corporais
    veja corpo, normas
Paplos, Kostas G., 75
parto, 134, 137-38, 151
Pascal, Fania, 206
passividade, 135-36, 141-43, 149, 156-59, 167, 175-76
patologia, 77-78, 111
patriarcado, 137, 141, 149, 156-57, 261
Paulo, São, 18, 96, 274-75
pele, 56, 60, 189, 198, 205, 249, 321
pélvis, 115, 190, 245, 287, 299, 309-10, 311-12
pensamento, 44, 81, 97, 178, 182-83, 217-21, 227-42, 246, 257-58, 265, 300, 320
    veja também corpo, papel no pensamento
percepção somaestética, 98, 100-01, 175, 266
percepção, 18-19, 33, 49, 74, 95-129, 140-41, 158, 160, 165-66, 182-83, 189-90, 214, 220, 236, 244, 247-48, 266, 296, 304, 318, 323
    objetos de, 99, 121
    corporal, 40, 95-128, 129-30
    expectativa da, 250
    pré-reflexiva, 100-04, 113-21, 124-26
    veja também corpo, como objeto de experiência; corpo, observação do; corpo, papel na percepção; consciência corporal
perfeccionismo, 238, 319-20
performance, 15, 18, 19-20, 21, 26, 27, 29, 34-35, 38, 40-41, 49-50, 62, 72, 97, 106, 108, 110-13, 118, 126-27, 133, 146, 148, 157, 168, 170, 252, 253-54, 257, 263, 267-68, 290, 298, 301, 317-18
Perry, Ralph Barton, 211, 239, 278
perscrutação do corpo, 94, 121, 159, 174, 202, 247-51, 264, 302-03, 307, 311-12
pescoço, 49, 189, 190, 289, 300-04
    dor, 42
    duro, 291-292
    veja também cabeça e região do pescoço

Platão, 29-31, 168
    Alcibíades, 30-31
    Fédon, 30, 45
    República, 180
    Timeu, 45
platonismo, 30-31, 44, 45, 94-95
Plessner, Helmut, 36
Plotino, 16, 79
pluralismo, 30, 115, 305, 311-12, 319
poder, 16, 52-55, 60, 70, 85, 130, 140-41, 150, 162, 166-67, 177-78
política, 60-61, 80-81, 146-47, 149, 160, 177-82, 197-03
Porfírio, 16
pós-estruturalismo, 36, 215
pós-modernismo, 66
postura, 16, 17, 41-42, 56, 59, 99, 147, 218, 254-57, 262-63, 288-92, 301-04, 309-14
potencial de prontidão, 298
pragmatismo, 19, 35-36, 38, 39, 88-89, 93-94, 109-10, 115, 127, 139-40, 176, 182-83, 207, 214-15, 280-81, 292, 305, 316, 321-22
prática, 21, 39, 62, 65, 115, 168, 206, 215, 267-68, 318, 322
    veja também teoria e prática
prazer, 15, 18, 27, 31, 32-33, 36-37, 52, 56, 65, 67-85, 88, 89, 96-97, 111, 125, 150, 153, 169, 197, 265, 282-83
    contextualidade do, 80-81
    diversidade do, 74-75
    papel na condução da vida, 80
    poder transformador do, 81-82
preconceito, 58, 203-04
presente, o, 123, 235-36
professores, 300-03, 319
progresso, 133, 162-63, 314
propaganda, 32-33, 60
propriocepção, 19, 92, 97-98, 100, 115, 122, 166, 173-74, 184, 247, 254, 257, 293, 311
psicanálise, 294
psicofísica, 76, 305
psicofísico, 273-74, 281-82
psicologia, 104, 126-27, 178, 180-83, 213, 225, 233, 241-44, 251-52, 264, 293
psicologismo, 178-79, 193
psicossomática, 55, 152-53, 169, 212
pureza, 199-201
puritanismo, 215, 257, 260, 268

R
Rabinow, Paul, 48, 71
raça, 129-30, 315
racionalismo, 277-78, 314-15
racismo, 38, 57-58, 197-204, 315
raiva, 50, 183, 225-30, 280
Ratner, Joseph, 276, 292
razão e racionalidade, 45, 49, 58, 80, 231-32, 305
realidade virtual, 27, 41
reflexão somaestética *veja* reflexão, somática ou somaestética
reflexão, 18, 117-18, 125-28, 257-58, 285
    somática ou somaestética, 27, 32-35, 39, 78, 93, 111, 114-27, 204, 247-48, 258, 265-67, 272, 276, 295, 298-99, 308-19
reflexo, 303
Reich, Wilhelm, 48, 53, 68, 147, 203
relaxamento, 190-93, 222, 249, 257-61, 265-66, 270-71, 311-12
religião, 87-88, 182, 210
ren, 322-23
Renouvier, Charles, 213, 238-39
repouso, 267-71
representações, 50, 58-63, 80, 92-93, 96-97, 99-101, 103, 107-17, 126, 140-49, 157, 165-67, 196, 241
    como explicações da experiência e

do comportamento, 103-06, 113
neurais, 103-04
respiração, 37, 50, 57, 74, 82-83, 98-101, 158, 183, 190-92, 205, 207, 222, 224, 226, 236-38, 245, 247, 249, 253, 257-58, 261-63, 265, 267, 289-300, 309, 320-21
responsabilidade, 285
rigidez, 257, 291, 311-12
ritmo, 196
Rochlitz, Rainer, 79
Rockefeller, Steven, 276-77
Roll, Jean-Pierre, 311
Roll, Régine, 311
Roosevelt, Theodore, 268
Rosch, Eleanor, 55
roupas, 132, 186, 224-25
Rousseau, Jean-Jacques, 169
ruminação, 266

S

Sade, Donatien Alphonse François de, 68, 69-70, 143
sadomasoquismo, 37, 63-72, 75, 81, 84, 85-86
sangue, 89, 151-52, 172, 201, 205, 223-24
sapiência, 47-48, 323
Sartre, Jean-Paul, 128, 135-36
satisfação, 27-28, 33, 75, 83, 194, 266, 281-83
saúde, 18, 42, 46, 49-50, 54-55, 62, 133, 137-38, 163, 166-72, 175, 201, 210, 260, 268, 281, 292, 319
Scheler, Max, 36
Schiller, Friedrich, 181, 201-02
Seigfried, Charlene Haddock, 138
sensacionalismo, 33, 37, 40-41, 66, 76, 77, 81, 178-79, 182, 193
sensações, 26, 73-78, 79, 81, 96-104, 119-20, 153-54, 182-93, 202, 207, 218-21, 225-26, 228, 240-41, 244-45, 247-48, 254-55, 257, 265, 299
duplas, 122-23
sentar-se, 35, 37, 71, 172-73, 305
sentido, 77, 81, 91, 166, 170-72, 175-76, 178, 182, 279-80
sentidos somaestéticos, 26, 96-97
sentidos, 45, 49-51, 83, 94, 120, 195, 197, 274
sentimentos, 16, 18, 32, 50, 160, 211, 281-82, 308, 317
corporais, 34-35, 38, 39, 53, 92, 93, 119-20, 124, 154-57, 175-76, 178-87, 192, 197, 202-03, 207, 221-22, 224-25, 228, 231, 234-36, 240-42, 245, 252-53, 266
estéticos, 177, 200, 202
sexistas, 215, 260-61
sexo, 37, 40, 54-55, 66-67, 72, 73-74, 85, 88, 119, 141, 151-54, 168-69, 201, 203-04
sexualidade, 63, 70, 78-79, 85, 132, 151-52, 159, 215, 294
Shadmehr Reza, 119
Shaw, George Bernard, 290-91
Simons, Margaret, 131-32, 135
sistema nervoso, 41, 137, 159, 207, 212, 216-19, 310-11
sensório-motor, 33
Smith, Maurice A., 119
sobrevivência, 209-10, 235, 246, 276, 281
sociedade, 55, 64, 134, 139, 143, 146-47, 162-64, 166, 181, 216-17, 262, 280-81, 290-91, 320
Sócrates, 28, 46, 49-50, 87, 180
soma, 20, 26, 31, 49, 52, 83-84, 126-27, 223, 273-74, 279
veja também corpo, como intencionalidade ou subjetividade; corpo vivido

somaestética, 22, 25-26, 34, 43-44, 49-66, 71-72, 78-80, 83-89, 120, 177-78, 202-07, 266
   analítica, 54-55, 64-65, 78-79, 133, 215
   auto/heterodirecionada, 56-57
   experiencial, 58-59, 61, 133, 149-58, 166, 170, 174
   holística/atomística, 55-56
   performativa, 62, 133, 140, 143, 144-49, 157, 168
   pragmática, 54-63, 64-66, 72-73, 78-79, 82-85, 133, 139-40, 214-15, 242-43
   prática, 62-63, 131, 215, 267-68
   representacional, 58-62, 80, 133, 140-49, 166
sono, 33, 98, 249
Soulez, Anthonia, 63
Spence, Alexander, 171
Spencer, Herbert, 213, 258
Spinoza, Benedict de (Baruch de), 80
subjetividade, 70, 136-37, 140-41, 149, 152, 154, 165-66, 234
suicídio, 72-73, 75
sujeito, 72, 76, 84, 140-45, 165-66, 187, 230, 232, 279
   empírico, 124, 224-25
   transcendental, 124
Sullivan, Shannon, 315, 321
superestimulação, 15, 33, 77, 181
superfície, 196
Svatmarama Swami, 84

T

tai chi chuan, 34, 47, 56
taoísmo, 47-48
Taylor, James, 270, 292
Taylor, Paul C., 63
Técnica Alexander, 21, 34, 40, 49-50, 55, 57, 84, 110, 113-14, 237, 242, 254, 277, 290-307, 312-14

controle primário, 302-06, 309-14
princípios orientadores, 299-304
testes científicos e status da, 293-94, 305
tecnologia, 40-43, 162-163, 320
teleceptores, 97, 310
tempo, 175, 221-224
   veja também lentidão
teologia, 30, 82, 284-85
teoria e prática, 25, 126-27, 252, 276, 279
teoria *queer*, 53, 203
terapia (corporal), 21, 34, 48, 51, 203, 214-15, 276-77, 290
Teresa, Santa, 82
testosterona, 134
Thompson, Evan, 55
Thoreau, Henry David, 88-89
Tinbergen, Nikolaas, 254
tolerância, 58, 199-203
toque, 49, 57, 74, 76, 115, 122-23, 189, 223, 247, 310
tradição, 162
tranquilidade, 46, 207, 267, 300
transacional, 279-80
transcendência, 136-37, 140-46, 149-50, 156, 159, 167, 175, 273-75, 313-20
transgressão, 73-74, 78, 86, 148-49, 203, 215
transparência, 28, 118, 124, 307, 309
Trapnell, Paul David, 266
treinamento, 21, 26, 34, 45-46, 51, 53, 57, 60, 62-63, 83, 110, 114-15, 145, 170-71, 174, 190, 192, 197, 202-03, 217, 255-56, 263-64, 302, 319
Tupper, Ken, 77
Turner, Bryan, 54

U

unidade, 200-01, 323
universo, 323

V

valor, 49, 83, 86, 128, 171-72, 193-94, 203, 251, 317
vanguarda, 74
Varela, Francisco, 55
velhice (ou idosos), 21-22, 38, 87, 129-134, 161-76
    experiência da, 165, 168, 174
    experiência sexual da, 168-69
    senso performativo da, 165-67
    sentido biológico da, 164-65, 170-71
    sentido cronológico da, 164-65, 166-67
    sentido representativo da, 164-68
    status sociocultural da, 161-70
vértebras, 181, 310
Veyne, Paul, 73
vida, 39, 48, 66-67, 72, 73, 79, 88, 106-07, 120, 150-51, 163, 171, 175, 178, 198, 207, 217, 238-39, 251-53, 267-74, 291, 294-95, 305-07
    boa, 46, 193
    cotidiana, 72-73, 252, 270, 323
    extenuante, 259
vigor, 166-73, 210
Vintges, Karen, 135-36
violência, 70, 132, 143, 198
virtude, 19, 31, 46, 47, 51, 180-81, 197, 210, 322-23
visão (ou vista), 96, 97, 209-50, 254, 255, 313
vista cansada, 211, 222, 291-92
vontade, 39, 45, 83, 136-37, 141, 178, 182-84, 233-34, 238-42, 252, 256, 262-66, 306, 320
    e hábito, 285-302, 306-07, 317-20
    como algo puramente mental, 238-42, 263, 275-76, 286, 288
    livre [livre-arbítrio], 238-39, 278, 284-85, 298
    veja também corpo, papel na vontade
voz, 288-89

W

Wang Yangming, 323
Welsch, Wolfgang, 79
Whitlock, Janis L., 78
Wilson, Timothy D., 119
Winch, Peter, 177
Wittgenstein, Ludwig, 35, 36, 38, 92, 176-90, 193-207, 228
    Culture and Value [Cultura e Valor] (*Vermischte Bemerkungen*), 177
    Investigações Filosóficas, 177
    sobre a estética, 193-97
    sobre a ética e a política, 197-202
    sobre a lentidão, 205-07
    sobre a posição corporal, 186-89
    sobre a vontade, 182-83
    sobre as emoções, 182-84
    sobre o eu, 186-87
Wundt, Wilhelm, 184

X

Xenofonte, 87
Xunzi, 181

Y

Yezierska, Anzia, 316
Young, Iris Marion, 148, 157-58
Yuasa, Yasuo, 47

Z

zazen, 34, 74, 264, 299-300
Zeami, Motokiyo, 111
Zen, 20-21, 47, 50, 53, 84, 237, 263, 265
    veja também meditação, *zazen*
Zhuangzi, 47-48

Dados Internacionais de Catalogação na Publicação (CIP)
(Câmara Brasileira do Livro, SP, Brasil)

Shusterman, Richard
  Consciência corporal / Richard Shusterman; tradução Pedro Sette-Câmara. – São Paulo : É Realizações, 2012.

  Título original: Body consciousness : a philosophy of mindfulness and somaesthetics.
  ISBN 978-85-8033-075-5

  1. Corpo humano (Filosofia) 2. Estética - Aspectos fisiológicos I. Título.

12-01163 CDD-128.6

Índices para catálogo sistemático:
1. Corpo humano : Antropologia filosófica   128.6

Este livro foi impresso pela Gráfica Vida & Consciência para É Realizações, em março de 2012. Os tipos usados são da família Dante MT Std e Crackin Relular. O papel do miolo é pólen bold 90g, e o da capa, cartão supremo 300g.